● 技术转移服务从业人员培训系列教材

TECHNICAL MANAGER TRAINING COURSE

技术经纪人
培训教程 修订版

张晓凌 陈彦◎编著

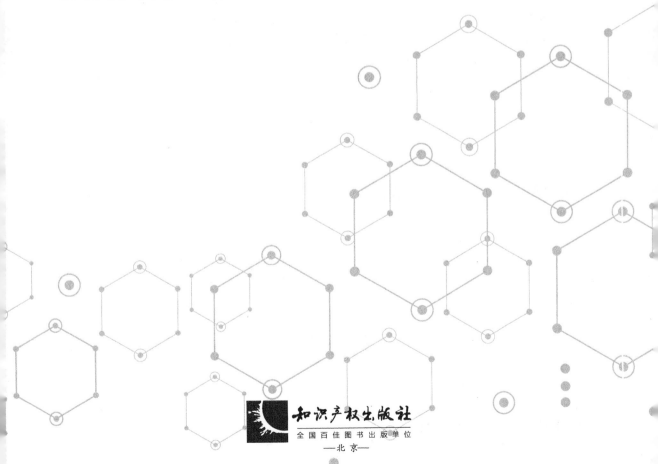

知识产权出版社

全国百佳图书出版单位

—北京—

图书在版编目（CIP）数据

技术经纪人培训教程：修订版/张晓凌，陈彦编著. —北京：知识产权出版社，2023.2
（2023.5重印）

ISBN 978-7-5130-8608-0

Ⅰ.①技…　Ⅱ.①张…　②陈…　Ⅲ.①技术贸易—经纪人—技术培训—教材　Ⅳ.①F713.584

中国国家版本馆 CIP 数据核字（2023）第 002389 号

内容提要

本书是技术转移服务从业人员培训系列教材之一，共 9 章 30 节。教程内容以技术商品开篇，以技术市场运行规律、技术交易运营规范等基础理论为指导，将技术经纪业务从传统的居间、代理、行纪扩展到技术转移的全过程服务。本书的重点是归集了全新的技术经纪服务业务标准和规范，为业态化的技术经纪高端服务提供了理论指导下的案例教学。为提升技术经纪服务绩效，教材编委会还组织专业师资编写了与技术转移相关的财务与税收管理知识以及财政金融产业扶持政策解读。

读者对象：科技管理部门、技术转移服务机构的管理人员，技术经纪人、技术经理人职业服务人员，大专院校、科研院所、高新技术企业技术转移转化服务人员。

责任编辑：程足芬　　　　　　　　　　　　　　**责任校对**：潘凤越

封面设计：回归线（北京）文化传媒有限公司　　**责任印制**：孙婷婷

技术经纪人培训教程（修订版）

张晓凌　陈　彦　编著

出版发行：知识产权出版社 有限责任公司		网　　址：http://www.ipph.cn	
社　　址：北京市海淀区气象路 50 号院		邮　　编：100081	
责编电话：010-82000860 转 8390		责编邮箱：chengzufen@qq.com	
发行电话：010-82000860 转 8101/8102		发行传真：010-82000893/82005070/82000270	
印　　刷：北京九州迅驰传媒文化有限公司		经　　销：新华书店、各大网上书店及相关专业书店	
开　　本：787mm×1092mm　1/16		印　　张：24	
版　　次：2023 年 2 月第 1 版		印　　次：2023 年 5 月第 2 次印刷	
字　　数：540 千字		定　　价：88.00 元	

ISBN 978-7-5130-8608-0

技术转移服务从业人员培训
系列教材编委会

本书得到江苏省政策引导类计划【软科学研究（项目号）：BR2019012；项目名称：江苏省高层次技术转移人才培养机制研究）】专项资金支持。

感谢江苏省科技厅、国家技术转移西南中心、常州大学、江苏省产业技术研究院、江苏佰腾科技有限公司的大力支持。

序　言

技术转移是商品经济发展到一定阶段而产生的高端服务活动，是伴随农业、工业、服务业高度的产业集中而不断完善的系统知识的流动过程。技术进步加速了技术的换代周期，全球化的技术转移又是发达国家寡头竞争驱动下的一种创新模式，同时也是规模企业扩张的一种经营竞争行为。人才培养是技术转移服务的重要业务之一。技术转移人才队伍主要有技术转移管理人员、技术经纪人、技术经理人等，还包括技术转移价值链的多方从业人员。技术转移涉及国民经济的各行各业，技术转移从业人员职业技能的教育培训目标是熟悉技术转移全过程的专业原理与方法，在理论与成功经验的指导下展开业务运营。涉及基础性研讨如技术进步的演进方向、适用技术的选择、技术转移服务价值链的构建等。

一

人类的文明进步是以工具与技术的发明使用为显著标志的。技术是人类在生产和生活过程中经验和知识的积累。技术的转移扩散推动着物质、精神文明的进步。

工欲善其事，必先利其器。每一次技术的发明与工艺难点突破都是一次技术转移的专业契机，都是一次相关技术贸易带来的产业扩散。葡萄牙、西班牙凭航海技术实现了跨洋征服，蒙古人凭马镫的发明与牛羊肉风干技术驰骋欧亚大陆，英国的蒸汽机与纺织机被视为殖民世界的资本，美国的新能源与计算机奠定了百年的政治地缘霸主地位。高新技术的最新突破领域是 IBM 成功制造出 2 纳米制程的芯片，这是一项划时代的技术进步。2 纳米工艺的芯片，意味着"指甲盖大小的芯片"将能容纳 500 亿个晶体管。上一次突破是 2017 年的 5 纳米芯片，同样大小芯片可放入 300 亿个晶体管。相对 7 纳米芯片，2 纳米芯片意味着性能将提高 45%，而耗能将减少 75%。这将引起产业竞争的全球震荡，现有的先进设施将递降为次新技术依次向欠发达地区转移。新能源交通工具在电机性能、智能控制、蓄电管理等方面的技术进步日新月异。传统燃油燃气汽车生产线、加油站、维修厂，以及炼油厂、汽车研究院校等产业链将引发层层波澜，技术转移将迎来前所未有的服务机遇。我国政府曾发布过优先发展集成电路、生物等先进产业技术的相关政策。其中半导体集成与交通工具的电动化也是当前的技术热点，持续的技术热点决定着数字时代技术进步的方向。

改革开放之前，以重工业机器设备为载体的技术引进、企业内部的工业技术革新和政府主导的农业技术推广是我国技术进步的三大举措。技术进步的重心主要是服务于工农两大产业的生产活动。技术革新也称技术改革，是在技术发明或已有的成熟技术的基础上，对生产技术如工艺规程、机器部件等的改进以适应新的生产需求。1954年全国总工会《关于在全国范围内开展技术革新运动的决定》的发布，标志着日后持续数十年之久的工业企业群众性技术运动的开始。技术推广几乎是改革开放前中国农业技术发展的专用词汇。人民公社化后的中国农业，为确保粮食产量，普及新的种植养殖技术，政府成立了自上而下的农业技术推广机构。在全国范围内，根据不同的耕作地区先后设立了农林、土肥、种子、植保、经济作物（园艺、果茶、蔬菜等）、水务等农业技术推广站（中心），从政策法规、管理机构、技术队伍等方面形成较为完善的技术推广体系。

改革开放后的30年中，以1978年22项重大引进项目的陆续建设为标志，80年代中后期以轻工、纺织、电子等行业的外商投资热为高潮，至90年代后农畜良种与专业机械的大规模引进，我国的技术转移活动产生了由量变到质变的飞跃，开始真正步入全球化的轨道。尽管很多夕阳产业技术和重复引进项目付出了（学费）代价，但大量的项目引进还是大大缩短了国内外悬殊的技术差距。在开放政策的吸引下，发达国家新技术的输入，客观上起到了调整中国产业结构的作用，改变了中国几十年重"重工"、轻"轻工"的制造产业格局，改变了传统农业品种单调、质量低徊的消费结构。日用工业品和农产品的先进生产技术在短时期内大大地改善了人民群众的物质生活，科技队伍通过先进技术的消化吸收提升了整体研发水平。

二

"适用技术"的转移包括非尖端先进技术的选择性输入和中国特色技术、技术产品的输出。

每个国家和地区在不同时期都会有自己的产业发展政策。政策引导系列新技术的创新应用，伴随着的是经济结构的调整和技术的引进与输出。由科技体制改革催生的技术市场在20世纪80年代中期蓬勃兴起，改变了以政府计划主导的技术转移模式，推进了中国技术转移的理论研究与实践。新一轮的科技创新和技术进步中，发达国家在芯片、智能化电器、数字化机床、生物、核能等众多高端技术领域遥遥领先，农业育种、节水、绿色等节能减排增效技术则在技术贸易中占尽先机。

尖端技术转移不仅仅是国家贸易管控限制问题，还受企业竞争、配套资源和供应链协同矛盾等多方面因素制约，尖端技术不一定是技术转移的首选。很多常规技术的嫁接应用亦可能重创甚至淘汰一个行业，很多传统工艺如胶片照相机、白炽灯的消失并非因为更先进技术的出现。掌握技术转移主动权的企业，当新技术出现后，次新技术便会向其他国家或地区扩散。在知识产权制度的保护下，技术所有权人不受时空因素影响，只要该技术还有最后一块市场，这项技术就绝不会让同业免费索取。

技术从发明（发现）到应用，受到消费观念、生产工艺、材料、成本等综合因素的影响。即使是成熟技术，在不同历史时期和不同地域，其应用也具有很大的局限性。曾有人组织科学家投票，结果选出的是眼镜、原子弹、阿拉伯数字等 11 项超级发明，而纺纱机、显微镜、青霉素等重大发明（发现）却不在其列，这从某种意义上印证了选取适用技术的意义。

适用技术的选择与产业政策紧密相关。绿色经济蕴藏着巨大的发展潜力与经济价值，低碳路径将引导新的消费需求，引发新的技术革命和管理创新。绿色低碳不限于新能源开发、节能减排技术推广、资源循环利用、环保设备与材料的应用等领域。绿色发展必须攻克技术瓶颈，转化转移绿色高新技术，推广普及绿色适用技术，探索适合行业、地域、企业的绿色发展特色。绿色低碳强调经济发展与生态文明的综合平衡，内涵是质量的提升与发展的可持续。

最尖端的技术不一定会有最广阔的市场，落后技术不等同于淘汰技术，西方的技术不一定完全适用于东方。我国的技术转移要体现消费观念、应用环境、性价比综合平衡下的中国特色。中国特色的技术转移要服务于政治经济发展的整体战略，服务于高新产业成长，服务于经济结构调整，技术转移首先要满足民生需求。

适用技术就是最好的技术，这对技术输入企业启譬尤甚。

三

技术转移服务价值链基于产业链上下游协作的利益关系和专业服务平台所衍生的新增价值，技术供需方之外的第三方或更多方价值创造者依据产权知识或专有技术实现共有、共享、共赢。技术转移服务从业人员的重要使命是构建多赢的服务价值链。知识产权的占有、使用和转让是国际技术转移的重要内容。与西方发达国家以企业（集团公司）为创新主要载体的管理体制不同的是，中国的科技资源尤其是科研人才长期以来大多集聚于事业单位性质的科研院所和高等院校，企业自有的原创知识产权基础薄弱，无形资产（智力资本）占总资产的比例较低。由此，中国技术转移产业价值链结点更多，产学研的协同更为复杂。发达国家取得技术转移主动地位的关键一是缘于企业技术的创新动力和技术进步的需求，二是受益于完备的知识产权制度。创新技术是现代产业的发展基础，是市场竞争中最重要的资源。企业以创新技术形成高新技术产业，以产业规模控制市场，以垄断市场获取超额利润。充裕的流动资本和资本的逐利特性使大量的投入又进入技术研发循环。从反垄断法理上看，发达国家没有垄断企业存在的基础和条件，但企业所有者和实际控制者之间的刻意分离掩盖着真正的垄断产业链，凭借强大的经济实力和专享技术，跨国公司最具"反垄断"的话语权。高新技术产品集合资源的规模令人震惊。以传统的汽车产业和高新技术的星链系统为例，卫星或汽车尤其是无人驾驶汽车的法人公司通常只有几千人的总部存在，但按产业链分解成产品子系统，会顺序找到成千上万家供应商或者连法人公司都无法计数的协作商。企业出于自身生存发展的需要和利益追求的需要，带动了技术的快速发展，政府则从国家战略的角度，支持保护企业技术创新积极性，制定了完备的技术转移政策法规和知识产权保护制度。

知识产权保护是技术转移价值链构建的前提。技术创新是技术转移的源泉，技术贸易（许可）与技术服务是技术转移的两大实现形式。随着知识产权范畴与内涵的不断扩展，企业的无形资产占比越来越高。在技术转移供应链国际化背景和数字经济风生水起的大趋势下，高新技术的产学研协同研发、孵化、转让成为技术转移价值链的主导环节。

据欧盟发布的世界 2000 余家公司研发支出的统计，2021 年研发费用为 9088.75 亿欧元，其中美国入榜企业的研发投入即达 3400 亿欧元。同期，我国全社会研发投入为 2.79 万亿元，企业研发投入占比已达 76%。

巨额的研发投入成为市场需求的主要驱动力量，跨国公司通过创新技术这一特殊生产要素降低成本、提高效率、增加功能等的技术贡献，扩大市场占有率；同时，技术创新与技术转移目标非常明确地通过定制"市场"引导消费，进而驾驭市场，从移动终端、无人飞机与汽车，到网络游戏、原产地标识……层出不穷的创新技术引导着人才、资本、物资在世界范围内的流动路径，最终将潜在的消费需求带入预先设计的消费市场。

宏观层面，技术转移作为新兴服务业态具有经济结构调整和产业转型升级的重要促进作用。微观层面，技术转移作为资源配置手段在经营绩效和竞争实力提升中是不可替代的生产力要素。国务院印发的《国家技术转移体系建设方案》要求到 2025 年全面建成结构合理、功能完善、体制健全、运行高效的国家技术转移体系，把壮大专业化技术转移人才队伍列入优化国家技术转移体系基础架构的重要内容。为技术转移业务提供直接服务的组织就有十几种专业分类，且行业齐全，从业人员众多，服务内容和服务模式多种多样。例如：技术交易服务、技术经纪服务、孵化器组织、技术集成服务、技术经营服务等。技术转移价值链构建包括建立健全技术转移各类服务组织；包括政府及相关机构为技术转移服务制定相应的方针政策、法律法规；包括理顺间接为技术转移活动提供便利支持的社会团体之间的利益机制；包括疏通技术转移的流通渠道等。新型的高新技术企业和产学研联盟形式加速了高校和科研院所技术、人才及信息资源向重点行业和企业流动。

丛书作者在国家技术转移人才培养基地的建设和运营中，面向技术转移人才的学历学位教育、继续教育、职业教育三位一体的能力培养需求，组织国内部分专家学者，计划用 2~3 年时间编著《技术转移导论》《技术转移绩效管理》《技术经理人培训教程》《技术经纪人培训教程》《技术转移价值评价》《技术转移服务与规范》等培训教程。该丛书涵盖了技术转移全过程的业务内容，将概括技术转移最新的研究成果，其中的《技术经纪人培训教程》《技术经理人培训教程》已经出版。

愿这套丛书能够在科技成果转化、技术市场与技术交易、国际技术壁垒应对等领域，继续深化技术转移的理论研究，发挥出众所期待的作用。

是为序。

陈锡文

前　言

技术经纪是改革开放市场经济体制确立后应科技成果转化需求而产生的一种新型职业称谓，是技术转让、技术交易商业化过程中的一种重要中介职能。技术经纪人是从事这一职业的自然人、法人和其他组织。产业结构调整和科学技术进步的双向作用，使技术在全球范围内形成规律性转移，区域性、规模化的技术转移催生了一批全新的服务门类并形成新兴的行业领域。成熟技术市场的扩展与细分，狭义的有形市场交易演变为无形市场中技术的全球化流动，技术交易、技术市场沿革中的传统概念也在推陈出新。

《技术经纪人培训教程（修订版）》以技术商品开篇，以技术市场运行规律、技术交易运营规范等基本理论为指导，将技术经纪业务从传统的居间、代理、行纪扩展到技术转移的全过程服务。本书的重点是归集了全新的技术经纪服务业务标准和规范，为业态化的技术经纪高端服务提供了理论指导下的案例化教学。为全面提升技术经纪服务绩效，编委会还组织专业师资编写了与技术转移相关的财务与税收管理知识，以及对财政金融产业扶持政策的解读。笔者以技术经纪的原始概念及业内共识为基础，分别就技术经纪人、技术经理人与技术转移三个方面的相关概念和定义予以概括性提示，以便于不同行业、不同业务领域的相关专业读者对学习内容的"各取所需"。

近年来技术转移全过程的概念定义已为业内所普遍接受，随着技术转移服务职能的细分，业务实践中除技术经纪人之外，另有技术经理人、科技咨询师、专利工程师等技术转移专业人才，技术转移专业人才的培养已从行业的岗位培训进入学科教育的更高层面。其他相关人才所服务的技术项目只有进入贸易过程或意在进入交易环节才与技术转移服务有关，因而与科技成果转化和技术交易直接相关的是技术经纪人和技术经理人两类人才。技术经纪人在早期以科技成果转让为主要业务时的定义是：在技术市场中，以促进成果转化为目的，为促成他人技术交易而从事居间、行纪或代理等，以及提供相关的技术、政策、法律等信息服务和咨询服务，取得合理佣金的经纪业务的自然人、法人和其他组织。而技术经理人，则是从国外技术转移领域引入的概念。在经济发展过程中，新生的职业职能层出不穷，任何新事物都有一个被认可和接受的时间，技术转移领域人才概念混合应用而未见有确切的区别分析并形成行业正式的共识界定，实属正常现象。技术经纪人与技术经理人这两类技术转移人才到底是对同一职能的两种称谓，还是应该统一定位予以区分？讨论原则应是在产业政策引导前提下，尊重历史沿革留续，尊重市场需求定位。

技术经纪人的培训、资质认定和管理工作起步于 20 世纪 80 年代初期，90 年代形成比较规范的技术经纪人管理和服务体系。技术经营和管理人员实行持证上岗，在全国范围内，技术经纪人培训纷纷开展。2013 年 2 月科技部发布《技术市场"十二五"发展规划》，提出建立和完善技术经纪人制度，制定技术经纪人资质认证标准和培训大纲。技术经纪人的培养培训工作主要是在政府科技管理部门主导下进行的。

技术经理人的概念是随西方管理理论、管理方法和技术转移业务引进而进入科技中介服务领域的。在我国，人才培训、行业管理和理论研究是建立在技术经纪人管理体系基础之上的。技术转移新的服务业务需求和加入世贸组织后知识产权保护的贸易壁垒制约，促成了技术经理人业务在我国落地并快速发展，技术贸易额的快速增长开创了技术经理人在科技中介业务领域的新局面。最初的相关技术经理人培训多是由高校和营利性科技服务机构进行的，培训涵盖技术转移全过程管理和服务，突破了技术经纪传统意义上居间、行纪和代理的狭义职能，因而在业务范围、知识结构、工作技能等方面给人的感觉是技术经理人的层面相对高于技术经纪人。实际上，技术经纪人业务范围也一直随同技术转移业务在不断扩展，培训也一直按初级、中级、高级知识结构在分类进行，技术经纪人与技术经理人的业务范围和职能规范完全可以人为主观定义，单从业务复杂程度和岗位要求方面，无法将技术经纪人与技术经理人业务割裂开来，人为区分既无必要也不科学。

专业实践中，根据习惯认知，对技术经纪人与技术经理人的区分有以下讨论：技术经理人是以科技成果转化为职能，应用专业知识和实务经验，促进科技成果的产品化、商业化和产业化，以科技成果转化工作为职业的从业者。其区分主要表现在服务范围、能力要求等方面。技术经纪人服务范围相对较窄，主要是居间和交易代理服务；而技术经理人服务范围覆盖整个技术转移全流程，依据的是国外的技术转移流程，其中包括发明披露、发明评估、专利申请、市场营销、签署许可协议等职责。虽然技术经纪人和技术经理人都是围绕科技成果转化服务的，但技术经纪人主要强调居间协调和谈判能力，围绕技术交易相关的信息搜集与分析能力以及政策法律事务的咨询能力，即围绕技术交易合同的达成和履行所做相关服务的能力。技术经理人的服务内容因为覆盖技术转移全流程，自然也就覆盖了技术经纪人的服务内容，不仅包括技术交易签约的中介服务，还包括技术转移前期的策划、调研、评估、规划，中期的后续服务项目展开，以及后期的技术市场化和产业化开发的组织，因此在能力要求上相对比较全面，业务内容较为综合。中高级技术经理人要求有大型技术转移项目的策划、运筹和管理实施能力，以及相关要素资源的组织和整合能力。

这实际上是将狭义技术经纪业务与广义技术经理业务作出的勉强划分。即使是官方早先已给出的各种定义和规定也会随着日新月异的行业创新而被频繁修订。

2017年9月，《国家技术转移体系建设方案》要求："加强技术转移管理人员、技术经纪人、技术经理人等人才队伍建设，畅通职业发展和职称晋升通道。"2018年5月，科技部《关于技术市场发展的若干意见》提出："加快培养一批技术经理人、技术经纪人，纳入国家、地方专业人才培养体系。"2018年12月5日，国务院常务会议要求"强化科技成果转化激励，引入技术经理人全程参与成果转化"。尽管从政府层面，正式确立了技术经理人在我国技术转移、科技成果转化服务中的重要地位和作用，与国际接轨的技术经理人的人才培养也越来越引起全社会的重视，但是技术经纪人的培训和管理体系仍作为技术转移服务主体在发挥重要作用。我国地域辽阔，工业、农业产业资源和区划各有侧重，技术转移服务业务千差万别，业务规模也相差悬殊，除了执业（职业）资质培训外，各种岗位培训、专题培训应因地制宜，当然也包括职业称谓的创新。职业称谓不同并不影响相关业务的开展。

因循产业习惯和专业概念的衔接，技术转移原多指国家之间的技术流动，随着技术市场内涵的扩展，技术转移已包括国家、地区、产业甚至跨国公司之间或内部技术输入与输出的过程，内容涵盖了技术引进、技术输出、技术转让、技术交易、技术推广、新产品开发直至商业化、产业化的全过程的活动和行为。我国技术转移工作与发达国家相比最大的区别在于技术转移服务产业链的延伸与扩展。发达国家的技术研发与技术贸易多是以市场为基础的企业行为，技术转移服务主要以技术贸易及相关的服务贸易为业务主体，以专利、专有技术、商标为主要内容的知识产权交易和保护为服务职能，技术输出以品牌、商标、成套设备、集成电路及软件等为主，技术引进以人才为载体的智力和知识为主。多年来，中国的科技研发资源主要集中于科研院所和高等院校，科技成果的转化与吸纳主要依赖国内企业，另因体制约束，技术转移成效多依赖于科技管理部门的行政力度。科技管理体制改革前，为发挥集中力量办大事的制度优势，科技资源包括研发人员和推广人员大多由政府部门统一掌控与配置，但科技中介作为一种管理服务职能存在，却分布于不同行业、不同机构，以行政机关、事业单位、专业团体、公司企业等多种所有制组织形式在发挥作用。这些组织包括政府各级科技管理部门、科研院所、高等院校、技术转移中心、企业研发机构、科技服务公司、其他非营利组织等，利用行政手段或专业知识，以专门人才队伍的专业技能，以及数据信息、公共平台、实验室和仪器设备等资源进行管理或提供服务。管理服务内容包括技术的进出口贸易以及科技资源调动、研发定制、科技成果转化、专利申报、科技评估、技术服务、技术咨询、技术推广、检验检测、科技金融、资质认证、公证鉴证、科技政策咨询等方面。

科技管理体制改革后，上述组织的中介服务职能和部分管理职能将由技术经纪人承接。居于"第三方"地位的技术经纪人，不但要发挥桥梁和纽带的作用，还要为科技成果的供需双方提供"定制""落地""生根"，甚至"保驾护航"的服务，帮助科技课题形成成果并走出实验室抑或集成孵化，直至为他人所用、为技术市场所吸纳。这条由技术交易环节向上下两端延伸的产业链全方位服务便是技术经纪的全新职能。技术经纪人以自己的职业技能提供新型的高端服务，有效降低研究开发成本、提高研发效率、化解研发风险；加快科技成果在不同技术势差企业、地区间和不同发达程度国家间的流动；协同科技资源的优化配置，推动技术进步和产业结构调整的全球化循环，提升技术转移全产业链绩效。

国务院《国家技术转移体系建设方案》将"加强技术转移管理人员、技术经纪人、技术经理人等人才队伍建设"列入技术转移体系建设的重要保障举措。由于管理部门已经取消了技术经纪人执业资质的法规认定，相应的专业要求和职能界定等内容已失去了统一规范的意义。职业人员培训是人才队伍建设的重要内容，从第三产业大服务的范畴和岗位培训及继续教育的视角，我们可以把技术转移管理人员、技术经纪人、技术经理人统称为技术转移服务人员。有的省份已把技术经纪人列入专业职称系列，在教材编写和职业培训时可选择两种或多种，比如：按技术转移专业（服务）人才分为初级、中级、高级；按职业化、专业化、复合化程度将技术经纪人与技术经理人分为两个层级进行培训，而与任职资格和专业职称不相关联，对技术经理人复合知识和服务能力要求更高些；按同一概念和同等要求分别对技术经纪人与技术经理人做初级、中级、高级分类培训。职业身份的技术经纪人或技术经理人称谓可由各省份科技管理部门自行规定，当然，亦可由行业以标准、规范等形式予以确定。

C目录
ONTENTS

第一章

技术商品

引　言

技术商品在科技进步与国际产业链供应链重构的双重作用下，完成了从量变到质变的突破，奠定了生产力要素中无可取代的规模与地位。

商品是一定时代的产品（服务）概念，技术商品亦然。在所有社会状态下，劳动产品都是可使用的物品，具有使用价值。但只是在社会发展的一定时代，也就是生产产品所耗费的劳动表现为交换关系中的价值时代，劳动产品才普遍转化为商品。技术替代普通劳动的效率不断高涨，技术商品经济高度发达，技术商品伴随着技术研发到技术产品化、技术商品化、技术产业化的技术转移全过程。从事技术经纪业务的最基本职能是技术交易服务，提升业务绩效和服务质量的基础要从认知技术交易的标的物——技术商品、熟悉技术市场，从技术成果的有偿转让开始。由于技术商品不同于一般商品，本章从技术商品的基本概念讲起，通过技术及技术商品分类的介绍，熟悉技术经纪业务的入门知识，了解技术成果能够作为产品进入流通领域进而成为技术商品的必要条件，并依据技术成果商品化的基本服务要求为下一章的学习打下基础。

技术经纪为技术商品交易以及技术转移的全过程服务。技术商品和技术经纪服务的价值评价基础是马克思主义的劳动价值理论而非现代西方经济学的供求关系价值论。

1.1　技术商品的特性

技术商品的内涵特性是技术经纪执业必须学习的基础知识。资金在借贷中生息增利，技术在转让中翻本增效。技术商品既是市场经济体系中最活跃的生产力要素，也是市场竞争中的高端消费产品。技术商品具有商品的本质属性，同时也具有自身的特别属性。通过认知技术的本质和功能，了解技术商品的本质特征，从而认识技术市场的运行机制。这方面的研究涉及技术的内涵、定义和技术的基本功能、技术发展的历程，这些概念也是技术市场的研究对象和范围。

1.1.1 技术的概念及分类

技术是人类在认识自然和改造自然的实践中积累的经验与知识，也泛指生产生活中的操作技巧和技术装备。"工欲善其事，必先利其器"，"器"就是现代意义上的先进装备设施。

技术（Technology）的英语一词源自古希腊文，由 teche（工艺、技能）和 logos（系统的论述、学问）演化而成。古代技术多指由经验积累而成的个人的制作工艺，由于没有系统规范，不易推而广之。18 世纪工业革命后，技术的定义开始超脱个人的技巧范畴而被赋予新的含义。

技术，在古汉语中，多指"专门的技艺、技能"和实际操作的本领，如《周礼·冬官考工记》中即有"工有巧"之语，并且与"天有时，地有气，材有类"一起构成制造精良器物不可或缺的四个基本条件。

在现代社会中，技术一词在不同场合和不同研究领域中的含义不尽相同，但本质都是一种系统的知识和技能，是根据自然科学原理和生产经验而形成的一种工艺操作方法和技能，包括与之相对应的生产工具、设备和处理问题的方法等，是科学性或组织化的知识在实际经济、技术活动中的系统应用。

技术作为一种制造某种产品、应用某种工艺或提供某项服务的系统知识，有诸多的内在特性，如技术知识的不可计量性与其价值的不确定性、发展的路径依赖性、可累积性、关联性、科学性与可实施性、应用的专用性、可传授与可转移性等。

1. 按开发模型划分的技术类别

1992 年，G. Tassey 提出用于科技政策研究的一个"技术开发模型"，将技术分为基础技术、共性技术和专有技术三种类别。

①基础技术。基础技术包括两个方面：一是技术基础设施；二是技术标准体系，包括技术产品质量标准、环保质量标准、技术测试标准和方法，以引导技术发展的方向。

②共性技术。共性技术指某一技术与其他技术组合可导致在诸多产业领域广泛应用，能对一个产业或多个产业的技术进步产生深度影响的技术。这一类技术是建立在科学基础与基础技术平台上具有产业属性的一类技术，是技术产品商业化前的技术基础。如发动机技术可应用于汽车、摩托车、发电机等多个产业，超大规模集成电路技术可应用于计算机、通信等信息产业，等等。这一类技术的共性体现在该技术与其他技术组合可导致多个产业的大量不同应用。

③专有技术。专有技术即应用于私人物品领域，完全为公司或企业专属，拥有自主知识产权的技术。

2. 按功能划分的技术类别

UNIDO（联合国工业发展组织）将技术按其作用功能的表现结果分为产品技术、生产技术和管理技术三种。

①产品技术。产品技术即用以生产某种新产品或局部改进产品设计和性能的技术。

后者如增加产品的功能、扩大产品使用范围、提高产品质量和（或）降低产品生产成本的技术等。

②生产技术。生产技术指用于产品制造过程的技术，如一项新工艺、新流程、新的测试手段、新的加工设备和方法等。

③管理技术。管理技术指对企业整个研究、开发、生产、营销、创新等活动进行计划、组织和控制的技术。

上述三种技术中，产品技术和生产技术依赖于自然科学知识、原理和经验，而管理技术则构筑于自然科学与社会科学交叉学科之上。

在技术的各种分类中，按照其知识的来源将技术分为"科学的技术"和"经验的技术"，从技术转移所关心的问题看，具有特殊重要的意义。

泛指的技术包括科学技术与管理技术，我们把职业技术人员与专业服务人员列入科学技术要素范畴。

1.1.2 技术商品的内涵

技术商品是以转让收益为目的的技术成果。技术是人类生产经验或智力劳动的产物，由于它能够带来更高的劳动（服务）效率或收益，因而在商业经济活动中成为活跃的生产要素。这种以知识为基础的智力成果凝结着复杂的物化劳动和活劳动，其应用能够满足人们生产和生活日益增长的更多需要，具有更高的使用价值。技术作为具有价值的商品，是商品经济发展到一定规模的竞争结果。伴随社会物质文化需求的扩展及竞争的加剧，科学技术的进步明显加速。技术更高的使用价值决定了技术的交换价值，技术的供需关系决定着技术的商品地位，特别是资本主义国家建立了以专利为代表的知识产权制度之后，技术逐渐区别于普通消费商品而成为价格更为昂贵的生产力要素商品。

1. 技术商品的形成条件

①科技的快速发展。技术作为买卖标的物已有很久的历史，只是在工业革命后的商品经济时代，技术才形成商品乃至形成产业的支撑基础。技术的旺盛需求是技术商品活跃的前提，R&D（研究与开发）活动的独立化，甚至使技术商品生产与其他物质生产部门分离而成为独立的产业部门，从而奠定了技术成为商品的自然基础。在手工业生产时代，技术是融经验、技巧、创新为一体的工匠手艺，很少有脱离劳动工匠独立存在的技术，因而也不存在脱离直接生产者的人身作为独立的商品在市场上流通的技术。随着科学技术的发展和生产中的分工日益发达，在物质生产过程中技术日益复杂，一些技术性较强的工作逐渐从其中分离出来，一些知识水平较高的人专门从事工艺的改进和产品水平的提高。

技术从物质产品生产过程中"分离"出来，成为可以独立存在、独立转移的产品，因而出现了专门从事技术 R&D 的机构。这些机构所研制的技术往往不是为自己利用，而是为了一定的利益而转让。由此形成了技术转化为商品的重要前提条件。

②技术必须是实用性的技术成果，这是技术转化为商品的必要条件。不少技术成

果确属创新和先进之列，但由于缺乏实用性，在使用中不能产生较高或预期的经济效益，因而难以转化为商品。作为商品的技术之所以具有实用性，一是大部分 R&D 活动的直接目的是解决生产或经营管理上的某些或某一问题；二是技术在使用过程中通过对制成品产量、质量、成本的影响或以开发新产品为途径，保证获取技术的全部费用低于技术所能带来的经济效益，使技术受让方从中获得一定的实际收益。

③技术的供求双方必须是相对独立的商品生产者。如果缺乏这一条件，技术只能是无偿转移，就不能作为交易的对象。

就技术的供方而言，它必须是自负盈亏、自主经营的经济实体，这是技术商品存在的产权基础。只有这样，它才会时时关注市场，进行技术 R&D 活动，并不失时机地通过转让技术来获取较高的利润。长期以来，我国科研体制实行的是国家科研经费的无偿划拨，这导致科研院所内无动力、外无压力，所拥有的技术往往被无偿转移。开发技术不能带来效益，因而开发技术缺乏积极性，转让技术缺乏能动性。

就技术的需求者而言，由于作为一个相对独立的经济实体而出现，它就必须经常地产生对技术的强烈需求，并千方百计地获取具有垄断优势的技术去开发或改进产品。这也反过来刺激了技术 R&D 的发展。我国的企业在计划经济体制下之所以不热衷于改善经营管理，不愿按照有偿的原则获取技术，就是因为旧体制下国家是技术的所有者，而使用者多为政府管控下的公有制企业，这就使技术只能成为无偿转让的产品，而不能成为独立的商品。

因此，只有双方都是有独立经济利益的商品生产者，它们才把技术作为商品，技术拥有者不会无偿转让，而技术需求者愿意化钱去得到所需要的技术。

④技术应有独占性。这是技术能成为交易对象的另一个重要条件，也是技术商品区别于一般物质商品的特有条件。技术的实用性是以其独占性为前提的。因为，一旦技术扩散并为其他经济组织所占有，就不可能成为交易的对象。由于技术的关键内容是信息形态的技术知识，所以信息的可传播性迫使技术发明者采取保密措施。在商品经济产生之后相当长的时期内，技术转移是随着能工巧匠的人身迁移或师徒相传来实现的，这从一个方面也说明了正是技术保密的限制使技术转移不可能在较大范围内展开。只有在对技术的转移进行法律保护的前提下，它才可以成为真正的商品而得以交换。

同时，由于技术转让往往是技术使用权的转让，属于技术使用价值的暂时让渡。如果说放弃技术的独家拥有，意味着技术发明者丧失对技术的独占地位，那么技术受让方在获得技术使用权以后，会要求或力争技术拥有者不向第三方或更多的经济组织再转让技术使用权，以确保技术供受双方各具有一定的独占性。因此，交易后的技术仍具有相对独占的特点。

显然，技术在一定条件下才可成为独立的商品。在这些条件共同发挥作用时技术才进入交易对象的行列。

2. 技术的商品属性

技术成果具有商品属性，但又不同于普通商品。劳动产品是技术的经济属性，然而，技术为什么未进入"物美价廉"的普通商品行列而价格高企还一直是热捧的特殊商品呢？答案在于技术研发的复杂性和技术经营的垄断性。在生产实践活动中，一方面技术人员加大了智力投资，知识层次大幅提升，另一方面借助计算机、人工智能等尖端技术以技术"生产"技术，技术的复杂程度非以往的难度可比；同时现代的知识产权制度给予技术持有者一定的垄断保护。技术活动不同于一般商品的生产，相当一部分研发活动的技术成果，用于保护自家产品具有竞争优势，用于满足自家企业或关联经济组织自身的需要，而不是为了获取技术的交换或转让价值。很多可多地、多次转让的专利技术能够"待价而沽"，凭依的就是制度性的垄断保障。复杂性与垄断性，这是能带来预期收益的技术不一定要转化为商品的主要原因。

由上所述，技术商品的含义可以表述为：技术商品是用来交换的技术成果。具体地讲，它是通过在生产中应用，能够为使用者创造经济利益的具有独占性的用于交换的技术。

技术成果的商品属性是技术成果商品化的理论依据，也是建立技术市场的理论依据。

商品是用来交换的、能满足人们某种需要的劳动产品。技术作为知识形态的商品，同样具有使用价值和价值两种属性。其使用价值是科技人员在开发技术商品时所耗费的复杂劳动，它表现为人类智力劳动的凝结，如降低成本、提高产出、增进企业的劳动生产率，满足消费者高质量的生活需要和多样化的文化需求，为国防建设解决技术难题，为生态文明带来巨大的社会效益等。其价值表现为转让应用后的超值效用，它的价值是通过交换而实现的超额利益。因此，技术成果具备完全的商品属性。

但是并不是所有科学技术成果都可以转化为商品，技术商品还有其特定的范畴：

①基础研究成果不能纳入技术商品的范畴。因为，大多数基础研究的对象是科学而不是技术，基础研究的任务是揭示自然规律的理论探索，成果预期不明确且产品化周期较长。因此，绝大多数基础研究成果在短期内不能投入生产，短期内不能形成生产资料和生活用品，即使科学转化为技术的周期大大缩短，没有产品的基础研究成果就不可能成为商品。

②对整个社会产生公共效益的技术成果也不应被纳入商品范畴。例如，政府财政支出支持的关于环境保护、民生工程、国防安全、医疗卫生等方面的研究成果，一般不应通过技术市场进行推广应用，而应由政府代表社会来补偿科研耗费，进行有组织有计划的推广，否则，投资与收益失衡，会造成国家和人民利益分配不公。

③预期不明了的技术成果也不能成为商品。有的技术成果只有短期的使用价值或相反的预后结果，它不仅不能为使用者创造财富，还可能会损失买方的投资耗费，甚至会损害社会的公共利益。国际著名医药公司辉瑞、葛兰素史克等都曾因新药的不良后果被罚款数十亿美元，获过奖的技术商品三聚氰胺曾作为食品添加剂公开用于提高奶粉检测浓度而造成恶劣的影响。因此，为了保证技术商品的质量，对技术商品要有严格的评估、鉴定程序。

④由正常渠道可获取的技术、可免费得到的技术，不能成为商品。例如，已过保护期的专利技术、已失去保密性的专有技术、已经广为传播的其他非专利技术等，都不能成为商品。

3. 技术的商品特征

技术商品具有普通商品的基本属性，但是，技术交易与普通物质商品交易以及一般性的服务贸易有着显著的区别。

技术商品的形态特征是以知识信息的形式存在于图纸、软件、资料、工艺文件、设计方案、材料配方、管理手册之中。图纸、软件、手册等作为介质，只是技术信息的载体。一些技术信息，如新技术的研究方法与扩展途径，新设备或新工艺的操作要领、调整和维修经验，则存储在技术人员的大脑中。一些技术信息还体现在物质商品中，例如新产品、新设备、新材料、新的元器件等，它们是技术信息物化的外壳，是实物形态的技术成果。

技术商品的储存、展示、评估、流通、扩散、交易等，主要以信息处理的方式实现。所以，技术交易业务主要与信息流有关，较之其他专业和产业，对于信息技术和信息产业具有更高的依赖性。

（1）技术的垄断性

技术的所有权往往由单一的所有权者所持有，技术的垄断性源自技术掌握的难度。在商品经济的法制制度下，技术所有权持有者更多的是通过法律（知识产权法等）和商业保密措施达到垄断目的。在国际市场上，一项类似技术的卖主一般不会超过五家，且类似技术的核心内容会存在较大差异。

技术垄断是一把双刃剑，垄断保护技术创新与技术进步，同时又阻碍技术的扩散与应用。技术垄断可以使技术持有方处于交易的有利地位，越是高新技术，技术供方的卖方市场地位越稳固，技术卖方在交易过程中既要获取尽可能大的转让收益，又要尽量保留技术秘密。买方既想得到自己所需要的技术，又掌控不了技术洽谈的主动权，垄断的程度越高，技术买方选择的余地以及讨价还价的可能性越小。这就大大增加了技术洽谈和技术成交的难度。

（2）技术的时效性

技术虽然不会在使用中磨损，却可能随着时间和需求的变化而老化。当代信息传播的速度、手段日新月异，科学技术进步的速度明显加快，一项技术产生后，很快就有更先进的同类新技术、替代技术不断产生，技术市场的行情使得技术的价值和价格会随着时间的推移而呈现大幅度的下降。典型的例子是摩尔定律：当价格不变时，集成电路上可容纳的晶体管数目，约每隔 18 个月便会增加一倍，性能也将提升一倍，即每一美元所能买到的电脑性能，每隔 18 个月都将会翻倍。普通商品也有一定的时效性，商品存续期自身的质量会随着时间的变化发生实质性改变。基础性、常规性的技术，如小麦生产技术、衣料纺织技术其时效相对较长，而现代的高新技术，若转让和应用不及时，其转让价值便会大打折扣，甚至在技术市场上的交易价格会一落千丈。对买方来说，技术买方在取得技术的所有权或使用权之后，消化吸收过程缓慢，延误了投产时限，就可能失去商品消费市场。

在技术市场上，技术商品的寿命也存在成长、成熟、衰退等不同阶段，技术价格总体上遵循先升后降、由盛而衰的规律。价值的时效性使技术交易受制于新技术的推广力度，技术卖方有效地推广可能获得丰厚的回报；如果不能有效地用于社会生产，新技术可能迅速贬值；技术买方如果迅速把新技术商品化，市场营销得力，可能在第一轮市场竞争中获得厚利；技术买方如果迟迟未能投产，则只能赚得技术商品普及阶段的微利，或者完全失去市场机会。

技术商品的价值体现，不仅受技术水平本身的影响，更大程度上取决于技术买方的使用条件和使用水平，如买方的消化吸收能力、生产条件和管理水平等。同一技术转让到不同地区、不同企业，其经济效益与社会效益相差悬殊。技术商品使用价值的间接性和潜在性，以及使用效果的差异性，给技术评估作价、技术交易洽谈增加了难度。

技术交易本质上是一个知识信息的流动过程。由于信息形态的抽象性，以及技术商品的特征，使得技术买卖双方形成了长期的依存关系。技术卖方在技术交易完成之后还掌握着该项技术的全部知识信息及技术的后续开发能力，可以继续改进原有技术，通过改进、组合、移植，不断产生新的技术和新的应用领域，也可以研究开发新一代的技术。技术买方取得技术的所有权、使用权或者部分使用权，会对技术卖方形成长期的服务依赖，除非一次性的权益买断，否则买卖双方还会有其他法律上和事实上的各种联系。另外，如果专利技术在保护期内未能及时出让，过期后将成为公知技术，这也是技术交易的显著特征。

由技术交易引发的服务形成全程化态势，研究技术交易全程服务系统，为技术交易供需双方提供全程化的服务将形成新的业态形式。

（3）技术交易价格的不确定性

技术交易价格的不确定性是由技术商品的垄断与时效特性决定的。尽管供求关系这一基本的价值规律主导着技术交易价格，然而，技术商品的生产由于高投入风险和高智能稀缺的"门槛"限制而不同于普通商品生产，交易价格存在很大的不确定性。没有完全相同的技术生产，也没有"批量生产"的技术。同一技术所采用的研发路径和研发条件不同，智力投入和研发条件形成的研发成本在不同研发机构之间没有可比性。独家开发的技术，价格取决于技术自身的复杂性和市场需求程度，重复开发的技术，只有最先得到技术需求方认可和得到法律保护才有转让价格的话语权。

技术交易价格的确定取决于技术转让双方的博弈过程和各自的预期结果。普通商品的交易价格以社会的平均生产成本为基础，技术商品的成交价格主要依据供给技术的先进程度、可替代程度以及技术应用能够带来的收益预期确定。

（4）技术使用价值的永续性

技术商品与普通商品的最大区别是技术使用价值的永续性。普通商品在使用过程中会被损毁报废或转化消失，普通商品的使用需要不断投入新的人力、财力、物力成本。技术研发的投入却是一次性的，一项技术一经研制成功，持有者可以多次重复转让，而不必投入新的开发成本。技术受让方可以长时期使用该项技术而无须追加维护投入。超过保护期的专利技术和大量无申请登记的科学技术成果等社会公用的技术虽然没有转让价值，但其使用价值不会丧失。那些由于新技术的出现而被淘汰或被更经济的技术所取代的传统技术经过改良或再利用也能恢复其交易价值。例如，大量的手工制作技术和传统工艺即使丧失了转让价值，其使用价值会永续存在。技术交易服务的商业价值是促进技术的生产和应用活动中的双赢，实现交易双方的利益最大化，促进交易双方共同选择具有较长使用期和具有较大再转让价值技术的研发与应用。

（5）技术商品的风险性

技术商品研发的高产出回报伴随着高风险投入。技术商品的风险性主要包括以下方面：一是高投入风险，人才瓶颈和现金流压力是高投入风险的关键要素，一旦投入难以为继，前期的巨额投入均付诸东流；激烈的竞争迫使技术研发压缩周期、加大投入，技术开发的成本越来越高；研制一款换代手机动辄投入数十亿美元，而令人目不暇接的新药开发平均成本为 10 亿美元。二是低产出风险，对于技术研发者来说，决定技术转让价格的影响因素不仅仅是研制投入和转让成本，更重要的是技术市场对该技术的认知程度，很多高投入的技术成果由于设计超前不被市场接受，或投产延后而挤不进市场，不论何种原因，一旦开发未被技术市场接受，即使在技术上获得成功，也将面临最终被消费市场拒绝的风险；即使在欧美发达国家市场，新产品的失败率也高达 80% 以上，失败的新技术产品不仅没有利润可言，大部分连成本也难以回收。三是法制懈怠风险，知识产权保护是世界各国的共识，但在制度的落实与履行实践中，技术侵权案件比比皆是；技术在研发、转让、应用的各个环节都有发生客观泄密和主观侵权的可能。专利的申请与审批，要求技术成果必须公开技术秘密，至于技术核心公开到什么程度、法律保护力度达到什么程度，这在不同国家和地区会出现非常大的差异，在法制懈怠的国家和地区，技术交易将面临巨大的潜在风险。四是信息不对称带来的风险，技术的交易是一种知识信息的流动，知识权益的转移，技术交易双方形似公允平等，技术受让方可以买断技术的所有权和已被许可的使用权，但是技术转让方在交易之后仍有可能留有相关的"技术潜力"，将该技术融合到另外的"新技术"中，在对技术的了解和掌握方面比技术受让方占有更大的优势，使得技术受让方不可能通过买断而形成新的垄断，技术受让方还会在相当长的时间内有求于技术供给方为其提供"技术服务"。

1.1.3　技术商品的分类

1. 按技术商品的功能划分

①产品技术。产品技术即技术被用来改变一项产品的特性，这既可能是一个全新产品的发明，也可能是局部产品设计上的改进，比如增加一部分功能、提高产品的使用性、扩大产品的使用范围、提高产品质量或降低产品的生产成本等。产品技术的概念也可以延伸到设计或改进一项服务。

②生产技术。生产技术指技术被用于产品的制造过程，如一项新的工艺、新的流程、新的测试手段、新的加工设备和手段。研究或引进生产技术的目标是提高生产效率、改进产品质量、降低生产成本、提高经济效益。

③管理技术。管理技术指整个研究、开发、生产、销售和服务活动的组织。长期

以来，管理不被当成技术，其重要性也常被忽视。在相同的产品和生产手段情况下，不同的生产和服务的组织方式、不同的管理技能训练，所产生的经济效益会大不相同。花钱引进管理技术，对一些公司来说，要比引进产品和生产技术更为重要。

2. 按技术商品的表现形态划分

①硬件技术。硬件技术反映在产品中，具体体现为机器、设备或仪器，作为软件技术的实施手段。

②软件技术。软件技术以书面形式记述，存在于各种载体之中，表现为计算机程序、设计蓝图、工艺和方法等。这是技术的主要组成部分，是比较成熟的技术。

③智能技术。智能技术存在于人的大脑中，是无形的技术，比如一种特殊的制造、操作或管理技能、专长或诀窍及经验等。通常我们所说的技术诀窍（Know-how），大都属于这种技术，而掌握这些技术的人，往往是在某一领域的技术专家。

3. 按技术商品的产权特征划分

①知识产权技术。知识产权技术指受到《中华人民共和国专利法》（以下简称《专利法》）、《中华人民共和国著作权法》（以下简称《著作权法》）等知识产权法保护的具有法定专有权的专利技术、计算机软件技术等。

②专有技术。专有技术指通常不受知识产权法保护，仅靠其秘密性来维持其专有权，但受到《中华人民共和国民法典》（以下简称《民法典》）《中华人民共和国刑法》（以下简称《刑法》）或《中华人民共和国反不正当竞争法》（以下简称《反不正当竞争法》）等法律的间接保护。这种技术属于技术拥有者私有，一旦泄密就不复存在，比如可口可乐的配方，该公司通过极为严格的保密措施来保持其拥有权。

③公有技术。公有技术也可称为普通技术，即公开的技术。专利一旦超过保护时间，就不受《专利法》的保护，专有技术一旦被公开，也得不到合同条款的保护，但它们仍然存在于社会生产与生活实践中，并进入公有领域。公有技术不受知识产权法的保护，是人类社会的公有财产，任何人都可以不受限制地无偿使用。比如，目前一些主要的工业化国家集资攻克艾滋病（AIDS）的方法，研究成果都公之于世，这种医疗技术和方法就带有公有技术的特征。

4. 按技术商品的发展阶段划分

①尖端技术或高新技术。尖端技术指在一定时期内处于科学技术研究的前沿，代表该时期科学技术发展水平和发展方向的技术，如现阶段的航天技术、生物工程技术、智能机器人技术、超大规模集成电路（VLSI）技术等。按照产品生命周期理论，技术的生命周期可以分为四个阶段：研究与开发阶段、发展阶段、成熟阶段和衰老阶段。而处于研究与开发（R&D）阶段即生命周期第一阶段的技术大多是尖端技术。

②先进技术。先进技术指在一定时期内，国民经济生产部门尤其是新兴工业部门应用的技术，如现阶段的光学技术、电子技术、数控机床生产技术等。这种技术是成熟阶段的技术，其被应用后边际收益达到一个稳定值，因而广泛地应用于商业性生产。

③传统技术或标准化技术。传统技术指在一定时期内，传统工业部门所广泛采用的垄断程度不高的技术，如现阶段传统的纺织技术、农产品初加工技术、机械制造技

术、内燃机技术等。这种技术逐渐衰老，开始被其他新技术替代，直至淘汰，从产品生命周期理论来说，它是处于第四阶段的在用技术。

1.1.4 技术商品的使用价值和价值

技术交易过程，技术经纪面临的首要问题是技术商品交易价格的确定。价格是技术使用价值的货币表现，也是技术的使用价值在流通中的价值显示。技术交易的前提是技术必须具有使用价值，使用价值是价值的基础，是价值存在的承载。价值是抽象的劳动量度量，是技术的社会属性，通过社会交换关系予以体现。具体的智力劳动创造出技术的使用价值，表现的是智力劳动成果的需求存在，是技术的自然属性，通过消费予以体现。

技术商品与普通商品相比，其使用价值和价值有其特殊性；技术商品的定价因素复杂多样，因而必须遵循定价原则；技术商品的复杂性亦决定了其价款支付方式的多样性。

1. 技术商品的使用价值

使用价值，即有用性，必须是能满足人们的某种需要。技术商品一旦用于生产，就会创造出前所未有的效率或体验，为社会创造出巨大的财富，所以技术商品是商品中最珍贵的高价值产品。技术商品相对于一般商品的使用价值，具有以下特殊性：

（1）技术商品使用价值的垄断性

这是基于技术垄断性基础上技术商品区别于普通商品的显著特性。使用价值的垄断性包括基于知识产权权利的独占、基于行政权力的贸易壁垒、基于技术诀窍的独享和基于复杂的准入制约等。

（2）技术商品使用价值的增值性

一般物质商品，只是在使用过程中被消耗，将其价值转移到新产品中去，它本身并无增值作用。而技术商品在使用过程中，会产生远远超过其自身价值的价值，从而给新产品带来高额利润或超额利润，这就是技术商品使用价值的增值性。"科学技术是第一生产力"，就是对技术这一特殊商品的巨大能量的精辟概括，在现代社会中科学技术将逐步成为创造社会财富的最重要手段。

（3）技术商品使用价值的扩展性

实物商品的使用价值是在其生产过程中即被确定的，例如某种车辆用于某种运输等。而技术商品的使用价值在生产应用中虽也有一定的目的和范围，但在使用过程中经过某种适应性改变，其使用价值可以不断扩展。比如，不同的使用者将现有技术加以系统组合，可以使其使用价值发生量变到质变的结果，美国阿波罗宇宙飞船就是数万家供应商将多个专业的现有技术及数百万零部件加以系统组合，从而创造了超出预期的产出结果。

（4）技术商品使用价值的隐匿性

一般物质商品的使用价值是直观显示的，而技术商品使用价值的展示比较复杂，它不仅取决于技术商品本身的质量和水平，而且取决于买方对吸收该项技术所具备的环境与条件。如买方对该项技术的消化吸收能力；买方是否具备使用技术相应的人员、资金、设备、材料等；买方是否具备与新技术相适应的管理水平；是否具有良好的市场环境，利用新技术生产出来的产品是否具备竞争优势；等等。如果买方不能满足新技术所需要的这些条件，则技术商品的使用价值就难以与卖方的交易承诺相一致。所以，在技术实施过程中，卖方还要继续为买方提供技术咨询、技术服务，整个过程可能需要长时间的磨合沟通。

（5）技术商品使用价值的共享性

在实物商品交易中，一方得到意味着另一方即失去了该商品的使用价值。而技术商品则不然，卖方将技术商品售予买方使用后，卖方仍掌握着这一技术，并可按《专利法》《民法典》的规定，继续转让这一技术，可以有更多的人掌握、使用这一技术，这就是技术商品的共享性。共享时每一个分享者都可获得完整的技术商品，不会因共享而减少技术商品的使用价值。但共享会加速这一技术的普及和传播，影响技术受方的利益，同时缩短技术商品的寿命，技术贸易中的诸多矛盾由此而来。

2. 技术商品的价值

技术商品的价值问题是技术经纪研究中的难点之一。

技术商品的社会必要劳动时间很难确定，故其价值确定方法复杂，其使用价值具有的特殊性决定了考察、量化技术商品的价值必须采用特别的方法与理论。

马克思的劳动价值论认为，商品的价值实体是凝结在商品中的人类抽象劳动。技术商品的价值也应该是凝结其中的人类抽象劳动。虽然由于技术人员所从事的专业和研究的课题不同，其劳动的具体形态各异，但撇开这些具体形态，它们都是知识劳动者脑力、体力的生理耗费，都可以抽象为一般的人类劳动。尽管技术商品中脑力劳动的耗费较多，劳动复杂程度很高，但是，困难在于对技术商品的价值量如何计算。价值量是由社会必要劳动时间决定的，社会必要劳动时间是在现有的社会正常的生产条件下，在社会平均的劳动熟练程度和劳动强度下制造某种使用价值所需要的劳动时间。技术商品是一种特殊的独创性商品——专利技术、专有技术，一种技术商品只能由少数几家甚至一家生产，而且无须重复生产，极少有"社会平均劳动熟练程度和劳动强度"可资比较，因此生产技术商品的社会必要劳动时间就无从细化计算，技术商品的价值量也就难以确定。

技术商品价值的确定现在基本是遵循西方经济学的供求关系理论。有的学者提出有别于劳动价值论的另一种确定技术商品价值的理论，以使用这一技术商品后所节约的社会劳动总量作为社会必要劳动时间的尺度，以此衡量技术商品的价值量。这种理论的科学性在于应用新技术以后所节约的社会劳动，可以明确表现在两个方面：一是使用新技术后，投入同样的劳动可以创造更多的价值；二是使用新技术后，创造同样的价值，需要投入的劳动量减少了，两者最终都可归结为创造单位价值所耗费的劳动量降低。以此推理，应用新技术生产技术商品后所节约的社会劳动量即相当于这一技术商品的价值量。

由于技术具有复杂性，并不是使用新技术后所生产的每一单位产品所节约的劳动量，就是该技术商品的价值量。因为新技术并不是只用在一件产品上，更不是只用在一个企业，它将逐步推广，在可以应用它的范围内尽可能都得到应用，以使其价值量得到充分的体现。只有在所有使用这种技术产品的生产上所节约的劳动量，即全部社会劳动节约额，才是这一技术商品的价值量。这种倒推的节约劳动量与"生产"技术商品耗费的劳动量并没有直接关系，并且这种理论研究，因其计算方法与统计方法脱节，故无法用于实践。目前在技术商品交易中，一般仍由买卖双方根据竞争背景直接议定技术商品的价格，而不是通过技术商品的社会平均劳动量来确定价值并计算价格。

1.2　技术商品的经营

技术商品自身的特性决定了技术经营有三大难点：信息的沟通（技术的复杂性、垄断性，应用结果的不确定性）、技术价格的认定（真实价值的不确定性，价格只能由供需双方反复协商确定）和交易双方权益的保障。

技术商品与一般商品的不同还在于一般商品是由具体的物质构成的，而技术商品在本质上却是无形的、非物质的；物质商品是一种直接的"有用之物"，而技术商品不是直接的"即购即用"之物，只有将它与一定的物质条件结合，才能物化为生产力，产生经济效益。这种知识形态商品的特征，贯穿于它的生产、流通、消费的全过程中，从而带来技术商品在生产、流通、消费中的经营困难。技术经纪人对技术商品进行全程的经纪服务必须开拓有别于传统经营活动的全新思路。

1.2.1　技术商品开发

技术商品开发即技术商品的生产。作为商品的技术开发其目的性是很明确的，它是指为了市场交易而进行的技术开发，它是全程技术经纪活动的首要环节。

1. 技术商品开发的类型

（1）受技术买方委托而进行的技术开发

这类技术开发是直接根据买方的要求而进行的，即直接来源于市场需求，这类项目占技术开发交易项目的比重很大。据统计，美国这类开发项目约占技术开发交易项目总量的70%。

（2）合作开发的交易项目

这类项目一般是买卖双方共同开发。其特点是以优势互补的方式，求得时间和经费的节约，抢先占领市场。这类开发项目随着现代科学技术的高度复杂化，在技术交易中所占比例也逐渐增大。

（3）为出售技术而进行的独立开发

这是技术开发者根据科技发展动向和市场趋势，自行选定的开发项目，待成果初成之后，再通过技术转让的方式确定技术买家。在确定项目研发时，其市场交易对象也比较明确。

2. 技术商品生产中的技术经纪职能

技术商品生产涉及供应链的很多环节，有些业务当事人自己可以完成，有些则超出当事人专业能力之外，或者是开发过程中风险较大需要寻求合作，这是技术经纪人为其提供咨询和服务的基本业务。

(1) 技术商品开发项目的选择

技术商品开发首先是项目的选择。项目选择是否得当，关系到技术商品的所得利益，也决定着该项技术带来的商品市场竞争的成败。

技术的选择弹性很大，从不同时期的角度看技术是连续更替的，完全自主发明的技术很少，更多的技术是在前人的成果基础上的完善和更新。选择项目时人们很难把握社会在用技术处于寿命周期的哪个阶段，利用成熟的基础技术难度小但寿命周期短。一种情况是，处于成长期的基础技术配套材料、技术条件很差，没有配套支撑的技术基础，无法自由选择，必须选择的情况下需要利用成熟的技术基础完成创新性配套开发，技术经纪只能根据具体的设备、资金、材料和生产水平加以改进利用。另一种情况是，利用自己的条件优势和市场上的在用技术集成开发改变技术基础，实现颠覆性创新。这就是技术商品开发的选择性创新和创新性选择问题。

技术商品开发选择失当甚至选择失误原因错综复杂，有个人价值观和消费理念原因形成的市场背离失当；也有因为信息不对称或搜集信息遗漏从而导致的决策失误；更多的失当和失误是源自技术卖方的宣传误导。有的技术应用成熟度宣传超前，有的是消费前景宣传超前，当然当下还有很多恶意转让和合作的失败案例。

技术商品开发项目的选择，要求对技术方向、消费需求、竞争背景、市场潜力、资源存量、产业政策、扩产能力等因素进行全面评价，进行细致考察，需要具备综合业务素质的技术经纪人与技术专家的密切合作。

(2) 技术开发项目交易主体的选择

技术商品的委托开发和合作开发，需要联系多方的潜在交易需求者，买卖双方各有需求，成交就是双方需求的平衡。技术经纪人可利用自己的信息网和社会联系点，为委托者找到理想的合作需方。日本企业家的说法是，一个公司既要有"橱窗技术"，又要有"厨房技术"，橱窗主要是展示用的，展示公司能够做什么；而厨房则要做出食客满意的饭菜。技术经纪人的中介服务要深入了解双方的"橱窗"和"厨房"，熟悉双方的需求和实力。充分了解双方的技术优势、商业信用和资源实力，才能实现预期的合作目标。

(3) 技术商品开发项目的后续服务

技术经纪人具有信息资源的最大优势，可以利用自己的信息渠道完成与交易主题相关的全部支持业务，包括立项申请、科技贷款、代聘专家、联系协作单位等，甚至提供工具、模具、材料等专供渠道。

1.2.2 技术商品需求与消费

商品的消费就是实现商品的使用价值。技术的显性需求可视同技术商品的消费。技术商品的特殊性，使其消费有一个复杂的消化吸收过程，技术商品的需求与消费，其时序性严重依赖技术经纪人提供的服务。

1. 技术商品需求的不确定性

技术商品需求的不确定性源于技术使用价值的特性，从需求方的角度，使用价值的特性会有些许差异。

（1）使用价值具有间接性

一般物质商品买到手即可付诸使用，而现代技术商品的使用价值大多是间接的，买方买到技术后，还需要有一个消化、吸收和再投资的过程，技术才能应用于物质生产，物化成为创造经济效益的手段。知识产权转让后未进入生产环节或服务领域而直接进入再转让的流程，其价值增值也需要一个间接的实现过程。

（2）使用价值具有预期差异性

物质商品的使用价值是明确量定的，一般能够按其购买意图实现其消费预期，而技术商品在使用过程中受使用环境或操作水平等多种原因影响，其使用效果会有较大差异。技术商品更因其创造性和新颖性，使其使用价值只是一种论证预测和设计预期，即使是成熟的生产技术的转让，往往偏差也很大，达不到原来的预期效果。

（3）使用价值具有延伸性

新的技术产品，绝大部分来自现有技术的改进、移植或重新组合，真正创新的只占少部分，买方购得技术后，还可以在其基础上重新改进、重新组合和重新移植，产生出另一个新的技术产品。这就是通过再次开发，使技术商品的使用价值得到延伸，扩大其消费功能。

2. 技术商品消费中的服务要求

技术商品消费过程实际上是科学技术需求产生到技术成果转化为生产力的过程，在这个过程中，存在着许多工作环节。鉴于技术商品买方的需求有消费条件与能力的差异，整体消费过程会出现众多附加条件和服务要求。

（1）为购买的新技术使用方案提出前期咨询要求

新技术的应用要求对原有技术体系作某些调整或根本改造，使外来技术与原来技术协调匹配，才能发挥新技术的功能。在协调匹配的过程中，新技术同相对稳定的原有技术体系必然发生矛盾。怎样匹配得好，技术经纪人可以其客观公正的立场提供咨询建议。

（2）为技术商品使用过程提出技术服务要求

技术商品消费过程中，往往伴随着设备的改建、工艺装备的设计制造、原材料的更换、人员的培训，甚至设备的购置、厂房的扩建等，这都离不开必要的投资和外界协作。技术经纪人可以接受委托，帮助用户筹集投资经费和联系协作事宜。

（3）为新产品和改进产品提出营销服务要求

新技术应用于生产后，技术商品的使用者便具备生产新产品和改进产品的生产能力，但如何把这些产品推向市场，使物质产品的消费者所接受，这就需要通过广告等方式进行宣传，并开通销售渠道，这些事务亦可委托业务熟练的技术经纪人代理。

1.2.3　技术商品流通

流通是商品生产和消费之间的中间环节，它连接生产者和消费者。流通过程可以主动调节生产和消费，具有宏观调控的功能。

1. 技术商品的流通特征

（1）信息流通是技术商品流通的重要形式

普通商品的流通，虽然也有广告、市场情报等作为流通的疏导，但大量是通过收购、调运、储存、销售等工作环节来完成的。作为知识形态的技术商品，其生产过程基本上是信息的加工过程。技术商品的流通虽然有时以样机样品等有形物作为商品资源，如技贸结合的交易，但大部分是以信息作为技术商品资源，同时又是以信息作为疏导流通的媒介体，以此来引导需求和反馈需求，沟通供求关系。

（2）买卖双方一般需要直接见面

一般商品由于其使用价值是既定的，一般可以通过商业系统或经纪人转手，买卖双方无须直接见面即可实现商品的售购，线上的商品交易已成常态。而技术商品由于使用价值的隐匿性，涉及很多附加专业知识的传授，因此多数项目需要买卖双方直接见面。

（3）同一项技术商品可以延续改造且多次转让

如前所述，技术商品有偿转让的多次性，以及技术完善与改造后的再转让是技术商品的一个重要特征，也是技术交易洽谈中经常遇到的谈判热点。

2. 技术商品流通中的服务要求

（1）以信息获取作为促进流通的主要手段

技术信息是技术流通市场的主导资源。利用信息的流通来促进技术商品的流通；利用信息传播，捕捉交易机会；利用客观存在着的信息阻塞和信息资源的不平衡，开通信息流通渠道，促成技术交易；通过建立信息网，联系和保持相对稳定的客户。这些服务要求催生出专门的职业。

（2）以多边主体合同的形式，产生利益保障服务要求

技术经纪的权益保障重在契约。由于技术经纪职业的信息化特性，技术交易双方一旦直接见面，就有脱离中介服务的便利。技术经纪人以市场主体的地位在同委托者订立经纪合同的同时，也要同第三者订立合同，以便依靠法律确保自己的利益。

（3）对同一成果的多次转让和技术的后期开发服务要求

技术经纪人在接受委托人对其成果进行多次转让时，要认真进行市场调研，要确认不同地区的经营环境，以便确定合理的区域布局和合理的价格。

（4）技术商品确价的第三方服务要求

价格是价值的货币表现形式，技术商品价格对价值的体现非常复杂，主要困难是技术商品的价值量难以科学确定，技术商品的价格与价值之间往往存在着严重的背离现象，不能简单地照搬套用成本加利润的公式。必须研究影响技术商品价格的各种因素，例如对新技术节约劳动量的确定、技术商品的转让次数、技术的生命周期、技术的研究开发成本、市场机制对价格的补偿、价格的支付方式、技术商品的成熟程度等，尤其是准确推断该技术转让的竞争程度，以确定一个比较合理、适于促成技术商品交易的定价模式。

1.3 技术商品的定价机制

技术商品的定价机制比较复杂，涉及技术商品要素市场的界定、技术商品资源要素的配置效率、技术信息沟通的渠道与对称程度，以及国家与地区的政策法规限制，甚至包括技术供求双方的价值观、经营理念和双方约定的价值评估方法等。技术商品转让的本质是企业之间、部门之间、个体之间技术与服务的相互交换，技术交易者的贸易行为是其价值观的直接表达，通过交换获取各自的利益。

1.3.1 技术商品的价格构成

确定技术转让的价值与价格是技术交易的一个难题，也是国际技术贸易谈判的难点与重点。价格是价值的市场体现，既然技术的真实价值难以科学评估，价格的确定就只能把技术的粗略估值作为参照。在技术成果的研发过程，科技人员使用的科研设备设施、实验材料，其分摊的费用和消耗的物资，即以往体力和脑力劳动者的劳动成果（物化劳动即价值）需一并转移到新的研发成果中来，同时科技人员新的活劳动又凝结到科技成果中为科技成果创造了新的价值。因此，技术商品价值是由研发或转化该成果所耗费的物化劳动和活劳动构成，这是科技成果价值的基本构成。活劳动消耗是科技工作者和管理者所消耗的脑力和体力，创造了新的价值。新创造的价值分为两部分：一部分成为科技工作者为维持自己和家庭所需的生活资料的薪酬所得；另一部分价值创造是所缴纳的社会管理支出和为民政福利等方面所贡献的积累。

技术转让过程也是有消耗的，有物化劳动和活劳动消耗，所消耗的物化劳动和活劳动是新价值的追加，成为技术价值的构成部分。用政治经济学术语解释技术商品的价值构成有以下三个部分：已消耗的生产资料的价值，即实验场所、工具、耗材等物化劳动价值；活劳动消耗中的必要的社会平均劳动部分，即科技人员、管理人员、转让中介服务人员等投入的脑力与体力消耗；新的人力消耗，包括劳动者为自己创造的价值和劳动者所得的额外部分，即劳动者为社会劳动创造的价值。为社会创造的价值主要形式是税金和特色形式的管理费，这与普通商品生产销售的价值创造相差无几。

价格作为价值的货币表现形式，其构成也有三个部分：生产资料价值的货币表现为物质消耗支出；劳动者必要劳动创造价值的货币表现为劳动报酬支出；劳动者剩余劳动创造价值的货币表现为盈利。未转让的技术没有利润概念，只作为部门绩效的核算指标。

实践中，财政补贴、税收优惠、义务兼职、学生劳务、免费专利等太多的因素，使得没有办法做到科学核算技术商品价值，大多是根据财务核算的研发费用加利润预期估算出谈判报价和成交底价，在供求关系价值规律的作用下完成交易定价。

1.3.2 决定技术商品价格的成本因素

技术的价格是由多种费用构成和在多种因素影响下形成的，同样的技术对于不同的交易双方，价格的影响因素权重会有很大差异。技术交易双方只有深入了解技术的适用水平和应用契合难度、各种影响因素的鉴别和选择，才能得到符合双方共同利益的双赢结果。影响技术价格的因素通常有：直接费用的大小，为达成技术转让交易和完成技术转让过程实际支出的费用；供给方利润的期望值；技术所处生命周期的不同；技术供给方提供协助的多寡；技术使用独占性程度的高低；许可方承担义务和责任的大小；受许可方对技术吸收消化能力的强弱；技术的竞争程度；技术使用可以带来的经济与社会效益。另外，还包括合同期限、技术使用范围、交易双方所在国家的法律规定和政治条件等。技术交易中影响技术价格的因素很多，其中仍以研究开发费用为主体，交易成本相对容易核算，另有机会成本概念作为最优决策的优化参考。

1. 研发费用成本

研发费用也就是研究开发成本支出。我国会计和税务相关法律关于研发费用内容的规定与国际会计准则中研发费用包括的内容不完全一致。

我国财政部门在会计准则中针对无形资产形成及税务处理有过规定，"企业内部研究开发项目研究阶段的支出，应当于发生时计入当期损益"，而企业内部研究开发项目开发阶段的支出，能够证明下列各项时，应当确认为无形资产：

①从技术上讲，完成该无形资产以使其能够使用或出售具有可行性。

②具有完成该无形资产并使用或出售的意图。

③无形资产产生未来经济利益的方式，包括能够证明运用该无形资产生产的产品存在市场或无形资产自身存在市场；无形资产将在内部使用时，应当证明其有用性。

④有足够的技术、财务资源和其他资源支持，以完成该无形资产的开发，并有能力使用或出售该无形资产。

⑤归属于该无形资产开发阶段的支出能够可靠地计量。对于无法区分研究阶段研发支出和开发阶段研发支出的，应当将其全部费用化，计入当期损益（研发费用）。

我国会计准则委员会明确规定了作为能够形成无形资产的新技术、新产品、新工艺的研发费用归集期间，对研发费用的构成没有开列具体细目。

国际会计准则委员会制定的《国际会计准则第9号——研究和开发费用》规定，

研究和开发活动的成本包括：薪金、工资以及其他人事费用；材料成本和已消耗的劳务；设备与设施的折旧；制造费用的合理分配；其他成本；等等。

2. 技术交易成本

对交易成本的关注始于新制度经济学。科斯（Coase）在《企业的性质》中首次提出了一般意义交易成本的概念。对于决定交易成本的因素，科斯将其概括为获得准确市场信息所需要付出的费用，以及谈判和经常性契约的费用。威廉姆森（Williamson）扩展了交易成本分析的范围：一是阐明行为的有限理性和机会主义。有限理性是一种"半强形式的理性"，承认人的理性决策能力是受限制的，机会主义行为被定义为"狡诈的自利行为"，包括隐瞒和歪曲信息、行为狡诈、马基雅弗利式的（有权谋的）意图。二是将交易活动维度化，即交易资产的专用性程度、交易的不确定性程度、交易发生的频率，交易成本取决于交易的这三个维度。威廉姆森把交易成本分成两部分：一是事先交易的费用，即为签订协议，规定交易双方的权利、责任所花费的费用；二是签订契约后，为解决契约本身所存在的问题，从改变条款到退出条款所花费的费用，包括技术转让过程涉及的人力、物力、样品、考察接待等。

从技术供给方的角度来看，转让成本影响因素包括：

①转让前期的市场调查费用。供给方对转移技术的可行性研究、技术资料的准备、接待受让方的技术考察和谈判，或派遣人员对技术受让方所在地进行技术、市场考察和谈判等方面的费用。在技术转让过程中交易价格还会受到受让方接受能力及国际技术贸易价格水平的制约，不可能完全按供给方的报价或底价成交，如果交易成本过大，会使供给方权衡利弊终止技术交易。因为技术供给方在确定技术交易价格时必然会计算交易成本。

②向受让方提供的技术服务费用。如技术转让过程中技术培训的知识量及时间量，技术转让过程的管理方法、质量保证方法等的引入程度，专用技术设备、成套设备以及其他支持设施的引入程度。此类技术服务量越大，供给方的投入转让费用越高，技术商品价格也相应提高。有些供给方因提供的服务过多、费用过高，往往会进行软件技术（技术图纸、工艺操作说明、技术咨询等）与技术设备、成套设备技术转让的切割交易。

③技术服务性质形成的直接费用。受技术引进方核心技术知识的需要程度影响，对能力较低的技术引进方，供给方除了提供所转让技术的工艺、操作知识和经验，还需要提供便于引进方掌握技术原理的更详细的技术资料和技术咨询，这就形成了技术供给方的直接费用，技术供给方会据此提高交易价格。受让方要求转让的技术规范或产品型号不同即会出现不同的价格水平，技术供给方则会增加转让成本补偿。

3. 机会成本对价格确定的影响

技术供给方在技术转让初期要对销售市场份额可能的损失和对方可能的盈利进行估算，并把这个数量反映在技术价格中，即供给方的机会成本。一项技术的转移成功意味着技术的供给方可能失去一部分未来市场，甚至互为竞争对手；而技术引进方因获得新的生产能力可能开辟一个新的市场，进而成为技术转让方的直接竞争对手。技术供给方对机会成本的权衡源自以下方面：技术供给方在转让期内继续使用该技术生产、销售的预期利润；技术供给方在技术转让期内因契约条款约束对继续享用该技术所受限制的利润损失；技术供给方对技术引进方在转让期内利润所得的估值。技术供给方的同一技术在相同市场多次转让时，会降低机会成本的考量；技术的法律状态会对价格产生影响，受知识产权保护的专利技术的价格，一般要高于同类的专有技术。技术转让方式不同，价格会有很大差异，如技术使用权的转让，即技术许可，因对技术的适用范围、时间、程度不同，技术许可又有很大区别，表现方式可以是许可证贸易，也可以是国际直接投资，还可以是包含许可证的国际工程承包等。

4. 管理缴费与税金

中国特色的科技管理体制，除高校和事业单位性质的科研院所外，企业内部的科研部门和企业性质的科研院所技术商品价格的核算，通常是按企业的财务要求把价格构成的第三部分分解为利润和税金。价格构成中的生产成本，是价值构成中的生产过程物化劳动和劳动者为自己所创造价值的货币表现，是盈利的组成部分。利润有研发收入利润和转让收益利润之分，税金有研发收入税金和转让收益税金之分，税收优惠或减免另当别论。高校和科研院所教研室一级的管理费用作为活劳动消耗列入成本，按课题费的一定比例上缴学校和院所一级的管理费，部分作为代缴税金，部分以管理费名义成为学校与院所的收入而无法确定是活劳动消耗还是变相的税金。

1.3.3 技术商品价格确定的非成本因素

技术商品取代了体力劳动者大量的简单劳作，技术通过资本运作成为提高劳动生产率的主导要素。大生产时代，没有资本的积累和技术经理人对资本的调度运营，越是先进的技术，交易成功后的应用效果相对越差，技术商品"劳动生产率"低下，抄袭模仿技术的同质化等问题扭曲了供求关系，导致价值与价格的背离。一方面高新技术、适配技术"一技难求"，另一方面我国发明专利390.6万件的有效存量（2022年6月底数据）得不到有效开发，技术供应严重过剩。

1. 技术生命周期对价格的影响

技术商品与其他商品一样具有生命周期，即经历发展、成熟和衰退的过程。处于不同阶段的技术的使用价值有很大差异。新技术研制以概念、原理等形式出现，多以专利形式得以保护。新技术的初始商业价值多不被看好，技术受让方获得许可的费用可能较低，但要将其商业化却要追付较高的费用。当这项技术已用于实际生产并有显著的商业潜力时，技术持有者会垄断该技术，即便以专利许可形式转让，交易价格也会很高，而且其中的关键技术（诀窍）不会转让。当技术进入成熟期或衰退期时，技术的转让才会比较完整，技术价格也会逐渐降低。特别是临近专利保护期的技术其价格会相应低廉。不同类型的技术生命周期长短不一，技术的交易价格会受到技术发展周期寿命预期的影响。对寿命较短的技术，买方需具有较强的技术能力、经济能力、销售能力，通过快速占领目标市场获利。一般商品的价格构成主要是生产成本加预期利润，价格中成本所占比重较大，利润所占比重相对较小。而技术商品不同，其价格通常由技术的开发费用、转让费用和预期利润三部分构成。由于技术商品可以多次转让，技术开发费用及转让费用可多次分摊，故其比重相对较小；而预期利润则由于技术商品本身的垄断性尤其是技术应用实际使用价值的超值效应，故利润在价格构成中的比重较大。技术交易的实践中，技术价格的高低关键在于使用该技术所产生的经济效益，这取决于市场对该技术应用经济价值的认可程度。利用该技术可能产生的经济效益预期越高，则转让价格越高，反之则价格越低。显然主要决定技术价格的不是研制费用的高低，而是采用该技术可带来效益的大小。受让方关心的不只是其开发成本和交易成本，更重要的是该技术使用价值带来的产量规模、质量优势或垄断的区域市场。受让方能够接受的技术价格构成要素主要是盈利预期，而盈利的基础是技术使用的潜在获利能力。

2. 支付方式对价格的影响

技术转让的价格支付方式可以按照一次总付方式安排。双方谈判确定的技术交易价格不按提成或分期方式支付而按转让方技术转让义务履行规定总付价款。如一般在签订合同后先支付 15%，随着技术资料的交付，再行支付 80%，留下 5% 作为"风险"的担保，在成功地实现技术转移（例如生产或制造出产品）后支付，这与投产后按年限分期不是同一概念。在转移技术比较简单、易学且技术交易价格金额较低的情况下，以一次总付的方式来安排支付，对供需双方来说都是比较便捷的。一次总付对被许可方而言，在未获得使用技术收益前，被许可方在支付安排上会有财务压力。在国际技术转移中，技术许可常用的支付方式为分期提成，被许可方在使用技术并生产或制造出产品且实现销售后，以产品的销售额或其他双方商定的基数，部分提取支付给许可方，连续支付若干年。这种支付方式的理论依据是：既然技术价格的实质是利润的分享，则应在发生利润以后才能分享。分期提成的支付方式对被许可方而言没有财务上的压力。对于许可方来说，由于技术的边际成本为零，也容易接受。国际技术贸易实践中，具体做法是以分期提成为主，但在签订合同后由被许可方先支付少量金额，以支付许可方已发生的费用。这种预付金支付，称为"入门费"，不影响以后年度的分期提成，"入门费"将在以后分期提成时扣除。分期提成的支付方式，无论是否有"入门费"或预付金，许可方究竟实际能获得多少收益，取决于被许可方消化、吸收技术是否顺利，是否能按时生产、制造出产品和产品销售状况。采取分期提成支付方式的提成基数一般是转移技术产品的总销售额或净销售额（扣除包装、保险、运输、关税等，以及由许可方提供的半成品、部件、零件等费用后的销售额）。

1）分期提成方法。按产品的单位或数量计算提成费；按销售价格（销售额）计算提成费；按利润计算提成费；最低限额上按产品数量/价格/利润基数的提成法；最高限额下按产品数量/价格/利润基数的提成法；递减提成费法；滑动提成法（价格平减提成法）。

2）技术转让费的支付与清算。

①货币的选择：转让费的计价和支付，可以使用许可方国家的货币、引进方国家的货币或第三国货币。

②支付时间的选择：在总付的情况下，一般采用分期付款的方式，具体支付的次数和比例，一般根据技术的难易程度、金额大小以及传授技术的环节，由双方协商决定；在提成费支付的情况下，支付的时间一般规定为季度、半年或一年，并对每一付款期的最后一天做出规定。

③结算方式的选择：一般采用托收或汇付的方式。

2. 贸易壁垒的价格影响因素

市场经济是法治经济，法律完善背景下的常规技术商品，供需双方都期待利益的最大化，决定交易的关键要素是价格。供方希望技术转让的价格高且承担的责任少，而需方则希望技术引进的价格低且便于消化吸收。在实际交易中，供需双方会通过价格折中的办法来完成贸易活动，价格的决定因素与供需双方的利益分配紧密相关。但是，在政治经济法律不相一致的地域间，贸易摩擦和经济制裁等会严重扭曲技术交易价格的合理性。

国际技术贸易与货物贸易相比具有显著特点：技术转让的实质是以无形的技术知识作为标的物，技术转让除适用合同法的一般规定外，还要遵守工业产权法特别是技术转让法的有关规定，而有形货物贸易则主要由合同法提供利益保障。国际技术贸易与国内技术交易的根本区别主要表现在二者适用的法律不同。国际技术贸易中的技术持有者或者所有者，通过惯例形式将其所持有的产品技术、经营技术和服务技术以及相关的权利有偿跨国转让给需求方。各国关于技术贸易的法律法规通常由两个部分组成，一部分法律法规适用于本国内的技术转让，另一部分法律法规适用于国与国之间的技术引进和技术输出，国际技术贸易和技术服务会受到相关国际公约的约束和面对不同地域的各种限制措施。

贸易（关税）壁垒与技术壁垒、法律约束、科技体制、财税政策等都可形成不同政治经济文化国家之间的技术输出与引进的贸易障碍，成为技术商品流通的人为限制，而不单纯地由市场价格决定转让成败。

3. 信息技术与渠道对价格的影响因素

技术转让发生在社会必要劳动时间消耗失衡的那些产业和区域之间，技术贸易的产业和地域跨度越大，技术商品的水平差异越大，技术价值平均劳动时间耗费的参照地域越广，在世界范围的大市场，价格不可能按照交易双方局部行情来确定，而只能依照全球化的公认价值调整平衡。技术进步日新月异，技术交易的主动权往往在供应方，但能动性常常在受让方，受让方取得技术的目的主要不是加价买卖，而是为了生产与服务应用，技术商品的成本对甲乙双方的成交意愿影响很大。技术商品应用的价值观和资源实力影响着技术交易的商品定价。

4. 跨国公司的转移定价

转移定价又称转让定价或划拨定价，是指跨国集团内部母公司与子公司、子公司与子公司之间，相互约定出口和采购商品、劳务和技术时所采用的内部交易价格。转移定价是跨国公司的一种经营策略，定价服从跨国公司的全球战略目标和谋求最大限度利润的需要。跨国公司通过各种名目的转移价格，调整各子公司产品的成本，转移各子公司的利润收入，以使公司在全球范围内纳税最小化、利润最大化，并能减少各种政治、经济风险以及支持子公司拓展市场。因此，这种定价在很大程度上不受市场供需价值规律影响，也不是独立的买卖双方在公开市场上按独立竞争原则确定的价格，而是一种跨国公司的内部转移定价。转移定价包括以下关联内容：

①转移定价使得跨国公司获得低于市场价格的技术，从而获取操控市场的优势，保证了跨国公司将这些技术控制在公司内部，确保对先进技术的所有权控制。跨国公司对关键技术的所有权保证跨国公司能够形成在东道国市场上的独占性，这些东道国市场需求的技术成就了经营垄断优势。

②转移定价可以避免通过市场的国际技术贸易合同中的许可证费、技术资料费用、技术服务与培训费等各项费用。

③通过转移定价机制，可以避免或降低由于市场不完善引起的交易成本，例如获得必要信息的费用、寻找合适贸易伙伴并与之讨价还价的成本、在合同上规定双方权利与义务的成本、接受合同的风险成本和机会成本、因市场交互时滞或中间产品供应不及时产生的成本，以及关税、配额、外汇管制和汇率政策等不确定性造成技术引进方所支付的外部费用，使得跨国公司在海外市场竞争中获取技术成本优势。

④将国内处于衰退期的技术以转移定价的方式转移到海外，在东道国进行生产，同样可以获得成本上的优势。跨国公司为了向子公司分摊管理费、R&D 费用或为了在合资公司中取得超过股份的利润份额等，均可通过较高或较低的转移价格来实现。

⑤通过对技术的转移定价，保持了对关键技术的所有权，而跨国公司对关键技术的所有又会导致其产品差异化，跨国公司可以利用技术优势使其产品发生实物形态的差异，如质量、包装、功能等，也可以通过销售技术使其产品在消费者心理上造成差异，如商标、品牌等，以避免产品被当地竞争者直接仿制。

⑥跨国公司定价机制会受到包括东道国政府反避税法规及各国税制等因素的制约。企业会把转让定价作为避税的手段。许多发达国家都制定了专门的反避税法规，还有不少国家在国内税法或涉外税法中也专门列有反避税的条款。更多的制约因素如跨国公司内部母子公司之间的利益冲突会干扰技术贸易的有效管理和定价策略。

第二章

技术市场

引　言

技术市场是新兴的生产要素市场，是我国现代市场体系和国家创新体系的重要组成部分，是各类技术交易场所和服务机构以及技术商品生产、交换、流通关系的总和。技术进步、分工细化促进了财富的增长，刺激着市场的产生。由于交换能力、分工的范围往往受限于交换的范围，即交易量受市场范围所限，所以，技术商品的扩散和生产分工的细化要求推动了技术市场的发展。技术市场的成熟，扩大了技术商品在更大地域范围的流动，同时也产生了技术经纪职业的需求。技术应用于生产和服务带来的高效率极大地丰富了物质财富和精神需求，更多的技术应用和应用范围的扩展使得技术的使用寿命周期在一定的区域内大大缩短，技术市场环境也日益复杂，技术市场管理和技术经纪也成为要求严格的新兴职业。

本章的重点是通过了解技术市场与技术经纪的存在关系和宏观技术市场发展的战略方向，厘清技术经纪在市场供应链中的职业地位，使技术经纪在技术转移价值链中参与价值创造和利益获取的职能配置更清晰，从而提升技术市场建设运营的服务绩效。

2.1　技术市场的构成

2.1.1　技术市场的含义

1. 技术市场的概念

市场有广义和狭义之分。狭义的市场是指商品交换的场所，即在一定的时间、地点进行商品买卖。在商品生产条件下，商品生产者的商品生产不是为了自身消费，而是为了他人的需要，是为了进行交换。而市场在这一过程中所发挥的作用，就是提供交易的场所。因此，狭义的市场是指有形市场。

广义的市场是指商品的流通领域，是商品交换关系的总和。它既包含了商品交换的具体场所，也包含了商品交换过程中所形成的买卖双方经济利益关系。随着社会分工和商品经济的发展，商品交换已不局限在某一时间、某一地点，而是贯穿了整个交换过程的开始与终结，这就形成了无形市场。所谓无形市场，是指没有固定的场所，靠广告、中间商以及其他交易形式，寻找货源或买主，沟通买卖双方，促进贸易。例如，某些技术市场、房地产市场等就属于无形市场。因此，广义市场包括有形市场和无形市场。

技术市场的概念亦有狭义和广义之分。狭义的技术市场，是指在一定时间、一定地点，进行技术商品交易的场所，如技术交易会、技术集市等。广义的技术市场，是指将包括技术装备、知识产权在内的科技成果作为商品进行交易，并使之变为直接生产力的交换关系的总和。它包括从技术商品的开发到技术商品的应用和流通的全过程。本章所讲的技术市场是广义的技术市场，包括有形技术市场和无形技术市场。

2. 技术市场的构成

从原则上讲，技术市场的构成必须具备三个要素：要有技术市场的主体，即技术商品的供方、需方和中介方；要有技术市场的客体，即可供交易的技术商品；要具备供需双方都能接受的价格和交易条件。三者相辅相成，缺一不可。

（1）技术市场的主体

技术市场的供方、需方和中介方是构成技术市场最基本的交易主体。技术市场上的卖方，既是技术商品的生产者，也是技术商品的出让者，主要是各类科研机构、设计单位、高等院校以及持有技术商品的科技人员、发明人等，其基本作用是给技术市场提供技术商品。技术商品是技术市场的物质基础，没有技术商品生产者为技术市场提供技术商品，技术市场就不复存在。技术商品生产者参与技术市场活动的目的，是按照合理的价格把自己生产的技术商品卖出去，实现技术商品的价值和使用价值，使科研劳动得到补偿，技术商品生产得以继续。

技术市场买方，即技术商品的需求方，也称技术商品的受让方，主要是生产企业。成套设备和新兴产业技术的供应方和需求方，大多是大型企业尤其是跨国公司，它们是技术市场的主要参与者；中小型企业对成熟技术和专门市场的技术需求相对更为活跃。技术商品需求方的基本作用是购进技术商品并应用于生产，完成技术商品的流通，实现技术商品的生产目的。如果技术商品没有买方，就犹如物质商品没有消费者一样，生产就难以为继，市场交换亦即停滞，从这个意义上说，买方是决定技术商品的价值和使用价值能否实现的关键。

随着技术市场的成熟，出现了技术中介方，即技术中介服务机构和技术经纪人。他们为技术商品交易双方牵线搭桥，并对技术商品进行宣传、评估、鉴定，对技术交易过程进行组织、协调、监督。特别是技术经纪人，在促成技术商品交易、促进科技成果转化为现实生产力中起着重要而特殊的作用。

（2）技术市场的客体

技术商品是构成技术市场的基础，是技术市场的客体。在技术市场上转让的技术，一般分为硬件形态的样机、样品、机器设备，软件形态的设计、配方、工艺以及劳动流动形态的技术服务和咨询等。从成果的转让形式看，包括通过技术转让合同、技术开发合同、技术咨询合同和技术服务合同转让的技术等。科研生产联合体中实行技术入股、合资经营、联合开发、合作生产等，也属于广义的技术商品供给。

(3) 价格及其交易条件

价格和其他交易条件是供需双方达成交易的主要依据，同时也构成了技术市场的重要内容。技术商品形态多样、使用复杂、使用技术要求严格等多方面的原因，使得技术商品在转让后所产生的效用与需求方的承接能力和相关条件有着不可分割的联系，理论效用是一个不确定的概念。在这种情况下，技术商品的价格也具有很大的不确定性，所以技术交易实行议价成交。为了减少这种不确定性，促使供求双方达成交易，技术商品应由相应部门进行技术评估与鉴定，对技术商品的先进性、适用性和经济性做出有效、科学的评价（技术鉴定并不是进行交易的必需条件）。另外，技术交易地点、时间、技术服务、技术培训以及交易所依据的有关法律等，也都是供求双方达成交易的必要条件。

2.1.2 技术市场的研究范畴

技术市场研究横跨经济和科技两大管理领域，是一门包含基础理论与应用理论两个层次的综合学科，研究范围十分广泛。在理论上，它与政治经济学、市场学、商业经济学都保持着密切的关系。技术商品的交易活动又涉及经济活动的许多领域，需要运用许多经济学科的原理和方法，例如金融学、财政学、统计学、会计学、计量经济学、技术经济学、广告学等，解决技术商品在流通过程中所遇到的各种问题，并形成自己的理论和方法。技术市场学还和社会科学的许多学科相关，例如科学学、技术学、法学、管理学等，借鉴这些学科的原理，可以解决技术商品交易中的管理和法理问题，进行科学有效的技术市场分析和预测。

技术市场的研究对象是技术商品和交换关系。技术商品的特殊性和技术商品交易的复杂性，使得技术商品在营销活动和流通过程中呈现出特殊的形式和规律，其丰富的研究内容主要包括以下方面：

1. 技术商品在流通领域中的运动规律

技术商品的供求和流通是技术市场研究的核心问题，了解和研究技术商品供求的一般规律，不仅有助于分析和掌握技术商品在技术市场中的流通状况，还能为协调供求双方关系、制定有关技术市场的政策和法规、进行有效的科学管理提供理论依据。这方面的研究内容有：技术商品的供求机制和供求关系，技术商品的流通形式和流通环节，技术商品流通的梯度理论，技术商品的生命周期和淘汰规律，价值规律在技术商品流通中的调节作用等。

2. 技术市场的地位和作用

技术成果的有偿转让为技术市场的形成创造了前提条件，反之，技术市场的形成也促进了技术成果的商品化。要充分发挥技术市场的这种反作用，就必须从微观和宏观两个方面来研究技术市场。微观研究是探索技术市场在技术商品流通中的地位和作用，确立技术市场的功能和形式；宏观研究是探索技术市场在社会主义统一市场中的地位和作用，研究其和物质商品市场、资金市场等市场的关系，以确定进一步开拓技术市场的途径和方向。

3. 技术交易各方的营销策略

无论是技术商品的转让方还是技术商品的受让方，要想成功地开发并进入市场，必须要有正确的营销策略。由于买卖各方的利益不同，要顺利地进行并扩大技术商品的交易，需要明确买、卖、中介三方在技术交易中的相互关系并建立调节三方关系的原则，同时也要研究买、卖、中介三方在信息对称、非对称等状态下的营销策略。

4. 技术市场的管理

技术贸易活动纷繁复杂，交易活动中各种矛盾罗列交织，如果没有一个共同遵循的技术市场规范以及科学的组织管理，技术贸易活动就难以有序进行。技术市场的管理有微观和宏观两个方面。微观管理包括技术市场的信息管理、合同管理、专利管理、销售管理、广告宣传管理等；宏观管理包括技术市场与金融市场、人才市场等市场的有机协调和配套，对技术商品实行计划指导与市场调节相结合，技术有偿转让的立法、监督和仲裁等。

2.1.3 中国技术市场的形成及发展

中国技术市场是在 20 世纪 80 年代才开始形成并逐步发展的，技术市场从无到有，功能不断完善，制度环境不断优化，已形成完整的门类体系。

按区域，中国技术市场可以分为本埠技术市场、省区技术市场、全国技术市场和国际技术市场；按产业，可分为工业技术市场、农业技术市场、交通运输技术市场、建筑技术市场等。

按技术商品形态，它可分为软件市场、硬件市场和综合技术市场等。软件市场一般采取报告会、学术交流会、成果鉴定会、技术信息交流以及技术咨询服务等形式；硬件市场一般有技术成果交易会、展览会和技术协作攻关等形式；综合技术市场包括多种新产品、新工艺、新装备和新技术的展销活动等。

中国技术市场的快速发展对创新市场机制、促进科技和经济融通发展、完善特色市场经济体系发挥了重要作用。其发展大致可分为以下几个阶段。

1. 萌芽阶段（1981 年前）

1979 年以来，我国经济体制改革的推进改变了单纯依靠行政手段和指令性计划组织生产的做法，促使企业不断发展商品生产，提高经济效益。旧体制下生产管理因循僵化、产品几十年一贯制，已远远不能适应商品经济的发展，改革迫使企业把提高经济效益的着眼点放在技术进步上，增强了企业对新产品开发和新技术应用的需求。于是，一些企业与科研单位自发地松散联合，进行资源协作，科研单位开始向企业有偿转让技术成果。1981 年，沈阳、武汉、北京等城市先后出现了少量的以科技人员为主体，以经营技术转让和提供技术服务为主要业务的公司。在政府推动下，举办了全国最早的技术交易会，初步体现了技术成果的商品属性，推动了技术由无偿到有偿的转让，交易会充当了科研与生产的中介。

这一阶段的特点，是技术成果的推广应用实现了从无偿到有偿的突破。但是，由于当时关于技术是否是商品还存在严重的定性分歧，许多单位在技术协作中，有偿服务和有偿转让是不公开或半公开的，其着眼点也仅仅是给技术持有者以适当的劳务补偿，并没有从商品对等交换的角度来认识和操作。

2. 初步形成阶段（1982—1984 年）

1982 年，党中央、国务院提出了"经济建设必须依靠科学技术，科学技术工作必须面向经济建设"的战略方针。不少单位运用合同制，推动科技成果从实验室向生产领域转移、从军工向民用转移、从沿海向内地转移、由国外向国内转移。全国各地技术贸易组织大量涌现，为技术市场形成提供了组织保证。各城市的技术交易协调机构把本地的大专院校、科研单位、军工单位等联合起来向本地区的生产企业提供技术支持，并尝试与本地区以外的企业进行技术协作。跨地区、跨行业的技术交易网络开始形成。技术成果交易会、技术难题招标会、科技信息发布会、技术交易洽谈会、大篷车技术服务队等多种促进技术交易的形式相继出现。

政府有关部门开始关注和加强对技术市场的指导和管理。1983 年 7 月，国家科委发布了《加强技术转移和技术服务工作的通知》。1984 年 1 月，国家科委、国家体改委提出了关于科研单位由事业费开支改为有偿合同制的改革试点意见。1984 年 10 月，国务院常务会讨论了我国开放技术市场问题。根据会议精神，制定了《国务院关于技术转让的暂行规定》，明确指出："国家决定广泛开放技术市场，繁荣技术贸易，以促进生产发展。"1984 年年底，全国技术合同交易额达 7 亿元。

3. 迅速发展阶段（1985—1989 年）

1985 年 3 月，《中共中央关于科学技术体制改革的决定》再次指出："促进技术成果商品化，开拓技术市场，以适应社会主义商品经济的发展。"开拓技术市场是科技体制改革的主要内容，成为我国科技体制改革的突破口。1985 年 4 月，国务院成立了全国技术市场协调指导领导小组，办公室设在国家科委。其任务是对全国技术市场进行宏观指导，协调各业务部门的关系，推动技术市场的发展。全国技术市场协调指导小组成立后，提出了"放开、搞活、扶植、引导"的技术市场发展方针，并于 1986 年 12 月发布了《技术市场管理暂行办法》。该暂行办法中明确指出"技术市场是我国社会主义商品市场的重要组成部分。技术市场的基本任务是：促进技术商品流通，推动技术成果的推广和应用"。1985 年 4 月 1 日，《中华人民共和国专利法》正式施行。1987 年 6 月，第六届全国人大常委会第二十一次会议审议通过了《中华人民共和国技术合同法》（以下简称《技术合同法》）。这部具有中国特色的技术成果商品化的法律，规定了技术市场的基本准则，使我国技术市场沿着法制化轨道，进入迅速发展新阶段，技术市场向着多层次、多成分、多形式的交易网络发展。

4. 突破性发展阶段（1990—2006 年）

《技术合同法》及其实施条例发布实施后，国家科委相继出台了一系列规定，主要有：《技术合同认定登记管理办法》《技术合同认定规则》《技术市场统计工作规定》《技术交易会管理暂行规定》《关于科技人员业余兼职若干问题的意见》《技术合同仲裁机构管理暂行规定》和《技术合同仲裁机构仲裁规定》等。与此同时，各省、自治区、直辖市政府也非常重视技术市场的培育和建设，相继出台了旨在促进科技进步，规范协调技术市场行为的地方性法规、规章和政策措施，并建立了技术市场管理机关，建立了技术合同认定登记制度等多项管理制度。

到20世纪90年代末，《技术合同法》《经济合同法》《涉外合同法》三法分立的情况已不能适应经济体制改革和经济快速发展的需要，为此，1999年3月15日，经第九届全国人大第二次会议审议通过《中华人民共和国合同法》，统一了分散的合同法条。2000年2月16日，科技部、财政部和国家税务总局印发了共同制定的《技术合同认定登记管理办法》。2001年7月18日，科技部印发了修订后的《技术合同认定规则》。

5. 快速发展阶段（2007年至今）

经过30多年的发展，我国技术市场的交易规模和领域不断扩大，各个层次、多种形式的技术交易活动相当活跃，遍及我国社会、经济发展的各个领域，大大推进了科技成果的商品化、产业化和国际化，为我国技术市场的发展树立起新的里程碑。

近年来，政府高度重视技术交易市场的建设与发展，先后出台了相关指导文件。国务院《国家技术转移体系建设方案》提出"培育发展若干功能完善、辐射作用强的全国性技术交易市场，健全与全国技术交易网络联通的区域性、行业性技术交易市场"。

技术市场是我国技术商品聚集的重要平台和技术转让的主渠道，技术市场的交易状况能反映出技术经纪业务的基本态势。

（1）技术交易活跃，技术合同额快速增长

2020年，技术市场在创新资源优化配置、高质量科技成果供给、高水平科技成果转化中继续发挥决定性作用，引导要素市场化配置体制机制创新，技术交易质效持续提升。据全国登记的技术合同统计，2020年全国成交技术合同549 353项，成交额为28 251.5亿元，同比增长分别为13.5%和26.1%。平均每项技术合同成交额从上年的462.7万元增长到514.3万元（图2-1所示）。

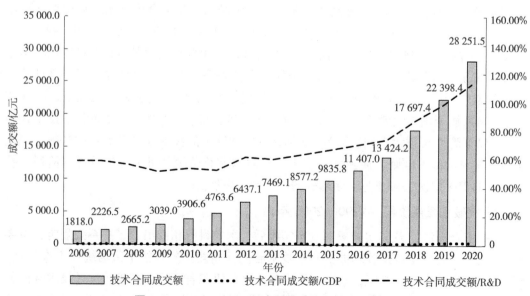

图2-1　2006—2020年全国技术合同成交额情况

随着国家创新驱动发展战略的深入推进，我国全社会研发投入逐年增长，2016 年为 15 676.7 亿元，2017 年达到 17 606 亿元，增长 12.3%，全国 GDP 总额 2016 年为 74.01 万亿元，2017 年达到 82.08 万亿元，按可比价格计算增长 6.9%。我国全社会研发投入增长速度明显大于同期 GDP 增长速度，由 2019 年的 2.3% 上升至 2020 年的 2.8%；技术合同成交额 2019 年首次超过同年 R&D 经费支出，2020 年上升至 115.7%（见表 2-1）❶。

表 2-1 2016—2020 年全国技术合同成交额与 GDP 和全社会 R&D 经费总值的比较

年份	2016 年	2017 年	2018 年	2019 年	2020 年
国内生产总值 GDP/亿元	746 395.1	832 035.9	919 281.1	986 515.2	1 015 986.2
全社会 R&D 经费/亿元	15 676.8	17 606.1	19 677.9	22 143.6	24 426.0
技术合同成交额/亿元	11 407.0	13 424.2	17 697.4	22 398.4	28 251.5
技术合同成交额/GDP（%）	1.5	1.6	1.9	2.3	2.8
技术合同成交额/R&D（%）	72.8	76.2	89.9	101.2	115.7

（2）技术交易项目结构变化反映了经济结构转型状态

技术服务合同成交额为 15 875.2 亿元，同比增长 27.8%，占全国技术合同总成交额的 56.2%；技术开发合同成交额为 8874.1 亿元，同比增长 23.6%，占全国的 31.4%。电子信息领域技术交易保持领先，技术合同成交额为 6324.0 亿元，同比增长 12.2%，占全国技术合同总成交额的 22.4%。城市建设与社会发展领域技术合同成交额位列第二，成交额为 5503.3 亿元。生物、医药和医疗器械技术交易增幅最大。生物、医药和医疗器械领域技术合同成交额为 1769.0 亿元，同比增长 67.2%，增幅居各技术领域首位。现代交通领域技术合同成交额增幅为 56.7%，位列第二。

（3）创新要素向企业集聚，企业成为技术交易的主体

企业开展研发活动和成果转化的内生动力持续增强，占据技术要素市场主体地位。从企业数量看，2020 年新增企业性质卖方主体 13 781 家，企业性质卖方主体总数达到 60 130 家，占各类卖方主体总数的 91.4%；新增企业性质买方主体 18 430 家，企业性质买方主体总数达到 175 600 家，占各类买方主体总数的 76.4%。从交易规模看，企业输出技术合同成交额为 25 828.8 亿元，占全国技术合同总成交额的 91.4%，同比增长 26.0%；吸纳技术合同成交额为 22 767.4 亿元，占全国的 80.6%，同比增长 30.8%。其中，企业与企业之间的技术合同为 297 293 项，同比增长 23.1%，内资企业为企业技术输出和吸纳成交额分别贡献了 87.3% 和 77.6%，外资企业技术输出和吸纳成交额占比仅为 12.3% 和 21.7%。企业成为技术要素市场化配置的主力。

（4）高校成果转化趋向稳定，科研院所持续增长

高校、科研机构继续为技术市场提供原创性技术供给，为科技创新和成果转化注

---

❶ 资料来源：全国技术市场统计年度报告。

入源头活水。2020 年，高校、科研院所共服务企业 81 315 家，签订技术合同 143 914 项，成交额为 1672.8 亿元，同比增长 18.3%，实现稳步增长。从合同类型看，通过技术开发和技术服务实现科研能力的转移转化仍是高校、科研机构成果转化最为突出的共性特征，技术开发和技术服务合同成交额分别为 811.4 亿元和 648.4 亿元，分别占高校、科研机构技术合同成交额的 48.5% 和 38.8%。从市场规模看，受疫情影响，高校技术合同项数和成交额出现负增长，共签订技术合同 90 823 项，成交额为 561.0 亿元，分别较上年下降 11.3% 和 5.4%，服务企业的数量也较上年减少 6115 家。科研院所继续保持增长势头，签订技术合同 53 091 项，成交额为 1111.8 亿元，同比增长 17.6% 和 35.5%；服务企业 30 372 家，较上年增加 4 901 家。

（5）"硬科技"创新引领产业发展

技术市场瞄准国家重大战略部署和国际科技前沿，催生一批"硬科技"成果加速转化和应用，重点领域关键核心技术市场需求旺盛、流动性增强，对产业链、供应链安全自主可控的先导和保障作用初步显现。2020 年，化学和生物创新药技术合同成交额为 782.8 亿元，增速达到 107.1%，技术合同成交额是上年的 12.5 倍；基因工程药物研发进展显著，技术合同成交额是上年的 6.4 倍。以电子信息、先进制造等为代表的高技术产业技术合同成交额增幅达 20.5%，占全国技术合同总成交额的 66.1%，"硬科技"为引领产业发展注入了新动能。

（6）第一梯队地区齐头并进，助推国家区域战略深入实施

北京、广东、江苏、山东、上海、陕西、湖北、浙江、四川和天津技术合同成交额排名依次居全国前 10 位，地区结构、交易规模、增长趋势较上年均保持稳定，技术合同成交额总和占全国技术合同总成交额的比例高达 82.0%，国家区域战略实施成效显著。京津冀地区协同创新持续发展，技术合同成交额为 7987.7 亿元，占全国技术合同总成交额的 28.3%。河北后发优势明显，技术合同成交额增幅达 46.0%。长三角地区一体化不断推进，技术合同成交额为 6301.5 亿元，占全国技术合同总成交额的 22.3%。安徽增长势头迅猛，增幅达 48.5%，全国技术合同成交额排名较上年提升两位。粤港澳地区互利合作不断深化，广东输出到港澳的技术合同成交额为 52.9 亿元，同比增长 32.4%。

（7）各省市加快科技成果转化的市场主导和政策引导驱动

国务院于 2017 年 9 月 15 日印发了《国家技术转移体系建设方案》，国家质检总局、国家标准委于 2017 年 9 月 29 日批准发布《技术转移服务规范》国家标准。

武汉市政策创新表现尤为突出。武汉市出台的政策涵盖进一步促进科技成果转化 10 条新政的《关于进一步促进科技成果转化的意见》，并且于 2017 年 8 月 14 日在全国率先组建科技成果转化局，成立院士专家顾问团。

江苏省出台了《关于深化科技体制机制改革推动高质量发展若干政策》（以下简称改革 30 条）、《关于加快推进产业科技创新中心和创新型省份建设的若干政策措施》（以下简称科技 40 条），省教育厅为贯彻落实省政府《关于加快推进产业科技创新中心和创新型省份建设的若干政策措施》，出台了实施细则。这些政策的出台对促进江苏省

驱动创新发展、技术成果的输出和吸纳转化起到了重要的推动作用。

近年来，新型研发机构在中国蓬勃兴起，全国范围内的新型研发机构数量不断增长。新型研发机构专注于技术转移转化和高科技企业孵化，是集研发、投资和孵化等核心功能为一体的综合创新平台，集市场需求、原创成果、研发人员和研发资金等全要素为一身的创新微生态。以江苏省产业技术研究院为例，研究院强化科技同经济对接、创新成果同产业对接、创新项目同现实生产力对接、研发人员创新劳动同其利益收入对接。截至 2020 年年底，已建设研发载体 58 家，认定江苏省研发型企业 50 家，与 55 家海外知名高校（研究机构）和 52 家国内双一流高校建立战略合作伙伴关系，并建设了以四个海外孵化器为主的八个海外平台。在产业需求端，与省内细分行业龙头企业累计共建 113 家企业联合创新中心，有效解决了科技与经济两张皮的问题。但新型研发机构面临机构法律地位不明、经费支持不足和改革易触碰政策红线等问题，亟待加快立法、增加投入和建立宽容失败的审计机制。

四川省政府在《四川省促进科技成果转移转化行动方案（2016—2020 年）》文件中指出，将通过推进引领示范、强化财政金融引导等，实现到 2020 年组织实施科技成果转化项目 2000 项，建设科技成果转移转化专业化服务机构 1000 家，技术合同登记交易额累计 2000 亿元。四川省加快落实科技成果使用权、处置权、收益权等改革举措，给予重要贡献科技人员现金、股份或出资比例等奖励和报酬。推进职务科技成果混合所有制改革试点，激励科技成果发明人积极转化成果。在四川全省选择 30 所高校开展学科建设、人才培养和科技成果转化等全面创新改革试点，鼓励高校增设科技成果转移转化岗位。

四川省政府针对解决"如何转化"这一薄弱环节，大力发展科技成果转化专业化服务机构，搭建成果供需精准对接平台。加快推进天府技术交易市场建设，探索科技成果市场化评价评估机制，开展科技成果挂牌交易、拍卖试点。推进高校和科研院所建立科技成果转化、技术转移服务机构，推进建立高校和科研院所职务科技成果披露与管理制度，开展科技成果资源梳理。建立技术交易网络系统，集聚成果、资金、人才、服务、政策等各类创新要素，打造线上与线下相结合的技术交易平台。

2.2 技术市场的服务与运营

国内较有影响力的技术交易市场，有浙江科技大市场、中国技术交易所、江苏省技术产权交易市场等。技术市场通过创新交易模式和服务内容，有效聚集了要素资源，推动了科技成果在相应区域内的扩散、流动、共享、应用，有力支撑了区域经济加快转型升级，形成了经济持续增长新动力。

例如，四川省在大力推进技术交易市场建设方面加强顶层设计，推动国家技术转移集聚区西南中心建设和启动天府技术交易市场的建设。于 2018 年 6 月发布了《2018年四川省科技成果转化工作要点》（以下简称《要点》），《要点》第二十九条明确指出："筹建天府技术交易市场，探索科技成果挂牌交易与职务发明公示免责模式。依托交易市场实体载体与网上技术交易平台，围绕'招、拍、挂'技术交易模式，制定交易实施规则，完善科技成果评价机制，打造标准化、特色化、品牌化的技术交易流程及服务机制。"《要点》要求："通过完善符合科技成果交易特点的市场化定价机制，探索职务发明公示免责流程，落实四川省职务科技成果权属混合所有制改革前端基础性工作。打通与中国技术交易所、上海证券交易所、深圳证券交易所之间的合作渠道。充分利用技术交易这一关键环节，带动企业需求精准挖掘、科技成果评价、成果信息发布展示、科技服务机构汇聚、技术转移人才培养等工作的开展，打通技术转移全链条，服务技术转移全要素，促进全省技术市场建设，助力全省技术市场繁荣。"自此拉开了四川地区技术市场建设的大幕。

江苏省2017年开始筹建技术产权交易所，2018年年初开始运营，一年内就突破了千亿元交易大关，推动了江苏省技术市场的建设发展。

2.2.1 技术市场的服务体系

技术市场经营体系中，供应商与其他众多合作伙伴参与其中，每一个参与者都在发挥着各自的作用，潜在利益及相应的收益来源和分配方式是商业模式独特价值的组成部分。人、财、物是传统商业的经营资源，电子商务下的创新商业模式，在人才、物流、现金流基础上，把技术、信息、公共关系，甚至把作为服务对象的目标客户都列入资源的范畴。

1. 技术市场的基本功能

①展示功能。技术交易市场的展示功能是指通过信息网络平台，提供"线上线下"技术交易融合互补，为技术成果提供线上虚拟现实展览、宣传，线下项目路演，实施组织以及技术交易信息发布等服务。

②交易功能。技术交易市场为技术成果、技术产品、知识能力等标的物的转让，提供招标、挂牌、拍卖、竞价、结算等线上线下服务。

③共享功能。技术交易市场集聚众创空间、仪器设备、数据信息、专家人才等科技资源，为最大化利用提供服务。

④服务功能。技术交易市场提供技术评价、企业诊断、知识产权运营、机构绩效评价、政策咨询等服务。

⑤交流功能。技术交易市场对技术转移人才培养、军民技术融合、国际技术转移、技术转移信息资源的新媒体推广等提供服务。

2. 技术市场体系架构

技术市场的体系架构是连接区域（包括省域、市域、县域）各类创新主体、服务机构，集聚各种科技创新要素和在线交易平台（由网络平台、银行、认证机构、EDI电子数据交换等服务），为技术交易提供线上线下融合服务的网络信息服务运营平台。

（1）省、市、县技术交易市场服务架构

技术交易市场的各级市场及行业市场有不同的定位和分工，应形成合力，高效运作。技术交易市场服务体系应为层级扁平、资源共享、服务覆盖的全域网状运营体系。各级组织机构的运营服务内容重点各不相同。

省级市场：核心引领、各省联动，形成区域技术交易市场网络。省域市场应具备系统建设运维、信息采集、交易促成、内容监管、数据统计、账户管理、技术交易数据汇总统计发布和为省、市（地）、县分级管理权限设定等服务功能。

市域级分市场：依托地市层面及区县基层站点，进行资源整合、承载供需对接、承接基础业务。市域级分市场应具备市域信息采集、技术交易服务、会员发展、交易系统应用、交易促成、信息审核、模块监管、账户管理、交易数据统计上报等业务功能。

县域分市场：应进行资源整合、承载供需对接、承接基础业务，具备县域信息采集、县域会员发展、技术交易、供需对接、交易促成、技术成果示范应用等作用。

（2）区域与行业技术交易市场的服务架构

将区域或行业技术交易市场的各类信息通过计算机通信网络，以 EDI 电子数据交换标准格式的报文数据格式，连接技术交易市场的区域网络，积聚和协同各分市场以及跨区域技术交易市场的信息数据的交换与处理，形成国家技术转移体系架构下的技术交易大市场。区域或行业技术交易市场依托国家级、省级高新区，围绕高新技术产业和战略性新兴产业及省内重点产业，专注于区域或垂直行业领域的会员发展、技术交易、供需对接、交易促成、技术成果示范应用等。

2.2.2 技术市场的运营机制

技术市场的运营机制有别于技术交易的管理机制。技术市场的网络信息服务平台聚集各类技术交易信息资源、技术创新资源、技术交易服务资源等。资源要素包括技术交易服务系统、技术转移人才队伍、技术交易服务流程和技术交易服务规范、技术信息交换标准、技术转移网络数据交换标准、技术交易市场运营服务平台规范等。良性的运行机制是资源配置利用的内在保障，促进技术交易和技术转移从管理为主向服务为主转变，以新技术推动向新服务转变。

1. 有限公共资源的合理利用

技术交易公共资源是人、财、物市场资源以外的可投入要素，包括私有权益之外的技术存量资源、技术交易体制与政策等。公共资源利用最直观的评判依据是技术交易价格的波动和制度红利的体现。

价格由技术交易双方的供求关系确定，即由技术供应方的技术存量、适宜程度，技术受让方的人力、财力、物力存量与管理水平等因素共同作用决定。公共管理的职能之一是根据技术需求方的紧迫程度，组织相关技术资源的开发与供给；根据技术供给优势组织技术推广和技术扩散。

在技术转移过程中，制度的不健全导致知识产权让渡保护和技术交易合约执行两个方面的交易成本在总的交易成本中占了很大的比重，通过完善制度减少交易成本从而能有效促进绩效提升的状况存在，即存在"制度红利"。改革开放初期，制度红利是非常重要的软性资源，随着改革进程的加快，制度红利在衰减。但技术转移国内外体制背景积弊日久会出现新一轮的"红利"。公共管理通过新一轮的改革开放，制定、修订、完善技术交易政策法规，推动不同形式"红利"的释放是有限公共资源合理利用的有效举措之一。在资源配置方面，引进市场机制，降低业务成本，提高资源占用效率；在业务监管方面，将审批审核业务从改革后的"一站式"管理继续向"一表制"管理推进，进而实现"负面清单制"管理体制。

技术交易公共管理协同职能、公共利益服务宗旨的定位，以及面向长远发展的"五个转变"不仅增强了技术交易公共管理依据和评价标准的科学性，同时对提升技术交易公共管理能力也具有重要作用。

2. 信息平台的专业服务引导

通过信息平台，启动技术交易服务促进活动，引导企业通过技术交易市场服务平台发布需求并经过平台撮合成交的，成交方将得到技术交易金额一定比例的奖励补贴。与第三方服务机构（如技术转移服务机构、律师事务所、会计师事务所、科技服务公司、政府主管部门、生产力促进中心、行业协会等）合作，促使企业发布需求达成交易的，将获得一定的交易服务券奖励。平台运营机构通过扩大用户群，建立合作渠道，采取激励措施提高技术交易市场的知名度和公信力，促进企业通过平台发布技术需求信息，解决技术难题；推动服务机构根据需求提供专业化服务，促成交易。

根据效率、效益最大化原则，利用导向机制对技术交易各交易主体及关联方进行分类管理。

第一类：企业，是技术创新的主要需求者；通过平台寻找技术、成果、能力和服务，有些企业也提供技术输出和服务。

第二类：机构，包括研发机构、高校和科技服务机构，提供技术成果、技术集成和技术服务，需要高端技术和技术转移服务；通过平台寻找服务对象和服务合作机会。

第三类：个人，包括技术专家、技术经纪人；技术专家提供专业领域的技术咨询服务，提供技术成果，需要技术转移服务；通过平台寻找服务对象和服务合作机会。

第四类：政府主管部门和科技服务部门，提供政策、公共管理服务；通过平台寻找服务对象和服务合作机会。

平台设立项目专职服务人员，通过项目专职人员与服务对象联系，引导服务对象（企业）完善自己的需求，并将需求分为共性及个性需求，共性部分包括合作方式等，个性部分主要是各自的技术难题和诉求要点。

平台建立签约专家库，根据企业需求匹配各行业的专家，这些专家通过注册和实名认证成为平台会员，具备与企业联系的资格和服务资质，可以为企业进行分析诊断，根据需求推荐相应的专家和技术方案，进而再提供进一步的技术交易咨询服务。

管理与服务重心的转变是根据技术交易的客观规律，促进其担负的职责、功能、作用、内容、方式的转向变化。转变之一是管理与服务理念由管理型理念向服务型理念转变，由计划执行向市场调控转变；转变之二是管理与服务内容由微观过程向宏观结果管理服务转变，价值取向由注重效率、追求投入产出比的最大化向注重结果和受众满意方面转变；转变之三是管理与服务功能由资源的行业分配向资源的社会集聚转变，动员社会科技管理资源参与管理与服务，动员全社会相关的科技物质资源进入技术转移价值链，组织建构网络型技术交易社会服务体系；转变之四是管理与服务权责形式由全能形式向专业形式转变，充分发挥行业协会和专业服务机构的服务功能；转变之五是管理服务手段由行政监管向市场引导转变，实行管办分离、管监分离，将部分管理操作职能由行政机关向事业单位或经营企业转移，行政管理资源更多地用于绩效考核与产业监督管理。

2.2.3 技术市场运营模式

我们可以把模式简单地理解为框架标准。技术市场运营模式主要包括技术供需双方的交易业务，技术转移服务机构提供的服务业务，以及技术交易合同登记、技术交易统计数据发布等市场管理业务的流程规范，市场运行的管理服务制度与标准。

1. 规范原则

省、市、县各级技术交易市场的建设应遵循统一的运营规范，包括：

①标识：××技术交易市场××分市场。

②制度：技术交易规则、会员管理办法、保密管理制度、服务机构管理办法、安全管理制度、设备管理制度、技术经纪人管理办法等。

③规范：技术成果挂牌服务规范、技术成果拍卖服务规范、技术难题招标服务规范、技术交易公示服务规范、技术交易市场窗口服务规范等。

④系统：包含前台、后台、资源库管理系统，具备必要的交易功能，采用统一信息采集规范、数据交换标准、系统接口协议等。

⑤考评：以运行机制、服务质量、服务效率、服务水平和工作业绩为重点，健全考核评价机制。

2. 技术市场服务模式

运营模式是驱动技术市场服务平台运营的核心要素，是以"服务+盈利"模式建立的业务流程的集合。

我国的技术交易一直处于线下洽谈、签订合约、网上登记、合同履约的阶段，虽显露高端服务的雏形，但尚未形成技术交易服务平台和价值链。传统的技术交易数据来源于网下签约后为享受退税政策进行合同登记产生的数据，目前技术交易的统计范围仅限于"技术开发、技术转让、技术咨询、技术服务"四类技术交易形式，统计范围和统计指标还未能全面反映技术交易的实际情况。

(1) 技术市场交易模式的嬗变

技术市场的服务经历了"技术供方—技术需方直销交易模式""技术供方—技术交易市场—技术需方交易模式""技术供方—技术交易网络平台—技术需方交易模式""第四方平台模式"等。

技术供方—技术需方直销交易模式，主要是指技术供方将技术产品在网上直接进行技术产品、技术服务产品销售。技术交易合同既可以一次执行，也可以多次执行；技术供需双方通过网络信息、搜索引擎、服务社区等多渠道寻找对方，通过网上、网下洽谈达成交易。

技术供方—技术交易市场—技术需方交易模式，是指技术供方与技术需方的交易主要在技术交易市场中进行。这种方式较第一种方式，增加了技术交易平台第三方环节，减少了寻找对方渠道的时间，技术供方和技术需方降低了交易成本。

技术供方—技术交易网络平台—技术需方交易模式，是通过技术交易网络平台，技术供方发布技术产品、技术服务产品信息，技术需方选购交易的模式。这种交易方式利用现代信息化手段在技术交易网络平台上，由供方对技术产品报价，由需方参与竞价采购，减少了寻找对方渠道的时间，降低了交易成本。较第二种方式，信息较透明，交易双方的自主性增强，但是由于双方在交易前不直接接触，存在信息真伪隐患，以及交易合法性问题。

第四方平台模式即是技术交易市场模式，是一种通过集聚多种创新要素，利用先进的电子商务工具，为技术转移提供系统性、规范化服务的载体，是为技术交易主体提供"展示、交易、服务、共享、交流"，促进技术成果向现实生产力转化的公共服务平台。近年来，软件交易、设计版权交易等知识产权权益内涵不断拓展，权益转让形式呈现多样性，基于"互联网+"技术交易已成为技术市场在线技术交易一体化服务的新模式。

（2）技术交易平台模式

技术交易市场的网络信息服务平台是一个汇聚"交易、众创、众研、众服、众包、众筹"及各类服务的"多边"平台，创新创业者、技术持有者、技术消费者或交易服务者可以通过线上线下平台进行交易或服务。这种模式的核心资源是平台信息服务系统，关键业务是平台管理、服务提供和平台推广。这种模式的核心业务能力可以在三个方面创造价值：吸引客户群（客户细分群体）、作为细分客户群体间（供方、需方、服务方）的第四方、通过平台化的渠道降低交易成本。在此模式下引发的主要收入来源与平台相关，部分客户群体会享受免费提供的服务或通过其他细分群体的收入补贴来降低交易成本。平台提供的政策性红利可以影响技术交易的定价机制，也是平台运营公益性与市场化模式互补的关键。

（3）免费与增收模式

这种模式混合了免费的基础服务和收费的增值服务。免费与增收模式中有大量基础用户受益于没有任何附加条件的免费产品或服务。这种模式的关键点是为用户提供免费服务的成本和免费用户变成付费用户的转化率。例如，利用开源软件低成本和稳定性的维护，吸引客户后收取服务订阅费和年费，可以得到无限制的服务支持并与产品的合法拥有者互动的保障，使部分免费用户逐步成为付费用户。

（4）搜索引擎与数据挖掘服务模式

这种模式引导客户运用技术交易市场的在线交易系统，实现技术产品、设计产品、服务产品等的在线交易。例如，通过平台的导航引擎系统，发布用户搜索查询所需技术、服务、资金、人才、设备，"让有需求的客户找到你"。市场需求的多元化决定了平台搜索引擎服务模式的细分化，例如，对技术成果的某类专门的信息进行归类、分析、整合，定向分字段抽取出需要的数据，处理后再以某种形式返回给用户等。也可以利用平台的垂直搜索引擎，对某一特定技术领域、某一特定人群或某一特定技术需求提供专、精、深的关联信息分析和相关服务。

①内容搜索服务：垂直搜索引擎搜集的技术交易市场门户网站信息、开放数据接口引入的行业用户信息、抓取平台用户和行业用户发布的信息等。

②数据挖掘服务：垂直搜索引擎的搜索方式是基于结构化数据和元数据的搜索行为。垂直搜索引擎框架包括抓取系统、索引系统、搜索系统。

③交易增值服务：垂直搜索引擎定位于一个行业，服务于一群有特定需求的人，这个特点决定了垂直搜索的社区化行为。如利用搜索引擎，可以增加被用户发现的机会，可以对产品进行比较、评价，以获得关联信息。

(5) 数字内容服务模式

数字内容服务模式是一种网络高效分销机制，为客户提供灵活的信息采购方式，使之分享多种信息服务，包括技术交易信息、交易指数信息、专利数据库、投融资信息及技术能力服务信息等。这种服务可以根据每个使用者的使用规模和使用方式定制。数字内容服务包括：技术交易信息、电子期刊订阅服务、专利文献数据库和电子期刊的访问权、专题新闻和数字视频。

(6) 线上线下（O2O）服务模式

线上线下模式（Online to Offline，简称O2O）是一种"线上到线下"和"线下到线上"技术转移服务的有效融合的模式，这种模式将网络系统演化为实体经济延伸到虚拟世界的"前台"。例如，技术转移服务机构线上挖掘和吸引技术需求客源，技术需求方在线上筛选技术产品和服务，再到线下与技术供给方或服务方展开合约谈判；或者在线预订技术产品和服务，再到线下购买技术产品和享受服务。O2O模式为技术转移提供了可跟踪、可评估的过程服务。

①线下信息线上化。对于技术交易服务方而言，信息是广而告之的价值，成本低效果显著；对技术需求方而言，挖掘技术成果信息价值可以通过专家、技术经纪人点评等，帮助技术需求方足不出户选择技术成果和交易服务提供方，或网络预定购买服务，再到线下来享受服务。"线下到线上"模式，则是把客户群带到网络平台，使线下活动与线上推广相互映射促进，通过客户群体推广，扩大交易规模。

②线上需求线下定制。KPCB合伙人、美国著名投资家约翰·杜尔（John Dorr）在2011年年初提出了SoLoMo的概念，即"社交、本地和移动相结合的产品"将会成为下一个大趋势。线上需求线下定制意味着技术需求方可以根据网络平台在线展示的技术成果和团队研发能力分析，线下考察或定制技术。技术交易市场的O2O模式亦可采取线上预定和社区服务相结合的形式，研制预定技术。

③端到端服务。端到端服务涉及云服务，业务逻辑和数据存储置于云端，涉及的技术包括大数据、云计算、供应链管理、身份识别和安全认证等。

④网络定制服务。O2O核心竞争力就是获取客户、黏住客户的能力。通过网络定制产品、定制服务，获取客户，黏住客户，促进服务增值。

⑤"众包"服务。技术交易市场网络信息服务平台聚集着大批科研人员、专家、

企业家、技术经纪人、技术经理人、律师、风险投资人，技术消费者和技术供给者、技术服务商"从线上来，到线下去"的技术交易业务将实现网络虚拟经济与线下实体经济的融合，具有广阔的市场空间。网络市场的巨大潜力和中国网民强大的人口基数、小微企业迫切的技术需求和需求者时间碎片化处理的现实处境，决定需求者们不能再像以往那样坐等技术上门；技术发展日新月异的现实也促进着技术交易市场 O2O 模式的发展，O2O 模式的服务收益将会出现巨量增长。

（7）技术交易模式的核心价值

技术转移服务，纵向上应建立服务平台做深、做长产业链，横向上要做宽、做大形成规模，建立战略联盟，形成集成式服务，通过多方平台服务提升技术供给者、技术消费者的价值。技术供给者应把技术消费者的需求价值内化为企业价值，从根本上转变服务意识，以市场化的需求为导向，以用户的需要为驱动，以市场机制来协调并实现资源的有效配置。在产品中融入服务，改变服务价值链的层级。

技术交易市场运营模式的核心能力体现在以下方面：

①细分客户的能力，企业或机构所服务的一个或多个客户分类群体。

②提供核心服务的能力，通过核心能力，来解决客户难题和满足客户需求。

③建立渠道的能力，通过沟通、分销和销售渠道向客户传递核心能力。

④构建客户关系的能力，在每一个客户细分市场建立和维护客户关系。

⑤获取收入的能力，收入来源于成功提供给客户的核心能力。

⑥建立核心资源，核心资源是提供和交付先前描述要素所必备的重要资产。

⑦形成关键业务，通过执行一些关键业务活动，运营商业模式。

⑧形成重要合作，有些业务要外包而另一些资源需要从外部获得。

⑨合理的成本结构，商业模式中上述要素引发的成本构成。

商业模式创新的实质是设计信息流的流向与路径，是追求资源的最佳配置与组合。评价商业模式通常采用以下创新指标，见表 2-2。

表 2-2　商业模式创新指标

指　标	内　容
专业服务领域	主营业务投入产出比率（主营业务收入/主营业务总费用）、专业服务人员比例（技术服务人员/员工总数）、专业界面管理投入等
服务创新机制	服务目标保障机制、服务资源共享机制、服务反馈纠偏机制、服务任务激励机制、服务人员自治机制、服务结果奖惩机制等
服务创新体制	战略发展定位、现代企业治理结构、股权明晰制度、服务流程规则、风险控制规章等
营销渠道创新	网络营销利用率、BTB 营销比率、BTC 营销比率等
客户核心价值	客户服务响应时间、采购与库存、现金流量、交工交货期、人员配置等

2.2.4　技术市场的服务价值链

从技术转移全过程的角度看，技术供给方（技术供应者）、技术需求方（技术消费者）是技术市场交易的两大主体。技术市场的服务价值链除了技术供需双方主体外还包括各类技术交易服务机构、技术经纪人、政府科技管理和科技服务部门。

1. 技术需求方

技术需求方是指对技术成果和技术产品、技术服务提出需求的主体，企业是技术和服务的主要需求者，是以需求拉动、促进交易的原动力。

企业在不同发展阶段的技术需求也不同，利用技术交易服务系统平台为需求方提供的服务应能够快速高效地寻找到与企业自身发展相匹配的技术项目。在技术交易协商谈判阶段，需要第三方专业服务机构提供指导及帮助解决技术疑问；在技术项目实施阶段，需要可靠的第三方监督合同的履行，确保技术交易合同顺利执行和维系供需双方的合作关系。技术实施过程中遇到各类难题时，需要有效的渠道快速方便地获得咨询及多样化的专业服务。希望技术交易市场服务体系能够实时提供区域、行业前沿科技、政府的最新政策和行业动态。企业在创新发展过程中需要第三方专业服务机构给予技术预测、技术评估、技术引进策划、技术投融资、技术产业化、人员引进和培训服务。

政府管理部门一方面是技术市场的管理者，负责技术市场的规范化建设，另一方面是服务的采购者，提出科技咨询、数据分析、人才引进、培训服务、项目计划、资源配置等服务需求。高校、科研院所在技术转移过程中，一方面需要采购相关技术，用以集成创新，另一方面需要相关服务机构提供技术转移专业化服务。投融资机构需要具有潜力的专利技术、商业模式、团队能力。

2. 技术供给方

供方类型：高校、科研院所、实验室、检测机构、研发企业、知识产权经营机构、技术经营个体、部分生产经营企业等。技术供方希望获得的第四方平台服务包括：

①技术项目推广，提高技术供需匹配成功的可能性。

②技术项目对接洽谈阶段，需要对技术进行价值评估和谈判指导。

③在技术实施阶段，需要专业的第三方监督合约的履行，保障技术项目能够成功转化。

④希望实时动态了解区域、行业前沿科技、政策动态。

3. 第三方服务

第三方服务主要由专业化服务机构和技术转移服务人员提供。

专业化经纪服务机构应具有独立法人资格、相关专业资质、专业服务能力和资金实力；具备提供专业优质的科技服务的能力，在各自的专业领域内经营状况良好，服务业绩明显；具有良好的商业信誉，无不良记录；机构应具备健全的执业规则以及其他相应的管理制度；提供的各类信息资料应合法、真实、可靠，应依照法律法规、标准以及行业规范开展服务活动；服务机构应根据业务需要收集和整理相关信息，审核信息的合法性、真实性和有效性，对不能接受的委托，应向申请人说明理由，退还其提供的材料。广义的经纪服务机构包括：

①技术转移中心、知识产权服务机构。

②技术交易所、产权交易所等技术交易服务机构。

③专利事务所、会计师事务所、法律事务所等专业咨询机构。

④银行、券商、风投、担保及小额贷款等科技金融机构。

⑤研发设计、技术服务、检验检测等生产性服务机构。

⑥具有区域产业特色的众创空间、孵化基地。

专业化服务机构的技术转移服务人员包括注册技术经纪人、技术经理人等。

2.3 技术市场发展的目标要求

2.3.1 技术市场运营服务规范

1. 工作环境

技术市场运营服务平台应设有服务大厅，运营机构应具有固定的服务场所、服务设备；应放置服务标识、配备专业服务人员和必要的安全消防设施；应为在线技术交易提供完善的网络环境，包括服务器资源、存储资源、数据资源、计算资源和交易软件系统、网络安全系统等。

2. 运营服务原则

技术交易市场的运营服务应遵循以下原则：

①诚实信用原则，应向委托人提供客观、真实的信息，全面履行承诺。

②公平性原则，应公平、公正地对待服务过程中涉及的任何一方。

③公开透明原则，应全面明示服务内容和收费规定等基本信息，及时、准确地向委托人通报业务进展中的各种情况。

④保密原则，对于委托人的技术秘密和经营秘密承担保密义务，维护委托人的知识产权及相应权益。

⑤标准化原则，应通过服务体系的运行、监管和完善，提供规范的数据信息、服务流程、在线交易、品牌标识、系统管理等标准化运营服务。

3. 技术交易服务

技术交易市场功能是技术交易市场的核心业务模块，其功能是将技术难题招标、成果拍卖、挂牌交易、交易公示的流程在线上进行统一处理。

（1）技术难题招标

由技术需求方提出技术需求，通过平台发布技术招标公告，技术供给方/需求服务方以"降价方式"在线竞价，最终按照"价低者得"的规则确定技术需求服务方。主要功能包括：

①需求提交，即技术需求方的在线招标申请。

②动态报价，即竞卖者进行动态实时的报价。

③竞价系统，即按照竞价规则进行技术招标。

（2）成果拍卖

成果拥有方发起委托拍卖请求，通过平台发布成果拍卖公告，成果需求方以"增价方式"在线竞价，最终按照"价高者得"的规则确定受让方。主要功能包括：

①拍卖提交，即意向拍卖产品的在线拍卖申请。

②动态报价，即竞价者进行动态实时的报价。

③竞价系统，即按照竞价拍卖的规则进行产品拍卖。

（3）挂牌交易

由成果转让方提出挂牌申请，通过平台赋码予以挂牌，意向受让方可发起受让申请，平台组织双方进行对接谈判，促成交易。主要功能包括：

①挂牌申请，即转让方在线申请成果挂牌。

②备案赋码，即按照编码规则自动生成唯一识别码。

③受让申请，即意向受让方在线发起受让申请。

（4）交易公示

对国家设立的研究开发机构、高等院校持有的科技成果，通过协议定价的，在线公示科技成果名称和拟交易价格等关键交易信息。主要功能包括：

①委托方公示申请。

②公示在线发布。

③公示异议函提交。

2.3.2 技术市场支撑体系

技术交易市场的支撑体系由资源体系、服务体系、支撑能力三部分构成。资源体系是指在技术交易市场流通、扩散、共享的各类创新要素，如成果、资本、人才、政策、设备、组织、数据、信息、网络、服务器等。服务体系既包含技术交易市场所能提供的核心服务，如技术难题招标、成果拍卖、挂牌交易、交易公示、交易结算、成果托管、科技商城等线上系统和线下平台，又包含由各类入驻服务机构提供的各类服务，如知识产权、法律咨询、资产评估、技术评价、项目评审、企业诊断、技术投资融资及技术交易业务流程控制与相应的专业服务系统。能力体系是指能够为技术交易提供全链条支撑的各类服务能力的总和，包括各类研发机构的研发能力、技术服务能力、生产能力和制造能力，以及专业服务机构、技术经纪人、技术经理人、技术转移经理人的科技服务支撑能力等。

1. 资源体系

技术交易市场的资源体系包括以下内容：

①成果：技术成果、项目、专利、商标、著作权、植物新品种、集成电路布图设计等。

②需求：技术需求、难题需求、服务需求、人才需求。

③人才：各行业领域专家、人才、智库等。

④设备：高校、科研院所、实验室、检测机构的仪器设备资源。

⑤政策：科技成果收益分配、科技人员创新创业、军民科技成果转化、技术转移体系、科技金融等。

⑥资金：各类基金、创投机构、商业银行、资本市场、政府计划。

⑦组织：高校、科研院所、科技企业、军工单位、行业协会、产业联盟、工程中心、检测中心、重点实验室。

⑧数据信息：结构化和非结构化技术资源数据和信息。

⑨服务器：存储技术资源信息和数据的计算机网络设备，包括数据库服务器、应用服务器、云计算平台等。

2. 服务体系

技术交易市场的服务体系包括以下服务系统和相应的服务运营规范。

①技术难题招标：通过招标方式为技术需求、技术难题等标的提供公开竞价交易服务。

②技术拍卖：以技术成果为标的，经标的展示、路演推介后，组织公开拍卖及运营规范。

③技术挂牌：技术成果以转让、许可及作价入股等方式挂牌，对符合挂牌条件的技术成果予以挂牌受理、备案赋码，通过公开征询技术成果受让方/实施方/合作方，组织沟通谈判或竞价交易，确定交易价格，出具交易鉴证。

④交易公示：对通过协议定价成交的国有科技成果，经交易双方许可并委托，通过线上线下结合的方式，在区域内进行公示，公示期满出具公示见证函。

⑤交易结算：设置资金结算专业账户，为交易双方提供交易价款结算鉴证服务，包括代技术转让方收取交易结算资金、按照合同约定代技术受让方支付交易价款等。

⑥技术商城：提供技术成果、技术需求、科技服务、科技人才、仪器共享、企业诊断等产品或能力的交易服务。

⑦成果评价：根据技术的创新性、先进性、成熟度和应用前景等指标对技术成果进行评价。

⑧项目评审：对项目可行性、投资预算、工作量测算、进度规划、技术方案及交付成果等进行评估。

⑨行纪与托管：提供技术成果挖掘、宣传推介、公开交易、产业化及融资等维度的行纪与成果托管服务。

3. 支撑能力

①技术研发机构：技术研发、产品研发、技术改造、技术配套、定制开发、技术咨询。

②转移服务机构：成果评价、项目评估、知识产权确权、招标拍卖、法律咨询、财务顾问、交易撮合、融资对接。

③信息服务机构：成果资源、需求信息、行业情报、技术趋势。

④技术经纪人：技术评估、项目评估、项目代理、交易撮合。

随着生产力的发展，技术市场的供需双方不断发生新的变化，技术市场进一步开拓，技术发展不断推陈出新，生产领域对技术市场不断提出新的需求。要适应技术市场的供需变化，就要做好技术市场的调查和预测，建立全国统一的技术市场信息网络，从政策上推动技术市场的扩大和繁荣，把国内技术市场同国际技术市场相连接。

2.3.3　技术市场发展的规划要求

为推进全国技术市场的全面发展，科技部于 2018 年 5 月发布了《关于技术市场发展的若干意见》（以下简称《意见》），明确提出了分类布局、结构优化、功能完善、市场导向和高度重视人才培养等方面的总体要求。

1. 明确的目标体系

《意见》对我国技术市场发展总体目标，以及近期和中期目标做了定性和定量的阐述，构建了立体宏大、结构清晰的目标体系，要求到 2020 年，适应新时代发展要求的技术市场初步形成，服务体系进一步完善，市场规模持续扩大。培育 20 家具有示范带动作用的高水平专业化技术转移机构、600 家市场化社会化技术转移机构，发展 3~5 个枢纽型技术交易市场，培养 1 万名技术经理人、技术经纪人，全国技术合同成交金额达到 2 万亿元，技术交易的质量和效益明显提升。到 2025 年，统一开放、功能完善、体制健全的技术市场进一步发展壮大，技术创新市场导向机制更趋完善。

2. 优化技术市场分类布局

提升技术交易市场服务功能和发展水平，"聚焦国家战略和区域、行业需求，发展各具特色、层次多元的技术交易市场"。注重发展和建设并完善枢纽、区域和行业三个维度的技术交易市场。发挥专业化众创空间等创新创业服务载体的作用，提供专业化技术转移服务。发展国家军民两用技术交易中心，推进军民两用技术、成果及知识产权的双向转化；围绕战略布局建设国际化技术转移平台，推动我国技术交易市场成为国际技术转移网络重要节点；发挥国家技术转移区域中心的作用，链接各类技术交易市场，形成互联互通的全国技术交易网络等，实现一系列重要技术市场布局的优化，要"推动现有基础条件好、影响力大、辐射面广的技术交易市场进一步规范发展，聚集高等学校、科研院所、企业、投资人、技术市场服务机构等各类主体，为技术交易双方提供知识产权、法律咨询、技术评价、中试孵化、招标拍卖等综合配套服务"。要"推广科技成果市场化定价机制，健全科技成果评价体系，通过市场发现价值"，并"探索技术资本化机制，推动技术市场与资本市场联动发展"。

3. 发展市场化专业化服务机构，壮大技术市场人才队伍

采取市场化运营机制，吸引集聚高端专业人才，提供专业化服务，促进高等学校、科研院所和企业之间技术交易和成果转化。对标国际一流技术转移机构运营模式，选择若干高等院校、科研院所开展高水平专业化技术转移机构示范，整合知识产权披露、保护、转让、许可、作价投资入股和无形资产管理等相关职能，建立专业化运营团队，形成市场化运营机制。在岗位管理、考核评价和职称评定等方面加强对技术转移机构人员的激励和保障，形成全链条的科技成果转化管理和服务体系。

加快培养一批技术经理人、技术经纪人，纳入国家、地方专业人才培养体系。依托国家技术转移区域中心建设国家技术转移人才培养基地，以市场化方式设立技术转移学院，开展技术市场管理和技术转移从业人员职业培训。鼓励高等学校设立技术转移相关专业，培养技术转移后备人才。联合国内外知名技术转移机构，推动成立技术经理人、技术经纪人行业组织，加强对从业人员的管理和服务，吸引社会资本设立相关奖项。

4. 鼓励倡导服务创新，完善环境建设和管理保障

发展线上线下相融合的新型技术交易市场和服务机构，应用大数据、云计算等先进技术，开展技术搜索、技术评估、技术定价、技术预测等服务。全面贯彻落实促进技术转移的相关法律法规及配套政策，加强对政策落实的跟踪监测和效果评估。修订技术合同认定登记管理办法和技术合同认定规则，推动地方加强对大额合同的认定登记和规范化管理，优化服务流程，提升服务效率。加大支持技术市场及其服务机构发展的政策力度。

5. 规范管理，强化组织保障

贯彻《技术转移服务规范》国家标准，完善技术交易规则，优化技术转移服务流程。加强技术市场服务机构规范化管理，开展监督评估和考核评价，依据评估结果加大激励引导力度。加强技术市场信用管理，依法加大对不诚信行为的打击力度，保障交易主体的权益，营造公平竞争环境。深入开展技术市场统计调查和数据分析，建立健全技术转移服务业专项统计制度。加强技术市场信息化建设，整合现有科技成果信息资源，为技术市场发展提供信息支持。

对全国技术市场的发展进行组织协调，强化督促落实，加大对技术交易市场和技术市场服务机构的支持力度。各有关部门根据职能定位，加大政策支持和保障力度。各级地方科技管理部门要充分认识发展技术市场的重要性，加强组织领导，强化管理职能，加大投入力度，结合服务绩效对服务机构给予支持等。

2.3.4 技术市场发展亟须解决的问题

技术进步对于经济发展的影响已经毋庸置疑，网络化的普及和信息技术的快速发展提高了交易的效率并降低了交易的成本，大大促进了各种交易的发生，以"知网"和"百度"为代表的共享知识经济的本质就在于它缩短了获取知识的时间，提高了知识学习的效率，拓宽了获取知识的渠道。

当今世界正处在百年未有之大变局，人工智能、机器人技术、虚拟现实以及量子科技等蓬勃发展，将深度改变人类生产和生活方式，对国际格局的发展产生重要影响。技术市场的发展是技术进步的助推器，中国作为新兴经济体的代表，越接近技术发展的前沿，越容易处于被制裁被敌视的风口浪尖。不进则退，我们需要从国家层面通过补充、修改和变革措施，成立技术市场专家智库，积极完善现有技术市场秩序和运行机制，并利用最新的互联网和信息技术的发展成果，重构国家技术创新服务体系。通过构建一种新型的技术市场机制，使原来不可交易或不便交易的技术资源进入可交易

的范围，使原来不能或不易在我国交易的世界领先技术进入国内转化，使原来国内外的供给与需求两侧的离散、分散、碎片化信息能统一整合在开放共享的相同平台进行对接，使线上带动线下充分激活技术交易市场活力，通过引入源头活水型的资源要素获得技术市场的发展先机，通过引入有公信力的第三方机构保障利益的共享和分配，通过构建新型技术市场机制打造虚拟"硅谷"，使我们的技术市场推动技术更快发展，从而更深入地融入世界、影响世界。

第三章

技术交易

引　言

科技统计报表中，技术交易的内容分为四大类别：技术开发、技术转让、技术咨询、技术服务。为便于探讨细化内容，技术交易的四大内容还可以合并归为两大类，即技术贸易与技术服务。技术贸易涵盖了技术转让的主要内容，技术开发、技术咨询可归于技术服务大类。西方国家的服务产业范畴非常宽泛，很多属国民收入再分配范畴的行政事业收入项目在西方都被纳入服务产业统计，如在中国靠财政支出运行的教育部门和医疗部门存在的很多自收自支创收业务。随着技术内涵的改变和服务业概念的扩展，技术交易的细化内容必然会越来越多。作为技术经纪人最重要的业务是技术交易服务业务，技术经纪人可不拘于书本上的概念与分类。知识产权交易属技术交易范畴，是技术交易所涵盖的内容。

本章简述的技术交易形式、服务规范和技术合同登记是程序性规定业务，知识产权价值评估是开发性交易服务业务。技术合同登记也是技术交易服务的常规业务，但因财政补贴和税收优惠的差异使然，各省市技术交易合同统计登记率不尽统一，有些地区合同登记率接近百分之百。技术合同登记不仅工作量很大，更是影响到技术交易主体各方的切身利益，故单列一节，以期更大范围地影响合同登记的规范完整。

3.1　技术交易形式及特征

从狭义技术市场的角度，技术交易是技术权益转让与受让的一种买卖行为，是技术作为一种特殊商品，其使用权（有时包括所有权）由占有方向需求方的让渡；从广义技术转移的角度，技术交易是科技成果转化为生产力的一个商业化流转环节，是区域产业调整过程中技术引进和输出的贸易手段。

技术交易可以定义为：通过技术贸易和技术服务形式而实现的技术商品买卖活动，也是技术拥有者以排他性控制获得经济利益的技术让渡过程。

以威尼斯共和国颁布的第一部《专利法》从法律上明确技术可以作为商品进行交

易为标志，将技术作为一种商品进行交易，至少可以追溯到 1474 年。知识经济时代的技术交易在经济发展中发挥着越来越重要的动力作用。

3.1.1 技术交易的形式

技术贸易与技术服务是技术交易的两大实现形式。

技术贸易和技术服务主要包括科技成果转让、知识产权许可、专有技术转让、技术企业产权转让、技术成果入股或转债、技术委托集成、技术咨询、技术服务合约、孵化器，以及其他合法的与交易技术权益相关的金融、财务、税务附属等众多细化内容。

1. 技术贸易

技术贸易通常指国际上遵循一定商业规则进行的技术引进和输出活动，是技术转移最主要的实现形式，也是重要手段。技术贸易主要以技术许可方式，即通过许可协议（合同）实现技术使用权或技术所有权由供方向需方的转让与流动。传统的技术贸易主要有专利许可、商标许可、专有技术许可三种方式，这三种许可方式一般与机器设备的引进和输出密不可分，但也可以是独立于载体的单纯许可贸易。随着西方国家知识技术概念不断更新，产权保护范围不断扩展，技术壁垒问题日益复杂，技术许可亦涵盖了知识产权的全部类别，其变化可谓日新月异。技术许可不仅包括了著作权（版权）的全部内容，还包括了工业产权中的服务标识、厂商名称、原产地名称、制止不正当竞争、集成电路布图设计专有权等新的内容。传统的专利许可也延伸出"专利池"等复杂内涵，骤增大量专利申请权许可业务等。

技术贸易的基本内容包括：

①高科技设备采购和租赁补偿贸易。

②拍卖转让，技术提供方将技术全部所有权以拍卖的方式交付给受让方。

③许可分成，将技术的部分权利有偿转让。

④交叉许可，具有互补性的专利技术的所有者可形成专利结盟，互惠使用对方专利技术。

⑤集团技术贸易，一个集团对另一个集团的技术转让，包括互免专利费等形式。

⑥跨国托拉斯内部法人企业之间的技术贸易。

⑦Free 模式，由第三方付费的技术贸易形式。

⑧专有技术协约。

⑨商标及衍生许可等。

2. 技术服务

技术服务是技术交易的另一重要形式，其业务规模在快速增长中。技术服务与技术转移服务是两个不同的业务范畴，随着现代服务业的迅猛发展，技术服务的内涵与外延都发生了极大的变化。技术服务已由捆绑于先进设备进出口的附加服务这一特定概念，发展为"知识型技术"单独的引进与输出，或为他人的设备系统提供升级改造等方面的专业化技术服务，如技术咨询、智力劳务输出、工艺设计、质量控制、引进、输出项目的专业培训等。狭义的技术服务是指为先进机器设备进出口进行的相关配套服务，包括：

①产品设备现场安装调试，指导用户或第三方进行安装调试。

②维修服务，包括按照产品维修计划所规定的维修类别进行的承诺保修无偿服务和产品在线运输、使用过程中由于偶发事故或保修期后提供的有偿服务。

③向用户提供或更换产品的易损件和核心配件服务。

④保证产品设备能按设计要求有效运转所进行的测试、检查服务，以及所需要的专用仪器仪表安装使用服务。

⑤技术资料和培训服务，包括向用户提供产品图纸、使用说明书、维修手册以及易损件、备件设计资料等有关技术文件；为用户培训操作和维修人员，帮助其掌握操作技术和维护保养知识等。

广义的技术服务既包括依附于机器装置、设备设施交付的配套服务，还包括作为第三方向已转移技术提供追加的深度服务和直接向需求方提供专门的软件服务等，是技术供方向技术需方提供技术劳务的行为。广义的技术服务包括很多业务内容，最典型的如技术咨询，同时也是技术转移信息服务的业务范畴。

随着生产制造业的不断转型，电子化、数字化集成度提高，操作更为简便，技术精度和结构原理却更加复杂，机器设备技术含量越高，技术服务的比重也越来越大。但是，导致技术服务由量到质的蜕变不仅是制造业技术含量的变化，还由于经济全球化与生态资源环境恶化导致的世界性产业结构的调整。技术转移推动着现代服务业迅猛发展，技术咨询、专有权利使用费和特许费等新型服务所占比重增长迅速。技术服务内涵扩张，与传统技术贸易相比大有并驾齐驱且超越后者之势。

3. 技术交易的收益形式

技术交易外在表现为技术的流转，不同的贸易和服务模式下技术交易的收益形式和渠道也有所不同：技术贸易与技术服务可分为显性技术交易和隐性技术交易；根据记录技术的载体不同，分为数字化载体模式和传统载体模式；根据报酬支付模式，可分为现付交易和待付交易（如技术许可提成）；根据交易的时间特性，可分为技术现货交易（交易达成和完成在同一个时间点）和技术期货交易（交易完成滞后交易达成的时间）。技术期货交易形式如企业自主科学研究，企业占有"未来"的研究成果，根据技术转移的方式不同，可分为产品模式和服务模式。产品模式下，技术拥有者将技术符号化并借用载体嵌入，形成技术产品，技术产品进入市场交易。在信息媒介的支持下，技术产品可以低成本地复制，获得大量的交易，同时容易带来技术的非授权复制问题。服务模式下，技术拥有方与技术需求方建立互动关系，技术以示范的方式进行转移，但由于技术供给的刚性决定了交易量，以及对技术拥有方现场投入的高度依赖，所以，该模式下排他控制比较容易。

技术拥有者对交易技术拥有产权，获得该技术产权的渠道一是通过自己原创技术自然获得该产权，二是通过购买获得该产权。对"待交易技术"拥有产权，是技术持有者得以控制技术转移过程的基础，该产权的最大目的在于保证其他人在非授权的情形下无法利用自己对技术转移过程的控制来谋取商业利益。

（1）技术的间接收益渠道

技术拥有者有权决定是否通过转移技术获利。如果选择不转移技术方式（如图 3-1 的 1—1 路径所示），即将技术作为一种要素投入一般商品中，通过销售一般商品，间接地获取技术的价值，技术拥有者进入间接回报路径。在间接回报渠道下，自己利用该技术转化生产某种实体商品，即技术商品或提供凝聚该技术的服务。这种情况下，意味着拥有者要组建企业，采购其他必需的生产资料，通过整合投入要素到生产中制造"一般商品"，通过营销"一般商品"来完成技术生产中的成本回收和利润实现。企业内部的 R&D 活动和产学研合作开发均属于此类选择。间接收益的特点是技术拥有者在获得回报时，技术没有被转移，技术通过一般商品交易中"技术租金"达到技术定价。

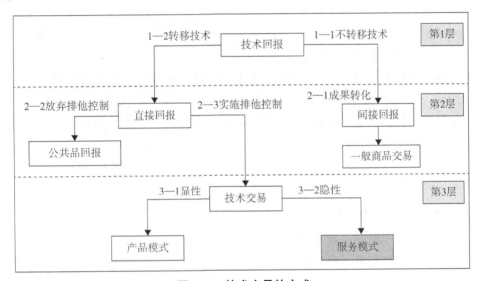

图 3-1 技术交易的方式

（2）技术的直接收益渠道

①技术拥有者若选择转移技术方式，由技术拥有者决定是否保持技术的排他性。如果放弃排他性控制，即允许所有人不向技术拥有者支付费用即可获得该技术。此时，技术拥有者进入公共品回报渠道（如图 3-1 中的 1—2、2—2 路径），这时，社会和政府须设计相应的回报系统，以激励技术拥有者的这种决策。最常见的激励系统是"优先权"激励体系：以科学家命名科学发现、给予各类科学奖金，如诺贝尔奖、中国政府设立的国家自然科学奖、科技进步奖等；赋予体现学术荣耀的各种学术头衔等。在公共品回报情形下，技术拥有者放弃技术的排他控制，公众能免费获取，受益者是全体消费者。

②技术拥有者如对技术的排他性实施控制，则进入技术交易的回报通道（如图 3-1 中的 1—2、2—3 路径）。技术交易模式下，技术拥有者对技术进行定价，技术的市场需求和交易收费方式直接决定了技术拥有者的技术回报。图 3-1 给出了两个选择，一

是将技术显性化、符号化，此时的技术交易表现为技术产品的销售，技术产品的价格即为技术拥有者的报酬；二是通过建立应用示范转移技术，示范模式下，待交易的技术不必显性化，技术回报按照技术转移方式收取。

（3）技术交易回报模式的制约

如前所述，技术拥有者获得技术回报有三个模式：间接回报、公共品回报和技术交易回报。回报模式的选择受以下因素制约：

科学经济学认为，基础科学知识趋向于公共品回报模式，技术知识趋向于技术交易回报模式。这是因为技术知识直接面向产品，有效性容易获得确认，市场利益相对稳定。

技术的稀缺性影响到技术交易回报模式的选择，技术稀缺性较低时，技术的直接交易没有市场，技术的拥有者不得不选择间接回报模式或公共品回报模式。

技术的竞争性越高，技术拥有者越趋向于间接回报模式或技术交易模式；技术竞争性越低，越趋向于公共品回报模式。

技术的生产方式对交易回报有一定影响，如技术的拥有者仅能按照资助方的意愿进行交易，有些则不能进行交易。

技术拥有者所处的社会制度和经济背景、知识产权的保护状况等对技术交易具有重大的影响，知识产权保护薄弱时，间接回报和公共品回报模式成为主要选择方式；另外，如果科学评价体系和政府公共支持系统效率低下，公共品回报模式将低于间接回报模式。

3.1.2 技术交易的特征

1. 技术交易的法律特征

技术交易的法律特征主要体现在知识产权的让渡，知识产权交易是技术交易的重要内容。知识产权交易是一种权利转换，交易定价的基础是该权利所对应的市场机会的期望收入；技术交易的定价基础是消费者对该技术的效用评价。

专利制度是知识产权中最重要的构成，经济学普遍观点认为：以专利制度、版权制度为核心的知识产权制度是激励技术创新的关键性制度。德国经济学家 Schaffle 指出，保护知识产权的本质，不在于控制某产品，也不在于控制创新者的思想，而在于控制体现该创新思想的产品的市场。

专利交易是典型的知识产权交易，其结果是专利权的转移与让渡，专利交易的价格取决于专利垄断权所带来的专利产品盈利能力。

著作权的交易中，获得著作权本身并不创造利润，著作权的最终利润是通过最后权利人以出版发行该著作的方式，即以技术交易的方式实现，所以技术交易的期望收益是著作权定价的基础。在技术交易的框架下，技术拥有者采用产品模式以著作方式表述技术和知识时，即进入著作权保护框架，拥有了相应的权利，包括出版权、复制权、演绎权、直接传播权等，这些都是"禁止"他人利用的权利。当技术拥有者采用服务模式转移技术时，对非公开的因保密而具有商业价值的技术秘密采取保密措施，即进入商业秘密保护框架。根据我国《反不正当竞争法》的规定，制止他人披露、获得这些知识，以确保这些技术仅能由技术拥有者许可的对象使用。

世界贸易组织在《知识产权协议》序言中宣示"知识产权是私权"，对于非法使用技术的"禁止"体现了保护知识产权神圣不可侵犯的法律原则。同时，这种"禁止"是有限度的禁止，从而使技术通过技术市场交易具有合理性和合法性。

"有限度的禁止"可视为技术拥有者个人利益和社会整体利益的一种相互妥协，是对技术拥有者利益的一种限制，体现了公权对私权的介入和干涉，以及社会激励技术生产的动机和期望技术共享、推动技术扩散动机的均衡。

2. 技术交易的经济特征

随着人类社会的进步，人类社会技术水平不断推陈出新、创新的组合不断涌现，市场制度的不断完善、交易成本的降低，使得人类技术交易内容经历了从为了生存需要到享受需要，从具体到抽象，从价值验证简易到价值验证困难，从量化方便到量化复杂的过程。技术交易在现代社会得以大量涌现，其关键原因是制度演化导致了交易费用的持续下降。

分形是一种具有相似特性的现象或物理过程。可以利用分形转移概念解释技术交易的多次转让方式。技术需求者获得和技术供给者相同的知识，同时技术供给者并未失去原有技术的特征，技术需求者在技术上具有升级为技术供给者的能力。知识产权可能处在"完全保护"和"完全无保护"状态下，技术消费者和技术供给者的收益具有巨大差距。激励技术生产、促进技术快速扩散，以知识产权保护和非保护情况为例来看技术拥有者的巨大利益差距。

例如，专业分工的结果使得市场上需要 m 个技术供应者，A 首先发现了技术和知识，而技术仅能通过示范传授的方法获得，由于技术条件的限制，一次仅能向 n 个技术需求者扩散技术，相关技术价格 P 的价值评价区间在 $[0,1]$ 均匀分布，$P \in [0,1]$，由以下公式表示：

$$nQ_i = (x - P_i)m$$

其中，Q_i 表示第 i 轮技术供给者数量；x 为技术价格；P_i 为第 i 轮技术价格。对技术的评价超过价格 P_i 的都被纳入技术需求者。

①技术受到完全保护的模式。在一个技术供应者和 i 个技术需求者的情况下，A 如果具有垄断技术的权利，所获得的收益 ϕ_1 和交易对接次数 t 的计算公式如下：

$$\phi_1 = \int_1^{(m-1)/n} (1 - nt/m) n\,\mathrm{d}t = 1/2m\,[(m-n)(m-n) - 1]$$

当可控变量 $n = 1$ 时，交易次数 $t = (m-1)/2$，技术评价的价格 $P = 1/m$。

上述情况下，A 所获得的收益为：$\phi_1 = m/2 - 2$，$t_1 = (m-1)/2$。垄断技术情况下交易区间与交易价格趋势如图 3-2 所示。

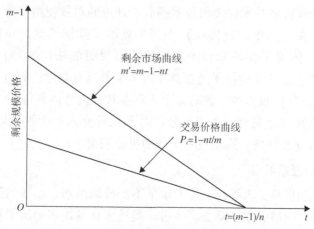

图 3-2 垄断技术情况下交易区间与交易价格趋势

②技术未受到保护的模式。如果 A 的技术首创地位不受知识产权法的保护，按照分形转移的理念，上一轮的技术接受者即成为下一轮的技术供给者，将参与剩余市场的竞争，技术创新者 A 必须面对急剧下降的剩余市场规模和急剧上升的供给者。这种情形下 A 所获得的收益为：$\phi_2 = m/3$；$t_2 = \ln(m)$。非垄断情况下交易区间与交易价格趋势如图 3-3 所示。

对比图 3-2 和图 3-3 两个图形曲线可以得知，图 3-2 所示的情形下，A 因为没有与其他人分享利润，可以较好地利用价格歧视，但将使垄断技术的扩散周期加长，不利于从技术的扩散中获得竞争优势。图 3-3 所示的情形下，技术扩散的速度加快，竞争降低了供给者对于消费者收益的剥夺，A 的收益被严重削弱，通过分形转移形成的技术供给者，攫取了大部分的利益。

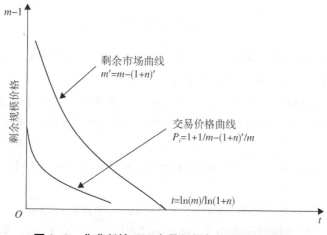

图 3-3 非垄断情况下交易区间与交易价格趋势

3. 技术交易的规模特征

技术的非重复交易是指人们不会重复购买同一项技术。这一特征决定了技术交易占据 GDP 的份额远小于一般商品。技术交易的非重复性使得潜在购买者依赖的信息严重缺失，导致供需双方难以从交易中获得完整的知识，也由此产生了严重的机会主义行为。

4. 技术交易的再投入特征

技术接受者再投入程度决定了技术的转移成效。技术接受者只有经过再学习、消化吸收的过程，技术交易的成效才能显现。不同的技术交易模式决定了技术转移的方式，不同的技术转移方式决定了不同技术消化吸收的成本。所以技术接受者的再投入程度是保证技术转移最终效果的关键因素。

5. 技术交易的信息不对称特征

信息不对称是技术交易的基础，寻找技术交易对象就是发现技术的"不对称"，交易过程就是技术从不对称逐步向对称过渡的过程，也是信息流动的过程。由于信息的不对称引发技术交易双方的机会主义行为：技术供给方对交易中的"延留义务"兑现不足，而以技术的关键隐性信息索取交易的二次价格；技术接受方缩小技术效用，否认从技术获益而拒绝付费，将技术转移的效用不足或失败推卸给技术供给者，以要求提供更多的服务，未经授权将技术转送他人等。这种机会主义严重破坏了技术交易的基础。

6. 技术交易的周期性特征

技术从原创到交易价值为零可以视为技术交易的周期。交易价值的基础是技术的稀缺性，原创性稀缺和扩散性稀缺使得技术的交易价值随时移而动态变化。

7. 技术交易的多样化和不可逆特征

由于技术拥有者既可采用产品模式又可采用服务模式，技术交易中部分属于点对点交易，部分属于流程性交付，即通过一个较复杂的过程将技术逐步交付。另外，一般商品交易过程可逆，对商品不满意可以退货，技术交易过程不可逆，交易形式多样化，使得技术拥有者的决策变得复杂，同时也可导致机会主义投机。

3.2 技术交易市场服务规范

互联网发展开启了新经济时代，特别是云计算、大数据应用等新兴信息技术的发展，以及互联网思维给经济和社会形态带来的积极影响，使市场形态及公众消费行为发生显著变化。全国范围内的实体技术交易平台发展日趋成熟，各类网上技术交易系统的建设风生水起，与实体交易市场形成线上线下融合发展的态势，在促进技术转移、成果转化中发挥着越来越重要的作用。

技术交易市场为技术买卖双方提供的技术交易服务包括技术招标服务、技术拍卖服务、技术挂牌服务、技术交易信息公示服务等。

3.2.1 技术招标服务

1. 技术招标服务内容

技术交易市场的技术需求招标服务内容包括技术难题、项目研发、制造能力和服务产品能力的招标与竞标的相关服务。

（1）竞买交易委托服务

技术交易市场与需求方签订需求委托服务竞价协议，主要包括：

①需求（发布）方及竞买人（组织机构）名称。

②需求标的名称、数量及技术要求等。

③佣金、费用及其支付的方式、期限。

④服务价款的支付方式、期限。

⑤违约责任。

⑥保证金金额及处置约定。

⑦约定的其他事项。

（2）竞买交易信息审核服务

①技术交易市场应为竞买人提供报名服务，对竞买方的主体资格进行审核，审核报名材料，组织竞买人参加需求竞价活动。

②技术交易市场对竞买方提交的文件信息进行审核，应对卖方提交报名材料内容的真实性、完整性进行审核。

审核卖方对竞买标的物的合法权益，包括审核卖方对竞买标的物符合相关标准的保证和声明；对发布竞买公告后至竞买交易开始前要求撤销竞买交易的卖方提交的书面申请说明进行审核。审核通过可终止竞买交易协议，应在 15 个工作日内将保证金退还卖方，并记入卖方诚信记录。

（3）竞买交易发布服务

①应发布竞买交易规则。

②公告竞买交易信息的发布和更改规定。更改的竞买交易信息应重新进行委托。

③公告竞买方式。产生两个及两个以上符合条件的竞买人时，可以场内书面报价方式或由竞价系统竞争标的。

④公告竞买报价方式。可采取网络多次报价、一次报价、权重报价等方式。

⑤公告竞买交易的公开增价方式。增价方式的第一次报价应等于起拍价，此后每次报价应高于前一个报价，竞买方可以按出价原则多次出价。

⑥公告竞买结束的条件。竞价过程中，出价记录达到或超过保留价，该次竞价有效；竞价结束时，出价最高的买受人获得标的物。

⑦公告竞价无效的情况。竞价结束时出价记录没达到保留价，该次竞价无效。

⑧公告竞价截至顺延和竞买结束时间节点。

⑨在不同的竞买交易模式下，竞价系统按照价格优先、时间优先原则确定中标人，

在竞价结束后应立即公布中标人和成交价。

（4）竞买交易实施服务

①技术交易市场为竞买人或竞买联合体提供咨询服务。

②竞价交易活动的组织。

③竞价交易中异常情况的处置。

④竞价交易结算服务，网上竞价交易结束后15个工作日内，技术交易市场应全额退还竞价双方的保证金。

⑤风险预警与违约情况的处置。

⑥竞价交易结果通知及其他服务。

2. 技术招标服务要求

参与竞价交易的各方应注册成为技术交易市场注册交易会员。

1）技术交易市场应为委托方提供有关需求竞价的业务咨询、文件制作、程序代理、操作培训等服务，处理需求竞价过程中出现的相关问题。

2）技术交易市场应对竞买人提交的报名材料及所述内容和所附材料进行审核；应督促竞买人在竞价文件中承诺接受需求竞价文件约定的条件，要求其对需求竞价文件实质性要求和条件做出完全响应。

3）技术交易市场应为需求竞价联合体提供联合竞价范围指导和竞价协议审核服务，指导和督促联合体各方签订联合竞价协议。

4）出现下列情形之一的，应终结需求竞价活动：

①报名材料提交时间截止，技术交易市场未收到报名材料的。

②提交的报名材料全部为无效的。

③提交的有效报名材料少于需求竞价文件规定数量的。

④因不可抗力导致需求竞价无法正常进行的。

⑤其他经技术交易市场确认应当终结的情形。

5）竞买交易开始后，技术交易市场不再审理卖方中止本次竞买交易的申请。技术交易市场应对卖方竞买自己委托的竞买标的物和聘请他人代为竞买自己委托的竞买标的物的行为进行监督和制止。

6）竞买交易成交后，技术交易市场应为交易双方办理转让手续，对未按时办理转让的且未与技术交易市场解释和协商的，技术交易市场可终止本次交易，并记入双方诚信记录。

7）技术交易市场可根据实际交易情况，采取延时竞价、暂停竞价、重新竞价和临时休市等措施，技术交易市场做出延时竞价、暂停竞价、重新竞价和临时休市等决定时，应在技术交易市场网站首页予以公告。异常情况包括：

①不可抗力。技术交易市场所在地或全国其他部分区域出现或据灾情预警可能出现严重自然灾害、重大公共卫生事件或社会安全事件等情形。

②意外事件。技术交易市场所在地发生火灾或电力供应出现故障等情形。

③网络故障。技术交易市场所在地或技术交易市场信息系统所在地发生互联网服

务中断等情形。

④技术故障。技术交易市场的交易系统、通信系统中的网络、硬件设备、应用软件等无法正常运行，系统在运行、主备系统切换、软硬件系统及相关程序升级、上线时出现意外，系统被非法侵入或遭受其他人为破坏等情形。

8）竞买方中标后，技术交易市场按照约定将保证金转为交易价款，其他竞买人的保证金应在竞价结果通知书发出后的5个工作日内予以退还；竞价（中标）方应按规定标准向技术交易市场支付交易服务费；技术交易市场支持守约方对违约方违约造成损失的追索权，应将违约方的保证金按约定划转给守约方作为违约补偿，竞买标的物归还卖方处置。

9）竞价结束后技术交易市场应出具竞价结果通知书，应为交易参与各方保守秘密，并根据中华人民共和国有关法律法规和相关规则的规定维护当事人的正当权益。

3. 技术招标服务流程

技术交易市场技术招标活动按流程提供服务。

（1）技术竞价交易服务主要步骤

①卖方应通过技术交易市场向竞买方发出邀请，竞买方就此向卖方发出买入要约。

②卖方对各竞买方的要约进行判断，选择要约并对其进行承诺。

③签订竞买委托协议。

④审核竞价文件。审核内容应包括：标的基本情况；接受条件；知识产权的归属；确定竞买的方法和要求；拟签订的竞买服务合同和相关责任声明；竞价保证金的约定。

⑤协助竞买方制作报名材料、应价文件。

⑥组织和主持竞价交易活动。

（2）网络报价服务流程

①技术交易市场与技术难题竞买方签订委托竞价服务协议。

②技术交易市场应对竞价文件进行审核。竞价文件内容主要包括：技术难题标的基本情况；接受条件；知识产权的归属；确定服务方的方法和标准；拟签订的需求服务合同和相关责任声明；竞价保证金约定。

③技术交易市场应组织技术经纪人协助竞买人制作报名材料、应价文件。

④网络竞价规则。在规定的时间内为竞买人办理手续；提供身份验证，并登录竞价系统；在规定的应价时间内竞买人自行报价或授权经纪人报价提供服务；应价时间应不少于90秒；首次报价不得高于挂牌价；下一次报价应当低于上一次报价；每次减价应为技术难题竞价文件中确定的减价幅度的整数倍。

⑤应价时间截止，报出最低有效报价的竞买人为需求服务方。

⑥所有竞买人均未报价的，竞价终结。所有竞买人应按照竞价文件的规定承担违约责任。

（3）场内报价流程

①技术交易市场为竞买人办理手续并进行身份验证，竞买人应在规定的时间和地

点自行报价或授权经纪人进行报价。

②技术交易市场应根据竞价标的具体情况确定应价时间，每一轮的应价时间应不少于 5 分钟。应价轮次一般为 3 轮。

③首次报价应不高于挂牌价；下一次报价应低于上一次报价；每轮报价以最低价为有效报价，并以此为基价进入下一轮报价。每次减价应为技术需求竞价文件中确定的减价幅度的整数倍。

④应价轮次截止，报出最低有效报价的竞买人为需求服务方。

⑤应价时间截止，所有竞买人均未报价的，本次竞价终结，所有竞买人应按照竞价文件的规定承担违约责任。

（4）一次报价服务流程

①竞买人直接或通过经纪人在规定的报价时段内登录技术交易市场的竞价系统，竞买人可以自行或者授权技术经纪人通过竞价系统进行一次加密报价。

②竞买人可根据竞价文件的约定，在规定时间内向技术交易市场提交经密封盖章的报价单。

③报价时段结束后，技术交易市场应根据规定，确定是否在竞价系统中公示各竞买人的报价。

④在有效的报价中，报价最低的竞买人中标；价格相同的，报价时间或提交报价单时间在先的竞买人为需求服务方。

（5）权重报价服务流程

①技术交易市场应制定权重评价体系，权重报价的评分体系由权重指标和指标分值构成。

②权重指标应包括服务价格、研发能力、产业化能力等。其中，服务价格的分值应不低于总分值的 50%，应在竞价公告中公布，技术需求方应根据技术难题标的涉及的各项综合因素，设定权重指标及各指标的分值。

③技术交易市场应对技术需求方设定指标分值的合理性进行审核。

④竞买人提交的应价文件的有效性可由竞价系统中设置的评分体系判定，发生下列情形时，应价文件无效：应价文件未完全响应技术需求竞价文件中约定条件的；服务价格高于技术需求竞价文件设置的底价的；评分体系规定应价文件无效的其他情形。

⑤技术交易市场的竞价系统根据权重评价体系对有效的应价文件打分评价，形成竞价结果，得分最高的竞买方为需求服务方。

⑥技术交易市场应将竞价结果告知卖方。

3.2.2　技术拍卖服务

1. 技术拍卖服务内容

①技术交易市场与技术转让方签订委托拍卖协议，主要内容包括：转让方、技术交易市场（或拍卖机构）的名称、住所；拍卖标的名称、数量等基本情况；拍卖实施

的时间、地点；拍卖佣金及其支付方式、期限；交易价款的支付方式、期限；违约责任；约定的其他事项。

②审查核实出让方技术转让信息。

③发布技术产权转让信息。

④发布技术转让公告，公告主要事项包括：公告期；标的；标的展示或查询的时间、地点；办理竞买登记的手续和截止时间；规则及说明；特别事项等。

⑤对拍卖机构提交的技术转让公告、拍卖公告进行审核。

⑥对有公示规定要求的技术交易进行公示。

⑦受理意向受让方提出的技术受让申请，办理竞买登记。

⑧审核意向受让方的资格，为意向受让方提供咨询服务。

⑨约定技术拍卖方式和技术交易终结方式。

⑩审核意向受让方竞买资格，为意向受让方提供保证金缴纳服务。

⑪组织拍卖活动或委托拍卖行进行拍卖。

⑫鉴证记录拍卖过程，存档拍卖文件资料。

⑬审核技术交易合同。

⑭交易价款结算。

⑮出具技术交易凭证。

2. 技术拍卖服务要求

1）技术交易市场应为技术拍卖提供协调、监督和指导服务。可委托拍卖机构组织技术拍卖活动。

2）拍卖活动如涉国有产权等相关要求，相关技术在拍卖前应在技术交易平台挂牌公示。

3）技术交易市场或拍卖机构应对拍卖标的是否符合拍卖要求及可能存在的法律风险进行审查，并在拍卖公告中予以披露。

4）技术交易市场或拍卖机构应在拍卖前向意向受让方说明拍卖实施的规则和要求。

5）应公告约定采用的拍卖方式。

①在信息发布期限内征集到两个及以上符合条件的意向受让方的，应由拍卖机构主持拍卖。

②征集到一个符合条件的意向受让方的，不再举行拍卖，技术交易市场应按照技术转让公告的约定，组织实施交易。

③未征集到符合条件的意向受让方的，技术交易市场应延长信息发布期限或者终结技术交易。

6）应规定交易保证金缴纳管理办法，技术拍卖过程中，意向受让方一经出价或应价不得撤回。

7）取得竞买资格的意向受让方可委托代理人参加拍卖。代理人参加拍卖的，应向技术交易市场出具意向受让方签署的授权委托书，意向受让方、代理人的身份证明复印件，授权委托书应载明代理人的姓名或者名称、代理事项、权限和期限等。

8）技术交易市场应为意向受让方开通交易保证金缴纳、交易价款结算账户，提供交易结算服务。

3. 技术拍卖服务流程

技术交易市场技术拍卖活动的范围流程主要包括以下环节：

①技术交易市场应与出让方、拍卖机构签订拍卖或委托拍卖协议。

②应审查核实技术转让标的、技术转让相关信息等。

③应对有公示要求的技术交易发布公示公告。

④应发布拍卖公告，在实施拍卖前展示拍卖标的物或组织意向受让方实地勘察。

⑤确认意向受让方资格，并将资格确认结果告知意向受让方、出让方和拍卖机构。

⑥意向受让方的最高出价或应价经拍卖师落槌或者以其他公开表示买定的方式确认后，拍卖成交。

⑦受让方与主持拍卖的拍卖机构签署拍卖成交确认书，签订技术出让合同，办理技术转让有关手续。

⑧技术交易市场审核技术转让合同，审核无误，办理技术产权转让手续。

⑨技术交易市场应将受让方缴纳的交易保证金转为交易价款，在拍卖结束后的5个工作日内返还其他意向受让方的交易保证金。

⑩技术交易市场应将拍卖记录和拍卖过程资料存档。

3.2.3 技术挂牌服务

1. 技术挂牌交易服务内容

①提交挂牌交易申请。

②技术交易挂牌申请受理。

③技术产权所属、技术转让形式等审查。

④签订挂牌转让委托协议。

⑤国有科研机构、高等院校技术成果转让公示。

⑥意向受让方申请登记。

⑦意向受让方资格审核。

⑧挂牌技术的评价与推介。

⑨收取交易保证金。

⑩签订技术转让协议，出具技术交易凭证。

⑪交易资金结算、交易费用收缴及保证金划转。

2. 技术挂牌交易服务要求

①技术交易市场应与技术出让方签订挂牌委托协议，如涉国有产权的相关规定，技术交易市场应与出让方签订公示申请协议。

②技术交易市场应对出让方提交的转让申请登记表及其他材料的真实性、有效性、完整性进行审核。

③技术交易市场应对申请挂牌的技术项目承担相关保密义务。

④在信息公告期限内，技术交易市场应受理意向受让方申请，并要求意向受让方提交相关材料，包括以下内容：受让申请登记文件；主体资格证明或自然人身份证明；符合受让资格条件的证明文件；技术交易市场要求提交的其他文件。

⑤技术交易市场应要求拟挂牌技术出让方提交以下文件：挂牌转让申请书；挂牌委托协议；技术成果所涉及的知识产权权属证明；技术所有方为机构的，应提供机构营业执照复印件、法人身份证复印件；技术所有方为个人的，应提供个人身份证复印件。

⑥技术挂牌交易公示要求参见3.2.4节相关内容。

⑦受让方及交易方式的确定，可通过以下方式：挂牌期满后，如仅有一个符合条件的意向受让方，可通过协议出让方式进行交易；挂牌期满后，如征集到两个及以上符合条件的意向受让方，可采取单向竞价、拍卖、招投标等方式确定受让方。

⑧挂牌项目出现如下情况影响交易结果的，技术交易市场核准后可暂停挂牌或停牌：知识产权纠纷；挂牌信息更新修改；其他应予以停牌的情况。影响交易事因消除后应在15个工作日内复牌。

⑨挂牌项目不再具备以下挂牌条件的，技术交易市场应终止挂牌交易予以摘牌：挂牌项目完成交易；知识产权侵权；所有权人提出摘牌申请；对违反法律规定、使用虚假材料的挂牌项目予以摘牌，2年内应禁止该项目挂牌；可视情节予以警告、暂停挂牌资格和撤销挂牌资格。

⑩技术交易市场应在交易结算5个工作日内，向交易双方出具知识产权交易凭证。

3. 技术挂牌交易服务流程

技术交易市场挂牌交易服务主要包括以下环节：

①受理技术出让方提交的挂牌申请。

②对提交的相关材料进行齐全性和合规性审查。

③与技术出让方签订挂牌委托协议。

④确定是否需要登录公示，如需公示则通知技术出让方提出申请并签订公示协议。

⑤发布挂牌信息，规定信息发布期限。

⑥登记受让申请信息。

⑦确定意向受让方资格和交易形式。

⑧意向受让方交纳交易保证金。

⑨组织交易签约。

⑩交易双方通过技术交易市场会员结算账户进行交易资金、交易服务费用结算。

⑪出具交易凭证、交易资料归档。

3.2.4 技术交易信息公示服务

1. 公示内容

技术挂牌交易公示信息包括：技术成果名称、出让方名称、技术产权国有权属、交易方式、拟成交价格、公示日期、公示内容等相关信息。

2. 公示要求

技术交易市场对公示信息进行审核、发布，公示要求如下：

①公示期应不少于 15 日。

②公示期间个人或法人单位如果对公示信息有异议，应向技术交易市场提供公示异议函以及相关证明材料，技术交易市场应及时反馈给委托方，由委托方进行调查处理。

③公示期间如无异议，公示到期结束。

3. 公示信息

交易公示申请表见表 3-1。

表 3-1 交易公示申请表

项目名称				
成交金额（万元）		项目权属		
交易方式	□转让　　□许可　　□作价入股　　□其他_____			
出让方	单位名称			
	主管单位			
	详细通联地址及邮编			
	联系人		手机	
	座机		E-mail	
受让方	单位名称			
	主管单位			
	详细通联地址及邮编			
	联系人		手机	
	座机		E-mail	
资助情况	□国家资助　　　□省市资助　　　□横向资助（企业/社会团体/基金等）			
应用领域	□电子信息技术　　□生物与新医药技术　　□航空航天技术 □新材料技术　　□高新技术服务业及公共事业 □新能源及节能技术　　□资源与环境工程技术 □高端装备与先进制造　　□化学与化学工程技术 □现代农业与食品产业技术　　□其他：			
项目概述（200 字内）				

知识产权情况（可附知识产权表单）	有□ 无□	专利＿＿项/商标＿＿项/版权＿＿项/种权＿＿项/其他＿＿项
	1	
	2	
	3	
	4	

3.3　技术合同

技术合同是当事人之间自愿签署的经营性协议文件，是技术交易业务往来的经济行为，技术合同当事人之间依法设立、变更、终止民事关系的协议约定受法律保护。技术合同在执行过程中因不可抗拒因素或因当事人违约等原因出现纠纷而不能自行和解时，技术合同所属范畴就由经济业务范畴变为法律事务范畴。技术合同当事人间的权责利义务关系为《民法典》第三编"合同"的直接调整对象，《中华人民共和国专利法》《中华人民共和国反不正当竞争法》《中华人民共和国民事诉讼法》和《最高人民法院关于审理技术合同纠纷案件适用法律若干问题的解释》等法律法规都适用于技术合同的规范调整。《民法典》第二十章列示了技术开发、技术转让、技术咨询、技术服务四大类合同的权责利关系，技术开发、技术转让、技术咨询、技术服务四大类业务也是技术经纪的主要服务内容，合同的签订与顺利执行亦在技术经纪的服务范围。

3.3.1　技术合同的法律适用

技术合同，是当事人就技术开发、转让、咨询或者服务订立的确立相互之间权利和义务的协议约定。从本质上讲，技术合同的客体就是技术。技术合同的标的与技术有密切联系，不同类型的技术合同有不同的技术内容。简单来说，可以将技术合同理解为买卖技术商品的合同。

技术合同的法律适用首指《民法典》。合同法，有广义和狭义之分。广义的合同法，是指调整与合同有关的权利义务关系的法律规范的总称，既包括专门法典意义上的合同法，也包括散见于各种法律规定之中的合同法律规范。狭义的合同法，是指由立法机关通过严谨的立法及时制定的，具有系统性和科学性的法律文件，如《中华人民共和国合同法》即属于狭义的合同法。《中华人民共和国合同法》于1999年10月1日起施行，自1987年12月1日起施行的《中华人民共和国技术合同法》随之废止，《民法典》于2021年1月1日起施行，《中华人民共和国合同法》随之废止。

1. 合同的法律本质

合同的法律本质是财产流转关系的法律规范。《民法典》以债权债务关系，即当事人间的权利义务关系为直接调整对象，其深层的社会关系则是社会的财产流转关系。

民法调整的财产关系包括静态的财产关系和动态的财产关系，即财产所有和财产流转关系两大部分。合同调整的是其中动态的财产流转关系，它反映的是平等主体间在转让产品或货币，完成工作和提供劳务的活动中产生的债务的清偿或履行，具体体现着财产从一个民事主体到达另一个主体的合法移转过程。

合同订立的基本原则包括：

（1）平等原则

合同当事人的法律地位平等，一方不得将自己的意志强加给另一方。

（2）合同自由原则

当事人依法享有自愿订立合同的权利，任何单位和个人不得非法干预。

（3）公平原则

当事人应当遵循公平原则确定各方的权利和义务。

（4）诚实信用原则

当事人行使权利、履行义务应当遵循诚实信用原则。

（5）合同性原则和公序良俗原则

当事人订立、履行合同，应当遵守法律、行政法规，尊重社会公德，不得扰乱社会经济秩序，损害社会公共利益。

（6）合同严守原则

依法成立的合同，对当事人具有法律约束力。当事人应当按照约定履行自己的义务，不得擅自变更或者解除合同。

合同订立原则的法律依据是《民法典》第四条、第五条、第六条、第七条、第八条等。

《民法典》第八百四十三条对技术合同做了明确的规定："技术合同是当事人就技术开发、转让、咨询或者服务订立的确立相互之间权利和义务的合同。"技术合同分为技术开发合同、技术转让合同、技术咨询合同和技术服务合同四种类型，这也意味着四大类合同涵盖了技术转移服务业务中的各类其他合同。

2. 技术合同的特点

技术合同的标的与技术有密切联系，不同类型的技术合同有不同的技术内容。技术开发合同的标的兼具技术成果与技术行为的内容；技术转让合同的标的是特定的技术成果；技术服务与技术咨询合同的标的是特定的技术行为。

在技术开发合同中其特点表现为技术的创新，在技术转让合同中表现为技术的转移，在技术咨询合同和技术服务合同中表现为利用技术所提供的决策服务和实施服务。

（1）技术合同的标的物是技术成果

技术合同标的物是人类智力活动的成果，技术成果是凝聚着人类智慧的创造性劳动。在社会主义市场经济条件下，技术成果是特殊的商品。

（2）技术合同的法律调整具有多样性

技术合同履行环节多，履行期限长，技术合同的法律调整具有多样性。技术合同中价款、报酬或使用费的计算较为复杂，一些技术合同的风险性很强。除受合同法律调整影响外，技术合同还受其他与保护技术成果有关的法律规范调整的影响。比如在技术成果的权属方面，受专利法调整的影响。这些技术成果中许多是知识产权法调整的对象，涉及技术权益的归属、技术风险的承担、技术专利权的获得、技术产品的商业标记、技术的保密、技术的表现形式等，受专利法、商标法、商业秘密法、反不正当竞争法、著作权法等法律调整的影响。

（3）技术合同是双务、有偿合同

在技术合同中，当事人双方都承担着相应的义务，承担的义务与他们享有的权利相互关联，除个别特殊约定外，绝大多数的技术合同，都是双务合同。技术合同当事人一方从对方取得利益的，须向对方支付相应的对价，因此技术合同为有偿合同。

（4）技术合同的主体具有广泛性和特定性

技术合同的当事人，既可以是自然人，也可以是法人，还可以是非法人组织，合同法律没有限制，因此技术合同的当事人具有广泛性。技术合同当事人通常至少一方是能够利用自己的技术力量从事技术开发、技术转让、技术服务的法人或自然人或其他组织，通常是具有一定专业知识或技能的技术人员。因此，技术合同的主体又具有特定性。

3. 技术合同的基本内容

技术合同的条款由当事人约定。一般应当包括：

①项目名称。

②标的技术内容、范围和要求。

③履行计划、进度、期限、地点、地域和方式。

④技术信息和情报资料的保密。

⑤风险责任的承担。

⑥技术成果归属和收益的分成办法。

⑦验收标准和方法。

⑧报酬、价款或者使用费及其支付方式。

⑨违约金或者损失赔偿的计算方法。

⑩解决争议的办法。

⑪名词术语的解释。

与履行合同有关的技术背景资料、可行性论证和技术评价报告、项目任务书和计划书、技术标准、技术规范、原始设计和工艺文件，以及其他技术文档，按照当事人的约定可以作为合同的组成部分。上述技术合同的条款是指导性条款，不要求订立技术合同的当事人必须采用，也不限制当事人在合同中约定其他权利义务。但是，合同的签订必须使用和参照规范名称和示范文本。

技术合同应当根据《民法典》的规定，使用技术开发、技术转让、技术咨询、技术服务等规范名称，完整准确地表达合同内容（合同书示范文本可在技术交易市场网站下载）。封皮填写准确，不缺项，如：

项目名称： 石墨烯锚定纳米金刚膜

委托方（甲方）： ××环保公司

受托方（乙方）： ××大学

签订时间： ××××年5月30日

签订地点： 威海

有效期限： ××××年5月30日至××××年5月29日

当事人情况填写详细准确，如：

委托方（甲方）：××××××××××

住　所　地：××门外××××号

法定代表人：　　×××

项目联系人：　　×××

联系方式：　电　话

通讯地址：××××号

电　　　话：(010)……　　传真：(010)……

电子信箱：……

受托方（乙方）：（要求同上）

签字盖章齐全清楚：

当事人为法人的技术合同，应当由其法定代表人或者其授权的人员在合同上签名或者盖章，并加盖法人的公章或者合同专用章；当事人为自然人的技术合同，应当由其本人在合同上签名或者盖章；当事人为其他组织的合同，应当由该组织负责人在合同上签名或者盖章，并加盖组织的印章；超过两页的合同最好有骑缝章。

技术合同条款填写应清楚、具体、合法。

4. 技术交易的谈判、签订与履行

从技术购买方的角度来看，技术交易通常分为三个阶段：第一阶段为技术交易谈判前的准备，主要是通过调研对技术项目进行可行性论证，分析其技术、经济及市场需求和是否具有交易的必要；第二阶段是技术交易谈判和签约，技术购买方与选择好的技术出让方进行技术和商务谈判，签订正式合同；第三阶段是技术合同的履行。

①技术交易谈判前的准备。技术合同谈判前需要对技术出让方的主体资格、资信情况、技术情况和履约能力进行调查。包括：对技术出让方的法律主体地位的调查，主要是了解、审查其是否具有谈判签约的合法资格；审查技术出让方出让的技术是否具有经济性、先进性、适用性、可靠性和带动性；调查取得的技术是否适当，是否真正属于技术出让方，是否还有他人拥有该项技术；获取的技术发展前景如何，是单一的技术产品还是可以发展为多产品的技术。

②技术合同的谈判。技术合同生效前的谈判。

③技术合同的签订。

④技术合同的履行。

3.3.2 技术开发合同

技术开发合同，是指当事人之间就新技术、新产品、新工艺、新材料、新品种及其系统的研究开发所订立的合同。当事人之间就具有产业应用价值的科技成果实施转化订立的合同参照技术开发合同。

1. 技术开发合同的内涵、成果、风险及对价

（1）技术开发合同的内涵

《民法典》第八百五十一条将技术开发合同分为委托开发合同和合作开发合同两种。

委托开发合同是指一方当事人按照另一方当事人的要求完成研究开发的工作，另一方当事人接受研究开发成果并支付报酬的协议，其双方当事人为委托人和研究开发人。

合作开发合同是指当事人各方就共同进行技术研究开发所订立的合同。

（2）技术开发合同的成果

技术开发合同标的物是创造性的技术成果，包括新技术、新产品、新工艺、新材料和新系统。这种创造性技术成果只有经过研究开发方通过创新劳动才能取得。

（3）技术开发合同的风险

技术开发合同中的风险主要指在履行技术开发合同时，面临目前人类尚无法克服的技术难题，导致开发工作全部或部分失败。技术开发合同的成果是创造性的成果，这种成果取得本身具有相当大的难度，蕴含着失败的风险。

（4）技术开发合同的对价

技术开发合同是双务、有偿合同，是指技术开发合同双方当事人均负有一定的义务，每一方从另一方取得利益都必须支付相应对价。

下列合同不属于技术开发合同：

单纯以揭示自然现象、规律和特征为目标的基础性研究项目所订立的合同，以及软科学研究所订立的合同，不予登记；一般设备维修、改装、常规的设计变更及其已有技术直接应用于产品生产的；合同标的为当事人已经掌握的技术方案，包括已完成产业化开发的产品、工艺、材料及其系统；合同标的在技术上没有创新，仅为通过简单改变尺寸、参数、排列，或者现有产品改型、工艺变更、材料配方调整以及技术成果的验证、测试和使用的；合同标的为一般检验、测试、鉴定、仿制和应用；只制订规划和工作计划。

2. 技术开发合同的主要条款

（1）开发项目的名称

即研究开发的新技术、新工艺、新材料、新技术系统等。技术开发合同的项目名称应使用简明、准确的词句和语言，反映出合同的技术特征和法律特征，并且项目的名称要与内容相符。

（2）技术开发合同的内容、形式和要求

技术开发合同的标的是指当事人通过履行合同所要完成的科学技术成果。当事人应该明确合同开发项目的技术领域，说明开发程序、载明开发成果的科技水平、衡量及评定的主要技术指标和经济指标。

（3）研究开发计划

为了保证开发工作能够顺利完成，当事人应该约定一个比较周密、合理的工作计划，工作计划应包括开发期限、地点和方式。

（4）委托开发合同当事人的义务和违约责任

《民法典》第八百五十二至第八百五十六条明确规定了双方当事人的义务和违约责任。

①委托人的义务和违约责任。委托开发合同的委托人应当按照约定支付研究开发经费和报酬，提供技术资料，提出研究开发要求，完成协作事项，接受研究开发成果。委托人违反约定造成研究开发工作停滞、延误或者失败的，应当承担违约责任。

②研发人的义务和违约责任。委托开发合同的研究开发人应当按照约定制定和实施研究开发计划，合理使用研究开发经费，按期完成研究开发工作，交付研究开发成果，提供有关的技术资料和必要的技术指导，帮助委托人掌握研究开发成果。研究开发人违反约定造成研究开发工作停滞、延误或者失败的，应当承担违约责任。

③合作开发合同当事人的义务和违约责任。合作开发合同的当事人应当按照约定进行投资，包括以技术进行投资，分工参与研究开发工作，协作配合研究开发工作。合作开发合同的当事人违反约定造成研究开发工作停滞、延误或者失败的，应当承担违约责任。作为技术开发合同标的的技术已经由他人公开，致使技术开发合同的履行没有意义的，当事人可以解除合同。

④研究开发经费或项目投资的数额及其支付、结算方式。当事人应在条款中明确开发合同研究开发经费的来源，即由哪一方提供。如果是合作开发，则应写明各自提供经费的形式、比例、时间等。涉及以试验设备、器材、样品和现有技术等进行投资的，则应进行估价，并明确其所有权。

对于合同价款支付，当事人可以协商议定采取一次总付或分期支付，也可以采取提成支付附加入门费的方式。

⑤技术情报和资料保密。当事人可以根据所订立的技术开发合同所涉及的技术进步程度、生命周期以及其在竞争中的优势等因素，商定技术保密的范围、时间以及各方应承担的保密责任。

3. 技术开发合同的风险责任的承担

依据《民法典》第八百五十八条的规定，在技术开发合同履行过程中，因出现无法克服的技术困难，致使研究开发失败或者部分失败的，该风险责任由当事人约定；没有约定或者约定不明确，依照《民法典》第五百一十条的规定仍不能确定的，风险由当事人合理分担。当事人一方发现前款规定的可能致使开发失败或部分失败的情形时，应及时通知另一方并采取措施减少损失；没有及时通知并采取适当措施，致使损失扩大的，应当就扩大的损失承担责任。

4. 技术开发合同的成果归属与分享

（1）职务技术成果与非职务技术成果的归属与分享

《民法典》第八百四十七条规定，职务技术成果的使用权、转让权属于法人或非法人组织的，法人或者非法人组织可以就该项职务技术成果订立技术合同。法人或者非法人组织订立技术合同转让职务技术成果时，职务技术成果的完成人享有以同等条件优先受让的权利。《民法典》第八百四十九条规定，完成技术成果的个人有在相关技术成果文件上写明自己是技术成果完成者的权利和取得荣誉证书、奖励的权利。

（2）专利申请权的归属与分享

一般来讲，委托开发合同所完成的技术成果，如需要申请专利，则申请获取的专利在一般情况下归研究开发人所有，当事人有特别约定的除外。合作开发合同所完成的技术成果，如需要申请专利，则申请获取的专利属于合同开发的当事人共有，当事人约定归其一方或几方所有的，从其约定。

（3）专利权和专利实施权的归属与分享

《民法典》第八百五十九条规定，委托开发合同中，研究开发人取得专利权的，委托人可以依法实施该项专利。

（4）技术秘密使用权、转让权的归属与分享

在委托开发合同中，对于履行委托开发合同所取得的技术秘密成果，委托开发的研究开发人不得在向委托人交付研究开发成果前，将研究成果转让给第三人。违反此项义务，应承担相应的违约责任。在合作开发合同中，当事人一方转让专利申请权的，其他各方当事人在同等条件下享有优先购买权。

3.3.3 技术转让合同

技术转让合同是当事人之间就专利权转让、专利申请权转让、专利实施许可（普通、排他、独占）、技术秘密的使用和转让、植物新品种权或植物新品种申请权转让、植物新品种实施许可、计算机软件著作权转让、集成电路知识产权转让与许可所订立的合同。

1. 技术转让合同的特征

①技术转让合同的标的是合同约定的现有的、特定的和权利化的技术成果。

技术转让合同所要转让的技术，必须是合同当事人一方已经掌握的技术成果，正在开发的项目，还未能为人们所掌握，其技术指标和性能尚未确定和稳定，不能作为技术转让。

②技术转让合同中涉及权属的转让只能是经济权利，而不包括精神权利。

③技术转让合同的内容与履行的实质是技术权益的实现。

④技术转让合同时效的长期性。

2. 技术转让合同的主要内容

（1）专利权转让合同

专利权转让合同，是指转让方即专利权人将其发明创造专利的所有权（或持有权）转让给受让方，受让方支付约定价款的合同。未经专利权人许可，任何单位和个人均无权使用其专利。在订立转让合同前，当事人应明确以下情况：

①转让方已经实施或正在实施发明创造专利的，在订立专利权转让合同时，当事人应约定转让方是否能够继续实施该专利，如果当事人未就此做出约定，则合同成立后，转让方应当立即停止实施该专利。

②转让方已与他人就该项专利订立专利实施许可合同并在履行的，在订立专利权转让合同时，当事人可以在合同中约定原实施许可合同中权利义务的处理。如果当事人未就此做出约定，则合同成立后，原实施许可合同约定的权利义务，全部由受让方承担。

（2）专利申请权转让合同

专利申请权转让合同，指一方当事人（转让方）将其就特定的发明创造申请专利的权利转让给受让方，受让方支付相应价款而订立的合同。转让方应明确以下情况：

①转让的专利申请权属于单位所有的，必须得到主管部门的批准。

②如果转让的专利申请权的受让人是外国人，该专利申请权应得到国务院的批准。

③在订立专利申请权转让合同前，转让方应当告知受让方有关发明创造作为技术秘密实施和转让的有关情况。

④当事人可以在合同中约定专利申请权被驳回的损失承担。

（3）专利实施许可转让合同

专利实施许可转让合同，指当事人一方（转让方、专利权人或者其授权的人）许可受让方在约定范围内实施专利，受让方支付相应的使用费而订立的合同。

专利实施许可同专利转让权相比最根本的区别是，专利权转让是专利权人有偿转让自己的专利权给受让方，受让方成为新的专利权人。专利实施许可合同的转让方不转让专利权，只转让"专利实施权"，只能使用受让的专利技术，受让方并不取得专利权，而且只能在合同约定的范围内实施专利。按照专利许可实施的范围，专利实施许可合同分为五类：普通实施许可、独占实施许可、排他实施许可、交叉实施许可、分实施许可。

专利实施许可的范围主要包括：

①许可受让方制造、使用或销售专利产品或使用专利方法。

②制造专利产品数量或使用专利方法的次数。

③实施期限的限制。

④实施区域的限制。只有对专利实施许可的范围做出明确的约定，才能减少不必要的纠纷。

（4）技术秘密转让合同

技术秘密转让合同是指一方当事人（转让方）将其拥有的技术秘密提供给受让方，明确相互之间技术秘密使用权和转让权，受让方支付相应使用费而订立的合同。

同专利技术一样，技术秘密也可以进行转让。技术秘密是指从事生产活动所必需的且未向社会公开的技术知识、工艺流程、操作方法和管理经验等。技术秘密应具备已知性、秘密性和实用性才具有转让的价值。在签订技术秘密转让合同时，转让方对技术秘密是已知的，是已经开发成功的技术成果；秘密性限定技术只能由一定范围内的少数人所掌握和知晓；实用性指该项技术具有实际应用价值，能应用于实践并产生较好的社会经济效益的技术知识或经验。

技术秘密的使用权和转让权是一种相对权利，只是针对合同当事人的，而没有对抗第三者的效力。技术秘密成果拥有者本人不能妨碍他人在其以前掌握该项技术的人实施该项技术，也不能阻止在其以后通过开发、参观分析掌握该项技术的人实施该技术。技术秘密成果拥有者本人实施其技术时也不得侵害他人的专利权。技术秘密转让合同成立后，受让方可以在约定的时间、地区内，按照约定的方式使用或转让技术秘密，但必须承担约定的保密义务。

（5）不属于技术转让合同的合同

①合同标的技术为进入公有领域的知识、技术、经验和信息等（如专利权或有关知识产权已经终止的技术成果），或者技术秘密转让未约定使用权、转让权归属的，不应认定为技术转让合同。

②技术秘密可以含有公知技术成分或者为部分公知技术的组合。但其全部或者实质性部分已经公开，即可以直接从公共信息渠道中直接得到的，不应认定为技术转让合同。

③合同标的仅为高新技术产品交易，不包含技术转让成分的，不应认定为技术转让合同。

3. 限制转让的技术

根据我国法律规定，下列技术在转让时受到一定限制：

①属于国家机密的技术。涉及国家安全或重大利益的技术，按照我国《保密法》的规定，应由国家核定密级。这些技术进行转让应按照我国《保密法》的规定，经核定密级的主管机关的批准，办理必要的手续和采取适当的保密措施后，才能订立技术转让合同。

②涉及社会公共利益需要控制实施的技术。如易燃、易爆、放射性、剧毒以及环保涉及社会公共利益的技术，仅限于在指定的行业和单位之间进行转让，同时也必须由有关主管部门批准。

③国家实行生产许可证制度的技术。如涉及医药、食品、化工产品、机械产品等的技术。但要求受让方实施许可证产品的有关技术之前必须按有关规定申请许可证。

④违反法律、法规和社会公共道德的技术。

4. 技术转让合同当事人的义务

（1）转让方的主要义务

按合同约定的时间将专利权移交给受让人，但是，专利权中的人身权不在转让之列。按合同约定交付与转让和专利权有关的技术资料，并向受让人提供必要的技术指导。保证自己是转让专利权的合法拥有者，并保证专利权的真实、有效，同时负有保密义务。

（2）受让方的主要义务

向让与人支付合同约定的价款，按合同的约定承担保密义务。

3.3.4 技术咨询合同

技术咨询合同是指当事人一方以技术知识为另一方解决特定技术问题所订立的合同，包括就特定技术项目提供可行性论证、技术预测、专题技术调查、分析评价报告等。

1. 技术咨询合同的适用范围

技术咨询方专家或咨询机构运用自己所拥有的专业知识、技术、经验和信息为委托方完成咨询报告、解答技术咨询、提供决策等智力服务工作，对于一般咨询提出的报告和建议只供委托方决策时参考，不参与决策指导和实施，对委托方的实施结果不承担责任。但提供咨询的一方参与决策并负责指导实施，因其所提出的报告和建议所引起的损失须承担一定责任，所以，技术咨询合同应载明彼此承担责任的条件和范围。合同中没有明确约定的，按一般决策咨询的情况处理。技术咨询的主要内容有：

①可行性研究。

②技术经济论证。

③专题项目预测。

④对国家和区域经济、科技、社会发展战略提供宏观决策咨询。

⑤为重大社会问题的解决提供决策咨询。

⑥企业管理咨询。

⑦技术评估。

⑧为国际技术转移提供决策咨询。

⑨为研究开发新技术、新产品、新工艺、新材料提供咨询服务。

不属于技术咨询合同的有：就经济分析和法律咨询及社会发展项目的论证、评价、调查所订立的合同；就购买设备、仪器、原材料、配套产品等提供商业信息所订立的合同。

2. 技术咨询合同双方当事人的权利与义务

（1）委托人的权利与义务

①委托人的权利。委托人有权接受按合同约定由受托人提供的咨询报告及合理建议；有权解除受托人已接受委托人提供了技术资料、数据及相关文件后，超过两个月不履行咨询义务的技术咨询合同；有权在没有保密约定的情况下，引用、发表、向第三人提供技术资料数据以及受托人提供的咨询报告。

②委托人的义务。委托人要说明咨询的问题，按照合同约定提供技术背景材料及有关技术资料、数据；按期接受受托方的工作成果，支付报酬。委托方未按照合同约定提供必要的数据和资料，影响工作进度和质量的，所付的报酬不得追回，未付的报酬应当如数支付。

（2）受托人的权利与义务

①受托人的权利。按合同约定的时间、地点、方式接受委托人支付的报酬；按合同约定的要求，向委托人提出补充或修正委托人提供的资料、数据及相关文件。因委托人逾期两个月不提供、不补充、不更换、不修正所提供的技术资料和技术数据等技术文件，造成受托人的技术咨询工作无法开展，可解除合同；在合同中没有约定保密条款，受托人可以引用、发表或者向第三方提供委托人提供的技术资料和技术数据等文件。

②受托人的义务。依约提交咨询报告或解答委托人的问题；提出的咨询报告达到合同约定的要求；受托人未按期提出，或提出的报告不符合合同约定的，应当减收或免收报酬，支付违约金或者赔偿损失。

技术咨询过程中，受托方利用委托方提供的技术资料和工作条件所完成的新的技术成果，属于受托方。委托方利用受托方的工作成果所完成的新的技术成果，属于委托方，但合同另有约定的除外。

3.3.5 技术服务合同

技术服务合同是指当事人一方以技术知识为另一方解决特定技术问题所订立的合同（包括技术中介合同、技术培训合同）。

技术服务合同是为完成特定的技术问题所进行的科学技术服务活动；经济合同是为完成特定的工作任务订立的合同。因此，建设工程的勘察、设计、施工、安装合同和加工承揽等合同尽管也需要专门的知识和技术，但不属于技术服务合同，而属于经济合同范畴。

1. 技术服务合同的类型

技术服务合同包括三大类：一是技术辅助服务合同，二是技术培训合同，三是技术中介服务合同。

（1）技术辅助服务合同

技术辅助服务合同是指一方利用科技知识为另一方解决特定专业技术问题而订立的技术合同。其标的是解决技术问题的服务性项目，服务内容包括改进产品结构、改良工艺流程、提高产品质量、降低产品成本、解决资源能耗、保护资源环境。这些专业技术服务项目包括：产品设计；工艺服务；测试分析服务；计算机技术应用服务；新型生产线或复杂生产线的调试及技术指导；特定技术项目的信息加工、分析和检索；农业的产前、产中和产后技术服务；为特殊产品制定的技术标准；对动植物细胞植入特定基因，进行基因重组；对重大事故进行定性定量技术分析；为重大成果进行定性定量技术鉴定或者评价等。

（2）技术培训合同

技术培训合同是指当事人一方委托另一方对指定的专业技术人员进行特定项目的技术指导和专业训练所订立的合同。以传授特定技术项目的专业知识为合同的主要标的，培训对象为委托方指定的与特定技术项目有关的专业技术人员。

（3）技术中介服务合同

技术中介服务合同是当事人一方（中介方）以知识、技术、经验和信息为另一方与第三方订立技术合同，实现技术创新和科技成果产业化进行联系、介绍、组织工业化开发，并对履行合同提供专门服务所订立的合同。

《民法典》第八百八十七条规定，法律、行政法规对技术中介合同、技术培训合同另有规定的，依照其规定。

下列合同不属于技术服务合同：

以常规手段或者为生产经营目的进行一般加工、制作、修理、修缮、广告、印刷、测绘、标准化测试等订立的加工承揽合同和建设工程的勘察、设计、安装、施工、监理合同，但以非常规技术手段，解决复杂、特殊技术问题而单独订立的合同除外；就描晒复印图纸、翻译资料、摄影摄像等所订立的合同；计量检定单位就强制性计量检定所订立的合同；理化测试分析单位就仪器设备的购售、租赁及用户服务所订立的合同；单纯数据录入、监理合同、售后服务、设备采购、单纯布线施工、培训商品销售人员和非特定操作系统人员、借人合同等。不属于技术服务合同的不能认定登记。

2. 技术服务合同的主要条款

技术服务合同的主要条款见表3-2。

表3-2 技术服务合同的主要条款

序号	条款	条款中应包含的内容和要求
1	技术服务项目名称	服务项目的名称要能反映出技术服务的特征，要与服务内容一致
2	技术服务的内容、方式、要求	明确完成技术服务的具体内容，如产品设计服务、工艺改良服务、要达到的技术指标和经济指标等
3	合同履行的期限、地点和方式	在合同中明确合同的履行地点和完成该服务合同的起止时间，以及提交服务成果应采用的方式，如产品结构设计、解决方案、技术路线图、测试分析、生产线改造或调试等
4	工作条件	委托方应向受托方提供必要的工作条件，阐明委托工作要解决的问题，并提供相关技术资料、技术数据及相关文件

序号	条　款	条款中应包含的内容和要求
5	验收标准	技术项目完成后，委托人应按合同要求约定的标准进行验收。合同应约定验收达到的标准或按规定要求专家评估、专家鉴定会等验收办法
6	报酬支付的方式	指委托人支付给被委托人的酬金，双方可以约定一次性支付、分期支付、服务过程中分阶段支付等方式，以及支付的时间、地点
7	违约责任	合同中约定双方应履行的义务。违反合同约定的，应承担违约责任，违约责任应有支付违约金、赔偿损失等内容
8	争议解决的方法	双方可以协商解决、协调解决、仲裁解决、诉讼解决，如果约定诉讼，其他方式可不进行；如果约定其他几种之一的解决方式，双方达不成一致，还可以通过诉讼解决

3. 技术服务合同当事人的义务与权利

技术服务过程中，受托人利用委托人提供的技术资料和工作条件所完成的新的技术成果，属于受托人；委托人利用受托人的工作成果所完成的新的技术成果，属于委托人，但合同另有约定的除外。

（1）技术服务合同委托人的义务

按照合同约定为受托人提供工作条件，完成配合事项；按期接受受托人的工作成果，支付报酬；委托人违反合同，影响工作进度和质量，不接受或逾期接受服务成果的，应当如数支付报酬。

（2）技术服务合同受托人的义务

按期完成合同约定的服务项目，解决技术问题，保证工作质量；传授解决技术问题的知识；受托人未按合同约定完成服务工作的，应当免收报酬并支付违约金或者赔偿损失。

（3）技术服务合同委托人的权利

有权按合同约定的期限接受委托人完成的全部工作成果；有权要求受托人传授按合同约定的服务项目解决技术问题的知识、经验、方法；受托人逾期两个月不交付工作成果的，有权解除合同，拒付报酬，追回提供的资料、数据、文件和索要违约金或者赔偿因此而造成的损失。

（4）技术服务合同受托人的权利

有权接受委托人提供的技术资料、技术数据、相关材料及其他有助于技术服务开展的工作条件；有权按合同约定支付报酬的方式、时间、地点接受委托人的酬金；在委托人逾期两个月不接受技术服务工作成果时，解除合同，并要求委托人支付违约金或者赔偿；在委托人逾期 6 个月不接受工作成果时，有权处分工作成果，并从处分的收益中扣除应得的报酬和委托人应支付的费用（违约金、保管费、损失费等）。

3.3.6　技术经纪合同

技术经纪合同包括委托合同、行纪合同、居间合同三大类。

1. 技术委托合同

（1）委托合同的内涵

委托合同是委托人和受托人约定，由受托人处理委托人事务的合同。委托他人处理事务的，为委托人；允诺为他方处理事务的，为受托人。

①委托合同以处理委托人的事务为目的。

②委托合同建立在当事人互相信任的基础上。

③委托合同的受托人既可以用委托人的名义，也可以用自己的名义处理委托事务。

④委托合同是诺成及非要式合同。

⑤委托合同既可以是有偿合同，也可以是无偿合同。

⑥委托合同是双务合同。

（2）委托合同当事人的义务与权利

①委托人的义务。支付费用的义务，委托人应当预付处理委托事务的费用；受托人为处理委托事务垫付的必要费用，委托人应当偿还该费用及其利息。

支付报酬的义务，委托合同如是有偿的，受托人完成委托事务的，委托人应当向其支付报酬。因不可归责于受托人的事由，委托合同解除或者委托事务不能完成的，委托人应当向受托人支付相应的报酬。当事人另有约定的，按照其约定。

②受托人的义务。受托人应当按照委托人的指示处理委托事务。需要变更委托人指示的，应当经委托人同意；因情况紧急，难以和委托人取得联系的，受托人应当妥善处理委托事务，但事后应当将该情况及时报告委托人。

受托人应当亲自处理委托事务，经委托人同意，受托人可以转委托。转委托经同意的，委托人可以就委托事务直接指示转委托的第三人，受托人仅就第三人的选任及其对第三人的指示承担责任。转委托未经同意的，受托人应当对转委托的第三人的行为承担责任，但在紧急情况下受托人为维护委托人的利益需要转委托的除外。

受托人应当按照委托人的要求，报告委托事务的处理情况。委托合同终止时，受托人应当报告委托事务的结果。

③委托人的权利。要求受托人亲自处理委托事务的权利；要求受托人按照合同规定的权限和时间处理委托事务的权利；要求受托人忠实地处理委托事务的权利；对委托事务的执行情况享有知情的权利；要求受托人交付因执行事务所获财产或权利凭证的权利；要求受托人对其了解的委托人的商业秘密保密的权利。

④受托人的权利。收取报酬的权利，在有偿的委托合同中，受托人有向委托人收取佣金的权利。要求支付费用的权利，不管委托合同是否有偿，受托人都有权要求委托人预先支付处理委托事务所必需的费用，受托人如在处理委托人委托事务的过程中垫付了必要的费用，有权要求委托人偿还该费用及其利息。

2. 技术行纪合同

技术行纪合同从法律层面上是更细分的合同类别，从技术行纪服务对象的角度则是自身经营业务的内容之一。

（1）技术行纪合同的内涵

技术行纪合同是行纪人以自己的名义为委托人从事贸易活动，委托人支付报酬的合同。具体来讲，是指一方根据他方的委托，以自己的名义为他方从事贸易活动，并收取报酬的合同。其中，以自己的名义为他方办理业务的，为行纪人；由行纪人为之办理业务，并向行纪人支付报酬的，为委托人。

①行纪合同主体资格的限定性。行纪合同的委托人可以是自然人、法人或其他组织，无过多限制。但行纪合同的行纪人必须是经过法定批准经营行纪业务的自然人、法人或其他组织。

②行纪人以自己的名义为委托人办理行纪业务。行纪人在办理行纪业务的时候必须以自己的名义，不能向第三人披露与委托人的委托关系，与第三人发生的权利义务由行纪人自己承担。

③行纪行为是诺成合同、双务合同和有偿合同。行纪合同只需要双方当事人一致的意思表示即可成立，所以是诺成合同。行纪合同双方当事人都具有一定的义务，行纪人负有为委托人提供相关服务的义务，委托人具有支付报酬的义务。因此，行纪合同又是双务合同、有偿合同。

（2）技术行纪合同当事人的义务与权利

①行纪人的义务。以自己的名义从事委托人委托的活动：行纪人必须以自己的名义从事委托人委托的活动，不得利用便利为自己谋取合约以外的利益。

报告的义务：行纪人在处理委托人委托的有关事项的过程中，应及时向委托人报告事项的具体情况。

妥善保管、合理处分委托物的义务：对于委托人委托行纪人进行贸易活动的委托物，行纪人应该妥善保管；对于移交时有瑕疵，或委托物容易受损情形，经委托人同意，或与委托人不能及时取得联系的，行纪人可以合理处分该委托物。

②委托人的义务。支付报酬的义务：行纪人完成或部分完成行纪事务的，委托人须支付报酬。

支付委托事务支出的费用的义务：行纪人按照合同约定为委托人办理行纪事项所需要的费用，委托人需要偿付。

③行纪人的权利。获得报酬的权利：行纪人依约完成委托事务后，有权获得报酬。

委托人逾期不支付报酬的，行纪人对委托物享有留置权，但当事人另有约定的除外。

④委托人的权利。要求行纪人按照合同约定从事行纪合同；委托人发现行纪人违反合同约定，有权拒绝支付酬金和偿还费用；行纪人卖出或买入具有市场定价的商品，除委托人有相反的意思表示外，行纪人自己可以作为买受人或出卖人。低于委托人指定的价格卖出或者高于委托人指定的价格买入的，应当经委托人同意，未经委托人同意，行纪人补偿其差额；委托人发现行纪人有因违约行为造成财产或利益损害的，有权请求赔偿。

（3）行纪合同范本

行纪合同

委托人： （甲方）
行纪人： （乙方）

（提示：在填写甲方和乙方基本情况时，一定要做到准确、全面，对于姓名、名称要填写准确、地址清楚，最好填写联系电话。当事人为公民的要预留其能证明身份的复印件；对于法人的要预留其营业执照的复印件，以便日后之用）

根据《民法典》和相关法律的规定，甲乙双方特订立本合同。

一、甲方委托乙方代办

（提示：当事人根据自己的实际情况具体约定，可以为代销、代购、寄售等；应注意明确具体标的物的名称、规格、质量、数量及价格、时间等）

二、甲方支付乙方报酬：人民币____元，于____年__月__日前结清

（提示，具体的支付方式，当事人结合实际情形约定）

三、本合同有效期自____年__月__日至____年__月__日

四、双方权利和义务

1. 甲方的权利和义务

（1）甲方应当按照约定支付报酬，逾期支付的应当承担报酬总额__%的违约金。

（2）乙方完成委托事项的，甲方应当及时受领，经乙方催告，甲方__日内迟延受领的，应当向乙方支付每日_____元的保管费。并且乙方享有标的物的提存权。

（提示：受领委托物是甲方的权利，同时及时受领又是甲方的义务，为了保障乙方免受损失，可以规定该条）

（3）其他：_____。

2. 乙方的权利和义务

（1）乙方可以作为买受人，购买乙方委托出卖的标的物。

（提示，这是关于行纪人有无介入权的条款，甲方可以排除该条款的约定，规定乙方不享有该权利。另外，对于乙方该项条款的约定前提必须是技术商品具有市场定价）

（2）甲方不按照约定支付报酬的，乙方就委托物享有留置权。

（提示：关于留置权条款，当事人完全可以排除其适用）

（3）乙方必须按照甲方指示完成委托事务，不得变更，否则应当赔偿甲方违约金____元。

（提示：关于甲方的指示，在本示范文本第一条就要约定清楚）

（4）乙方处理行纪事务支出的费用，由乙方自行承担。

（提示：关于行纪费用的负担问题，当事人可以约定由甲方或乙方任一方负担，如没有约定，一概由甲方负担）

（5）乙方就甲方的委托物应当妥善保管，因保管不善，致使委托物损坏的应当赔

偿甲方赔偿金____元。

五、合同解除

1. 双方协商可以解除合同。

2. 一方不按照合同约定履行义务，另一方可在__日内通知解除合同。

（提示：当事人可以预先根据实际情况约定解除合同的条件）

六、合同在履行中若发生争议，双方应采取协商办法解决。协商不成，任一方均可向另一方提起诉讼（仲裁）

七、本合同经双方签章即生效，须共同遵守，本合同未尽事项，可另行议定，其补充协议经双方签章后与本契约具有同等效力

八、本合同一式____份，甲、乙双方各执____份，具有同等法律效力

九、其他约定事项

甲方（签章）：　　　　　　　　　　乙方（签章）：

代理人：　　　　　　　　　　　　　代理人：

　　年　月　日　　　　　　　　　　　年　月　日

（提示：关于合同的落款，自然人要签字摁印，法人一定要盖章，委托代理人签字的注意预留能表明其代理人身份和代理权的证明）

3. 技术中介合同

（1）中介合同的内涵

《民法典》第九百六十一条规定，中介合同是中介人向委托人报告订立合同的机会或者提供订立合同的媒介服务，委托人支付报酬的合同。在双方当事人中，一方是委托对方完成一定服务的委托人，另一方是接受委托，完成一定委托事务的中介人。

中介合同是商品经济发展的产物。

①技术中介合同以委托人委托中介人完成某项技术服务成果为目的；中介人完成的事务属于某种技术服务，因此，技术中介合同的标的是某种技术服务成果；中介人为委托人提供某种中介服务。

②中介合同为有偿合同。中介合同中的委托人需要向中介人支付报酬。《民法典》第九百六十三条明确规定，中介人促成合同成立的，委托人应当按照约定支付报酬。对中介人的报酬没有约定或者约定不明确，依照《民法典》第五百一十条的规定仍不能确定的，根据中介人的劳务合理确定。

③中介合同为诺成合同和非要式合同。在订立中介合同时，双方当事人意思表示一致，中介合同即可成立。

（2）中介合同当事人的义务与权利

①中介人的义务。实事求是地提供签约条件，完成委托人交办的业务；中介人应当如实向委托人提供相关的信息，努力促成双方达成协议。

中介人应当如实报告有关订立合同的事项及内容。我国《民法典》第九百六十二

条明确规定了中介人的报告义务，"中介人故意隐瞒与订立合同有关的重要事实或者提供虚假情况，损害委托人利益的，不得请求支付报酬并应当承担损害赔偿责任"。

②委托人的义务。支付佣金的义务：委托人在中介人完成中介事务后，应当依照合同规定，向中介人支付相应的报酬。

支付偿付费用的义务：委托人应当按照合同约定支付中介人在中介过程中产生的费用。

③中介人的权利。中介人有获得报酬的权利，我国《民法典》第九百六十三条明确规定，中介人促成合同成立的，委托人应当按照约定支付报酬；要求得到费用补偿的权利，我国《民法典》第九百六十四条明确规定，中介人未促成合同成立的，不得要求支付报酬，但可以要求委托人支付从事中介活动支出的必要费用。

④委托人的权利。要求中介人按合同约定实施中介行为的权利。要求中介人赔偿因违约行为而造成的损失的权利。

(3) 技术中介合同范本

中介合同

甲方（委托方）：

联系地址、电话：

乙方（中介人）：

联系地址、电话：

根据《民法典》经双方充分协商，依平等自愿、等价有偿的原则达成如下协议。

一、委托事项

1. 乙方接受甲方委托，负责就_____转让（受让）项目（以下简称该项目），引荐甲方和该技术项目的转让（受让）方直接洽谈，向甲方提供关于该项目的重要信息，并最终促成甲方与转让（受让）方签订该项目的专业交易合同。

2. "中介成功"是指完成本条所列的全部委托事项，甲方与工程方未能签订书面的交易合同，乙方仅为甲方提供信息，或为甲方提供的联络、协助、撮合等服务的，均视为未完成。

二、乙方的义务

1. 乙方必须向甲方提供有关该技术项目的信息，内容包括但不限于交易意向书、合同条件、技术清单、总价、子目单价等，乙方有义务协助甲方对该项目进行实地考察。

2. 乙方承诺向甲方提供的关于该技术项目的信息真实可靠。如果乙方提供的信息不真实，乙方无权取得中介报酬，并同意向甲方支付违约金____元。

3. 乙方向甲方提供的技术清单、总价及单价，必须完全能够成为甲方与转让（受让）方所签订技术合同的组成部分，否则视为乙方没有完成委托事项，无权取得中介报酬，并且赔偿甲方因此而遭受的损失。

4. 乙方应保证该技术项目真实可靠、资金到位、各种手续齐全，并能够正常签约。

否则，视为乙方提供信息不真实，按照本合同第一条第2款执行。

5. 乙方在甲方与转让（受让）方进行合同谈判期间，应尽到作为中介人的谨慎和诚实义务。签订转让（受让）合同后，在甲方的交易过程中，乙方仍有义务负责协调好甲方与转让（受让）方的关系。

6. 乙方领取本合同报酬时，须向甲方开具有效的税务发票，相关的所得税由乙方自行承担。

三、甲方的义务

1. 甲方负责提供资质证书、营业执照等相关资料，负责和转让（受让）方进行合同谈判。

2. 如果中介成功，则由甲方全面履行和转让（受让）方所签订的技术合同。甲方因技术合同而产生的权利和义务，与乙方无关。

3. 中介成功，则甲方应按本合同约定向乙方支付中介报酬。如果未及时支付，则按未按时支付金额的____%向乙方支付违约金。

四、中介报酬的计算方法、支付时间和支付方式

1. 本项目中介费用为工程合同金额的____%。

2. 中介成功后，在甲方合同签订的一个月内，应向乙方支付____元；甲方收到合同约定的全部款项后的五日内全部结清乙方的报酬和其他约定费用。

3. 甲方可以转账或现金的方式支付。

五、中介费用的承担

中介费用是指乙方为完成委托事项实际支出的必要费用。乙方无论是否完成本合同所包含的委托事项，乙方同意全部自行承担中介活动费用（或甲方同意承担____事项等____费用）。

六、保密事项

1. 甲乙双方均应充分保守本协议所涉及的商业秘密。

2. 乙方不得以其在中介期取得的甲方商业秘密做出不利于甲方的任何行为，否则甲方有权拒绝支付乙方的中介报酬。

3. 乙方违反保密义务，应向甲方支付____元违约金，如果违约金不足以补偿甲方遭受的损失，乙方应负责赔偿。

七、合同终止

1. 本合同签字生效后，如果至____年__月__日，乙方仍未完成中介任务，本合同自动终止。

2. 中介成功，本合同完全履行完毕后终止。

3. 甲乙双方协议解除合同或因其他法定事项不能执行时，本合同终止。

八、争议解决方式

如发生合同争议，双方协商解决，协商不成，双方同意提交合同签订地仲裁委员会仲裁。

九、其他事项

1. 乙方不得将本合同委托事项进行转委托。

2. 本合同一式＿＿份，双方各持＿＿份，双方签字盖章后生效。

合同签订地：

合同签订日：

甲方：（盖章）   乙方：（盖章）

法定代表人或委托代理人：   法定代表人或委托代理人：

3.4 技术合同认定登记

技术合同认定登记是由国家行政主管部门通过确认申请认定的合同是否符合《民法典》对技术合同的相关规定，加强对重大技术合同、涉外技术合同、涉密技术合同等的管理监测，保障国家科技成果转移转化优惠政策的贯彻落实，促进技术市场健康发展的一项管理制度，也是根据《技术合同认定登记管理办法》设立的技术合同登记机构对技术合同当事人申请认定登记的合同文本从技术上进行核查，确认其是否符合技术合同要求的专项管理工作。

3.4.1 技术合同认定登记的目的

技术合同认定登记与国家税收优惠政策密切相关，经技术登记的技术合同可以享受国家鼓励创新和科技成果转移转化的相关税收优惠，以及对科研人员和技术转移人员的奖励和激励。

①经认定登记的技术开发、技术转让合同，当事人可以持认定登记证明，向主管税务机关提出申请，经审核批准后，享受增值税减免的优惠政策；经审核批准后，享受免征、减征企业所得税的优惠政策；企业、事业单位和其他组织按照国家有关政策减免税、提取奖酬金和其他技术劳务费用，以技术合同认定登记机构核定的技术性收入为基数计算。优惠政策包括流转税收减免（营改增后的增值税）、技术转让所得税减免、企业研发费用加计扣除政策以及应用技术成果登记、高新技术企业评定指标等政策性补贴和支持。

②经认定登记的技术开发合同，当事人可持认定登记证明，享受研发费用加计扣除的优惠政策。

③技术开发、技术转让、技术咨询和技术服务合同经认定登记后，可从净收入中提取一定比例作为奖金和报酬，对职务技术成果完成人和为成果转化做出重要贡献的人员给予奖励。

④通过技术合同认定登记，可以加强国家对技术市场的统计和分析工作，为政府制定政策提供依据。

3.4.2 技术合同认定登记的作用

技术合同登记机构对申请认定登记的合同是否属于技术合同及属于何种技术合同

作出结论，并核定其技术交易额（技术性收入）。

1. 保障国家税收政策落实到位

为促进科技成果转移转化，国家有关部门制定了一系列鼓励技术创新、技术转移的税收优惠政策，加大对科研人员的奖励力度。其中包括：对技术开发、技术转让和与之相关的技术咨询、技术服务可以享受增值税和所得税减免，对企业研发投入可以享受研发费用加计扣除所得税等政策。为保障国家税收政策落实到位，《技术合同认定登记管理办法》规定，经认定登记的技术合同可以享受国家对有关促进科技成果转移转化规定的税收优惠和奖励，未申请认定登记和未予登记的技术合同，不得享受。

2. 对国家限制性交易和技术秘密进行保护

技术合同认定登记需对技术合同的标的或内容进行审查，违反国家有关法律法规的强制性规定和限制性要求将不予登记。对涉及商业秘密的技术合同，当事人应在技术合同中予以说明，并告知技术合同登记人员，技术合同登记人员有责任保守其商业秘密，维护其合法权益。

3. 对违法行为进行监督管理

《民法典》第五百三十四条和《合同行政监督管理办法》强调了行政主管部门对合同约定行为的管理监督职能，规定市场监督管理部门和其他有关行政主管部门在各自的职权范围内，依照法律、行政法规的规定，对利用合同危害国家利益、社会公共利益的违法行为，负责监督处理；构成犯罪的，依法追究刑事责任。例如，利用技术合同骗取国家税收优惠等。

4. 对技术市场和技术交易活动加强管理

各级科技行政管理部门可通过加强对技术合同登记机构、登记人员的管理，切实保证技术合同认定登记质量，监测技术交易活动和技术市场运行情况，分析技术交易和技术市场运行特点和趋势；与相关行政主管部门密切配合，可以加强对技术市场的宏观管理，加强对技术市场和科技成果转化工作的指导、管理和服务，使技术交易更加规范，减少技术交易纠纷的产生，净化技术市场，推动形成更加优化的技术交易环境。

3.4.3 技术合同认定登记适用范围

技术合同认定登记是对技术开发、技术转让、技术咨询和技术服务的交易行为予以确认，因此，各类市场主体，包括各类法人、个人和其他组织依法订立的技术开发合同、技术转让合同、技术咨询合同和技术服务合同均可以进行技术合同认定登记。不能登记的合同如下：

①非技术合同。

②无效合同或未生效合同（包括合同条款含有非法垄断技术、妨碍技术进步等不合理限制条款的）。

③合同主体、技术标的、价款、报酬以及使用费约定不明确的。

④国家规定需要有关部门审批的合同，未办理审批手续的。

⑤合同名称与合同中的权利义务关系不一致的，登记机构要求当事人补正，当事人未予补正的。

⑥当事人不出具或者所出具的证明文件不符合要求的。

⑦印章不齐全或者印章与书写名称不一致的。

⑧其他不应认定登记的情况。

3.4.4 对当事人的要求和监督

①对当事人应当在合同中明确相互权利与义务关系，如实反映技术交易的实际情况。当事人在合同文本中作虚假表示，骗取技术合同登记证明的，应当对其后果承担责任。

②对于订立假技术合同或者以弄虚作假、采取欺骗手段取得技术合同登记证明的，由省、自治区、直辖市和计划单列市科学技术行政部门会同相关部门予以查处。涉及偷税的，由税务机关依法处理；违反国家财务制度的，由财政部门依法处理。

③当事人申请技术合同认定登记，应当向技术合同登记机构提交完整的书面合同文本和相关附件。

④申请认定登记的合同应当使用技术开发、技术转让、技术咨询、技术服务等规范名称，完整准确地表达合同内容。使用其他名称或者所表述内容在认定合同性质上引起混乱的，技术合同登记机构应当退回当事人补正。

3.4.5 技术合同认定登记一般规则及要求

1）技术合同认定登记的范围。法人、个人和其他组织依法订立的技术开发合同、技术转让合同、技术咨询合同、技术服务合同（包含技术培训合同、技术中介合同）。

2）技术合同认定登记实行按地域一次性登记制度（注：同一合同只能登记一次）。

3）技术合同的认定登记，以合同文本和有关材料为依据，以国家有关法律、法规和政策为准绳，符合全国统一标准。

4）申请认定登记的技术合同，其标的范围不受行业、专业和科技领域限制。

5）承担国家科技计划项目的技术合同需附有有关计划主管部门或者项目执行部门的批准文件。

6）申请认定登记的技术合同，其技术标的或内容不得违反国家有关法律法规的强制性规定和限制性要求。

7）申请认定登记的技术合同应当是依法已经签约生效，在履行期内的合同。

8）法人或其他组织的内部职能机构或课题组订立的技术合同申请认定登记的，应当在申请认定登记时提交其法定代表人或组织负责人的书面授权证明。

9）申办人需提交的材料：

①已经生效合同的真实完整的中文书面合同正文文本及相关附件。

②《技术合同认定规则》中要求申办人出具的其他文件、材料。

10）认定登记期限：合同订立后、履行期内，登记机构自受理认定登记申请之日起 30 日内完成认定登记事项。

11）当事人应当在合同中明确相互权利与义务关系，如实反映技术交易的实际情况。

12）登记机构应当依法认定、客观准确、高效服务、严格管理。

13）登记机构应当保守国家秘密、当事人的技术秘密和商业秘密，维护当事人的合法权益。

3.4.6　技术合同管理机关及其职责

科学技术部负责管理全国技术市场和技术合同认定登记工作。技术合同登记机构由地方科技行政部门设立，具体负责办理技术合同认定登记工作。技术合同登记机构应具备满足开展技术合同认定登记工作所需的技术条件、办公条件，同时具备经过国家或省级科技行政部门培训和考核合格的技术合同登记人员。

1. 国家科技行政主管部门具体职责

①研究技术市场的发展状况、趋势，提出相关的政策建议和措施。

②承担技术市场发展规划的编制工作，参与编制有关的年度计划，并组织实施相关规划和年度计划。

③承担科技部技术市场管理办公室的日常工作。承担全国技术市场日常运行管理工作，联系和协调全国技术市场管理机构。

④承担规范技术市场秩序、建立和完善技术市场信用体系工作，推动技术市场的坏境建设。

⑤承担管理全国技术合同认定登记机构工作和组织开展技术合同认定登记工作。

⑥承担全国技术转移、技术交易活动的组织和管理工作，承担全国技术交易机构的管理工作。

2. 省、自治区、直辖市和计划单列市科技行政部门具体职责

省、自治区、直辖市和计划单列市科技行政部门负责管理本行政区划的技术合同认定登记工作。具体职责包括：

①管理技术合同登记机构和登记人员，建立健全技术合同登记岗位责任制。

②加强对技术合同登记人员的业务培训和考核，保证技术合同登记质量和效率。

③对利用合同危害国家利益、社会公共利益的违法行为，以及订立假合同或弄虚作假、采取欺骗手段取得技术合同登记证明的，会同有关部门予以查处，责令限期整改。

④通过技术合同的认定登记，加强对本辖区的技术市场和科技成果转移转化工作的指导、管理和服务，并开展相关的技术市场统计和分析工作。

3. 地、市、区、县科技行政部门具体职责

地、市、区、县科技行政部门设技术合同登记机构，具体负责办理技术合同的认定登记工作。具体职责包括：

①对本辖区的技术合同登记机构和登记人员进行指导和管理。

②开展本辖区的技术市场统计和分析工作。

③加强本辖区科技服务机构和服务网络的组织建设，提高社会化服务水平。

3.4.7　对技术合同登记机构的要求和监督

技术合同认定登记按照自愿原则，实行按地域一次性登记制度。技术开发合同的研究开发人、技术转让合同的让与人、技术咨询和技术服务合同的委托人，以及技术培训合同的培训人、技术中介合同的中介人，应当在合同成立后向所在地区的技术合同登记机构提出认定登记申请。技术合同认定登记由当事人提出申请，并提交完整的书面合同文本和相关附件，由技术合同登记机构进行认定登记。

技术合同认定登记机构的工作职责：

①根据国家有关法律、法规和政策，对申请认定登记的合同文本及相关附件进行审查；对当事人所提交的合同文本和有关材料进行审查和认定。其主要事项包括：是否属于技术合同；属于何种技术合同并分类登记；确认技术合同中的技术交易额；核定技术性收入；审批技术交易奖酬金；变更登记与统计分析。

②登记机构应当依法认定、客观准确、高效服务、严格管理，规范技术合同认定登记行为；对符合条件的技术合同予以分类登记和存档，发放技术合同登记证明；对非技术合同或不符合登记条件的不予登记。

③技术合同认定登记机构不得从事经营活动。对发现利用合同危害国家利益、社会公共利益的行为的，应及时通知上级科技行政部门进行监督处理。

④申请认定登记的合同，涉及国家安全或者重大利益需要保密的，技术合同登记机构应当采取措施保守国家秘密。对相关违法行为承担相应的法律责任。

⑤保守国家秘密和技术合同约定的技术秘密。当事人在合同中约定了保密义务的，技术合同登记机构应当保守有关技术秘密，维护当事人的合法权益。

3.4.8　技术合同认定登记的一般条件

《技术合同认定登记管理办法》和《技术合同认定规则》中对申请认定登记的技术合同所应具备的一般条件进行了规定，同时针对技术开发、技术转让、技术咨询和技术服务四种不同类型的技术合同，分别规定了不同的认定条件。此部分对四种技术合同的具体认定条件不再赘述，请参阅《技术合同认定规则》相关条款。申请认定登记的技术合同的一般条件包括：

①申请认定登记的技术合同应是依法已经生效的合同。

②申请认定登记的技术合同应是完整的书面合同，相关附件材料齐备。口头形式订立的技术合同不予受理。

③申请认定登记的技术合同应按照《民法典》的规定，规范使用技术开发、技术转让、技术咨询和技术服务等名称。

④申请认定登记的技术合同中应明确规定技术合同成交额、技术交易额等；对涉及技术秘密的，应明确规定交易双方的保密义务。

⑤申请认定登记的技术合同中不得含有非法垄断技术、妨碍技术进步等不合理的

限制条款。

3.4.9　技术合同认定登记流程

技术合同认定登记采用网上办理方式，科技行政主管部门负责技术合同认定登记系统的管理工作。

1. 申请

在技术合同成立之日起 30 日内，合同卖方当事人（技术开发的研究开发人、技术转让的让与人、技术咨询和技术服务的受托人等）持完整的书面合同文本和有关附件，或网上填报技术合同登记表并上传相关附件，向所在地的技术合同登记机构提出登记申请。原则上当事人可向所在地的任何一家技术合同登记机构提出申请。

2. 受理

技术合同登记机构按照《民法典》《技术合同认定登记管理办法》《技术合同认定规则》的有关规定，对合同形式、签章手续、有关附件、证照进行初步查验，符合技术合同认定登记一般条件的，予以受理；对缺少合同要件的，可要求当事人补正，材料齐全后，方可受理；对不符合一般条件的，退回，不予受理。

3. 登记

技术合同登记机构按照《技术合同认定规则》对技术开发、技术转让、技术咨询、技术服务等合同的相关要求，对申请认定登记的合同进行审查，确定是否属于技术合同、属于何种技术合同，确认其技术合同的成交额，进行分类登记并存档。

4. 认定

技术合同登记机构根据《技术合同认定规则》，对符合技术合同条件的技术合同进行分类，填写技术合同登记表，编列技术合同登记序号，在技术合同文本上填写登记序号，加盖技术合同登记专用章，出具技术合同认定登记证明。对于非技术合同或不予登记的合同应在合同文本上注明"未予登记"的字样。

5. 减免税

确认其技术合同的技术交易额，技术合同登记机构可根据技术合同的技术交易额，核定技术性收入。技术开发合同或者技术转让合同包含技术咨询、技术服务内容的，技术咨询、技术服务所得的报酬，可以计入技术交易额。技术合同当事人可持技术合同登记证明等证明材料，到税务部门办理减免税、提取奖酬金和其他技术劳务费用。

3.4.10　技术合同认定登记的注意事项

1）以技术入股或技术股权方式订立的合同，可按技术转让合同认定登记。

2）承担国家科技计划项目的技术合同，符合《民法典》的规定并附有有关计划主管部门或项目执行部门批准文件的，可以进行认定登记。

3）当事人就技术进出口项目订立的合同，可以进行认定登记。技术进口合同可由境内委托方或受让方申请认定登记。

4）植物新品种权、集成电路布图设计专有权转让与实施许可，以及计算机软件著作权转让所订立的合同，可以按技术转让合同进行认定登记。

5）就生物、医药新品种转让与许可订立的合同，可按技术转让合同进行认定登记。当事人应当提交新药证书、临床批件、生产批件等证明文件复印件。

6）申请认定登记的技术合同，涉及国家安全、重大公共利益或大额技术合同的，或认定登记中存在争议的，应当联合税务等行政管理部门对技术合同进行审查。

7）申请认定登记的技术合同，当事人提出变更或注销申请，提交材料齐全并符合法定形式的，技术合同登记机构应准予变更或注销。

8）企业、事业单位和其他组织按照国家有关政策减免税的，应当以技术合同认定登记机构核定的技术交易额为依据；提取奖酬金和其他技术劳务费用的，应当以技术性收入为基数计算。

9）其他相关事项。

①合同文本。

a. 中文完整的合同文本一式两份以上，字迹清楚，签字盖章完整有效。

b. 合同复印件应一律用 A4 纸，盖章并附说明。

c. 需采用示范文本或符合《民法典》有关规定的其他书面文本。

d. 以数据电文形式订立的技术合同，当事人申请认定登记的，应当出具纸介形式的合同文本。

②相关证明。

a. 法人、其他组织的内部职能机构或课题组订立的合同申请认定登记的，应当提交其法定代表人或组织负责人的书面授权证明。

b. 承担政府项目而订立的合同申请认定登记的，应当提交项目主管部门的批准文件。

c. 技术合同标的依照国家有关规定，投产前需经有关部门审批或领取生产许可证的，应当提交生产许可证或有关批准文件。

d. 个人转让技术需提交非职务发明证明。

e. 由委托代理人代办合同登记的，需提供委托授权书。

f. 标的涉及专利申请权、专利权、植物新品种权、计算机软件著作权、集成电路布图设计权的，当事人应当提交相应的知识产权权利证书复印件。

③涉外合同。

a. 企业与国外单位签订的技术合同，须提供中文版的合同，如果确实无中文版合同的，须提交该执行合同的中文翻译件。翻译件也必须要有中方企业的法人代表签字和盖章，并把原外文合同作附件一起提交。

b. 外币报价必须要转换成收款当日汇率的人民币。

c. 外国企业向国内企业转让技术有授权委托书或合同中的条款明确委托方代扣代缴的，可以由买方登记。

d. 涉及外贸的合同，必须由省级认定登记机构认定。

④涉密合同。应提供非涉密承诺书或脱密处理证明书。

⑤数额较大的合同。

a. 合同金额在 3000 万元（含）以上的技术合同必须由省级认定登记机构认定。

b. 合同金额在 1 亿元（含）以上的技术合同，应当由科技厅和省国税局共同会商，组织专家进行现场考察，由省级技术合同登记机构认定。

3.4.11 技术合同登记的相关规定

1. 《技术合同认定登记管理办法》

为了规范技术合同认定登记工作，加强技术市场管理，保障国家有关促进科技成果转化政策的贯彻落实，科技部、财政部、国家税务总局联合发布了关于印发《技术合同认定登记管理办法》的通知（国科发政字〔2000〕063 号）文件，其中明确规定：未申请认定登记和未予登记的技术合同，不得享受国家对有关促进科技成果转化规定的税收、信贷和奖励等方面的优惠政策。

2. 《关于加快发展技术市场的意见》

科技部关于印发《关于加快发展技术市场的意见》的通知（国科发市字〔2006〕075 号）文件，进一步明确：完善技术合同登记制度，保证国家扶持技术创新、促进科技成果转化优惠政策的连续性和稳定性。

3. 全面营改增 36 号文

《财政部　国家税务总局关于全面推开营业税改征增值税试点的通知》（财税〔2016〕36 号）的附件列有："纳税人提供技术转让、技术开发和与之相关的技术咨询、技术服务免征增值税范围。"

4. 国税函〔2009〕212 号

《国家税务总局关于技术转让所得减免企业所得税有关问题的通知》（国税函〔2009〕212 号）；规定：境内技术转让经省级以上科技部门认定；技术转让所得=技术转让收入-技术转让成本-相关税费。

5. 企业研发费用加计扣除公告（97 号文）

《关于企业研究开发费用税前加计扣除政策有关问题的公告》（国家税务总局公告 2015 年第 97 号）第六条第三款第三点规定"经科技行政主管部门登记的委托、合作研究开发项目的合同"需留存备查。

◇ **案例** 1

一项技术并购案经纪失败的思考

本案例介绍某知名药业集团在两家中介服务机构的共同服务努力下，借助第三方专业的技术价值评估力量，很快与生产经营某重组蛋白冻干粉剂的制药企业初步达成收购合作意向，但是在后续的合作条件商讨过程中，这项被多方看好的技术产权收并购因被收购方提出新的收购条件和贸然加价等原因而失败。

1. 案例背景

北京某家制药企业（A 公司）拥有某种重组蛋白冻干粉针剂生物制药品种，用于治疗急性心梗；技术收购方是一家知名民营药业集团（B 公司），在心脑血管疾病领域拥有较强的市场营销渠道。

该技术属于国家二类新药，2004 年上市销售，直至 2007 年仍为国内独家品种，2007 年第二家国产品种获准上市。因该技术形成的药剂品种属于第三代溶栓药物，技术领先，竞争厂家少，市场潜力较大。但技术持有方市场营销能力不足，产品的市场销售始终增长缓慢。

某产权交易平台（C 公司）与某医药科技公司（D 公司）是从事科技服务的机构，C 公司业务总监与拟出售方 A 公司老总熟识，在科技服务交流中得知 A 公司有意对外寻求股权合作，可整体转让技术产品，也可出让控制权。与此同时，拟收购方 B 公司因企业上市需求，急需收购优质技术产品或企业，借以扩大 B 公司的业务规模。D 公司作为 B 公司的常年行业咨询顾问，受 B 公司委托寻找可被收购的优质标的。因 C 公司与 D 公司签署了战略合作协议，双方结成医药行业技术转移联盟，不定期交流各自掌握的技术市场供需信息。在得知这一消息后，C 公司与 D 公司很快达成协议，进行中介服务，介绍 A 公司与 B 公司进行合作对接，C 公司与 D 公司共同推进收购谈判工作。

2. 案例经纪内容

（1）本案例经纪的主要内容涉及四方利益，如何在谈判中体现利益分配的公平合理；A 公司所拥有的药品制剂是否符合 B 公司的收购目的要求；A 公司的技术受让价格是否符合 B 公司的收购预算要求；技术经纪过程中问题的协调与解决。

（2）在本收购项目启动之前，为解决四方利益问题，尤其是 C 公司与 D 公司两个技术经纪方的利益分配问题，四方达成一致意见：C 公司与 A 公司签署技术经纪服务协议，确定中介服务报酬；D 公司根据早先与 B 公司签署的咨询服务协议中的中介报酬条款享受经纪佣金；C 公司与 D 公司各自负责自己所熟悉的客户。具体过程如下：

①A 公司初始阶段报价 1 亿元人民币整体转让企业。

②B 公司为了能尽快了解 A 公司的基本现状以及项目产品未来在市场上的营销推广情况，组织自身技术力量对 A 公司提供的前期资料进行了全面的分析，同时对医院及相关渠道进行了市场调查，掌握了第一手资料。

③为了能够全面地体现 A 公司优势品种的技术特点、市场前景、成本效益、实施的风险以及交易价格区间，C 公司与 D 公司帮助 A 公司撰写了《项目评估报告》，项目交易价格估值区间为 6700 万~11 400 万元，以第三方出具的佐证资料提供给 B 公司作为项目收购价格参考。

④B 公司对《项目评估报告》提出了反馈意见，认为《项目评估报告》对未来 A 公司产品所对应的目标市场总量进行预估、通过市场渗透率进行销售收益预测、运用折现率折现回现值、通过风险系数及 LSLP 法参数进行修正，得出的估值比较客观，市场预期比较乐观。

⑤B 公司根据自身团队的市场调查，客观分析该药物品种推广的潜力和阻力，对其在 B 公司自有营销渠道内营销该药物品种未来拟带来的利润（现金流）进行预测，并在预测基础上，对 10% 的资本进行折现，利用"净现值法"进行估值。估值结果初步认为技术价值为 6000 万元人民币左右。

⑥B 公司根据《项目评估报告》和自身团队的估值结论，提出两种合作方案：第一种是以 6000 万元人民币收购 A 公司 100% 的股份；第二种是以 4200 万元人民币先收购 70% 的股份，然后待收益达到一定的净利润要求之后，再用 5000 万元人民币收购剩余的 30% 股份。

⑦A 公司根据 B 公司的建议，也给出了反馈意见，提出：如果 B 公司愿意以 6000 万元人民币的价格收购 A 公司 70% 的股份（原报价 1 亿元，70% 的股份为 7000 万元人民币），可以马上启动实质性谈判；从潜在合作者的比较方面，B 公司的优势很多，与 A 公司有相同的理念，有成功运营相似产品的经验；B 公司在收购决策前所完成的深入、多方位的调查研究，很好地体现了 B 公司严谨的作风，给 A 公司的印象尤为深刻。

⑧在 D 公司的协调下，B 公司同意再增加 1000 万元人民币，以 7000 万元人民币的总价收购 A 公司全部股权；在 C 公司的协调下，A 公司也同意了 B 公司的最终收购条件。

⑨在 A 公司同意 B 公司 7000 万元人民币的收购条件，B 公司马上要与 A 公司签署保密协议并即将进场尽职调查的前夕，A 公司突然改变口径，声称目前生产使用的蛋白纯化技术属于技术秘密，也具有一定价值，希望 B 公司再增加 1000 万元人民币收购款。

⑩B 公司鉴于 A 公司在报价方面摇摆不定，价格变动过于随意，缺乏合作诚意，最终放弃了本次收购事项，至此，本案例宣告收并购失败。

3. 案例启示

（1）通过两家技术经纪机构的战略协作，发挥技术供需信息的共享和快速获取优势，实现了项目方与收购方的实时对接。

（2）通过技术经纪机构的服务对技术项目进行专业评价估值行为，展示其本身的行业权威性和公信力，促成了项目方与收购方在相互认可的价值区间内进行交易谈判。项目方报价 1 亿元人民币，收购方报价 6000 万元人民币，基本上在技术经纪机构对项目的估值范围上限之内，不会让谈判双方的心理预期价位相差太远。

（3）两家技术经纪机构的分头协调说服工作达到了一定的效果，能够达成一致意见（7000 万元人民币的收购价格），显示出中介机构在协调收购方与拟被收购方之间合作诉求趋同方面的重要经纪作用。

（4）C 公司没有较好地把握 A 公司的报价过程，做好咨询顾问，A 公司多次提高交易价格，给 B 公司留下了不利于后期合作的感觉。D 公司对此已无能为力，没有能够完成最终的成功收购。

4. 案例分析

为本案例提供技术经纪服务的机构有两家，各自承担自己一方的咨询协调工作，从各自客户取费，探索实现合作共赢机制，其积极意义在于技术经纪机构联盟合作需要突出各自的优势，减少内容重叠，提高实施效率。

技术经纪机构在提供服务过程中出具的第三方《项目评估报告》，有利于推动技术供需方之间的合作谈判，但前提是报告内容要体现行业的专业性、公允性与科学性。

在合作条件设置方面必须十分慎重，交易策略调整不可随意，不能前后矛盾，不能节外生枝。

5. 案例点评

从案例叙述可以看出，民营药业集团（B公司）收购的不只是某种重组蛋白冻干粉针剂生物制药品种，而是通过收购北京某家制药企业（A公司）从而获取该生物制药品种的知识产权。

该产品自2004年上市销售直至2007年仍为国内独家品种。该生物制药产品所有权的持有者A公司之所以愿意被收并购，原因是自身"经营不善，销售额始终增长缓慢"；收购方是一家国内知名民营药业集团（B公司），在心脑血管疾病领域拥有较强的市场销售渠道，肯出7000万元人民币高价获取没有专利保护的诀窍技术，看重的是该品种属于第三代溶栓药物，技术领先，竞争厂家少，市场潜力较大，各有各的优势，如果实现强强联手，合作共赢将是大概率事件。

该项目的收购失败，合作四方皆有教训和经验的遗憾之处：首先是时间和精力的机会成本，外加实实在在的财务成本及信誉影响等。

对于B公司，组织自有技术力量对A公司提供的前期资料进行了全面分析，同时对医院及相关渠道进行了全面的市场调查，由于是专有技术，合作失败意味着所做工作"前功尽弃"，并且可能丢失另外的投资机会。

对于A公司，企业的基本资料暴露给合作方，合作方同为专业同行也是竞争对手，其损失除了商业秘密还有信用影响。

对于C公司、D公司两家技术经纪机构，不但没有实现主营业务收益，还倒贴了《项目评估报告》研究撰写成本。

该案例的警示意义在于一宗多方看好的交易失之于各方的谈判技巧与针对变化的准备不足，尤其是A公司给人以"出尔反尔之嫌"，签约前夕在双方认可的7000万元人民币价格基础上贸然增加1000万元人民币的标的讨价。B公司的准备不足亦非常明显，评估报告估值区间6700万~11 400万元人民币，尽管B公司认为"此估值比较客观，预期倾向比较乐观"，最终因A公司的进一步要求，认为对方缺乏合作诚意，而放弃合作，表现出对技术产品获利能力和技术完全转移（包括技术秘密）的担忧，否则不会如此轻率地放弃继续谈判的机会。C公司和D公司的沟通表现也与准备不足有关，在谈判的关键时刻没有积极的补救行为。

6. 问题思考与评价

（1）如何理解A公司以技术秘密作为并购加价的谈判条件的行为？

（2）如何理解B公司因A公司的行为断然终止并购？

（3）C公司根据《项目评估报告》给出交易价格区间，如何为A公司制订交易策略？

（4）D公司根据《项目评估报告》给出交易价格区间，如何为B公司设计应变策略，做好交易协调？

（5）C公司和D公司技术经纪经验和谈判技巧方面运用的缺憾有哪些？

第四章

技术经纪

引　言

技术经纪原本是指在技术市场交易中，在转让方（供方）与受让方（需方）之间承担中介、代理、行纪服务的个人与组织的服务活动，即为技术交易发挥沟通、推介、促进转让作用的个人和组织及其服务活动。

技术市场的发展规模和国家的政策法规是影响技术经纪业生存与发展的最直接因素。在我国，技术经纪业务是技术转移众多的服务项目之一，它没有固定的盈利模式，没有持续稳定的业务来源和投资回报，因而专业的技术经纪机构较少，并且规模都不是很大，职业技术经纪人的就业主要分布在技术交易所、专利事务所、科技咨询师事务所、生产力促进中心、高校、科研院所、大学科技园以及各类专业化技术转移中心和部分企业中。随着政府简政放权实施"负面清单"市场管理制度以及技术市场的快速发展，技术经纪由中介、代理、行纪的市场交易三项基本职能不断地向技术交易环节的前期与后延服务扩展，技术经纪业务将出现突飞猛进的可喜局面。

4.1　技术经纪概述

技术经纪是按专业化、信息化、国际化要求，为供需双方的技术让渡而提供的综合服务活动。技术经纪的专业化、信息化、国际化服务意味着：以专业化高端服务引领，加速提高我国产业竞争力、产品竞争力、服务竞争力；以信息化服务和标准与效率推动服务转型、拓展服务内容、规范服务流程、创新服务模式；以国际化的要求、高科技含量、高附加值、高比例卖方市场的产业形态，把握国际市场主动权，迎合世界产业潮流。技术经纪服务应遵循"推进技术适配领先、模式创新可循、产业低耗高效发展"的原则，其核心第一是技术，第二是服务。技术交易服务正随着产业形态的转型进入一个结构调整、功能更新和组织优化的发展阶段，呈现出技术经纪手段网络化、技术经纪形式多样化、技术经纪服务产业化、技术经纪竞争全球化、技术经纪组织联盟化、技术经纪规范标准化的服务业态。

4.1.1 技术经纪的作用

1. 技术经纪的基础职能

经纪主体最为主要的经纪活动方式为：

（1）中介

向技术交易双方中的一方或双方报告订立科技成果交易合同的机会，并提供合同订立的媒介服务，撮合交易成功后，收取信息服务收益方给予的约定佣金（即报酬）。

（2）代理

获取委托方授权，在一定的授权范围内，以委托人名义与第三方进行交易，并由委托人直接承担相应的法律责任。交易成功后，委托人向经纪主体支付一定数量的报酬，促成科技成果转让成交的顺利实现。

（3）行纪

接受委托人的委托，以自己的名义直接同第三方进行交易，并自行承担规定的法律责任。

2. 技术经纪的业务技能

技术经纪的业务技能是沟通技术市场的供给与需求，为技术成果的商品化提供交易服务，组织和促成技术交易。业务技能主要体现在以下几个方面：

（1）扩散、传播科技信息

广泛搜集科技成果的供求信息，经分析加工后，通过信息发布会、科技交流会、互联网站、客户走访等多种方式和途径，把这些信息及时、准确地传播出去。

（2）技术成果供求双方的连接桥梁

为买方寻找卖方和（或）为卖方寻找买方，通过将科技成果的买卖双方相互联结进而使科技和生产两大领域连接在一起，促进科技成果的及时转移，推进产业转化的时间进程。

（3）优化资源配置

通过科技成果的集结、配套、系统组合，为研发单位研制适用的技术成果提供有用的信息，同时引导企事业单位选择先进、适用的技术，促进科技研发与产品生产的协调发展。

（4）推动科技市场的规范和完善

协调、监督交易双方的交易行为，防止和及时解决交易纠纷，为科技交易活动的顺利进行、规范化发展提供保证。

4.1.2 技术经纪服务的性质与特点

①服务内容的服务性和技术性。经纪主体只提供服务，而且服务的客体必须是科技成果，不直接从事技术研发或产品的生产经营。

②服务地位的中介性。经纪主体在科技成果的供方与需方之间以中间人身份沟通科技成果的交易；在交易活动中，经纪主体依附于买卖双方而存在，对交易的内容无权按自己的观点行事。

③服务范围的广泛性和其责任的确定性。经纪主体为科技成果的供求双方提供全方位、多角度的交易服务，经纪主体的责权利及其服务活动的范围、内容等通过与委托人订立的合同加以规定。

④服务目的有偿性。经纪主体提供经纪服务后按规定和约定收取一定数量的佣金，佣金是经纪主体应得的合法报酬或服务收入。创造性的服务收入不属于传统佣金的性质范畴，如评估报告、可行性研究报告的撰写所获取的课题费用。

4.1.3 国内外技术经纪发展趋势

随着技术市场的建立与发展，技术经纪应运而生，技术经纪作为正规的中介服务行业存在仅有几十年的历史。在国外，很早就出现了"专利事务所""技术转移管理办公室"等从事技术经纪的经营机构。在我国，20世纪80年代末才出现专职的技术经纪机构和技术经纪人，国家对从事技术经纪活动的组织机构有了人员数量和执业资格的要求，规定了执业人员的申报资格和执业条件，符合条件的申请人员，必须经过有关部门的培训、考核，取得《技术经纪人资格证书》后，方可向有关部门申领《经纪人服务许可证》。

1. 国外技术经纪业发展趋势

国外技术经纪服务业的发展历史悠久，迄今已经走过近百年的历程，美、英等西方发达国家的科技咨询类服务最早可以追溯到19世纪初期，尤其是"二战"以来，伴随着第三次科技革命的浪潮，美、英、法、德、日等国为了在激烈的国际竞争中取得比较优势，都把发展科学技术作为一项基本国策。各国为提升科技对本国经济和社会发展的贡献率，大都依托技术经纪服务机构在科技与经济、政府与企业之间建立起有效的联系纽带。

（1）美国技术经纪业

美国建立起了较为完备的社会中介服务体系，不同类型的技术经纪机构在科技创新创业中发挥着桥梁和润滑剂的重要作用。美国的技术经纪机构大体上可以分为营利性和非营利性两大类。非营利性技术经纪机构主要是一些综合性中介机构，其中有一部分是国家设立的，但更多的是民间机构。如20世纪80年代初美国创建了专门为中小企业提供全方位服务、隶属于美国商务部小企业管理局的小企业发展中心、中小企业信息中心以及建在大学的生产力促进中心等技术经纪服务机构。这些机构明确为非营利性机构，运行经费来自联邦政府、州政府和其他收入。目前已形成庞大的全国性网络，为中小企业提供管理和技术上的援助，主要业务形式是咨询和培训，涉及生产、营销、金融、人力资源、工程等多个方面，成为促进美国科技成果产业化和经济持续增长的重要社会力量。美国营利性的技术经纪机构主要是一些专业性的中介机构，从功能上可以分为孵化器（如 Safeguard Scientifics. Inc）、技术咨询和技术成果评估公司等，其中后一种是美国营利性技术经纪机构的主要形式。

（2）英国技术经纪业

英国高度重视发挥技术经纪机构在提升企业技术转移中的作用。英国政府不但为技术经纪机构创造了较好的外部环境，而且在实施政府各项工作中充分利用、借助技术经纪组织，甚至直接扮演中介角色，这在很大程度上激发了英国技术经纪业的活力。

英国具有多层次、全方位、结构合理的完整技术经纪服务体系，整体上可分为三个层面：政府层面、公共层面、民间层面。英国政府层面的技术经纪机构主要是英国小企业服务局。英国政府在全国各地建立了 240 个地区性的"企业联系办公室"（Business Link Office），其目的之一就是促进当地企业与大学、研究机构以及金融机构等的联系，实现科技成果的转化与推广；公共层面的技术经纪机构包括英国学会、皇家工程院、研究理事会、各大学科技成果转化中心、科技园、专业协会等。其中英国学会、皇家工程院、研究理事会这些机构都具有科技咨询的职能，在国家的科技政策和重大工程项目咨询中起着关键作用；民间层面的技术经纪机构形式有慈善机构（Charity）、担保有限责任公司（Company Limited By Guarantee）、股份有限责任公司（Company Limited By Shares）、合伙经营（Partnership）和个体经营（Sole Trading）等。英国技术经纪公司中，大中型公司占少数，小型公司占绝大多数。一般来说，政府层面和公共层面上的技术经纪职能主要是与相关机构的其他职能融合在一起，而民间层面的技术经纪公司则往往与咨询、工程、商务等融合在一起，并且大部分都具有各自的商业模式，它们是英国技术经纪机构的主体。

（3）德国技术经纪业

技术经纪业在德国的科技创新中发挥着重要的作用。德国的技术经纪机构主要是行业协会和技术转移中心。技术转移中心是德国的一个全国性组织，原则上德国每个州有一个这样的机构，类似于我国的生产力促进中心。德国的技术转移中心以中小企业作为自己服务的重点，为它们提供技术咨询和科技创新服务、国内外专利信息查询以及申请专利的咨询；还对中小企业的技术创新活动提供财政补助，帮助企业从欧盟申请科技创新补助经费和寻找欧盟范围内的合作伙伴；组织生动活泼的学术报告会、技术洽谈会，帮助科研院所、高校、企业的新技术和新产品进入市场等。

（4）日本技术经纪业

日本的技术经纪业发展非常成熟，目前其产业规模仅次于美国。日本的技术经纪服务机构主要包括五类：政府认定的事业法人机构、民间的技术经纪机构、外资系统和银行系统的大型咨询机构、科学城、技术城以及技术交易市场等。同其他国家和地区一样，日本技术经纪机构的功能也主要是促进技术转移和对一些技术创新提供必要的扶持和资助，即在实施"产业再生"、推进科技成果快速转化的过程中，进行咨询服务。主要做法有如下几种：

①委托开发。对于一些事关国计民生的重大战略性基础技术，一般通过"国立"中介机构实行"委托开发"。"国立"中介机构把新技术的开发采用"委托"的形式交给企业，提供开发所必需的费用。

②开发斡旋。即通过"契约"调整彼此关系的中介方式。中介机构向技术所有者支付"技术使用费"，从其手中征集"技术"后，交给开发性企业实施"产业化"或"商业化"；并从其完成后的销售收入或利润中提取偿还金。

③独创性研究成果育成事业。中介机构通过独创性开发和协调企业之间的各种关系，获得新的商业化的技术。

④支援成果专利化。技术经纪机构针对那些产业化程度较高的技术，通过实施"专利申请代理"，对成果所有者提供咨询和评估报告，提出专利申请建议，代理专利申请。

总体来看，国外发达国家的技术经纪服务体系逐渐形成了以专业性、知识性劳务投入取代资本或体力劳动投入的知识产品提供为主的发展趋势，在服务业范围上，已从专业咨询发展到综合咨询，从技术咨询发展到战略咨询。主要具有如下特点：

①政府努力营造有利于技术经纪发展的制度环境。技术经纪业的发展离不开完善的制度保障，为了更好地促进技术经纪业的发展，发达国家都通过制定一系列的制度引导技术经纪机构的发展，消除其发展中的障碍，使技术经纪业成为沟通科技研发与市场，联系政府与创新企业的服务主体，促进了技术创新的发展。

②技术经纪业呈现多元化趋势。有的技术经纪服务适合私人公司式的商业化运作，有的适合政府、大学和研究机构以非营利机构的形式经营，还有的则属于混合型运营。但技术经纪服务深深植根于市场经济中，在发达国家的各种技术经纪服务中，大多以商业化形式运作，相对而言，发展中国家则更多地依靠政府的力量发展中介组织。

③技术经纪一般规模较小，但对经营管理者和专业人员的素质要求很高。技术经纪服务是一种专业组织的工作，往往需要具有技术、营销、法律专长和良好产业关系的成员组成的团队才能胜任。比如规模较大的英国技术集团，其人员还不到200人，美国研究技术公司也只有30人。这些机构虽然人员不多，但专业人员的素质却很高，大都具有理、工、商、法律等两种或两种以上的专长，有博士学位的相当多，而且大都有在企业工作的经历。

④组织方式和服务方式不断创新。近年来，随着网络技术的发展，技术经纪服务行业的组织方式也发生了一定的变化，逐渐出现了技术经纪连锁经营以及网络化的发展趋势。城市网络、区域性网络和国际化网络机构已不鲜见，组织方式的改变也促进了技术经纪服务方式的不断创新。

2. 中国技术经纪业的发展

（1）中国技术经纪业发展方兴未艾

技术经纪业在促进科技成果转化中居于特别重要的地位，是第三产业高端服务的重要组成部分。发展技术经纪业是培育和发展技术市场的重要环节和必然要求。我国企业经营转型已处于攻坚时期，吸纳科技成果的能力在不断增强，对能够促进企业国际贸易的科技应用成果的需求不断增大；同时，广大科技人员创新、创业的积极性在政策的引导下空前高涨，科技成果层出不穷。因而，技术经纪业面临一次新的发展机遇，服务创新大有可为。在与发达国家的相关比较中，我国的技术经纪业仍处于学习探索阶段，经营理念和专业水平还存在着很大差距，主要表现在以下方面：

①对技术经纪业认识不足。科技服务业对技术经纪业的认知肤浅，观念仍停留在信息交流的狭义范畴；技术经纪人的法律地位未能得到充分肯定。旧的政策限制多，新的扶持力度小。职务发明创造成果很难形成社会商业化经纪机制，事业科研机构和国有企业的非职务发明技术成果在体制内也难以推广应用。

②技术经纪业职能单一。科技信息与供需信息的深层加工能力差，技术交易的全面代理能力弱，技术经纪机构无法为技术交易提供从谈判、签约到合同实施的全程服务。经纪行为缺乏规范，很多经纪机构拘泥于传统观念和业务界限，很难进入全方位、全链条的技术转移高端服务领域。

③技术经纪人队伍单薄。产业起步晚、专业面狭窄，是技术经纪人队伍未能尽快发展壮大的前提因素。但是，政策层面的举措滞后是不可回避的问题。大专院校的技术转移专业设置空缺，技术经纪人缺乏连续性的职业跟进培训，重设备引进轻人才输入。凡此种种，不但造成具备科技与经营综合素质的人才的缺乏，就连专职的初级经纪人都难以成众。我国技术经纪人队伍中大部分为兼职人员，如大学科技园的经纪人员多为教职人员兼任，且仅限于本单位的职务技术成果推广。具有信息平台交互能力的技术经纪人很少，具有资质的技术经纪人的数量更少。技术经纪人队伍规模有待大幅扩张，技术经纪人队伍综合素质有待大幅提升。

（2）中国技术经纪业的发展要求

要解决中国技术经纪业发展中存在的"老旧"问题，还有不断出现的诸多"新"问题，为满足技术市场的快速发展要求，还需付出种种努力。

①技术经纪要坚持"需求"的原则。市场经济是一种需求经济，虽然很多科技项目大多是科研机构、大学"关门"研究出来的，但不乏很有学术价值的成果，技术经纪人首先是"需求"与"供给"识别者。很多科技项目不一定是企业真正需求的，或者近期很少能被市场接受，而市场需求的一些项目，技术供应方又缺乏完整的技术经验。技术经纪的职责应当以市场需求为动力，以供应方的有效供给来适应需求方市场，要使供应方充分了解和掌握需求方究竟需要的是达到什么目的的项目，包括它的技术先进性、成熟度、投资规模、投资回报率等，以及各种技术和质量难题等的具体信息。技术经纪以供方适应需方为中介服务原则，而以技术成果引导市场、培育市场的案例亦不少见。

②技术经纪要灵活掌握无形资产的入股问题。在科技金融衍生创新环境下，科技成果转化的形式日益多样化，技术的供方与需方会抛开传统的买卖交割而形成长期的合作关系。证券市场科创板的最新改革会刺激更多企业选择技术作为股份入股的共担风险的形式购买科技成果。这种情况在具体操作时，会涉及工商行政管理有关法规的限制，操作中会遇到很多新的问题，特别是对于中小型合作者来讲，有更大的运作难度。比如，《中华人民共和国公司法》（以下简称《公司法》）规定，公司注册资本中货币资金的出资比例不得低于30%。从这个角度上讲，高新技术作价入股比例最多可

达到公司注册资本的70%，双方当事人另有约定的可从其约定。从法规上看比较宽松，而实际上技术股份要经过评估等一系列环节。如何根据具体的实际情况及结合技术经纪业的一般原则来处理此类问题，是技术经纪业需要尽快熟悉的新业务。

③技术经纪要充分重视知识产权保护。知识产权保护是对技术成果转让的买卖双方负责，一项技术成果的合作，不可避免要涉及知识产权问题。技术成果转让的基本要求是要明确专利证明文件中的专利权人即出让者，需要特别注意成果的知识产权归属。权利归属不明确，日后必然会引发权利纠纷，技术经纪远避此类业务不仅能避免自身的风险，更重要的是能维护诚信的职业操守。由于目前市场的不规范，技术经纪对技术成果的成熟程度、市场前景等经济问题的关注远不如对知识产权法律问题的关注。如有的公开技术却被作为所谓的新技术来谋利；有的实验室成果，还未通过相关技术鉴定和产权确认，却作为成熟成果与他人合作；有的不法分子竟然以文献资料与人合作，而将合作产生的知识产权占为己有，给需方带来莫大的潜在风险。另外，还有专利申请权的权属及后续成果的归属问题等，这些知识产权问题的厘清与保护，都是技术经纪的重要业务。

4.1.4 技术经纪主体的权利和义务

1. 权利

技术转移机构核准、认可从事技术经纪业务活动的经纪主体（单位或个人）具有以下基本权利：

①按照经纪合同的约定，依据国家法律在合同授权的范围内开展技术经纪活动。

②根据实际工作的需要，要求技术转移服务机构随时提供与技术转让、技术交易有关的各种资料。

③拒绝执行委托人发出的违反国家法规和超越经纪授权合同规定的有关指令。

④在委托人提供不实信息或有意隐瞒与委托业务有关的重要事项，或要求处理涉嫌违法事务的情况下，有权中止经纪业务。

⑤根据技术转让、交易的具体情况及需要，可向技术转移服务机构提出实务培训的要求和建议。

⑥免费进入技术转移机构设立的技术信息网站和获取所需要的各种技术成果信息及相关公开资料。

⑦促成交易后，按经纪授权合同约定的标准收取报酬（佣金）。

⑧国家法律、法规和经纪授权合同规定的其他权利。

2. 义务

①认真履行经纪合同，积极开展技术经纪活动。

②维护技术转移服务机构和其他利益相关方的合法权益。

③如实介绍技术交易双方当事人的真实情况及信息，提供公正的中介服务。

④妥善保管各种资料，按照约定为委托人保守其技术及商业秘密。

⑤接受委托人的管理、监督和检查。

⑥依法纳税并服从国家行政主管部门的行政监督和检查。

⑦国家法律、法规和经纪合同规定的其他义务。

4.1.5 技术经纪活动的报酬形式与支付方式

1. 报酬形式

技术经纪主体的经纪活动报酬为佣金，佣金的支付办法、标准和方式由技术转移服务机构与经纪当事人双方协商达成共识后予以确定。

（1）佣金的支付时间

在经纪主体完成约定的经纪业务之后，即技术交易成立，买卖双方已订立技术交易合同并且合同已生效。除有特别的约定外，在经纪主体撮合的技术交易成交前不支付经纪活动佣金。

（2）佣金形式

根据目标交易的具体情况及要求，可在以下三种方式中做出选择，采取其中的任何一种：

①按比例提取。即按照经纪中介成交额的一定比例提取。其公式为：

$$佣金额 = 技术转让成交额 \times 佣金提取比例（\%）$$

②包价确定。以包价的形式确定佣金，具体做法是：如果委托人是卖方，则由委托人确定成交的最低价后委托经纪人代理交易，交易成功后，超出最低价格的那一部分收入，经委托人认可后，即作为经纪人的经纪活动佣金；如果委托人是买方，则由委托人确定最高价后委托经纪人代理交易，交易成功后，低于最高价格的那部分收入，经委托人认可后，即作为经纪人的佣金。其公式为：

$$佣金 = 实际成交额 - 委托最低价（卖方委托）$$
$$佣金 = 委托最高价 - 实际成交额（买方委托）$$

③比例提取＋包价确定。由委托方（卖方或买方）确定一个最低价（卖方委托）或最高价（买方委托）之后委托经纪人代理交易，交易成功后，按照事前达成的约定，分别对包价内和包价外部分使用不同的比例提取经纪佣金。

（3）佣金支付标准

在按包价方式计付佣金的情况下，交易成功后包价外的部分金额，即为佣金的支付标准。如果采用按成交额比例提取方式计付佣金，在商定支付标准时，则可以考虑按级次差别采用不同的提取比例标准，原则上经纪业务成交额越大，提取的比例应适当降低，反之，则适当提高提取比例；如果成交额特别巨大，可以上限封顶，反之，如果成交额特别小，则可采取佣金保底的办法（参考标准见表4-1）。

表 4-1 经纪佣金的提取比例参考

经纪中介成交额（万元）	提取比例或定额
<100	≤5 万元
100～500	5.0%～4.0%
500～1000	4.0%～3.5%
1000～3000	3.5%～3.0%
3000～5000	3.0%～2.5%
5000～8000	2.5%～2.3%
8000～12 000	2.3%～2.0%
>12 000	≤240 万元

（4）佣金的支付人

佣金的支付人原则上按技术交易买卖双方"谁委托谁支付"的办法确定；经协商达成共识后，也可以由交易当事人双方按事前商定的办法及比例共同成为佣金的支付人。

（5）成交后合同未实现的交易佣金

由经纪中介撮合而订立交易合同的，如果合同因故未能履行，只要不是由于经纪人原因造成合同不能履行的，经纪人获取的佣金不应该受到影响，佣金的支付人应照付佣金。

（6）经纪佣金纳入经纪合同的内容范畴

由委托人与经纪人协商议定后，订立书面合同加以明确和确定。

2. 支付方式

经纪佣金原则上采用资金方式支付，也可以选择双方认可的其他方式，如以投资方式入股使用经纪技术的企业。

如果经纪业务的费用数额较大，前期可以考虑向经纪人适量预付部分佣金以支持经纪人的工作，剩余部分，待经纪业务完成，交易双方签订合同后结清。

另外，根据具体情况也可以采取费用和佣金分开计算并支付的办法，经纪人在经纪活动中实际支付的差旅费、办公费、公关支出、通信费、外聘专家咨询费等费用由委托人即时报销，佣金在经纪业务完成后按成交额的一定比例提取。

4.2 技术经纪业务

技术经纪服务流程包括：信息采集、技术和需求信息挖掘、尽职调查、方案策划、撮合谈判、订立合同、合同履行和跟踪服务等。

4.2.1 技术供求信息获取渠道

1. 技术信息的获取渠道

技术交易信息是重要资源，掌握信息来源，了解第一手资料，不仅有利于了解市场环境、技术供求信息，而且还有利于对信息的使用价值做出正确的判断，保证信息的准确性和时效性。一般而言，技术经纪人获取业务机会主要有两种渠道：一是客户主动上门委托，提出口头或书面委托意向；二是主动挖掘技术供求信息，寻找潜在业务机会。技术经纪人挖掘技术供求信息的途径有很多，而网络技术的诞生，更是使信息的获取渠道变得越来越宽广。搜集和处理信息，将其数字化处理，建立数据库，并与技术转移服务机构的信息管理系统联网，这已成为技术经纪人的常规业务。技术经纪人可以从以下几种不同的途径获取技术供求信息：

（1）通过专业的技术转移服务平台获取

技术需求双方大多会在技术转移信息服务平台系统网站进行需求登记。在大量的需求信息登记中，按地域、产业等限制条件选取技术转移服务机构感兴趣的需求信息，然后由专业人员根据有效性原则，有针对性地进行信息开发整理。

随着新一代信息技术的发展，各地区有一定规模的专业机构大都建立起专业的技术转移服务平台，这些平台分类整合了大量的技术供求信息、技术专家信息、中介机构信息、科技金融信息、政策法规信息、科技活动信息等，这是技术经纪人获取信息最快捷、经济方便和有效的手段之一。

技术转移服务平台按运营主体性质可以分为由政府主导建立的公益性公共服务平台、由高校或科研院所建立的专业技术转移中心和由企业建立的市场化营利服务平台。公益性服务平台如中国技术市场网等服务平台。按平台功能可以分为信息共享平台和网上技术市场。信息共享平台主要提供信息展示与查询功能，不具备在线交易功能，如国家科技成果网、专利数据库、高校院所的技术转移中心等，网上技术市场则兼具信息展示与查询、在线交流、在线招标投标、在线竞买竞卖、交易挂牌、交易公示和在线支付等功能。

（2）从信息的源头获取

科技研发（R&D）机构和主要参与者、科学家、工程师是技术资源信息的基础源头。技术开发机构和技术开发人员是技术信息的重要掌控者，很多机构和人员同时还是该技术的产权拥有者。技术资源信息可以按国家级、省部级科技计划实施项目统计整理，也可以按各级政府和大中型企业技术研发经费定向调查汇总，根据需要还可以按社会上不同时期的焦点、热点技术攻关课题等不同渠道跟踪收集，技术经纪人和技术经纪机构通过组织专业团队深入高校、科研院所及具有研发实力的企业实地调研，收集技术成果和技术专家信息；走访各开发区、科技园区、产业集聚区、孵化器及各地企业挖掘技术需求信息和资金需求信息；走访银行、创业投资机构、风险投资企业、保险机构、担保机构等各类金融机构收集科技金融产品信息。这种方式的特点是范围广、主动性强，这类渠道尽管不确定性较大，但获取的信息真实可靠，而且在沟通交流过程中可以建立良好的人脉关系，为后期对接工作奠定信任基础。

（3）通过科技交流会展活动获取

从博览会、展销会获取信息。影响力广泛的博览会所展出的新技术、新产品往往能起到引导市场需求的作用，同时也能反映技术研发的前沿动态。

各级政府、行业协会、中介机构等为加强科技合作与交流，推进科技事业发展，会定期或不定期举办各种类型的科技活动，如科技活动周、科技展览会、技术交易会、科技成果推介拍卖会、技术难题招标会、科技招商会等。汇集的信息涉及各个行业领域，这些信息经过初步筛选和审核，具有较强的代表性和较高的真实性，是技术经纪人获取信息的良好途径。

（4）通过科技主管部门获取

科技管理部门以及行业主管部门或行业协会的调查统计资料是技术供需信息的重要来源。有技术需求的企业往往会求助于行业主管机关或行业协会，很多行业主管部门自身也具有企业技术需求统计的职能。

技术经纪人通过搜集科技主管部门每年公开发布的有关科技计划项目、鉴定登记成果、科技奖励项目等获取科技成果信息或相关领域企业信息，这类信息经过科技主管部门严格审核，具有很高的权威性和真实性，并且属于其各自领域内的顶尖技术或优秀企业。对技术经纪人来说，通过科技主管部门获取信息一方面可以及时掌握技术市场行情和政策导向，对有针对性开展技术经纪工作具有重要的指导作用，另一方面也能提高技术经纪人掌握信息的含金量。

（5）向市场调查公司（事务所）和经济统计部门搜集资料

随着技术转移业务的不断增长，技术转让如同其他商品交易，市场化程度越来越高，市场调查机构和有关的经济统计部门统计整理的技术供、需信息也会越来越多。

（6）向企业进行直接调查

直接调查是技术转移机构获取企业技术需求最常见的方式。由于人力成本等方面原因，这种方式只能在一定的地域范围内进行。

通过搜集样机、样品加以完善或改造是中小企业获取技术信息的捷径之一。很多中小企业或个体技术发明者开发出的新产品，由于市场推广不力，或批量生产资金不足等各种原因，未实现量产或根本未进入市场。非产品自身原因而未真正进入流通领域的各类产品约占新产品开发总量的80%。

（7）通过公共媒介获取

通过报刊、广播、电视传媒媒介以及互联网等新闻媒体和大量的专业网络，能够获取很多有针对性的技术信息。公共图书馆和资料室、信息中心、技术推广中心、技术标准发布机构等不以营利为目的的政府部门和公益事业单位，分类存储着大量的技术信息，这也是技术转移服务机构技术资源信息的重要来源。

通过关注和搜集公共媒介对国家和各省市科技工作及典型案例的有关报道资料，

包括广播电视、广告、报纸、各类文献资料和书刊杂志等，可以获取大量有关经济社会发展导向、政府对科技工作的战略规划、各领域突出的优秀科技成果以及发展前景好、竞争力强的科技型企业信息，这些报道的成果或企业是媒体精挑细选出的优秀典型，信息的真实性高，传播范围广，社会影响力大，技术经纪人对这些信息及时跟进走访，对接成功率比较高。

（8）通过人际交往获取

培养良好的人际关系，逐步建立、扩展自己的信息网络。通过访问科技界、经济界的专家和学者，听取他们对经济技术形势、市场行情、发展趋势的看法，访问主管科技、经济的政府官员，听取他们关于技术、经济政策方面的情况介绍等，同时通过有目的地参与各类社交活动，在获取很多直接的信息外还可以结识众多业内人员建立稳定的信息来源渠道。

2. 技术供求信息调查的范围

市场调查是以市场为对象的调查研究活动或调查访问过程。市场调查是指技术及知识性服务的持有方为了销售技术商品及知识性服务，对需求方需求、购买动机和购买行为等方面所做的调查；或者是技术及知识性服务的需求方为了解决特定问题，提高竞争能力，引进所需的新技术开展的调查。从更广泛的角度进行的市场调查，是指利用信息网络平台，系统搜集、存储、分析关于技术商品和服务的有关流通、营销等方面信息资料，在前述市场调查的基础上同时对产品和服务从生产者到需求者的有关信息的调查分析。

市场调查可以运用科学的调查方法，收集、整理、分析、研究市场的基本资料及其影响因素数据，对市场的状况进行反映和描述，以认识市场发展变化规律的系统的、有目的的过程。从技术经营的角度看，市场调查中可以利用互联网、大数据等新一代信息技术，对采集的资料信息进行深入挖掘、分析，发现市场机会，进行市场定位、制订技术商品营销策略，为技术转移提供解决方案。

技术市场调查包括技术商品及因技术商品的使用而产生的产品与服务的市场调查。这是由于其间接产品和服务的需求状况往往对于技术商品的需求状况、发展前景、生命周期起到一定的决定作用。

（1）消费者调查

调查技术商品的直接和间接消费者的购买动机、行为、态度、爱好以进行研究，了解企业产品的目标消费者、技术商品的购买者和购买的深层原因。

（2）技术市场需求调查

调查技术商品直接和间接的潜在市场需求与潜在销售量；确定市场总需求、市场饱和度及消费率；为企业技术开发项目的可行性分析、技术开发进度、新技术投放市场时机的把握等提供决策支持。

（3）技术市场供给调查

主要调查同类技术商品或替代技术商品在市场的占有及动态变化情况，弄清楚竞争对手的优劣体系和价格状况以及技术商品具有的替代特性与发展趋势；调查了解竞争者的营销策略及销售区域。

（4）新技术发展调查

调查了解国内外新近研究成功的技术成果及在实际应用中的情况、发展前景等。

（5）政策与法律法规调查

政府政策与法律变动，国民收入的变化以及国际技术贸易有关法规的变更，税收政策、银行信用、劳动力政策、能源问题等都直接影响技术商品在技术市场的经营状况。所以技术研发单位、生产单位、提供技术转移服务的组织机构必须认真研究有关政策法规，以便能够有效运用政策和法律，为技术商品的交易提供支撑，同时避免因缺乏对政策法规的了解造成经济损失。

3. 技术市场调查的基本方法

（1）文案调查法

文案调查法是利用各种渠道信息、情报资料，对调查的内容进行分析研究的方法。该方法主要以收集文献资料性信息为主，通过对现有资料的收集和处理，对市场供求趋势、市场要素之间的相互关系、市场占有率、市场覆盖率等进行分析，为进一步的现场直接调查提供重要的参考依据。

（2）问卷调查法

问卷调查法所取得的调查资料便于整理和分析研究，是调查者运用统一设计的问卷由被调查者填答，向被调查者了解市场有关情况的搜集资料方法。问卷设计可以根据与主题的关系程度、询问场所、调查对象而定，以不超过 30 个问题为宜。

（3）专家调查法

专家调查法也称德尔菲法，是美国兰德公司在 20 世纪 60 年代首创的一种市场调查方法，是指通过函询的方式征求每个专家的意见，经过客观分析和多次征询，逐步形成统一的调查结论。这种调查方法用背靠背的判断代替了面对面的会议。其特点是匿名性、抗干扰性和可统计性。专家调查法的流程包括：选聘专家、编写问卷、反馈统计、再次调查；通过几轮再调查、反馈统计、定量分析后，经过 3~5 轮意见征询后进行集中数据处理与综合得出分析结果。

4. 技术市场调查的基本流程

（1）明确问题

明确市场调查要说明和解决的问题。调查问题的选择既要从实际需要出发，也要考虑实际取得资料数据的可能性。

（2）制订调查方案

①调查目的。设计市场调查方案，制订市场调查计划，明确调查目的。说明为什么做此调查，调查的经济社会价值是什么。

②调查项目。市场调查的内容是通过调查项目反映出来的，调查项目要根据调查

目的确定，基本内容包括：确定需要搜集的材料和数据，以满足调查目的要求；确定能够代表市场目标特征的调查地区；了解确定在何处取得数据，以及如何取得数据；说明获得答案和证实答案的基本原则。

③调查时间。调查时间的选择，要有利于对市场情况的了解，找到调查的最佳时间，根据具体的调查内容和调查方法，合理计算市场调查的起止时间。

④调查方法。调查方法包括选择适当的组织调查方式和搜集资料的方法、整理和分析研究市场资料的方法。要根据市场调查的目的、内容和时间、地点确定。

⑤调查费用。采用不同的调查方案需要不同的费用，在调查费用既定的条件下，采用的方案、方法不同，调查效果也不同。因此，在制订市场调查计划时，要确定调查费用预算，并按照预算项目开展调查活动。

（3）组建调查队伍

一支良好的调查队伍是正确实施调查方案的保障。所以要做好调查人员的选择、培训和组织，包括确定调查人数和人员专业构成；对调查人员进行调查任务和内容培训，统一调查步骤和方法，确定具体行动和要求。

（4）收集资料

收集资料阶段的主要任务是按照调查方案的要求，采取各种调查方法（问卷法、访问法、观察法、实验法等）采集市场资料和信息数据。一是通过现场实地调查了解生产者、经营者消费者的感受、想法和意向以及与其有关的原始数据；二是对现有资料的收集，包括政府部门的统计资料、同行业所发行的市场动态、行情信息，市场调查机构、咨询机构等发行的研究报告，新闻出版单位公开出版的期刊、文献、报纸、书籍等。

（5）资料整理分析

资料整理分析阶段的主要任务是对上一阶段取得的资料进行分类、鉴别与整理，并对整理后的资料做统计分析、开展研究，对大量数据的分析可通过编写程序进行批量处理。主要步骤如下：

①资料分类标引：按照数据的性质和特点进行分类标引，以便于查找。

②资料鉴别审核：鉴别资料和数据，消除资料中虚假、错误和短缺内容，保证数据的真实性、准确性和全面性；审核资料的来源、引用和计算正误，检查资料是否完整，引用的数据口径是否一致，历史资料的引用是否合适等。

③数据初步加工：对审核后的数据进行初步加工，应用列表和分组使之系统化、条理化。

④数据的定性、定量分析：运用定性、定量分析方法对调查获得的数据进行分析，探索调查对象的发展动向及其变化规律。

（6）撰写调查报告

调查报告的撰写阶段是市场调查的总结阶段。主要任务是总结调查工作，评估调查结果。调查报告包括以下内容：

①背景材料。调查目的、调查地点和对象、现场调查时间和范围、所用的调查方法及采用这种方法的原因。

②调查事实。包括调查主体的基本情况、事例、记录、数据等资料以及相关的调查内容。

③分析和建议。通过整理、分析、综合大量数据资料，找出事务内部和外部的联系，并结合调查问题和目的，提出解决的办法和措施，对未来市场的变化做出合理的预测。

4.2.2 技术资源信息的定向调查内容

技术资源信息调查与整合是在一定框架条件下，对具有一定目标要求的信息资源储备的过程。将分散于不同时空的各类技术，经搜集、加工、处理后，形成能够实现最大经济价值和转移效率的全新的技术资源要素。技术资源要素的整合过程要遵循计算机技术信息服务系统规范和流程。

1. 研发机构信息调查内容

搜集并掌握能够切实反映研发机构现状、特征及其科技研发能力的基本信息，具体内容包括：

①机构概况。即研发机构的自然情况，包括机构名称、住所、设立时间、办公电话、主要学科方向、主要研发人员姓名及其已有的研发成果业绩等。

②机构特征。包括机构的性质与权属、研发方向与能力、服务领域、已有研发成果水平及获奖情况、研发资金的主要来源、技术研发及其成果特点等。

③预研及在研项目情况。包括项目名称、项目性质、特征及内容，研发进度及预期的结项时间和有望实现的技术成果水平等。

2. 技术成果信息调查内容

技术成果信息调查内容包括：

①技术成果持有者所在单位的基本信息。

②技术成果基本情况信息，参见表4-2。

表4-2　技术成果信息调查表

单位基本情况	单位名称			
	地　址			
	法　人		组织机构代码	
	联系人		手　机	
	座　机		电子邮箱	

续表

成果基本情况	成果权属人		权属人联系电话	
	成果名称			
	关 键 词			
	成果完成时间			
	资助情况	□国家　□省市　□横向（企业/社会团体/基金等）		
	成果应用领域	□电子信息技术　　□生物与新医药技术　　□航空航天技术 □新材料技术　　　□高新技术服务业及公共事业 □新能源及节能技术　□资源与环境工程技术 □高端装备与先进制造　　□化学与化学工程技术 □现代农业与食品产业技术　□其他：＿＿＿＿＿＿		
	成果获得方式	□自主研发　　□合作开发　　□委托开发　　□购买　　□其他		
	技术成熟度	□在研　　□专利　　□实验室成果（样机、原型） □小试　　□中试　　□小批量　　□规模化生产		
	获奖情况			
	合作价格（万元）			
	合作方式	□技术转让　　□技术许可　　□技术入股　　□其他：＿＿＿＿＿＿		
知识产权情况	知识产权形式	□专利　□商标　□版权　□植物新品种　□国家新药 □国家一级中药保护品种　□集成电路布图设计 □软件著作权　□论文　□专著　□标准　□其他：＿＿＿＿＿		
	专利	专利公开（公告）号		专利申请日	
		专利名称		专利申请（专利权）人	
		专利法律状态	□未公开　□审中　□有权　□无权（撤销、未缴年费）　□权利转移　□权利抵押		
	商标	商标申请号（商标注册证书编号）		核定使用商品（商品类别）	
		注册人		注册有效期限	
	版权	登记号			
		作品名称		作品类别	
		作者		著作权人	
		首次发表时间		首次出版/制作时间	
	植物新品种	新品种名称			
		品种权人		品种权号	
		品种权申请日		品种权生效日	
		备注			

续表

知识产权情况	集成电路布图设计	布图设计登记号		布图设计申请日	
		布图设计名称		布图设计权利人	
		布图设计首次投入商业利用日			
	软件著作权	登记号		软件名称	
		著作权人		首次发表日期	
	标准（企业产品标准）	企业名称		标准名称	
		标准编号		备案编号	
		备案日期		有效日期	
	其他				
成果简介	（技术背景、原理、技术方案，1000 字以内）				
技术指标	（主要技术指标与参数，500 字以内）				
商业分析	（技术市场前景、价值优势、商业模式，500 字以内）				
成果图片					
成果视频					
备注	支持成果录入暂存、提交、审核、退回、发布				

3. 技术转移机构信息调查

高新区、产业园等专业技术聚集区入驻了各类技术转移服务机构，包括：技术转移中心、知识产权服务机构、技术交易所、产权交易所等技术交易服务机构；专利事务所、会计师事务所、法律事务所等专业咨询机构；风投、担保及小额贷款等科技金融机构；研发设计、技术服务、检验检测等生产性服务机构；具有区域产业特色的众创空间、孵化基地等。这些机构的基本信息和服务内容应纳入集聚区和技术市场信息服务平台资源建设。

对搜集到的研发机构信息资料进行有效梳理，制成研发机构登记表、预研项目登记表和在研项目登记表，以文案方式存档备查，并按照数据规范录入计算机信息服务系统。

4.2.3 技术资源信息的分析与整合

技术资源信息的分析与整合是对技术资源信息的收集、整理、评价、研究等进行加工，形成新的信息产品的业务过程。技术资源信息分析是满足技术转移特定需求、对各类相关信息的深度加工服务活动。信息分析是为需求主体解决为谁、为什么、如何办等问题，技术资源信息的分类体系见表4-3。

表4-3 技术资源信息的分类体系

需求主体	一类	二类	三类
1	客户信息	技术需求方信息	领域1技术需求方
			领域2技术需求方
			……
		技术转让方信息	领域1技术供方
			领域2技术供方
			……
		潜在客户信息	不同领域的潜在客户
2	技术信息	工业技术信息	……
		农业技术信息	……
		高新技术信息	……
3	产业信息	传统产业信息	……
		服务贸易信息	……
		现代服务业信息	……

1. 资源信息分析方法

按照信息分析的功能，常见的分析方法分为基础型、比较型、预测型和评价型等。

1）基础型分析：既是一项常规性、基础性工作，又是一项前瞻性、创新性工作，主要对技术和政策信息进行分析等。包括常规的信息收集和加工，建立文献、档案资料室和数据库。信息分析的目的是随时掌握客户需求的新动向、高新技术的发展趋势，及时了解商品市场与宏观政策的新变化。

2）比较型分析：既是信息筛选、项目选择的重要工作过程，又是常用的职能手段。通过比较，能够发现类同信息之间的本质差异，发现不同技术对同一需求的适配程度等，从而找出问题、分清优劣，确定预选目标。比较信息分析可以是定性的，也可以是定量的，或者是二者结合。

①定性分析：主要依靠信息业务人员的逻辑思维和实践经验分析问题，通常使用比较、推理、分析与综合方法等。

②定量分析：主要依据数学函数形式来进行计算求解。问题的定量分析往往是经济与技术的综合难题。

③综合分析：技术信息分析使用更多的是定性分析和定量分析相结合的方法。

3）预测型分析：需要掌握和利用大量已知的信息，需要技术经纪人具备丰富的实践经验和完备的业务素质，还需要使用先进的分析方法和技术手段。预测得准确与否会直接造成实施结果技术经济等多方面的影响。

4）评价型分析：遵循一定的程序和方法对技术信息价值进行评定。一般有以下几个环节：确定分析前提和内在联系；分析评价对象及选定评价项目；选取评价函数与计算评定价值；进行综合评定并提出决策建议；通常需要对变量系数和评价指标进行设计。

2. 资源信息的管理和利用

（1）技术市场资源信息网络

技术市场资源信息网络是以现代通信技术和计算机技术为基础，聚集跨区域技术资源要素，积聚技术成果、技术需求、技术人才、专业服务和技术交易等信息资源，为技术转移提供跨区域活动支撑。技术经纪服务机构、技术经纪从业人员可以通过技术市场信息网络平台开展技术转移服务，广泛传播和交流、收集、整理、加工技术资源信息，尽享互联网低耗、高效之益，促进技术转移和技术交易。

（2）用户资源信息的管理

用户资源信息的管理主要是通过用户资源信息库的建立与完善来实现的。建立用户资源信息库之前要先行做好两项工作：一是将研发机构或技术持有人以及有技术需求的企业进行科学分类，对需录入登记的信息内容进行规范摘录；二是要设计好统一的文本和数据结构，确定符合标准的编码规则。

用户信息是技术经纪工作中的重要资源，从信息调查开始到分类存储、分析加工，直到预测决策和开发应用，每一个环节都要注入辛勤的劳动和投入大量的资金。这些资源从某种意义上讲决定着技术经纪机构在技术经纪活动中的地位以及在市场竞争中的能力。用户资源信息库的建设要按照使用者角色和业务权限及保密等级实行分级分层管理。

（3）资源信息的检索利用

资源信息的检索流程及工作内容见表4-4。

表4-4　资源信息的检索流程及工作内容

步骤	检索流程	工作内容
1	明确信息需求	根据项目宗旨确定项目的主要内容、技术要点，所涉及的产业范围和专业领域。在此基础上确定信息需求的类型、特征和具体内容
2	选择检索系统	检索系统存储经过加工了的信息集合，拥有特定的存储、检索与传送的技术装备，提供存储与检索方法及检索服务功能； 检索系统由服务人员、检索工具（设备）和信息资料等基本要素构成，检索工具有专利库、商标库、域名库等。信息资料有图书馆目录、期刊索引、计算机检索用的文献数据库
3	确定关键词	遵循一定原则和规律，能够直接、便捷地追寻到信息目标的词语标识。包括规范化的行业用语；专业化的学科分类；国际上通用的拼写；国外文献中频繁出现过的术语；项目涉及的重要标题；技术信息的核心概念；检索词的缩写词、变化词形；时间跨度；流行用语；确切事实等

步骤	检索流程	工作内容
4	初检信息内容	根据项目对信息的查新、查准、查全要求，确定检索范围。 提高查全率：选择全字段检索；减少对文献外表特征的限定；使用逻辑"或"；利用截词检索；使用检索词的上位概念进行检索；把（W）算符改成（1N）（2N）等； 提高查准率：使用下位概念检索；将检索词的检索范围限定在篇名、叙词和文摘字段；使用逻辑"与"或逻辑"非"；运用限制选择功能；进行进阶检索或高级检索
5	整理信息内容	所获得的信息检索内容经分析研究，须加以系统整理，形成所需要的文本，筛选出符合项目要求的相关技术信息，按一定的格式和载体予以保存或提供给信息使用者。需注明原始出处和保留信息资料全文的，要通过记录诸如数据库网址、资料室卷宗目录、著作或论文作者、出版发行或信息发布机构等信息，以备扩大和深入检索范围及规避知识产权纠纷所用

3. 技术供求信息甄别

科技转让、交易咨询，首先要解答技术转让、技术受让双方共同关心的问题。技术经纪人通过各种渠道收集的信息，涉及面广、信息量大且杂、信息真实性有待确定，并且由于技术市场有些信息是自由撰写、自由发布、自由传抄的，这就导致获取的技术供求信息有一些是虚假信息或者过时信息，因此技术经纪人在获取技术供求信息后要及时对信息的真实性和有效性进行甄别，并通过科学的方法对信息进行分类、筛选和整理，从中获取有价值的部分，使之成为可用资源，为开展技术经纪工作奠定良好的基础。技术经纪人在对技术供求信息进行甄别时可以从以下几个方面进行：

（1）信息源头的身份甄别

技术经纪人应寻找、筛选项目交易目标对象，对技术转让、技术交易的买方和卖方进行审查、核实。对技术提供方而言，交易过程涉及知识产权的转让与许可、后续研发、技术指导与服务等，直接关系到技术所有人的权益，因此只有技术所有人或所有人合法委托人才能在授权范围内对技术权益的转让或许可作出有效决定；对技术需求方而言，引进新技术是一项高风险、高成本的战略投资，是否要引进新技术直接关系着企业的未来发展方向，一般而言企业高层管理人员提供的需求信息具有较高的真实性和可靠性，因此对信息提供方的身份进行甄别非常重要。技术经纪人可以通过实地走访，电话、网络沟通等方式直接与技术所有人、企业所有人或高层管理人员取得联系，对收集的信息加以核实、考证，及时淘汰虚假信息和过时信息，提高工作效率。

（2）信息的真实性甄别

信息的真实性由客观真实性和主观真实性两个方面构成。客观真实性是指技术供求信息本身的真实性，即技术成果是否真实存在、成果权属是否明晰、研发团队是否在该项成果领域有较强的研发实力，企业是否真的存在该项技术难题等。主观真实性则是指技术供求双方的真实意愿，即技术供给方是否愿意出售该项技术，技术需求方是否愿意出资引进新技术。信息的客观真实性和主观真实性缺一不可。因此技术经纪人在对信息进行甄别筛选时，除了对信息本身进行核实外，还应当与技术供需双方沟通确认是否愿意转让或引进技术，为进一步增加信息的可信性，在征得信息提供方的同意后可以要求其签订承诺书。

（3）信息的有效性甄别

技术信息具有很强的时效性，它会随市场的变化而变化。有的技术因人事变动而无法实施，有的技术因成本变化或市场饱和而不再可行，有的技术因产品化程度低不能适应市场需要，还有的技术本身不成熟或存在知识产权纠纷等，因此为了避免做无效劳动，技术经纪人需要对信息进行比较分析，衡量信息是否实用、有无使用价值以及使用价值大小。通过不断比较，去除无用信息，最终锁定信息可选择的范围。技术经纪人在对信息进行必要的筛选和处理后，可按照目的、时间或业务范围或按空间、地区、产品层次等要求进行分类排序并存储，建立起适合自己的信息库，并及时对收集的信息展开调研，挖掘潜在的业务机会。对机会大小进行排序，区分出成功机会很大、比较大、一般、较小、不会成功的信息，然后将重点放在成功机会很大或比较大的项目上面；对于成功率较小的项目可以暂时搁置，从而缩小选择空间，使技术经纪工作的目的更加明确。

4.2.4 技术经纪协议委托与确认

参与交易过程，为交易活动提供各项服务及保证，技术经纪人在对信息进行甄别之后就需要与供需双方进行沟通洽谈，取得对方的委托。双方就委托事项达成共识后，应与委托人签订技术经纪合同或协议，明确各自的分工和职责，并按合同要求开展服务和收取服务费用。服务项目包括组织协商、谈判或代表一方就交易条件进行谈判，接受委托、进行代理，或提供中介服务，为交易活动草拟文件，调解交易双方的争议、纠纷等。技术经纪人可以选择单独与委托人订立委托合同，也可以在委托人与第三方的技术合同中订立相应的服务条款。

在单独与委托人订立委托合同时，应在服务合同或协议中明确以下内容：

①服务项目名称，应载明就哪个领域或专业的哪一项技术项目提供技术经纪服务。

②服务的内容和具体要求，即表述清楚委托人委托技术经纪人提供哪些服务项目。

③服务的方式和期限，即技术经纪人提供中介服务的方式和完成中介服务的时间要求，要注意技术经纪人应与委托人协商规定在约定的期限内技术经纪人未能完成中介服务是否作违约论处。因为这一问题目前相关法律未予明确，双方在合同中约定可以避免许多争执与麻烦。

④独家委托事项，即委托人是否独家委托给受托人。

⑤技术转让方式，包括技术权益全部或部分转让及其价格、技术独占或有条件许可及其价格、技术入股（资本化）及其作价和占比、合作开发及投入费用多方式交织及其价格、相关技术咨询和技术服务及其价格、权益兑现方式等。

⑥对委托人交给的技术资料、样品的保管。

⑦委托方的协作事项。

⑧服务的质量要求和验收方法。

⑨报酬、活动经费、支付方式及期限。

⑩保密内容、保密期限和泄密责任、违约责任、争议的解决方式、名词和术语的解释及其他约定事项。

4.2.5　技术经纪尽职调查

技术经纪人在受理委托意向后，就要根据委托人要求，广泛寻找与其要求相匹配的技术成果或需求企业，并对其进行全面深入的调查、审核，尽可能详尽地收集委托的全部情况，在掌握相应信息的基础上进行比较、筛选，缩小目标范围，使将来的对接工作更有针对性和目标性，从而提高工作效率。尽职调查是技术经纪的工作流程，也是经纪质量的重要保证，尽职调查根据调查内容的不同可以分为技术需求经纪的尽职调查、潜在技术供给方尽职调查、技术成果经纪的尽职调查和潜在技术承接方尽职调查等。

1. 技术需求经纪的尽职调查

技术需求经纪的尽职调查主要包括对搜集的技术进行全方位评估、研发团队调查及研发团队技术合作意向调查等方面的内容。

（1）备选技术的搜集和调研

市场上存在着相似或者可替代的技术商品，技术经纪人通过所掌握的信息搜集工具，广泛搜集与需求相匹配的技术成果，通过文献或实地走访调研获取备选技术详细的原理、方法、工艺等。

（2）出具调研报告

调研结束后即进入调查资料的整理和分析阶段，即对调研对象进行逐项筛查，对各项技术实现路径优劣进行比较分析，并对其商业价值进行估算，给出最优实现路径推荐意见，在此基础上形成书面调研报告。

（3）委托方确认

将调研报告反馈给委托方，征求委托方意见，并最终确认拟对接的技术成果。

（4）修订技术经纪协议

在初步选择拟对接的技术成果后，根据委托方的要求变化相应修改技术经纪协议并经双方确认。

2. 潜在技术供给方尽职调查

技术交易是一种长期合作关系，一项技术从一方转移到另一方往往需要经过技术资料交付与保密、吸收技术、消化投产等环节，最后才能完成技术交易行为。在这个过程中涉及买方技术知识、经验、技能的传授与转让，因此技术交易能否成功很大程度上也取决于研发团队的研发能力和技术服务能力。技术经纪人在接受技术供给方的委托开展技术成果推广与对接时，除了要对其提供的技术进行全方位的尽职调查外，还需要对该技术的研发团队进行补充调查。主要是对技术供给方转让技术的意愿强弱、技术合作方式、技术转移权利大小、合作意向价格、对合作企业的具体要求等进行详细了解，以便有针对性地选择合作伙伴，提高对接成功率。

3. 技术成果经纪的尽职调查

技术成果经纪的尽职调查主要包括两方面的内容：一是在委托人的配合下，根据委托人提供的技术方案、有关证明材料（如专利、标准、检测报告等）、国内外查新检索、文献调研等各种方式对委托人提供的技术进行可行性评估和经济效益评估；二是根据委托人提供的技术广泛搜集与之相匹配的、有强烈技术引进需求的企业，并对技术引进企业的技术承接能力和承接意愿进行调查，为委托人筛选出最优的拟合作对象。

（1）技术可行性评估

技术评估是指对技术供给方提供技术的先进性和实用性、经济上的合理性、实施的可能性进行综合分析和全面的科学论证，进而为技术交易提供判断与鉴别依据，主要包括技术水平评估、技术市场前景评估、技术应用效益评估、技术实施风险评估及技术的商业价值评估。

技术可行性评估调查包括以下内容：技术的任务与来源，是源于自主研发还是合作开发或国外引进，是国家或省部级的科研项目课题还是企业研发项目，项目的层级；技术的主要性能指标、参数和技术的成熟度及水平层级；技术及产品的标准化程度及水平，是否符合国家或行业的有关技术标准及产品标准的要求；新产品与其达到的标准化系数及元器件的标准化要求等；技术应用及其产品生产的难易程度；技术的适用程度，即主要考察和评价技术与技术使用方的经营条件和经营环境是否匹配。

（2）经济效益评估

技术是手段，经济效益是目的。技术转移的最终目的是通过增强竞争能力来实现最佳的经济效益。现代市场中，企业的竞争已由货物贸易、服务贸易、技术贸易的市场领域迁移至知识的累积和技术的创新研究领域。经济效益评估的主要内容包括：技术及其产品的用途、使用范围；技术及其产品的发展前景及其市场适应与竞争能力；技术及其产品预期的生产建设投资规模；技术及其产品的经济、社会效益等。

从成本和效益的角度分析，技术转移的经济效益和财务表现的主要作用，一是规避投资风险、减少盲目投资，投资回报是决定技术是否能转移的首要指标；二是保障投资项目的正常运行，如项目的投融资规模、资金的均衡调度、投资的回收期限分析等是保证项目正常运行的基本条件；三是追求利益最大化，通过盈亏平衡点、需求弹性、风险系数等真实的数据和科学的指标分析，帮助提高决策水平和管理层次，通过挖潜增收、节流减损，最终实现经济利益最大化。

经济效益可以用不同的经济指标来衡量。主要指标有成本效益分析、投资收益率、投资回收期、内部收益率、净现值、盈亏平衡点分析等。最常用也是最直观的指标是成本效益分析和投资收益率分析。

成本效益分析（Cost Benefit Analysis）可以分两个侧重角度，一是在既定的效益预期下，合理利用资源和实现投入最少；二是在既定的投入条件下，实现的产出最大。投入即成本，是投入到项目中的人工、材料等方面的总成本。产出即效益，包括项目所产出的所有有形和无形收益，可直接计算和需通过折算的收益。分析测算的结果，理想的投资方案应该是收益大于其成本，并且应该超过金融机构有保障储蓄的平均利率。

投资收益率（ROI）是项目在整个收益期内的年收益和投资总额的比值，其一般表达式为：

$$ROI = NB/K$$

其中，K 是投资总额，$K = \sum K_t$，K_t 为第 t 年的投资额；NB 是项目生产后，按正常年份的净收益或平均净收益，包括企业利润和折旧。K 可以是全部投资额，也可以是合作投资所得权益投资额。

4. 潜在技术承接方尽职调查

具有潜在技术需求并有意向进行技术转移的企业，应对其承接进行诊断分析，调查内容和流程如下。

（1）调查内容

①企业基本情况。包括企业设立情况、历史沿革、企业组织结构及员工情况、固定资产状况、从事的主要业务和产品、生产规模、销售网络、营销策略状况、行业发展前景、竞争对手情况等。

②研发现状。包括企业技术开发人员的结构和实力、与企业合作的研究机构及合作开发情况、自主拥有的专利及非专利技术情况、每年投入的研究开发费及占企业营业收入比例、正在研究开发的新技术及新产品情况等。

③企业现有技术水平。包括企业主要产品的生产技术先进性和成熟度，以及在国内、国外行业中所处的水平和领先程度，生产设施配套情况、企业对产品技术的掌握程度。

④企业技术创新需求。包括企业技术创新的欲望、提出技术需求的真实性，对引进新技术和研发团队的具体要求、预期投资额等。

⑤企业技术承接能力调查。包括消化吸收能力、购买技术商品的资金来源、现有生产条件和规模、企业的生产和经营管理水平、企业信用状况等方面的情况。

⑥企业风险承担能力调查。包括企业风险防范机制、技术创新失败对企业的影响度等。

（2）调查流程

①备选企业的搜集和调研。根据委托方提供的技术特点，明确成果适用行业领域，技术经纪人在该领域内广泛搜集与成果相匹配的需求企业，在确定目标企业后可以采取收集资料，高管面谈，企业实地考察，走访竞争者、供应商及客户投资机构，走访行业协会等方式对企业进行全方位调查。

②收集资料。通过企业配合提供、互联网、纸质媒介、人际传播、电话等各种方式收集企业数据资料。

③高管面谈。通常是获取企业对引进新技术要求、拟投资额、企业未来发展的直

接有效的方式。通过高管面谈往往能够很快了解企业的发展现状、团队人员素质，为科学决策提供重要参考。同时在取得企业高管信任后，很有可能获得企业内部资料，如产品目录、产品生产和销售情况、各种规章制度、财务报表经营数据、所有权结构等，并为下一步合作谈判奠定基础。

④企业实地考察。现场考察企业的研发实力、制造工艺、技术装备、生产能力、市场营销、日常管理、职工素质等情况，这是技术经纪人开展经纪工作前必须进行的环节，也是掌握企业最真实情况的唯一途径。

⑤走访竞争者、供应商及客户。通过走访企业的竞争者、上游原材料和辅料供应商以及客户，可以更详细地了解企业在市场中的竞争优势和劣势、企业产品质量状况、真实的销售情况、产品的市场需求和可持续发展程度。

⑥走访投资机构。由于投资机构对行业整体发展态势和竞争格局、重点企业发展前景等都有比较全面的了解，通过走访投资机构可以更加了解行业目前所处水平、企业技术创新风险和前景，并且有可能有的投资机构已经对目标企业有所调查，这些调查信息和投资机构的分析判断对经纪决策具有重要的参考价值。

⑦走访行业协会。了解企业在行业中的地位和声望、企业的信用水平以及整个行业的发展态势等。

（3）撰写调研报告

调研结束后即进入调查资料的整理和分析阶段，即对调研对象进行逐项筛查，得出值得推荐的最适合的技术承接企业，在此基础上形成书面调研报告。

（4）意见反馈

将调研报告反馈给委托方，征求委托方意见，并最终确认拟对接的需求企业。

（5）修订技术经纪协议

在初步选择拟对接的需求企业后，根据委托方的要求变化或对接难度变化相应修改技术经纪协议并经双方确认。

4.2.6　技术交易方案策划

根据委托人的要求及实际情况，在前期尽职调查基础上，规划技术交易内容，确定交易价格、技术交易方式、资金交割方式、后续跟进服务以及成果归属等具体细节，初步拟定技术交易方案，并将方案与委托方进行沟通调整得到其确认。

1. 技术交易价格确定

（1）技术商品定价主要影响因素

技术交易价格，通常是指在技术交易中根据技术许可合同或技术转让合同所规定的受方（买方）向技术供方（卖方）所支付的全部费用。技术交易价格对卖方来说是一项技术的卖价或回收的成本，对买方而言则是引进技术的买价或支付的成本。技术经纪人在协助委托方确定技术商品价格时要考虑技术的生命周期、技术的研制费用、技术领域和技术含量、技术交易方式、利益分配支付方式等。

①技术的生命周期。与一般商品的生命周期一样，技术商品亦有其自身的生命周期。技术处于不同生命周期，其使用价值会存在较大的差异。一般而言，技术处于发展阶段时此项技术刚刚发明或研制定型，尽管其进入技术转让环节会被很多企业追捧，但技术的商业价值尚未通过市场检验，因此技术的价格亦相对低廉；当技术处于成熟阶段时，技术的使用价值充分体现于大规模商业化生产中，此时，若受让方购买技术，技术投资风险较小，见效较快，故成熟阶段中的技术价格相对较高。至于处在衰退阶段的技术，由于其他新技术的出现，该技术的使用价值及效益逐渐降低，因此其价格亦相应较低。

②技术研制费用因素。技术商品的研制开发费用是指研究、试制和掌握该技术成果这一过程中支出的各种人力、材料、资料、设施、外协等费用。虽然技术价格的高低与技术开发成本不成正比关系，但技术开发成本的高低仍是影响技术价格的主导因素。通常，技术研制费用在技术处于发展阶段时，构成技术价格的下限。在成熟及衰退阶段时，研制费用对价格的影响则取决于技术转让次数、费用的分摊和技术使用商业价值的高低。

③技术领域和技术含量因素。不同的技术领域、不同的技术含量或难度，其技术价格的高低也存在显著差别。一般来说，日用工业技术的难度相对不高，参与的研发资本充沛，垄断性脆弱，其产品的技术含量居中等水平，故技术价格也相对稳定；而高新技术产业中，由于技术研发风险大而进入门槛较高，技术掌握难度亦大，生产的产品技术含量较高，其技术价格亦相对较高。

（2）技术商品定价方法

从技术商品的价格构成来看，主要有三部分：研制开发费用（即开发成本）、转让过程中的直接费用（即转让成本）和预期利润（即盈利）。因此，技术价格的确定也要以这三个方面作为重点。

1）开发成本的确定。技术开发成本是指研究、试制、掌握技术成果这一过程中所支付的各种费用，主要包括用于科研的固定资产投资、科技人员的培训费用及劳动报酬支出、科研准备与管理费用等。按其经济内容可具体划分为：材料和样品费用；该研究项目的专用设备费用；燃料和动力费用；固定资产（研究手段）的折旧费用；工资津贴；协作团队的劳务开支；差旅费和专家咨询费开支等。

技术开发成本总体上具有以下特点：

①技术开发投入时间跨度长。技术商品不同于一般商品，其投入过程从研究试制到技术成果鉴定通过被社会认可，因其具有较强的科学探索性、创造性和多环节，技术本身从投入费用研制到最终形成技术商品所花费的时间较长。

②技术开发成果应用变动成本低。技术研发成本确定以最初投入的费用支出为依据，而不是以技术商品应用的生产费用来计算。研发成本作为技术商品价格的主要构成对于技术需求方属于固定成本，交易投入往往比较大，形成技术商品应用于生产（服务）后，在生产产品中所占变动成本相对很小。这是因为技术本身一旦研制开发成功，且技术转让越频繁，生产规模越大，其使用费用就越低。

③技术开发投入回收弹性很大。技术研发成本的回收需要按技术转让的次数分摊确定，由于技术商品可以多次转让，其开发成本也随之按转让的次数分摊计算，其开发费用补偿的计算公式是：

$$费用回收率=每次技术转让费/技术研究开发费用总支出×100\%$$

必须指出，当技术商品首次转让时，开发研制成本的回收率可以是100%，也可能在50%以下。我国科技体制改革前，90%以上的科技成果成本回收率为零。费用回报率主要取决于技术供方自身对该技术转让市场需方的判断和技术需求方对技术应用市场前景的预期。当然随着转让次数的增加，费用回收率亦随之降低。

2）转让成本的确定。技术商品转让成本的确定，也就是对技术转让过程所发生的各项直接费用加以计算。具体来说，转让成本包括以下内容：

①技术资料准备费用。具体包括有关产品设计、生产、维护、质量控制、工艺操作规程、调试检测等技术合同所要求的全部技术资料的编制费用。

②特别设计费用。技术供方根据买方的特殊要求对该技术进行修改、补充或重新设计所发生的费用。

③技术培训指导费用。技术供方为买方培训技术人员和管理人员所发生的费用。

④技术服务费用。技术供方为满足买方掌握使用技术而提供服务所发生的费用，如专家服务工时费、差旅费等。

3）技术商品盈利因素的确定。盈利是技术商品价格构成的主要部分，也是技术价格确定的核心内容。实际交易中，盈利的确定往往取决于技术交易各方对技术应用商业价值的评估。

（3）技术价格盈利因素

①技术商品应用市场利润水平的评估。对技术应用市场利润率的分析侧重于两方面：其一，技术本身所处行业的状况，即该技术应用的行业性质，如能源、电子、制造、生物医药等；其二，技术所处行业的平均利润水平及成本概况。

②技术商品应用范围的评估。具体包括该技术用途的广泛性、使用的规模性等。一般来说，技术综合性越强、适用领域越宽、使用经济规模越大，其盈利的能力就越强，技术扩散机会便越多。

③技术商品应用的时效评估。这一方面是指技术尤其是专利本身的期限长短决定了技术应用价值的专享实现；另一方面则包括该技术本身应用寿命的长短。此外，技术买方在其所在行业的市场地位、市场结构、应用技术所生产产品的销售范围、扩产制约等，也是技术经纪人确定技术价格盈利时需要考虑的因素。

2. 利益分配支付方式

报酬支付的方式是把技术价格与买卖双方的利益、责任和风险直接关联捆绑，分一次性支付、分期付款、按产品批量提成、利润分成等方式。责任和风险因支付方式不同而改变。如一次性支付，订立合同后即一次性付清全部技术价格款项、税收、管理费等，财务风险与经营风险全部由买方承担，卖方会相应降低卖价；如分期付款，根据支付时间不同以及前后期支付比例不同，责任和经济风险改变，卖方可相应提高技术商品的价格。

3. 资金交割方式确定

技术交易中，技术价格的支付方式种类繁多，差异极大。技术市场上主要有总付、提成支付、入门费与提成结合支付、技术入股四种基本方式。技术交易的资金交割方式也是确保技术交易顺利的重要保障。

（1）总付

总付即技术买方按技术交易双方一致确定的价格向技术卖方全数付清技术转让费用。这里的总付是相对分期提成而言的，它是一个按合同规定的固定总额付清的概念。总付是总额付清的意思，而并非只是一次性付清。它包括按总额一次性付清和分期付清。其实质在于按固定价格付清。

虽然总付方式对于技术交易双方各有利弊，但由于总付金额是双方在技术应用前已确定的，对技术供方而言收益有保障而无风险，而对技术受让方而言则要单独承担技术使用效果优劣的全部风险与收益。故总体上看，总付方式对技术供方更为有利，因此在实际中技术受让方采用该支付方式需要具备一定的条件。

①具有充足的资金与技术实力，能够迅速消化该技术。

②该技术应用市场前景较好，市场开发不确定性较低。

③所购买的技术具有整体性，可以一次性转移，相应的技术情报、咨询服务到位，能够很快摆脱对技术供方的技术依赖。

（2）提成支付

提成支付是技术卖方按照技术买方使用技术后获取收益情况以一定比例提取技术使用费的方式。提成支付与总付的根本不同在于它不是固定总额的付清而是随着技术使用效果变化而变动价格。通常的做法是交易双方在合同中不规定应支付的技术使用费总额，而只规定提成的比例和计价，随技术买方使用技术后的销售实绩，按合同规定的比例提取技术使用费。提成支付总体上属于技术交易双方风险共担、利益共享的一种方式，是实际中较为普遍的支付方式之一。该支付方式的合理运用主要涉及提成基价、提成方式、提成率、提成年限等因素。

1）提成基价。即确定提成所依据的基础价格，是提成支付的核心内容。实际中主要有以下几种：

①以销售价格为基础，这是按使用技术后产品销售价格总额的一定比例来提取技术使用费，也称价格提成。该方式通常只考虑技术买方的实际收入情况，有了销售即有提成，而不考虑技术卖方的技术成本补偿是否到位。为兼顾双方利益的基本保障，销售额提取的比例往往随总量的增加而降低。现实中对销售价格概念有不同理解，具体确定提成基价时，可分为净销售价、总销售价和市场公平价三个标准。

a. 净销售价是指应用该技术后产品的实际售价减去与应用技术无关的费用的差额，即扣除与技术引进无关因素后的价格。按技术贸易的惯例，以下项目通常被视为与技术无关的费用：各种商业折扣及退货；包装费、保管费、保险费、运输费及各种税费；

技术供方提供的原材料、零部件费用支出；为维持专利或商标而支付的费用；其他技术改进所发生的费用和其他流通费用等。以净销售价作为提成基础是国际上公认的并被广为采用的一种提成方式。

b. 总销售价是指以技术受让方实际销售产品或付出劳务的发票价值为基价。这种方式较之以净销售价为基价更为简单易行，只需检查技术受让方的销售发票即可确定提成金额。

c. 市场公平价是指技术受让方同与其没有特殊关系的第三方所达成的技术应用产品扣除与技术无关的价格因素后的净销售价。市场公平价通常采取以下标准：一是自由价格法，即以与技术受让方无关的第三者交易价或类似产品的成交价作为市场公平价；二是转售价格法，以技术受让方的买主转售产品的销售价，扣除该买主转卖的加价部分作为市场公平价；三是成本加利润法，即技术受让方生产产品的成本加上一定的利润加成来作为市场公平价。

②以利润为基础，即技术供方按转让技术所创造的新增利润为基础来提取应得的技术使用费。以技术受让方实际利润作为提成基价，实际把技术受让方使用技术的所有风险与技术供方共同承担，如果技术受让方不能获利或仅获微利，技术供方将无法实现提成初衷。且利润本身是技术受让方内部的计算结果，技术供方客观上难以准确计算实际利润数额，因此技术供方的提成实际上难以保障或不能足额实现。因此，技术交易中技术供方除特殊情况外，一般不会接受以利润为基价提成这一方式。

③以使用技术生产的产量为基础。该方式也称为固定提成，它是按技术受让方产品的数量（如件数、重量或其他计量单位）为基础来计算提成费，即只按每单位产品提取固定的金额，而不随成本、价格及汇率的变化而变动。

2）提成方式。技术交易常用的提成方式主要有以下几种：

①固定提成。固定提成包括提成比例的固定和提成金额的固定两种方式。固定提成比例是指合同期内技术供方按双方商定的提成基价和固定的提成比例提取技术使用费。固定提成金额则是指按单位产品提取固定金额的提成费。

②最低提成与最高提成。最低提成是指技术交易各方在确定一定基价、提成比例计算提成费时，确定一个最低限度的提成金额。当提成费大于最低提成金额时按提成费支付；当提成费小于最低提成金额时则按最低提成费支付。最高提成费则常作为最低提成费的对等条件同时约定。它是技术受让方支付提成费的最高限额，当提成费高于最高限额时按限额支付，若低于最高限额时则按实际提成费计算。

③递减提成。这是根据生产或销量计算提成时，提成比例随生产或销售量增加而逐步降低的情况。在一定提成期限内提成率不能降低为零。

④滑动提成。这是指按单位产品固定金额计算提成费时，技术供方为避免遭受严重通货膨胀给提成费带来的损失，而在合同中要求固定金额与一定价格指数挂钩，以保证技术供方在提成期限内的提成收益。

3）提成率及提成期限。

①提成率是指提成费与提成基价的比值，其公式为：

$$提成率=提成费÷提成计价$$

②提成期限一般受以下因素影响：一是政府对技术提成年限的有关政策规定；二是在政策规定的约束下，提成期限与技术使用有效期有关，如专利保护期以内、合同规定的使用期限等；三是提成期限与技术成果的商业寿命有关。提成期限的确定需交易各方充分协商，提成期限与提成率呈负相关。

(3) 入门费与提成结合支付

这种方式是总付与提成支付相结合的形式，即在技术合同生效后，技术买方正式投产前或销售产品前，先行支付技术卖方一笔费用（预付金或定金），然后再按买方使用技术后获取收益情况的一定比例提成获取技术使用费。这种方式既避免了总付方式中技术受让方单方面承受技术应用风险，又回避了提成支付中技术供方承担经营风险过多。入门费与提成费结合支付时，两者呈负相关关系，即提成率越高，入门费越低；提成率越低，则入门费越高。

4. 技术交易方式

技术商品作为一种知识产权在技术转让时一般只转让使用权，常见的转让使用权方式有普通许可、独占许可、排他许可等几种不同的类型，不同的转让方式决定了技术使用者对该技术的市场垄断强度大小。技术的快速更新和交易数额剧增，越来越多的技术商品转让采用了产权转移的方式以及合作开发生产的方式。为跨越技术复杂度形成的交易障碍，降低交易风险，技术入股形式的技术交易方式逐渐增多。

技术入股是指技术卖方以技术成果作为无形资产作价出资，获取技术引进企业一定比例的股份，分享收益。技术供方采用技术入股方式时应当与其他出资者协议约定该项技术保留的权利范围，以及违约责任等。技术入股有两种形式，一种是卖方以其智力和研究开发项目作为股份向企业进行技术投资，联合研制、开发新产品，共同承担风险，分享收益，这种技术入股是研究开发中的技术入股；另一种是卖方把自己已掌握的现有技术成果折合成股份，向企业进行技术投资，分享收益，这种形式是技术转让中的技术入股。

当技术成果作为非货币形式出资时，科学、合理、真实、公平地确定技术的价值，有利于技术成为企业的真实资本和合理股份。在实践中，技术成果出资入股的作价方式主要有三种：评估作价、协商作价以及两种作价方式的结合。技术评估作价由专业的评估机构对出资人的技术成果的价值进行作价确定，将技术价值进行量化。协商作价方式是出资人不经评估，自行商定入股技术的作价金额，这种作价方式是出资各方在诚信的基础上，通过协商来确定出资技术的价值。

交易双方的注意力往往集中在技术入股的比例上而忽略入股后技术价值变动如何进行利益调整。技术不同于其他财产，它的价值取决于预期的收益，技术评估只能给出一个大致合理的价值创造参考值。在不同的时间和地区，不同的配套条件下，同样的技术能够带来的利润差距很大，因此在采用技术入股支付方式时，应留有技术价值变动后的利益调整余地。

4.2.7 技术交易撮合

技术交易很难有相同的技术背景和应用条件可资重复操作。技术经纪在技术交易方案获得委托人认可后，应尽快与委托人的意向方对接联系，并安排双方的谈判流程。由于技术交易的复杂性，技术交易谈判注定是一个艰巨的过程，技术交易实现的周期较长，必然要影响双方既定的工作计划，对接服务需要一个良好的开端。另外，技术商品的使用价值具有间接性、滞后性，买方对所购技术商品的价值需要一个认识和预测过程，卖方对买方的消化吸收能力需要有一个认识和了解的过程，只有准备充分才能加快技术转移实施进度。因交易双方均要履行规定的义务，都承担着一定的风险和责任，达成合同的难度大，技术交易没有统一的价格议定程序，谈判中讨价还价耗时费神，需要谈判双方通过反复沟通才能了解对方的实力和信誉。另外，技术交易过程涉及法律法规、经济管理、投资融资、知识产权等多方面知识与经验，需要熟悉技术交易的一些惯例与规则。技术经纪人在全过程中的作用就是疏通障碍、协调分歧，提供各种方便交易的专业服务。

通过技术经纪人的指导和沟通，明晰交易双方之间的利益依赖关系，互相信赖互相尊重。在双方约定条件、讨价还价的利益博弈中，技术经纪人应秉持公平公正和科学谨慎的职业姿态，为交易双方做好释疑工作。技术供需双方的谈判还不能仅限于会议室内，技术经纪人要组织供需双方的互访及实地考察，组织技术供方到企业的生产基地、办公场所进行现场调研，组织不同层级领导与员工进行访问交流，全面真实地了解企业的生产技术水平、厂房设施情况、经营管理现状、管理人员及基层员工素质等；组织企业到技术供方的实验室参观，了解研发实验设施及相关的基础设施情况，即研发团队的"硬件"条件，同时与研发主要参与人员交流掌握研发机构体系、研发流程、研发团队管理模式和人员素质，即研发团队的"软件"实力。通过组织供需双方多次互访，增加供需双方对彼此的了解和信任，同时也能够为双方互相选择更合适的合作伙伴提供重要的参考，从而保证后续谈判的顺利进行，提高谈判成功率。

1. 技术交易的撮合服务流程

（1）潜在技术供给方对接

技术经纪人根据委托人的技术需求标的、要求和尽职调查结论，初步设计技术交易方案后，便可与最优的潜在技术供给方进行单独对接，将技术需求方的详细需求内容、拟交易的方式、交易价格等具体细节告知各潜在技术供给方，了解其合作意向。

（2）签订技术经纪协议

在征得潜在技术供给方的合作意向之后，技术经纪人可以与其签订技术经纪协议，明确技术供给方委托的服务事项，取得技术供给方的委托或独家委托。技术经纪协议中需要明确以下内容：

①协议标的，即技术需求方二次确认的技术内容信息。

②独家委托事项，即委托人是否独家委托给受托人。

③技术经纪服务内容和期限，即技术经纪人提供中介服务的方式和完成中介服务

的时间要求。

④竞标方案约定，即技术供给方提交的技术解决方案、技术转移方式、技术交易价格、资金交割方式、后续改进成果归属等以及技术解决方案提交的时间要求。

⑤技术经纪佣金、支付方式和期限。

⑥保密内容、保密期限和泄密责任。

⑦违约责任。

⑧争议的解决方式。

⑨名词和术语的解释。

⑩其他约定事项。

（3）技术交易方案比较

技术经纪人在与潜在技术供给方签订技术经纪协议后，定期跟进潜在技术供给方的技术解决方案制作情况，在协议规定的时间内收取技术解决方案，并结合技术需求目标对收取的方案进行比较和筛选。如果潜在技术供给方提供的技术解决方案中有与技术需求方要求不一致的地方，技术经纪人需要及时与潜在技术供给方进行沟通，提出调和供需双方异议点的建议，征得供给方的同意后对应修改技术解决方案。

（4）信息反馈

技术经纪人对各技术解决方案进行比较分析后，将技术解决方案、比较分析结果以及有关建议反馈给技术需求方，征询需求方意向中标方案及异议解决方案，如有必要，根据实际变化情况相应修改技术经纪协议有关内容并经双方确认。

（5）商务谈判

在需求方确定意向中标方案后，技术经纪人组织技术供需双方进行对接谈判和实地互访工作，并在双方之间进行沟通协调，消除供需双方异议点，促成双方达成一致意向。

（6）签订三方技术合同

技术交易各方在原则上取得统一认识后，即可进入签订合同阶段。在起草和讨论合同时，技术经纪人应向双方宣示《民法典》相关条文，介绍合同订立的程序和主要条款，根据实际需要，协助双方起草条款清晰明确的技术合同。既要使当事各方的责任、义务、权利分明，又要使技术合同履行便于操作。此外，鉴于技术交易存在一定的风险，技术经纪人在协助交易双方拟定合同时，还要组织双方对交易风险因素进行认真分析，提出相应的应对措施，力争将风险降低到最低限度。

技术经纪人在起草三方技术合同时应明确以下内容：

①技术内容，包括技术合同标的内容、目标、技术指标、技术方法和路线、要求和最终所表现的成果形式，描述应当全面、具体，尽可能地量化。任何抽象、笼统、模糊的文字，或者有意无意的疏漏，都可能给合同的履行带来隐患。技术内容中除技术合同正文以外，还可以有若干附件，附件主要是用以说明合同正文中不便详细罗列的内容，如有关的技术资料、技术标准、图纸、图表等。附件具有与正文相同的法律约束力，因此有必要在合同中注明"本合同的附件系合同不可分割的部分，与合同正

文同样有效"等貌似不必要的文字。

②三方的权利和义务，包括技术供方、技术需方、技术中介方在项目执行期间各自应承担的工作。

③验收标准。对供给方提供的技术成果及中介方提供的服务要明确验收标准、验收方法、时间、地点以及验收不合格的处理办法等，特别是技术指标的验收标准一定要客观全面、科学合理，且尽可能地用数据和参照标准表述清楚。

④支付条款，即技术成交金额及中介服务佣金的数量、支付方式和时间，采用分期支付的需明确分几期支付、每次支付的数量和日期，不按时付款视为违约，责任方应支付违约金，合同中应载明违约金的数量和时间。

⑤保密条款，包括保密内容、涉密人员范围、保密期限和泄密责任。

⑥违约责任，包括违约范围、违约金或损失赔偿的计算方法等。

⑦后续改进的成果归属，即明确三方中任何一方利用合同标的专利或非专利技术成果进行后续改进，产生的具有实质性或创新性技术进步的新的技术成果归属及相关利益的分配方法。

⑧合同的变更和解除条款。合同变更就是指合同未尽事宜，或在合同履行过程中产生新问题，经三方协商达成一致意见，增加、减少或修改合同条款。合同解除是在合同有效的情况下，经双方协商达成提前终止合同的协议。

⑨争议的解决方式。双方可以约定一旦发生争议是否申请仲裁或向哪个仲裁机构申请仲裁，没有约定的，可以到被告所在地或合同履行地的人民法院起诉。

⑩名词和术语的解释，即对定义不特定的词语或概念做特定的界定。

⑪合同有关附件及合同有效期。合同有关附件中应列出与履行本合同有关的技术文件，如技术背景资料、可行性论证报告、技术评价报告、技术标准和规范、设计和工艺文件等，应载明资料、报告、文件等的名称和份数，合同的生效日期及有效期限。

⑫其他约定事项，即除上述条款约定之外，双方尚需要其他特别约定的内容和需要说明的问题。

（7）服务总结和资料归档

技术经纪人在完成一个项目对接后，要做好服务总结和资料文件归档工作，通过组织自评、收集委托人意见，对本阶段工作进行全面系统的总体检查、总体评价、分析研究，总结对接工作的成功经验和失败教训，及时发现服务质量方面存在的问题，分析产生的原因，采取纠正措施和预防措施，不断提高服务水平，并撰写服务总结报告。同时，收集和整理与该服务项目相关的所有资料，包括合同/协议技术资料、客户资料、财务资料、项目方案、服务总结报告等，做好归档处理。

2. 技术交易的方案选择与经纪服务流程

（1）与潜在技术承接方对接

技术经纪人根据委托人的技术转让标的、转让要求和尽职调查结论，初步设计技术交易方案后，便可与最优的潜在技术承接方进行单独对接，将技术供给方提供的技术内容、技术水平、技术应用前景、潜在的经济社会效益、技术供给方转让的条件和要求等详细内容告知潜在的技术承接方，了解其技术承接意向。

（2）签订技术经纪协议

在征得潜在技术承接方的合作意向之后，技术经纪人可以与其签订技术经纪协议，明确技术承接方委托的经纪服务事项，取得技术承接方的委托或独家委托。技术经纪协议中要明确协议标的、独家委托事项、限时提交竞买方案（如成果转化实施方案、技术转移方式、技术交易价格、资金交割方式、后续改进成果归属等）、技术经纪佣金及支付方式和期限、保密责任、违约责任等内容。

（3）实施方案选择和比较

技术经纪人在与潜在技术承接方签订技术经纪协议后，定期跟进潜在技术承接方的成果转化实施方案制作情况，在协议规定的时间内汇集实施方案，并根据技术供给方的要求对汇集的方案进行比较和筛选。如果潜在技术承接方提供的实施方案中有与技术供给方不一致的地方，技术经纪人需要及时与潜在技术承接方进行沟通，提出调和供需双方异议点的建议，征得技术承接方的同意后对应修改成果转化方案。

（4）信息反馈

技术经纪人对各竞投方案进行比较分析后，将实施方案、比较分析结果以及有关建议反馈给技术供给方，征询供给方意向中标方案及异议解决方案（如有必要，根据实际变化情况相应修改技术成果经纪协议有关内容并经双方确认）。如果技术承接方没有独占权益要求，技术经纪人可以与供给方沟通将技术同时转给多个承接方。

（5）组织技术供需双方对接谈判

在需求方确定意向中标方案后，技术经纪人组织技术供需双方进行对接谈判和实地互访工作，并在双方之间进行沟通协调，消除供需双方异议点，促成双方的合作。

（6）签订三方技术合同

技术交易各方在取得统一认识后，即可进入签订合同阶段，由技术经纪人协助交易双方拟定合同。

（7）服务总结和文件归档

技术经纪人在完成一个项目对接后，要做好服务总结和资料归档工作。

3. 技术交易的融资经纪服务流程

（1）与潜在项目投资方对接

技术经纪人根据委托人融资需求和尽职调查结论，初步设计融资方案后，便可与最优的潜在投资方进行单独对接，将融资方的科技金融项目信息、融资金额、该项目已有投资单位及投资金额、融资资金使用方案、融资期限、收益分配方式等详细内容告知潜在的投资方，了解投资方的投资意向。

（2）签订技术经纪委托协议

在征得潜在投资方的合作意向之后，技术经纪人可以与其签订科技金融经纪协议，明确投资方委托的经纪服务事项，取得投资方的委托或独家委托。科技金融经纪协议中要明确协议标的、独家委托事项、限时提交竞投方案（如投资金额、投资期限、权益要求、支付方式、权益兑现、资金退出方式等）、科技金融经纪佣金及支付方式和期限、保密责任、违约责任等内容。

（3）投资方竞投方案选择和比较

技术经纪人在与潜在投资方签订技术经纪协议后，定期跟进潜在投资方的竞投方案制作情况，在协议规定的时间内汇集、收取竞投方案，并根据融资方的要求对汇集、收取的方案进行比较和筛选。如果潜在投资方提供的实施方案中有与融资方要求不一致的地方，技术经纪人需要及时与潜在投资方进行沟通，提出调和供需双方异议点的建议，在得到投资方的同意后对应修改投融资方案。

（4）信息反馈

技术经纪人对各竞投方案进行比较分析后，将竞投方案、比较分析结果以及有关建议反馈给融资方，征求融资方意向中标方案及异议解决方案（如有必要，根据实际变化情况相应修改科技金融经纪协议有关内容，并经双方确认）。如果竞投方有独占权益要求，技术经纪人可以与融资方沟通同时与多个投资方进行合作，给予资金支持。

（5）技术投融资供需双方对接谈判

在融资方确定意向中标方案后，技术经纪人组织科技金融供需双方进行对接谈判和实地互访工作，并在双方之间进行沟通协调，消除供需双方异议点，如有必要可邀请融资方之出资机构列席谈判，促使双方达成一致。

（6）签订三方技术合同

投融资合同应明确以下内容：

①投资项目，包括项目名称、项目投资规模、项目建设方式等。

②投资金额与投资方式。

③资金交付方式。

④资金的使用与管理。

⑤利润分享和亏损分担。

⑥增资扩股。

⑦三方的权利和义务。

⑧退出及清算。

⑨违约责任。

⑩合同的变更和解除条款。

⑪争议的解决方式。

⑫名词和术语的解释。

⑬合同有关附件及合同有效期。

⑭其他约定事项等。

（7）服务总结和文件归档

技术经纪人在完成一个项目对接后，要做好服务总结和资料归档工作。

（8）后续跟踪与增值服务

技术经纪佣金收取后并不代表项目的技术经纪服务工作的结束，在大多数交易中，技术供给方手中还有很多相关联的技术成果需要推广转让，企业在后期的生产过程中也会不断出现新的技术创新需求，因此技术经纪人在合作项目执行后，要继续跟踪项目进展情况，做好供需双方的后期服务工作，进一步挖掘提供增值服务的机会。

4.2.8 后续跟踪与增值服务

1. 企业融资服务

科技成果转移转化具有长期性、复杂性、高成本、高风险的特点，企业在吸收、转化新技术过程中将面临巨大的资金需求，技术经纪人可以针对企业初创期、发展期、成熟期的不同发展阶段的融资需要，提供综合融资支持服务，包括融资策划、创业投资、贷款担保、资本市场（新三板、创业板）挂牌上市等。同时，为投资机构与个人推荐需融资的企业或具有产业化前景的技术成果，协助各方进行商业谈判、合作协议签订等。

2. 企业发展战略与管理咨询服务

根据企业要求，在深入调研基础上应用管理诊断的系列方法工具，准确厘清企业存在的主要问题，分析问题的深层次原因，在专业的管理理论和严密的逻辑论证基础上，制订科学的、切实可行的整改方案（包括企业战略、改制重组、组织设计、流程再造、战略人力资源规划、营销和品牌战略、政策研究等），并帮助和指导实施方案。

3. 企业技术培训服务

根据企业创新需求，为企业提供技术培训（包括创新方法），通过创新理论培训、带题应用实践等方式，将创新方法植入企业技术研发活动，培养优质企业技术研发骨干、优化企业技术研发流程、提升企业技术难题攻克及产品升级效率。

4. 企业知识产权综合服务

根据企业要求提供知识产权一站式服务，包括科技查新、专利检索、专利申请、专利评价、专利项目推介与转让、专利维权保护、知识产权质押融资、知识产权申请咨询等。

5. 企业人才服务

根据企业具体的技术需求，以彻底解决企业实际技术问题为原则，遴选和精准对接专家及其团队，提供一站式技术诊断和咨询服务。

6. 咨询、代理服务

咨询、代理服务主要包括科技项目申报、鉴定验收、成果登记、奖励申报等专项咨询，技术发展趋势咨询，项目包装策划咨询，高新技术企业认定咨询，科技税收优惠政策咨询；专利代理、科技查新代理、检验检测代理、大型科学仪器代理等服务。

7. 新的技术需求对接与科技成果推广服务

进一步挖掘技术供方新的技术成果推广需求或企业新的技术创新需求，开启新一轮的技术供需对接服务。

4.3 技术经纪人

技术经纪人多指职业技术交易中介服务人员个体，职业技术经纪人是经过专门学习与培训获取职业资质认证（认可）的新兴职业人才。

4.3.1 技术经纪人的地位与作用

1. 技术经纪人的概念与特征

（1）技术经纪人的概念

经纪人是伴随着科学技术和商品经济的发展、社会分工深化而形成的一种新的社会职业，是指"在经济活动中，以收取佣金为目的，为促成他人交易而从事中介、行纪或代理等经纪业务的公民、法人和其他经济组织"。经纪作为一种中间人业务，是在市场经济条件下，介绍买卖双方进行商品交易的一种活动，这种活动是遵循市场经济规律和法律规则的商业性服务活动，属于第三产业的范畴。

技术经纪人的概念有广义和狭义之分。广义的技术经纪人，是指为技术转移提供中介服务的个人和组织机构；狭义的技术经纪人，则是指专门为技术交易提供中介服务的个人，由于技术交易业务发展很快，专业领域最短缺的是这类职业技术经纪人。

技术经纪人概念包含以下几层含义：

①技术经纪人经纪活动的主体是公民、法人和其他经济组织。但无论是公民个人还是经济组织都必须取得合法资格依法开展经纪活动。

②技术经纪人是为促成他人技术交易而进行服务活动的。技术经纪人为技术成果商品化提供服务，而一般经纪人则为普通商品交易提供服务，这是技术经纪人与一般经纪人的显著区别。

③技术经纪人的传统活动形式主要包括中介、行纪、委托代理等。技术中介活动是指为使技术合同当事人双方订立技术合同而进行的联系、介绍活动。行纪是指技术经纪人受委托人委托授权从事技术交易活动，并承担相应的法律责任。委托代理是指技术经纪人受委托人委托，在委托人授权的范围内，以委托人的名义与第三方进行技术交易，在委托范围自己不承担法律责任。

④技术经纪人以促进成果转化为目的并收取合理佣金。技术经纪人提供经纪服务，促成双方当事人的技术交易，并因此而收取佣金。

（2）技术经纪人的特征

技术经纪活动不同于一般商品经纪活动。技术经纪人一般具有如下特征：

①技术特征。与一般经纪人不同，技术经纪人所经纪的对象是技术商品。即是以技术为内核，既提供具有一定价值和使用价值的有形技术产品，同时又能提供满足用户需求的知识形态的无形产品，如新工艺、新配方、专利、专有技术等。因此，技术经纪人必须具备一定的科学技术知识。

②贸易特征。技术经纪人的职业性质是一种专门从事技术商品买卖或服务于供需双方之间交易的经营活动，如委托洽谈商务、代理签订合同或以市场主体的身份分别同委托人和第三人签订技术交易合同等。

③中介特征。技术经纪人在技术商品的买卖双方当事人之间处于中间地位，掌握着来自科技和经济两个领域的信息，能充分利用这些信息源，为技术商品的供需双方穿针引线、牵线搭桥，促进交易。

④职业特征。技术经纪人是一项专门的社会职业，在为技术商品交易提供各种中介服务的过程中，获取相应的佣金，有相对独立的社会职业地位、职业素养和职业能力。随着市场经济的发展，技术经纪人的职业特征将更为明显：运用专业知识、技能以及相关要素，组织或参与技术转移活动；实现技术成果高质、有效转化，推动技术应用。

⑤服务特征。技术经纪人为技术交易主体提供技术商品供求信息、市场调查、技术评估、谈判组织、资金融通、人员培训等服务，促进科技成果向现实生产力的转化。

2. 技术经纪人的地位和作用

(1) 技术经纪人的地位

技术经纪人在促成科技商品交易、促进科技转化为生产力的社会实践中有着重要的作用。有经济学家认为，技术输出和输入的双方就像无线电波的发送和接收，只有双方都有足够功率的"设备"才能互通信息，这种"发送和接收设备"是比喻技术转让、受让双方的信息传播和接收能力。在服务职能不完备的情况下，一般不可能双方都同时具备发送与接收能力。这就形成一种不对称局面：一方面是花费了许多人力、物力和智力的科技成果大量闲置；另一方面是生产厂家或苦于技术落后，或苦于没有新产品而迫切需要科技成果。技术商品的出售与购买，以及出售方和购买方两者经济效益的最终实现，是一项涉及诸多复杂、烦琐问题的技术贸易事务。在国外，很早就出现了"技术转移代办"的职业，技术经纪人在技术交易活动中居于特殊的地位。我国的职业技术经纪业务发起于20世纪80年代中后期，90年代进入快步发展期。自1997年颁布《技术经纪资格认定暂行办法》以来，随着技术市场的日益成熟，技术经纪与市场规模相辅相成，技术经纪人已成为独立的职业类别。我国技术市场体制的确立，为技术经纪人在技术交易中促进技术成果向现实生产力转化提供了广阔的发展机会。促进技术商品的交易，为交易过程提供服务，直至交易成功，有赖于具有较高知识水平、较强能力和良好素质的技术经纪人。

(2) 技术经纪人的作用

技术经纪人在促进科技成果转化中的作用可以具体归纳为下列几个方面：

①沟通作用。沟通是指技术经纪人在技术买卖双方之间传递信息，以期取得相应的效果。沟通是双方的行为，技术经纪人一方面受买方委托，在众多的专利和科技成果中，为买方介绍、选择适合其需要的科技成果，做买方的顾问；另一方面，受卖方的委托，向客户推销专利和其他科技成果，宣传介绍这些科技成果的性能特征，使它们能在技术市场上迅速出售和转让。此外，技术经纪人还要收集技术成果供给和需求信息，并通过各种渠道和服务平台将这些信息发布出去以扩大影响和增加业务机会。

②调节作用。技术经纪人可以对技术商品的供求起到调节平衡的作用。由于技术经纪人掌握信息快，了解市场需求情况，通过对国内外技术市场的预测，快速将技术商品供求信息传递给供需双方，科研机构可根据市场需求及时调整科研方向，使科技成果的研发面向社会应用。企业可依据市场信息选购市场适用技术，生产市场需要的新产品。

③评估作用。技术经纪人要对所转让的技术成果进行综合评价，包括技术成果的可靠性、成熟性、先进性、配套性、市场容量、生命周期等，通过评估，提供技术成果定价依据，为交易双方谈判提供一个合理的参考价格。

④组织策划作用。组织功能贯穿技术转移的全过程。技术经纪人应以熟练的业务能力和丰富的市场经验，开展技术经纪工作，为从谈判、签约到合同实施的全过程提供服务。如技术转移前期，组织举办各种技术交易会、技术招标会、技术洽谈会等；技术交易启动时，组织双方谈判、沟通交易合同文本；技术合同签订后，帮助用户培训职员、参与项目规划与筹建工作等。

⑤协调作用。技术经纪人不仅把技术市场供需双方的信息传递给对方，而且还积极主动地参与到技术的转让过程中。在交易双方谈判过程中，疏通障碍、调解分歧、融洽关系，使买卖双方由原来的甲乙权益冲突方变为利益共赢体，由原来对立的博弈关系转变为协同合作关系，增加交易的成功概率。

⑥经营作用。技术交易往往伴随着太多的风险和不确定性。技术经纪人通过筹资融资、对技术成果的二次开发、新产品的鉴定、质量认证、产品促销等，把技术经纪和技术经营结合起来，促进技术成果的成熟和完善化，增强科技产品的竞争力，消除技术引进方的后顾之忧，既间接推动科学研究的进步，又直接促进生产力的提高。

总之，在技术市场上，技术经纪人以对科技的专业内行、广泛的行业网络、敏捷的市场感应以及良好的谈判心理素质，为技术成果买卖双方穿针引线，居间斡旋，沟通信息，撮合价格，使买卖双方达成共识，使技术成果转化为物质财富，技术经纪人自身的价值因此得到体现并取得利益上的回报。

4.3.2 技术经纪人的业务职能

技术经纪人的业务职能是在技术经纪业务范围内具体工作的专业分类，有规范的职业道德约束，有量化的任务质量要求。概括起来具有以下几个方面：

1. 收集、传播科技信息

一个技术经纪人要能很好地完成其职能，关键是要善于获取信息、筛选信息、存储信息和利用信息。因此，技术经纪人应首先从收集和传递技术市场信息开始开展经纪业务，这是技术经纪活动之本。技术转移过程涉及环节繁多，需要掌握技术市场的要素信息，进行科学的判断和决策，以作为推动技术交易的支撑底蕴。技术市场要素信息包括科技信息、技术经济信息、企业治理结构信息、政策法规信息等。在此基础上，技术经纪人还要对各种技术及时整理、建立台账，通过对市场的供需状况进行调查、分析和预测，分析现有科研技术成果的特点，对新技术扩散加大宣传作用。密切联系科研部门，及时掌握技术市场的最新情况，采用多种形式把信息发布到各类服务平台、高校科研机构和企业，通过上门推广、新闻发布会、网络平台、报纸杂志等多种渠道，为新技术的商业化、产业化进行宣传，提升新技术成果的社会知晓率。

2. 为用户提供咨询服务

技术经纪人可凭借自己的专业知识、经验、能力和信息，通过调查研究、分析评价和预测，以中介、代理或行纪的身份为技术交易双方提供各种咨询服务，包括相关法律咨询、市场咨询、技术信息咨询、决策咨询以及技术工程服务。

3. 为买卖双方寻找和选择交易伙伴

技术转移过程中，交易双方的寻找和选择是至关重要的，它不仅关系到技术交易能否成功，而且还关系到科技成果能否得到合理的开发、应用并产生经济效益，这是技术交易双方最为棘手也最需要帮助的工作。技术经纪人可受当事人的委托，以代理或市场主体身份为当事人寻求理想的交易对象。如可受卖方委托向用户推销其技术成果和专利，宣传、介绍技术成果的性能特征，推荐技术的适用范围和预测经济效益等，为其选择具有较强开发能力和实力相当的企业；也可受买方委托为其选择成熟、先进、适用的技术成果、专利和技术产业化资金。

4. 参与技术成果的综合评价

技术交易的过程往往伴随着许多风险和不确定性，大型技术转让项目会有团队安排专门的技术评估，技术经纪人是不可缺少的团队成员。对于技术的买方，技术成果是否能顺利转移投产和新产品能否成功占领市场有时关系到企业的成败存亡。如果自身技术条件、人才条件、资金条件、市场拓展存在不足，也会影响引进技术的成功转移。技术经纪人对拟转让的技术成果进行综合评估，包括可靠性、成熟性、配套性、先进性、市场获利能力、获利年限等，为技术交易双方谈判提供合理的参考价格。同时，技术经纪人还要了解买方的技术能力、资金水平和管理水平，从而判断买方能否消化吸收该项技术，进而帮助其进行可行性分析。

5. 参与买卖双方交易过程

技术经纪人提供信息咨询，为交易双方的谈判、签约等过程提供中介服务，组织交易双方交流沟通，在谈判过程中为交易双方解疑释惑、平息冲突、稳定价格，实现牵手成交；帮助双方签订出条款清晰、权责分明的技术转让合同；监督双方履行各自的义务，调解合同执行过程中的分歧，参与纠纷的仲裁，在诉诸法律时出庭作证，等等。拥有中立身份、了解双方需求，对实现技术转移具有协调作用。在技术转移过程中的协商阶段，技术经纪组织作为中介方，一方面受买方委托，在众多的专利和科技成果中，为买方推介、选择适合其需要的科技成果，做买方的忠实顾问；另一方面受卖方委托，向客户推销专利和其他科技成果，宣传介绍这些科技成果的性能特征，使它们能直接进入技术市场。技术经纪组织不仅把技术市场供需双方的信息传递给对方，而且还积极主动地参与其中，使买卖双方由原来的不协调变为协调，由原来的对立或对抗转变为合作，促成交易。

4.3.3 技术经纪人的权利与义务

技术经纪人作为技术市场活动主体之一，法律赋予其一定的权利，并承担相应的义务。

1. 技术经纪人的权利

技术经纪人的权利，是指法律赋予其能够做出或者不能做出一定行为，以及要求他人相应做出或不能做出一定行为的责任。技术经纪人是技术商品交易的中间人，他们的权利和义务，同一般经纪人有共同之处，也有其特殊之处。

技术经纪人的权利包括：

①计划安排权。即技术经纪人可以根据自身的人力、物力、财力、掌握的技术市场信息，以及对市场的预测，制订和实施其各项计划，安排为社会提供各种技术经纪服务的权利。

②选择权。技术经纪人无论是受卖方委托还是受买方委托，都有对委托者和他们的当事人进行选择的权利，包括依据社会声誉和实力对委托主体的选择以及对客体的选择。

③有权收取技术经纪服务的活动经纪费和合理的技术经纪服务报酬，委托人或第三者发生违约，技术经纪人有权追究责任。

④有权与其他单位签订技术经纪合同、委托代理合同，有权依照国家规定与外商谈判并签订合同。

⑤有权以技术交易会、信息发布会、广告等技术经纪活动形式，对外从事技术经纪活动。

⑥有权要求对风险责任做出合理的规定。技术商品的特殊性，使得技术市场风险性大大超过其他商品市场，这就意味着技术经纪人要承受比其他经纪人更大的风险。技术经纪人有权要求对风险责任做出合理规定。如技术成熟性较差的项目，其责任主要应由转让方和受让方承担；严格区分技术经纪预测不准与提供情况不实的界限等。

⑦享有其他经纪人所应享有的一般权利。

2. 技术经纪人的义务

技术经纪人的义务，是指其必须依照法律的规定，做出一定的行为，以及不得做出一定行为的责任。

技术经纪人的基本义务主要有：

①维护国家利益、社会公共利益，不得进行技术垄断和妨碍技术进步的非法活动，努力促进科学进步。对国家明确规定的一些不应参与中介的技术，如国家尖端保密的技术、破坏生态环境的技术、违反涉外政策的技术等，经纪机构和经纪人不得染指。

②必须保证技术经纪服务的质量，对委托方和第三方负责。经纪人在活动中必须忠实于委托人的利益，严格遵守委托人的委托。若有损害委托人利益的行为，委托人有权要求赔偿由此造成的经济损失，并有权拒付报酬。

③严格保密制度，不得以自己的名义，向外转让他人的技术，不得恶意串通，损害第三方的合法权益。技术经纪人应该对服务对象忠实守信，保守技术秘密，不得将

通过其特殊地位和中介活动所获得的技术向他人转让。技术经纪人如存在违背职业道德的行为，且损害他人利益，则须承担法律责任。

④在核准登记的技术经纪人范围内从事技术经济活动。

⑤遵守国家法规规定的经纪人一般义务。

4.3.4 技术经纪人素质与知识要求

技术经纪人较高的执业要求是经济发达国家的行业通识。欧盟委员会早在1995年的《技术经纪调查报告》中对技术经纪技能的要求是：具有良好的科学知识水准，善于鉴别、了解多样的技术；具有良好的工业素质，具有企业管理学方面的实践经验和商业头脑；具备有关保护知识产权以及起草许可协议和工业合作协议方面的基本法律知识。在学习培训要求方面，日本和欧洲部分国家还要求在校的理科、工科及商科大学生必须修完知识产权和技术转移原理两门课程。

1. 技术经纪人基本素质

（1）扎实的业务基础

技术经纪人能否长久活跃于技术市场，关键在于是否具有熟练的业务技能和良好的信誉。技术经纪人应努力扩展自己的知识面，提高业务素质。技术经纪人作为科研单位和企业的中介必须是内行，能对所经纪的技术成果进行鉴定、分析、评价，详细地向用户介绍情况，取得客户信任和接受，这就要求技术经纪人要有广博的科技知识和熟练的业务技能。技术经纪人要有良好的信誉。技术经纪人不仅要精明强干，还要有高尚的品德，以"真实、守信、平等、互利"作为从事经纪活动的宗旨。

（2）讲究诚信

诚实信用是社会主义市场经济条件下经营者应当具备的商业道德，这一点对技术经纪人尤为重要，技术经纪业务的特点决定了经纪人的信誉对经纪人业务影响至为重要。良好的信誉是经纪人从事经纪业务的重要资本，这是其事业发展的源泉和其经营活动的立足之本。技术经纪人应以诚实信用作为从事技术经纪服务的原则，在进行经纪活动时，从促进社会、经济和科技发展出发，以实事求是的精神和科学的态度，向客户介绍自己营销的技术成果情况，不隐瞒、不夸大，要保证技术经纪活动技术质量和服务质量，不与他人恶意串通损害第三方的合法权益。

（3）忠实客户

技术经纪人在经纪活动中，必须忠实于委托人的利益，恪守客户委托事项及有关技术秘密，维护委托方的技术产权。技术产权可分为专利技术成果和非专利技术成果。技术经纪人应严格遵守国家的《专利法》，防止侵权行为的发生。非专利技术成果的价值主要是靠保密来维持的，一旦泄密，技术拥有者对该项技术的任何实体权利即丧失，因此技术经纪人在营销这类技术时，更要注意为客户保守秘密，不得擅自将技术秘密泄露或公开。注意区分职务技术成果和非职务技术成果的经营方式。职务技术成果的所有权，属国家科研单位或大专院校、集体所有制研究机构；非职务技术成果的所有权属科研工作者个人。技术经纪人在服务中，必须确认科技成果所有权归属。职务技术成果的拥有者是国家科研单位或集体研究机构，应按照国家有关规定在技术产权交易行挂牌经公示后交易；非职务技术成果的转让应注意有无侵权行为。

（4）爱岗敬业

技术经纪人应对自己的职业和工作认真负责，热爱自己的本职工作，以恭敬、严肃的态度对待自己的职业，对本职工作一丝不苟、尽心尽力、忠于职守，努力实现职业目标。技术经纪人应具备服务精神，为客户提供优质、准确、积极、快速的服务。技术经纪人不仅要指导双方按《民法典》签订新技术、新产品交易合同，而且自己也要熟悉和遵守国家对科技成果转让的有关规定，合法地从事技术经纪活动。技术经纪人在进行中介服务时要严格遵守知识产权法律法规，明确科技成果所有权的归属，防止侵权行为的发生。

（5）办事公道

技术经纪人处理各种职业事务时要公道正派、客观公正、不偏不倚、公开公平；对不同的对象一视同仁，秉公办事；不因职位高低、贫富、亲疏的差别而区别对待。

（6）公正透明，服务社会

优质服务是职业道德所追求的最终目标，优质服务是职业生命力的延伸。

2. 技术经纪人的知识和能力

（1）知识结构

技术经纪人在实际工作中，应掌握以下几个方面的重要知识：

①科技知识。知识性是技术商品区别于物质商品的显著特征。技术经纪人必须掌握基本科技知识，对所经纪的专业技术领域熟悉或精通，并达到一定的专业技术水平；对技术商品的研究开发、试验、试制、规模生产的全过程要有所了解。

②经济知识。技术经纪人所经纪的对象是技术商品，技术经纪人必须了解经济管理学，掌握与业务有关的金融、财会、统计、管理等方面的知识，熟悉企业吸收技术成果应用于生产的过程，了解企业的产品制造、质量工艺、标准、设备的状况和流程管理活动。

③市场知识。技术经纪人是在技术市场上专门从事与技术贸易相关活动的复合型人才，因此，必须具备市场知识，能应用多种市场调查、预测等方法去分析现实的经营活动，对市场形势能够做出恰当的评价和判断，从而把握技术商品的供求动态和发展趋势，以保障经纪活动的有效性。

④法律知识。市场经济是法治经济。技术经纪人必须了解和掌握有关法律基本知识，特别是经济法知识。要熟悉《民法典》《专利法》《公司法》《促进科技成果转化法》等法律和有关国家保护工业产权的法律和条约，以及洽谈签订技术合同及技术合同仲裁知识。

技术经纪人的具体工作千差万别，要求的知识结构也不尽相同，但从总体上有一些共性要求：第一，综合性。现代科学技术颠覆性的发展趋势，要求技术经纪人要有综合性的知识结构，广博的知识，能够最大限度地发挥创造性，适应现代高端业态的执业要求。第二，专业性。技术经纪业务要向高档次发展，经纪人不仅要具备扎实的科技基础知识，而且要具备一些相应的专业知识。出色的经纪人对自己所从事的业务及相关技术商品的性能、特点以及技术市场情况的熟悉程度意味着技术经纪的绩效高度。第三，动态性。现代科学技术迅猛发展，要求从业人员不断接受职业教育，更新知识。技术经纪业务尤其需要在工作中不断学习、吸纳和补充新型业务知识，保持知识结构的动态优化状态。

（2）基本能力

技术经纪人胜任本职工作应具有以下几个方面的基本能力：

①组织能力。技术商品交易是一个综合业务的持续过程，交易项目从了解市场需求、洽谈业务、签订合同到实施的全过程，都需要经纪人的组织、衔接。技术经纪人既要为单项技术转让服务，又要为多种技术综合配套服务，技术经纪人捕捉信息，掌握市场行情，对各种复杂因素进行分析、综合、评价、判断是一个做最佳决策的过程，较强的组织能力能显著提高技术经纪的服务效能。

②协调能力。在技术交易中技术供方、技术需方和技术中介方三方面的利益需要互相协调，社会信息资源、市场资金资源等需要配置协调，团队内部的人才资源需要均衡协调。协调是经纪服务的常态技能。多方利益只要一方受损，就会造成技术转移的链条脱环，甚至前功尽弃。技术经纪人充分发挥其协调作用，融洽多方的关系，是联结技术成果供需桥梁、提升技术转移成功率的基础前提。

③经营能力。技术经纪业务类别多、专业多，相对于传统经营活动，技术经纪人应有灵活的经营能力。技术经纪的业务绩效大多依赖于技术交易供需方的业务成效，机构内部不但要有扎实的经营管理基础，还要有卓越的经营能力适应外部多变的服务业态，以及所有企业都要面临的激烈的竞争环境。技术经纪活动面对的是千篇千律的市场。

④解决问题的综合能力。技术转移有明确的宏观战略规划，技术交易有复杂多变的市场规律。技术经纪人必须在技术转移宏观目标要求和技术交易中观市场竞争以及技术经纪微观业务绩效的协同中获取收益。技术经纪收益来自国际化的技术贸易利益，来源于实体经济组织的技术应用的财富创造。貌似平凡的技术经纪业务与普通经营最大的区别在于技术经纪与国际贸易和政府产业政策紧密相关，没有宏观的战略目光和上下左右的关联问题处理能力很难做好技术经纪工作。技术经纪要有分析和解决问题的能力，要有驾驭复杂局面和解决复杂问题的综合能力。

◇ 案例 2
企业知识产权战略实施环境的尽职调查

全球高档数控机床以美国、日本、德国等工业强国为主要生产国，这些国家掌握着主要核心技术。中国、印度、俄罗斯等新兴市场对数控机床需求量较大，进口机床大部分来自日本和德国。国内数控金属板材装备制造商主要集中在江苏、山东和安徽等省，江苏占据国内份额大致在40%以上，形成扬州、南通、无锡三个主要集中地，其中，扬州金属板材装备制造企业被国家认定为"国家火炬计划金属板材加工设备产业基地"。我国激光加工产业主要集中在湖北、北京、江苏、上海和广东（主要是深圳）等经济发达省市，市场竞争、企业并购日趋激烈，中功率市场以国产产品为主，高功率等高端市场以进口产品为主。

某机床股份有限公司（以下简称 YV 公司）是国家火炬计划重点高新技术企业、省级创新型企业，资产总额19亿元，主要从事钣金加工机床、卷板加工机械、工业机器人及自动化产品、激光技术产品的研制和销售。公司专业制造数控转塔冲床、数控激光切割机、数控折弯机、折弯机、剪板机等高品质平板加工机床和数控飞剪线、分条线等高水平卷板加工机械，数控化率在90%以上，主营业务涉及钣金加工机床、卷板加工机床、激光技术产品、机器人及自动化业务。

为加快金属板材加工技术研发的速度，提升产品的市场竞争力，促进企业创新发展，成为世界一流的机械装备与解决方案提供商，YV 公司实施企业知识产权战略，开展企业知识产权尽职调查，全面梳理企业知识产权战略实施的外部环境和内部资源，分析和评价企业知识产权现状、面临的机遇和挑战，明确企业知识产权竞争优劣势，找准企业发展定位和需求，提出实施知识产权战略的建议。

YV 公司知识产权战略尽职调查报告由企业外部环境、企业内部资源、企业知识产权现状、企业知识产权竞争力分析和企业知识产权战略与实施建议等构成（相关数据截至 2016 年）。

1. 企业外部环境

（1）产业发展情况

国内外金属板材成形设备正在向高精度、高速度、轻量化和智能化的方向发展，以德国、美国、日本为代表的发达国家，金属板材成形装备已经基本实现了高速、高精度、高动态响应和智能化，不断加快高端数控机床、激光加工设备和工业机器人集成等技术的开发应用，推动金属板材加工工艺的升级换代。

21世纪以来，中国机床的总产值跃居世界第一，又成为世界第一大机床生产国。但是，中国机床产品与国外产品相比还有较大差距，主要体现在加工精度、可靠性、机床内部电气控制配置、加工速度和产品外形等方面。

目前，高速高精控制技术、多通道开放式体系结构、多轴控制技术、智能控制技术、网络化技术、CAD/CAM 与 CNC 的综合集成，使数控机床技术进入了智能化、网络化、敏捷制造、虚拟制造的更高阶段，其加工范围、动态性能、加工精度和可靠性有了极大的提高。高端机床推动制造业企业的数字化、信息化改造，实现工业化和信息化融合发展，能够提高效率、降低成本、全面提升中高档产品的制造技术水平和生产能力，为实现高端产品产业化创造条件。关键制造设备形成柔性制造系统供应能力，能够提高快速供货周期适应能力和信息化管理水平。

①国际上激光器的发展现状。继传统的气体、固体激光器之后，光纤激光器、半导体激光器、碟片激光器、超短脉冲激光器等新型激光器发展迅速。4kW

以上高功率、高光束质量、高可靠性、高智能化和低成本的连续固体激光器，主要应用在宏观加工机械领域；百瓦级的超短脉冲激光器，主要应用在微观加工领域。

全球能量激光和信息激光产业的总产值超过 1000 亿美元，其中能量激光产业产值 300 亿美元。整体激光产业的增长幅度在 10% 左右；具有先进技术的领先企业增长速度将超过 50%；激光设备整体销量受宏观经济影响较大。激光器产品在航空航天、能源、交通运输、医疗设备以及金属制品等不受经济衰退影响的市场领域，业绩增长良好。2014 年，光纤激光器销售额大幅飙升了 38%，其主要贡献来自金属板材切割，CO_2 激光器实现了 14% 的高增长。

② 我国激光加工产业已形成集群化发展态势。国产中功率激光器 2015 年度已经有近千台销售量，广泛应用于金属薄板切割和焊接，未来几年内，将占据市场主要份额，并超过进口激光器。在大功率激光器方面，国外进口产品仍占据了大部分高端市场。国产千瓦级光纤激光器已经进入市场销售，随着质量的持续改进，本土化优势会越来越明显，市场占有率在今后几年会有较大幅度的增长，并逐步接近国际先进水平。高亮度直接半导体激光器进展迅速，由于其具有光电转化效率高、使用成本低、体积小等优势，可用于薄板切割领域，具有极其广泛的应用前景。

我国激光产业主要集中在湖北、北京、江苏、上海和广东（深圳）等经济发达省市，科技部在温州建设"温州激光与光电产业集群"，在鞍山建设"辽宁（鞍山）激光产业基地"，激光产业并购重组盛行，区域竞争将更加激烈。

（2）主要竞争对手情况

YV 公司的竞争对手主要有：德国通快（TRUMPF）集团公司（以下简称德国通快）、××激光科技产业集团股份有限公司和××集团股份有限公司等。以下主要分析德国通快集团公司的国内外专利布局情况。

德国通快（TRUMPF）集团有 80 多年的机床生产历史，是全球制造技术领域的领导企业之一，总销售额达 28.28 亿欧元。通快（中国）有限公司是德国通快下属的五十多个子公司之一，自 2000 年开始在中国直接投资，投资总额超过 2000 万欧元，先后在江苏太仓与广东东莞投资建设了四家生产型企业，目前主要生产平面激光机床和配件，并逐步投产数控激光冲床和数控折弯机。2013 年 10 月，德国通快与江苏金方圆数控机床有限公司合资签约，获得金方圆 72% 的股权，加剧了国内市场的竞争。

截至 2016 年 10 月 24 日，德国通快集团在中国共申请专利 397 件，其中发明专利 310 件，实用新型专利 42 件，外观设计专利 45 件。2005 年开始，德国通快投入大量资金和精力在钣金加工机床、卷板加工机械、激光技术等方面进行研究，2013 年申请量达到 58 件（其中发明专利 47 件）。之后，钣金加工机床、卷板加工机械、激光技术等方面的产品日趋成熟。德国通快公司中国专利申请量趋势分析如图 4-1 所示。

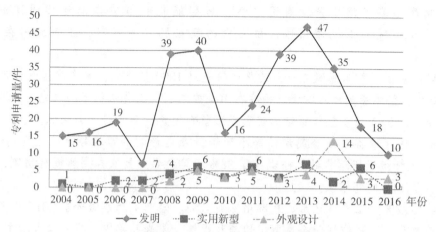

图4-1　德国通快公司中国专利申请量趋势分析

①德国通快专利法律状态。德国通快的中国专利申请中，有效专利共有248件，其中发明专利173件，实用新型专利32件，在审发明118件，无效专利30件。总体来看，德国通快的发明专利的有效率较高，占发明专利申请总量的55.9%，随着在审发明专利的审查授权，未来发明专利的有效率将进一步提高。

②德国通快专利重点申请人。德国通快在中国作为第一申请人的有21家公司，其中申请量排名前5位的是：通快机床两合公司、通快激光与系统工程有限公司、通快激光有限责任公司、通快两合公司和通快萨克森有限公司，如图4-2所示。

通快机床两合公司的中国专利申请量达到210件，占其中国专利申请总量的52.9%，其中发明专利申请174件，实用新型专利申请17件，外观设计专利申请19件。在2005年到2006年期间，通快激光与系统工程有限公司在中国的专利申请达46件，其中发明专利申请41件、实用新型专利申请5件，如图4-2所示。

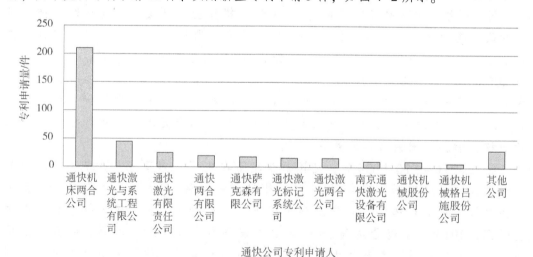

图4-2　德国通快公司专利重点申请人分析

③德国通快技术分布。德国通快的中国专利申请中主要涉及激光加工技术（B23K26）、激光加工控制系统（H01S3）、加工机床的控制系统（G05B19）、工件加工方法及工具（B21D28）、光导及其他光学元件（G02B6）等技术领域，如图4-3所示。

④德国通快国际专利申请趋势。德国通快于1952年在德国申请了第一件专利。德国通快公司国际专利申请趋势分析如图4-4所示，在2008年申请国际专利达496件。

由图4-5可以看出，德国通快在欧洲专利局、德国、美国、英国等国家/地区及通过PCT途径进行了专利布局。其中，在欧洲专利局的专利申请量达到2610件，占总申请量的46.32%。

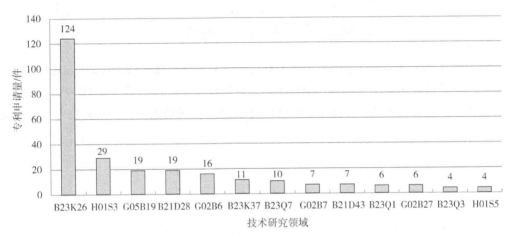

图4-3 德国通快公司中国专利申请主要IPC❶分布

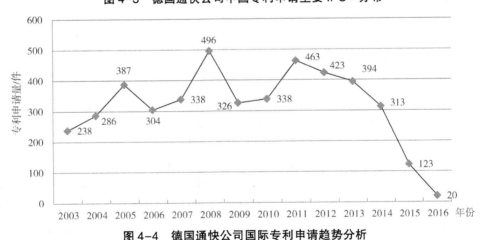

图4-4 德国通快公司国际专利申请趋势分析

---

❶ 《国际专利分类表》（IPC分类）是根据1971年签订的《国际专利分类斯特拉斯堡协定》编制的，是国际通用的专利文献分类和检索工具。

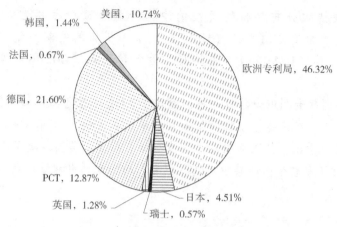

图 4-5　德国通快公司国际专利布局

德国通快机床两合公司申请的国际专利技术主要集中在激光加工技术（B23K26）、激光加工控制系统（H01S3）、折弯（B21D5）、工件加工方法及工具（B21D37）等技术领域。如图 4-6 所示，不难看出激光加工技术（B23K26）是德国通快的主要技术研究领域。

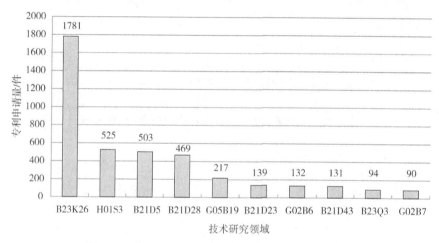

图 4-6　德国通快公司国际专利申请主要 IPC 分布

（3）机遇与挑战

①发展机遇。YV 公司所处的金属板材成形机床行业，属于高端装备制造业，拥有较好的政策发展机遇。其中，"高档数控机床与基础制造技术"被列入《国家中长期科学和技术发展规划纲要（2006—2020 年）》确定的未来 15 年力争取得突破的 16 个重大科技专项之一。

YV 公司所处的高端机床市场，下游需求依然保持平稳，中高端数控机床产品具有广阔的市场空间。由于国防、航空、高铁、汽车和模具等重要装备制造业的需求量大幅增长，带动了国内机床行业的快速发展，过去 5 年中国数控机床产量的年均复合增长率为 37.39%，过去 10 年中国数控机床产量的年均复合增长率为 29.94%，过去 15 年中国数控机床产量的年均复合增长率为 22.10%。2017—2021 年中国数控金属成形机床年均复合增长率约为 6.33%。

2016 年 8 月 9 日我国机床行业第一项国际标准（IEC/TS60204-34：2016）《机械安全—机械电气设备—第 34 部分：机床技术条件》正式颁布，打破了一直以来由欧美等发达国家主导机床行业国际标准制定的局面。

随着用户个性化需求不断提高，金属板材加工工艺组合形式趋于多样化，产品种类不断增多，量产规模日益缩小，金属板材加工生产流程日趋复杂，生产线组合更加柔性。自动化、智能化、信息化和网络化技术成为智能柔性生产线的主流技术。在自动化方面，检测与反馈技术、诊断和协同技术得到了大量应用，柔性生产线加工过程趋于高度自动化；在智能化方面，人机智能交互不断深化，HMI 开发的诊断和帮助功能协助解决了现场绝大多数问题；在信息化方面，随着工厂信息化通用接口的设计越来越普遍，支撑了 MES 等现场制造执行系统的发展需求；在网络化应用方面，愈发关注健康保障系统的建设，运用互联网、云计算技术和 API 等各种平台技术实现了远程监控、诊断、服务的逐步深化。

②面临挑战。YV 公司所处行业与我国国民经济整体发展状况具有较强的相关性，下游固定资产投资直接影响企业产品的市场需求。虽然国家的宏观政策环境和产业政策对国内中高端机床企业发展非常有利，YV 公司作为国内综合实力较强的金属板材成形机床企业，能直接受惠于国家产业政策的推动，但如果宏观经济形势不能保持良好发展态势，受到全球性经济危机的影响，则企业将面临因经济周期而引发的挑战。

机床行业市场化程度较高，市场竞争日趋激烈，企业经营发展将面临更大挑战。在普通机床产品领域，主要竞争对手是国内的众多中小企业，竞争要素主要体现在产品价格、售后服务等方面。在中高端的数控机床产品领域，企业的主要竞争对手是国内的合资企业、国外企业，竞争要素主要体现在性能、价格、交货期、品牌、服务等方面。在激光加工领域，市场同质化竞争进一步加剧，尤其是在中低功率层级，价格战已成为常态，利润微薄限制了激光产业的发展后劲。

美国、日本、德国等工业强国为高端机床产品的主要生产国，掌握着主要核心技术，已基本实现了金属板材加工的高速、高精度、高动态响应和智能化，能够提供智能化柔性生产线成套设备。激光加工技术大范围应用，推动了金属板材加工工艺的升级换代，其技术产品的市场竞争优势较为明显。中国机床行业对关键技术的试验、消化、掌握及创新较差，产业发展尚处于从仿制向自行研发验证阶段，至今许多重要功能部件、自动化刀具、数控系统仍依靠国外的技术支撑，这也给公司的发展带来较大挑战。

根据相关统计，2015 年国内金属成形机床新增订单同比下降 16.8%，收入同比下降 14%，利润总额同比下降 15.3%。2015 年成形机床产量为 30.4 万台，同比下滑 12.26%，2016 年上半年产量为 14.7 万台，同比下滑 3.3%。[●]

YV 公司通过自主研发、二次集成开发、合作开发等多种方式，紧密跟踪本行业技术发展情况，探索和研发新技术、新工艺，在主要产品的技术性能方面已经处于国内领先、国际先进水平，部分产品还达到了国际领先水平。随着科技发展的日新月异、

● 数据来源：中国机床工具工业协会。

技术产品的快速更新换代、市场竞争日趋激烈，可能会给企业现有技术产品带来冲击，企业如果不能紧跟产业技术发展方向，及时利用新技术、开发新产品，现有的产品和技术将面临失去竞争优势的风险。

2. 企业内部资源

YV 公司资产总额达 19 亿元，2016 年，公司机床产品保持了良好的市场竞争力，激光切割机业务进入高速增长期，主营收入保持稳中有增，第一至第三季度收入实现 7.9 亿元，同比增长 15.46%。

关于企业组织架构、企业经营状况、技术研发情况等内容此处不再赘述。

3. 企业知识产权现状

YV 公司重视企业知识产权工作，建立了较为完善的知识产权管理体系。设立知识产权管理办公室由公司总经理作为知识产权管理第一责任人，下设专职管理人员 3 人，知识产权工程师 1 人，统筹协调企业知识产权管理工作。制定了较为完善的知识产权管理制度（知识产权管理工作手册、知识产权档案管理制度、知识产权评估制度、知识产权查新与检索制度、知识产权保密制度、知识产权奖惩制度、预警机制和应急方案等），并不断优化专利申请审批工作机制、技术创新成果可专利性审查、专利管理维持机制。并委托江苏佰腾科技有限公司建立企业专利数据库，提供包括比利时 LVD、意大利 PRIMA 和江苏扬力集团等 29 个竞争对手专利信息检索导航。专利数据库检索范围覆盖世界知识产权组织、欧洲专利局、美国、日本、英国、法国、德国、瑞士、俄罗斯、韩国等国家和地区。公司通过设立知识产权专项资金，将知识产权工作经费列入公司年度经费预算中，保证了每年的知识产权经费投入不低于研发投入的 5%，形成了较为完善的、公开透明的知识产权工作资金管理机制，为知识产权工作的高效顺利开展提供了保障。

（1）专利现状

①专利申请现状。公司自 2003 年申请第一件专利以来，专利申请量呈现波动增长态势。发明和实用新型专利申请量较多的年份为 2006 年、2009 年、2010 年、2013 年和 2015 年，如图 4-7 所示。

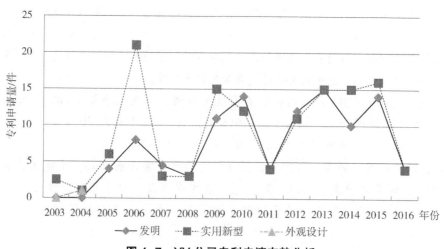

图 4-7　YV 公司专利申请态势分析

2006 年，公司专利申请主要涉及数控转塔冲床产品，具体涉及结构设计、零部件改进和方法优化等方面的技术创新，如 CN200610039136.9 "数控转塔冲床转塔旋转模具的联体驱动装置"、CN200610039139.2 "一种数控转塔冲床的横梁折叠方法" 等。

2009 年至 2010 年，公司专利申请除了涉及数控转塔冲床产品之外，还涉及折弯机、校平机和卷板线等产品，如 CN201010623224.X "一种折弯机下模抗挠度装置及其加工方法"、CN201010623226.9 "一种卷取线上的张力装置" 和 CN200910032802.X "一种板料校平机"。

2013 年至 2015 年，公司专利申请主要涉及飞摆剪等剪板机产品，主要涉及结构设计、零部件和模具改进等方面的技术创新，如 CN201310208894.9 "飞摆剪随动皮带"、CN201310383855.2 "一种数控直角剪板机" 和 CN201510643597.6 "一种摆剪模四点支承浮动摆动机构" 等。

②专利法律状态。公司在中国的专利申请中，有效专利共有 86 件，其中发明专利 14 件，实用新型专利 72 件；在审发明专利共有 37 件，总体而言，公司发明专利的有效率较低，仅占发明申请总量的 13.7%，但是随着在审发明专利的审查授权，有效发明专利的占比将有所提高。

专利 CN201010623246.6（数控转塔冲床）的对比文件包括 CN2759682Y、US1999057 和 DE2640318A1，虽然对比文件没有涉及技术特征 "斜面一~四之间采用平滑曲线过渡"，但是在将斜块形状设为水平斜面一、斜度较大的斜面二、斜度较小的斜面三和水平斜面四的基础上，为使冲压力均匀，减少滚轮对斜块的损伤和噪声，而将斜面一~斜面四之间采用平滑曲线过渡是本领域技术人员的常规技术手段。因此，在对比文件 CN2759682Y 的基础上结合对比文件 US1999057、DE2640318A1 以及本领域的公知常识，得出 CN201010623246.6（数控折弯机）的权利要求保护的技术方案，对本领域的技术人员而言是显而易见的，权利要求保护的技术方案不具备突出的实质性特点和显著的进步，因而不具备《专利法》第二十二条第三款规定的创造性。

基于对比文件 US1999057 改进形成的专利申请 US10/703203 则取得了专利授权（专利号 US6997029），其主要改进点在于：滚子凸轮机构和驱动总成，主动回缩滚轮元件包含多个辅助滚轮和侧板槽，当预先压缩于工装滑块的复位弹簧发生故障时，其相互配合以使得工装滑块主动回缩。

专利 CN201310192073.0（数控折弯机）的对比文件为 CN101879543A，公开了通过丝杠作为竖直方向调整机构进行上下运动调节。专利 CN201310192073.0 的权利要求相对于对比文件实际解决的技术问题是：如何进行运动调节，当需要在某个方向上进行调节时，齿条、滑动导轨和丝杠都是常规选择，考虑到负载、精度、成本等因素，本领域技术人员容易想到使用自制滑动导轨作为水平方向调整机构，使驱动箱前后运动。因此，在对比文件 CN101879543A 的基础上结合公知常识，得出 CN201310192073.0（数控折弯机）的权利要求保护的技术方案，对本领域的技术人员而言是显而易见的，CN201310192073.0 的权利要求保护的技术方案不具备突出的实质性特点和显著的进步，因而不具备《专利法》第二十二条第三款规定的创造性。

公司在开展国内专利申请的同时，通过 PCT 申请途径开展国外专利布局，于 2013 年和 2014 年先后递交了 2 件 PCT 申请，且均要求了中国在先申请的优先权，申请号分别为 PCT/CN2013/087845 和 PCT/CN2014/085367。申请号为 PCT/CN2013/087845 的申请视为撤回，申请号为 PCT/CN2014/085367 的申请进入土耳其国家阶段，处于在审状态。根据国际检索单位的书面意见，公司这两件 PCT 申请均具有授权前景，但是其中一件 PCT 申请却因视为撤回而失效。

③专利技术分布。公司专利申请主要涉及金属板材加工设备和相关零部件，其中冲压工具（B21D37）、剪切机床附件（B23D33）、冲压操控装置（B21D43）、压力机零部件（B30B15）和金属卷绕加工（B21C47）等技术领域的专利申请较为集中，近 5 年来，相关专利申请有所增加。

（2）其他知识产权现状

①商标注册。公司自 1984 年以来，先后在国内申请注册了 23 件商标，目前持有的有效注册商标共有 21 件，注册类别不仅包括公司主营的机械设备（第 7 类）业务，还涉及科学仪器（第 9 类）、金属材料（第 6 类）、手工器械（第 8 类）、运输工具（第 12 类）、建筑修理（第 37 类）和网站服务（第 42 类）等领域。同时，公司在英国、德国、意大利、法国、澳大利亚、比利时、卢森堡和荷兰均申请注册了商标。公司目前已经形成了由营业商标、防御商标和联合商标等组成的注册商标保护体系。公司通过注册防御商标❶和联合商标❷，可以防止他人在相同或不同类别的商品上注册、使用与其营业商标相同或相似的商标，也可以追究他人在指定商品上使用这些商标的侵权责任，有效保护了其主商标，延伸了注册商标的权利。

②软件著作权。公司注意软件著作权保护，登记数控机床领域软件著作权 3 件：数控转塔冲床数控系统人机交互界面软件 V1.0（2014SR160171）、转塔冲床数控系统 CNC 底层控制软件 V1.0（2014SR160068）、折弯机数控系统人机交互界面软件 V1.0（2014SR180363）。

4. 企业知识产权竞争力分析

①优势。YV 公司拥有较为完善的企业知识产权管理体系，设立了知识产权办公室，配置专兼职工作人员 10 多人，委托专业机构建成企业专利数据库，完成企业知识产权贯标认证，形成了较为完善的企业知识产权管理制度。

围绕现有技术产品，开展国内和国外专利申请布局，拥有众多的有效专利，专利技术布局较为集中，冲压工具、剪切机附件、冲压操控装置和金属卷绕加工等技术领域的专利优势较为明显，对产品设备的保护力度较大。

技术创新人员投入不断加大，专利发明人团队规模不断扩大，总人数达到 122 人，主要发明人之间形成多个较为稳定的合作创新关系。

注册商标数量较多，已经形成了由营业商标、防御商标和联合商标等组成的注册

---

❶ 防御商标是指较为知名的商标所有人在该注册商标核定使用的商品（服务）或类似商品（服务）以外的其他不同类别的商品或服务上注册的若干相同商标。

❷ 联合商标是指同一商标所有人在相同或类似商品上注册的几个相同或者近似的商标，有的是文字近似，有的是图形近似。

商标保护体系，并通过江苏省著名商标认证，商标品牌的影响力进一步加强。

重视对自主研发的控制和设计软件的知识产权保护，先后登记取得了一批软件著作权。

②劣势。与××集团相比，YV 公司的有效专利和有效发明专利数量均较少，专利保护相对较弱，绝大部分发明专利存在实质性缺陷而未能取得授权，专利申请审批工作机制不够健全，视为撤回的发明专利数量较多。

与××集团相比，公司专利整体质量不高，权利要求项数和说明书页数普遍较少，发明专利撰写水平亟待提高。超过 80% 的专利申请的说明书页数不足 8 页，超过 70% 的专利申请的权利要求项数不足 5 项，公司发明专利说明书平均页数仅有 6.3 页/件，低于××集团 20.1 页/件，同时公开文本和授权文本的权利要求平均项数，也分别低于××集团的 5.0 项/件和 4.4 项/件。

公司的海外专利、商标布局仍稍显薄弱，对 PCT 申请的维持管理有待加强，避免因管理不当而造成专利申请视为撤回。

公司专利检索查新、预警分析和风险防控工作机制不够完善，与公司技术产品发展情况相比，企业专利数据库的技术导航和竞争对手导航有所滞后，亟须优化调整。

5. 企业知识产权战略与实施建议

（1）公司知识产权战略需求

①专利导航技术创新。公司要借力知识产权手段，通过自主研发和与国内外高校、技术公司合作相结合，深入开展对世界先进技术的核心专利的分析研究，及时了解掌握跟踪世界先进技术的发展态势，突破国内外同类企业的技术瓶颈和封锁，并形成自主的核心知识产权。需要对激光加工工艺（IPC 分类号：B23K26/38、B23P15/00 等）、激光加工设备（IPC 分类号：B23K26/70、B23K26/42 等）和激光加工控制系统（IPC 分类号：H01S3/10、B23K26/40 等）等关键技术，对包括德国 TRUMPF 公司和中国××激光在内的国内外重点企业进行深入分析，分析当前全球激光加工技术发展情况、技术热点和空白点，把握同行业竞争对手的发展方向，寻找突破口，导航公司产品与技术的发展。

②关键产品专利布局。公司在激光加工技术领域拥有的专利还比较少，公司需要借鉴国内外优势企业的专利布局策略，在国内外积极申请专利保护，围绕激光加工设备（IPC 分类号：B23K26/70、B23K26/42 等，具体包括切割头、吹气装置、除尘装置、夹紧装置等）、激光加工控制系统（IPC 分类号：H01S3/10、B23K26/64、B23K26/40 等，具体包括激光能量控制系统、切割速度控制系统和切割形状控制系统等）和激光加工工艺（IPC 分类号：B23K26/38、B23P15/00 等，具体包括切割材料、激光源、速度、功率、气压、焦点位置、割嘴规格、割嘴间距等）构建公司自己的激光加工技术的核心发明专利（包括 PCT 申请）和专利池，形成保护圈，积极参与行业标准制定。

③完善企业专利数据库。为满足当前重点发展激光加工技术的需要，亟须对现有的个性化专利数据库内容进行优化，增加专利技术导航，如激光加工工艺、激光加工控制系统、激光加工设备；增加竞争对手导航，国内如大族、领创、法利莱、楚天等，国外如德国通快（TRUMPF）、日本三菱、百超、天田、MAZAK 等；检索范围要覆盖美国、日本、英国、法国、德国、瑞士、俄罗斯、韩国、世界知识产权组织和欧洲专

利局等专利数据库。

④知识产权管理保护。公司需要着力提高专利授权率和发明专利占比，尤其是对于公司重点研发的激光加工技术以及机器人技术，要密切关注研发进度，适时、及时地申请专利保护，并进行周密布局。对于公司主动放弃的专利将考虑采用转让或许可的方式，降低公司专利维护成本，推进知识产权资本化运营。

公司产品每年出口额约占总额的20%，当前公司海外专利、商标布局仍稍显薄弱，必须要考虑侵权风险规避、专利先行、商标护航等问题，需要加强对产品在海外市场的知识产权风险预警和管控。

⑤知识产权人才培育。公司目前对知识产权专业人才有迫切需求，需要培养和引进兼备知识产权专业知识、法律专业知识和机械专业知识的复合型人才，以及专利代理师、内审员和知识产权工程师。

（2）公司知识产权战略实施建议

①企业知识产权管理体系建设。公司要完善企业知识产权管理体系，优化知识产权办公室职能配置，明确知识产权总监和相关专兼职知识产权人员的工作职责，建立健全专利申请审批备案机制。知识产权办公室要加大对技术创新成果的可专利性审查，加深与专利申请代理机构的沟通交流，提高专利文件撰写水平，加强对国外专利申请的维持管理，着力提高专利授权率和发明专利占比。未来3年，公司要实现知识产权创造、保护、管理和运用能力的显著提升。

②主导产品与关键技术的专利布局。公司要加大技术创新研究，积极围绕技术产品开展全球专利布局，构建基础+外围的专利布局体系，重点突出对激光加工等行业关键技术、前瞻技术和空白技术的专利布局保护。

公司要积极与国内知名高校、德国 REIS、意大利 SELEMA、日本 NISSHINBO 等顶尖技术公司的技术合作，加快技术创新研究与产业化进程，形成自主核心知识产权，并尝试构建激光加工等关键技术专利池。公司要通过技术创新和专利布局，在未来3年实现自主知识产权数量大幅增长，质量显著提升，争取在知识产权强省建设期间，实现专利拥有量超千件、PCT 申请超百件。

③个性化企业专利数据库优化。公司要优化调整企业个性化专利数据库，新增与激光加工和机器人相关的技术导航，根据产业市场发展情况，更新完善竞争对手导航，公司要健全企业专利数据库的使用管理制度，制定专利数据库使用管理办法，开展专利检索查新和预警分析活动，并做好相关文件的记录备案。

④企业专利转化实施与资本运营。公司要加强对专利成果的转化实施力度，依托专利技术，努力开发适合产业化、市场化的高附加值产品，进一步提高专利产品比重，扩大市场占有率，逐渐替代进口产品，并出口创汇，公司要借助企业专利数据库，开展专利价值评估，尝试采用转让、许可和质押融资等资本化运营方式，释放专利经济价值，降低公司专利维护成本。

⑤企业知识产权信息化管理平台建设。

a. 在公司现有知识产权管理制度和管理流程的基础上，根据公司重点开发新兴的激光业务和自动化产品业务，将知识产权管理流程融入公司 OA 流程管理系统，要能够实现如下功能：公司内部知识产权工作的审批，包括专利、商标、软件著作权等知识产权的申请、转让、许可等；专利受理通知书、审查意见通知书、补正通知书等法律性文件的内部流转；知识产权相关法律法规、政策查询；公司知识产权制度文件印发，行业知识产权新闻发布等。

b. 企业知识产权人才培育与文化建设。公司要加强企业知识产权文化宣传和人才培育工作，组织知识产权工作人员高层管理者和技术研发人员等参加知识产权专题培训和课程学习，引进兼备知识产权专业知识、法律专业知识和机械专业知识的复合型人才。

第五章

技术经纪与技术转移

引 言

技术转移（Technology Transfer）是指"为制造产品、应用工艺流程或提供服务而进行的系统知识的转移，但不包括货物的单纯买卖或租赁"。技术转移原多指国家之间的技术流动，随着内涵的扩展，技术转移包括国家、地区、产业甚至跨国公司之间或内部技术输入与输出的过程，内容涵盖了技术引进、技术输出、技术转让、技术交易、技术推广、新产品开发直至商业化和产业化的全过程的行为、活动和方式。技术从来都是双向转移的，双向转移的差异在于技术的载体形式不同，由于垄断的存在，技术双向转移的载体数量与技术贸易额反映的交换价值往往不能体现其真实的商品价值。具有较高知识价值的技术载体以人力资源的形式向经济发达地区转移，具有较低成本的规模化消费资料以高端技术的形式向经济欠发达地区转移。

面向全过程的技术转移服务是技术经纪人在大区域、大体系、大机制、大服务前提下的服务创新与商业模式创新的全新实践。

与技术转移相关的全部要素包括科技、普通劳动力、资产设备等经营资源要素以及产业背景、政策法规、商业文化、民风民俗、自然地理等相关的经营环境要素。技术转移过程中，科技要素的投入成本只占很小部分，各要素具有互补性，同时还具有制约性，生产要素的有效组合和有机衔接对技术转移产出具有叠加效应。作为转移对象的技术本体也是重要的影响要素，全部要素的协同作用，形成技术成果和技术产品，形成商品化消费品，形成包括技术转移服务业在内的各行各业的规模产业。

5.1 技术经纪与技术转移全过程

技术经纪为技术转移全过程服务，目标是落实《国家技术转移体系建设方案》，加快发展技术市场，健全技术转移机制，促进科技成果资本化和产业化。

我国已建立起较为完备的技术转移管理体系，呈现以下特点：一是政策核心由引进跟踪转向自主创新，由政府主导转向市场驱动；二是政策重心由中央下移地方，政策主体多元化、协同化；三是技术转移体制多层次化发展；四是国家技术转移体系规范化。

研究技术转移全过程，必须把技术与经营要素进行有机衔接，分析技术转移要素对技术转移作用的机理，分析要素之间的牵制机理，从而厘清技术转移不同服务职能的贡献。

5.1.1 从"研发"到"消费"的技术转移新型业态

经济的全球化和技术的强劲需求加快了技术转移的速度。技术转移带来的市场空间、商业价值等经济利益是刺激技术输出的直接动因，某些政治、军事、生态等"超经济"的技术转移只是某些利益集团利润竞争的外在形式，表象之下的深层仍是一个从"技术研发"到"新产品消费"、设计完整但简单明了的经济利益引进输出过程。

技术转移通常是由经济发达区域向次发达区域流动，呈现由点到面的定向性渗透、逐渐扩散。经济与技术相辅相成，技术转移同时也是经济欠发达地区采用先进技术改造落后技术、淘汰落后技术的过程。其趋向表现为：落后地区受经济技术开发条件及观念、政策所限，廉价的技术人才、单项技术、萌芽技术等技术要素在向发达国家和地区聚集，发达国家和地区昂贵的总装设备、商标品牌等成品作为各类知识产权和先进技术的载体，瞄准潜能市场，向欠发达地区的行业、企业转移。

1. 高新技术产业新型业态

技术转移全过程、全要素、全方位意义在于通过技术转移推进了产业形态的转变。唯有技术与市场的结合才能有效降低产业结构调整的代价。宏观产业结构因循着农业、工业、服务业产值比重顺序颠倒的发展轨迹，为了快捷有效地承接技术的进步与扩散效应，全国各地根据资源的配置优势，先后建立起各具特色的一大批产业集聚园区。产业集聚园区以关联技术产品为纽带，吸引上下游大量的中小型企业为方便供、产、销而主动集聚，按市场规则形成产业集聚规模，成为区域经济发展的支柱产业。产业集聚→产业集群→产业升级（高新技术产业发展）→产业创新（新型产业业态形成），这一过程以地域资源优势为依托，引进国内外系列专业技术，淘汰落后生产力，推进产业结构调整，最终推动社会经济转型。

由于产业技术的影响力，企业的专业产品和配套服务比较容易进入国际市场，有的产业园区产品出口比率高达80%以上。江苏省早在2007年就出台了《江苏省产业集聚区创新服务专项资金资助暂行办法》，鼓励具有资源优势的产业集聚，短短几年时间就形成诸如苏州的软件技术产业、吴江光电缆技术产业、常州国际服务外包产业、丹阳的LED光源技术产业、兴化的脱水蔬菜技术产业、无锡的光伏技术产业、建湖的小型石油机械技术产业、宜兴的环保技术产业、镇江的船舶技术产业等十几个新型产业业态。

诞生在高新技术产业集聚区的一大批中小创新企业成为新型产业业态的先行示范。中小型高新技术企业被喻为"瞪羚企业"，是新型产业业态中不可小觑的"生机"与"活力"。

"瞪羚企业"是指已经跨越了创业死亡谷底进入高成长阶段的企业。"瞪羚企业"

年增长可以轻易实现数倍甚至百倍以上的超高速度，可以大概率实现 IPO（首次公开募股）融资，在资本市场上通过发行股票低成本地募集资金。

2. 技术转移新型服务业态

技术转移在当代经济、科技发展进程中之所以成为一种必需而非一种选择，是因为技术转移是推动科技进步从而推动经济均衡增长的最主要动力，是促进产业升级、结构转型的源泉所在，是加快企业技术进步步伐从而提高其核心竞争能力的关键所在，是改变和技术转移相关各方技术及其资源比较优势的一个重要因素。

国际社会对于技术转移问题比较系统、全面的理论与实践研究，始于 19 世纪末 20 世纪初。进入 20 世纪 60 年代，技术转移研究逐渐成为一个独立的学科，有关技术转移的研究成果不断丰富，并开始渗透到其他的研究领域。从 20 世纪 70 年代开始，联合国贸易和发展会议（UNCTAD）、联合国经济及社会理事会（ECOSOC）、联合国教科文组织（UNESCO）、经济合作与发展组织（OECD）和世界银行（WB）等国际组织先后投入大量资金对国际技术转移情况展开专门的调查与研究，在探索技术转移规律及其理论研究方面取得了不少重要成果。

（1）国际技术转移服务业的兴起

技术转移服务业由为技术转移提供各类服务的机构或组织所构成。这些机构或组织包括那些为技术转移主体提供技术集成与经营服务、技术经纪服务、技术投融资服务、技术信息与咨询服务、技术产权交易服务、专利权事务服务、技术评估和论证服务，或自身购买技术权利后进行二次开发、集成、再创新，然后再将技术转移出去，具有独立法人资格的科技中介服务机构，也包括提供前述服务而不具备独立法人资格，依附于科研院所、大专院校或大型企业的各类技术转移服务组织。

世界上最早建立的技术转移服务机构可追溯到 20 世纪初加州大学伯克利分校 Cottrell 教授建立的一个从事商业活动的非营利组织——研究公司，用以管理自己以及其他学校的专利，从 1912 年开始着手为大学处理专利许可。世界技术转移服务机构的真正兴起则在 20 世纪六七十年代，在此期间，世界主要国家均先后建立了一些专业从事技术转移服务的机构，如美国的联邦实验室技术转移联合体（FLC）、各研究型大学普遍设立的技术许可办公室（TLO）、技术与商标许可办公室（TTLO）、科学技术商业化中心、大学专利管理者协会［SUPA，后改名为大学技术管理人协会（AUTM）］、国家技术转移中心（NTTC），日本的科学技术振兴事业团，德国的史太白经济促进基金会（STW），英国的技术集团（BTG），法国的国立技术转移署（ANVAR）等，并设立了一些区域性的技术转移服务机构，如亚太技术转移中心（APCTT）。技术转移服务机构的建立和发展，对于促进各国的技术转移和高新技术产业化、提升国家竞争力发挥了相当重要的作用。

（2）技术转移机构与专业化服务体系

我国技术转移服务业经过近 30 年的开拓发展，已经形成规模，在促进技术转化及转移过程中，发挥了无可替代的重要作用。技术转移服务机构专业化服务模式已初步形成，例如：

①直接参与服务对象创新过程的机构。如生产力促进中心、双创基地、科技企业孵化器、大学科技园、工程技术研究中心、产业技术研究院。

②主要利用技术、管理和市场等方面知识为创新主体提供咨询服务的机构。如科技情报信息中心、科技评估中心、科技招投标机构、各类行业协会、专业技术协会、知识产权事务中心和各种科技咨询公司。

③主要为科技资源信息有效流动、合理配置提供服务的机构。如常设技术交易中心、技术转移中心、科技风险投资中心、科技人才市场、技术交易市场、技术产权交易所。

④主要为技术集成、中试孵化、检验检测、技术资本化、技术产业化提供服务的新型研发机构。如工程中心、重点实验室、产业技术研究院等。

（3）技术转移模式

①从技术转移的内容是否完整角度看，实现技术转移的形式与方法可以区分为"移植型"和"嫁接型"两种模式。"移植型"技术转移模式是将技术的全部内容，包括机器设备、工艺程序、设计安装、图文资料、技术培训等通过一次性的整体搬迁而实现的技术转移。这种模式的优点是对技术吸纳主体原有技术系统的依赖性极小，因此技术转移的成功率较高，是"追赶型"国家或地区实现跨越式发展的捷径；缺点是技术转移支付的成本较高。"嫁接型"技术转移模式是通过转出技术的一部分内容如某一单元的技术或关键的工艺、设备等而实现的技术转移。这种模式的技术转移，以技术吸纳方的原有技术体系为母本，同外来的先进技术相嫁接、融合，从而引起原有技术系统功能与效率的更新和提高。这种模式的特点是：对技术受体原有技术水平的依赖性较强，所要求的匹配条件较为苛刻，技术转移支付的成本较低，但嫁接环节上发生风险的频率较高。一般为技术实力较为接近、均衡的区域及企业间所采用。

②从技术市场交易途径的角度区分，实现技术转移的形式与方法可区分为"商业型"和"非商业型"两种模式。"商业型"技术转移模式，即需要通过技术市场并支付一定费用的有偿性技术转移。具体的途径及方式主要为技术贸易，包括技术许可贸易和含有技术的货物贸易等；直接投资，包括创办新企业和企业并购；技术咨询与服务；交钥匙工程和工程服务，等等。"非商业型"技术转移模式是一种无须支付任何交易费用的无偿性技术转移。具体途径及方式包括：通过人员交流，如互派人员访问、考察、学习或工作等使技术知识随着这种人员的交流而实现转移；通过学术会议、技术交流、合作研发、科技期刊、书籍、宣传资料或大众媒介等方式而实现的转移；以技术帮助、援助等方式实现的技术转移。

③从技术转移凭借的技术载体角度区分，可将技术转移划分为"实物型""知识型"和"人力型"三种模式。"实物型"技术转移模式，即通过实物（如机器设备等）流转而实现的技术转移。"知识型"技术转移模式，系指由一定的专门理论、技能、经验和方法等非物品范畴的知识传播与流动所实现的技术转移。专利技术、技术诀窍、工艺配方、信息情报等知识形态的技术交易，基本上都是凭借这一技术转移方式加以实现的。"人力型"技术转移模式，即通过科技人员流动而实现的技术转移。

上述三种技术转移模式，由前到后，依次呈现出由有形技术向无形技术、由固化技术向活化技术转移的特点。从技术转移的难易程度看，前者的转移难度相对小于后者。但从技术转移的有效性上看，则往往是后者大于前者，人才的转移是最富成效的一种技术转移。

技术经纪业务促进技术转移，关键问题是技术能否实现转移，技术转移后成效如何。由于科学技术进步及其成果应用对经济社会发展的作用日益重要，"技术转移"所涵盖的内容逐渐扩大到研发机构之间的技术项目有偿合作，研发机构与企业、企业与企业之间的技术转让，以及不同经济、技术行为主体间的技术许可等各个方面，并且从早期的无意识行为、欠发达国家的政府行为、发达国家为打破南北僵局的策略工具等内涵，逐步发展成为世界范围内不同行业、企业、研发机构和政府等都高度关注并积极参与的一种战略行动。

从根本利益上讲，技术研发者、技术持有者与技术受让者、技术消费者是技术转移利益冲突的甲乙双方。能否实现技术转移，甲方处于主动地位，其影响因素主要有：技术的复杂程度、技术的成熟度、技术的通用性、技术的换代周期等；技术最终能否成交取决于甲方在主观上对技术转移的利益期望、客观上对技术的垄断程度。

影响技术转移后成效的主要因素有：技术受让者的存量技术基础、经济实力、生产要素组织水平、产品市场化能力等；绩效准则是技术消费者（商品使用者）的认知、认可程度。技术转移服务必须深刻分析从创意到市场的技术转移全过程经济利益基础，以经济利益等激励为导向，以政策法规等行政手段为保障，以道德信用等责任为约束不断提升技术转移服务能力和服务绩效。

5.1.2 技术转移的全过程服务

技术转移过程历经技术的成果化（新技术研发）、技术成果产品化（新产品开发）、技术产品商业化（市场化）和技术商品产业化（规模化生产）四个阶段，形成了从研发到产业化的全过程构成。技术转移服务亦称技术转移信息服务，是按照产业发展规律，促进技术贸易与技术服务体系有序发展的"第三方"经济行为。现阶段，技术转移服务从内涵到规模都在不断扩充，已经从技术经纪的中介、行纪、代理的服务扩展到技术转移全过程的服务。

1. 技术成果化阶段

这一阶段的服务主要面向技术研发设计过程，包括市场调查、技术资源信息聚集、技术需求发掘、技术预测、技术情报分析、技术研发、专业设计、测试验证、信息标准、技术决策等方面的内容。

技术成果化阶段的技术转移服务主要包括：调查收集技术研发的经费投入、人员投入情况，分析技术成果先进性、成熟度、可靠性以及应用领域和应用范围的市场信息。技术成果评价指标主要反映的是投入、产出设立情况，包括经费投入、人员投入、其他投入、技术成果、应用情况等方面。技术成果化评价指标参见表5-1。

表 5-1 技术成果化评价指标

一级指标	二级指标	三级指标
技术投入指标	经费投入	R&D 经费
		总投资
	人员投入	研发人员数量
	其他投入	研发周期
技术产出指标	技术成果	成果先进程度
		技术成熟度
		获奖情况
		知识产权数量
	应用情况	应用领域
		应用范围

2. 技术成果产品化阶段

技术成果产品化是技术研发的后续环节，是商业化直至产业化的起始阶段，这一承上启下的重要阶段是提升技术转移成效的关键环节，是每一个生产企业都必须把握的战略重点。

技术成果产品化阶段技术转移服务的主要内容包括：技术评价、专利分析、中试工艺、工程化设计，从技术形态、技术实用性、经济效果、转让方式及价格的角度评价技术成果产品化情况。技术成果产品化主要评价指标参见表 5-2。

表 5-2 技术成果产品化主要评价指标

一级指标	二级指标	三级指标
技术形态	成果层级	
	技术水平	先进性程度
		创新水平
		成熟度
	产权形态	
	技术资料	
技术实用性	技术适用范围	
	要素保障程度	政策
		实施方案
		投资额
		原材料
		人力资源
	技术服务	
	技术实施风险	

续表

一级指标	二级指标	三级指标
经济效果	新增产值	
	资金利润率	
	节能减排水平	节约能源水平
		减排水平
转让方式及价格	转让方式	
	转让价格	

3. 技术产品商业化阶段

技术产品通过市场实现技术和技术成果的交换价值。技术交易是技术转移的关键环节，也是重要手段，技术交易通过经纪服务和服务场所的服务平台，实现技术使用权或所有权的有偿转让。技术产品商业化既包括科研成果经过交易环节实现的有偿转让活动，也包括技术商品产业化以后批量进入消费市场，以成型的服务模式或以一定的产量规模进入流通领域而被消费者认可接受的过程。占有一定市场份额的技术产品，随着质量的稳定和市场的成熟将形成产业化基础。技术产品商业化与技术商品产业化是一个从量变到质变的关系，产业化是形成规模的产品商业化。商业化强调满足或引领市场需求，强调消费者支持的市场占有率；产业化强调行业规模、结构优势，强调价值链整体绩效。在一定的资源条件下，商业化是一个关键的中继环节。

技术商业化阶段的技术转移服务的内容主要包括：估算技术研发、技术集成的研制成本和时间成本；分析风险因素和预期利润以及替代技术的价格和替代技术年增值利润等。

通常技术商品价格（P）由风险成本补偿与预期利润构成，计算公式：

$$P = C + Q$$

即

$$P = q \times \sum_{i}^{n_1} \frac{(C_i + \sum_{j=1}^{n_2} R_j V_{ji} + V_{fi})}{(1-K)} (1+r)^i + \varphi \cdot Q \tag{5-1}$$

式（5-1）中，参数分别规定如下：

C_i——研制开发中第 i 年的物化劳动消耗；

R_j——第 j 个工作环节复杂劳动的倍增系数；

V_{ji}——研制开发中科研人员在第 j 个工作环节中第 i 年的活劳动消耗；

V_{fi}——每年中辅助人员活劳动消耗；

q——风险成本的分配系数；

K——风险报酬率；

r——通货膨胀率；

φ——预期利润率；

Q——研制开发中的资金占用额；

n_1——技术开发的时期（年）；

n_2——研制开发中的工作环节数。

技术产品商业化评估指标参见表5-3。

表5-3 技术产品商业化评估指标

一级指标	二级指标	三级指标
技术成果研制成本	物化劳动消耗 C_i	物料及加工成本
	活劳动消耗 V_{ji}	人工成本（研发人员、生产人员、管理人员）
	研制成本倍增系数 R_j	
时间成本	通货膨胀率 r	
风险因素	风险报酬率 K	
预期利润	预期利润率 φ	
	资金占用额 Q	库存
		应收账款
		预付账款
替代技术因素	其他替代技术价格	
	其他替代技术预期年增值利润	

4. 技术商品产业化阶段

技术商品产业化是对具有实用价值的技术成果转化为新产品、新工艺、新材料和新服务并逐步形成一定商品规模的过程，是技术和人财物资源等生产要素及其相互联系形成社会生产劳动的基本组织结构体系的过程，也是企业优化结构、转变发展方式、提升创新能力、实现产业升级与调整或形成全新产业的过程。

技术商品产业化阶段的技术转移服务主要包括：评价企业的产品与服务能力、资本运营情况、产业化水平和产业化持续发展能力以及技术的改进与完善、成熟技术的推广普及、技术孵化与示范应用、技术投融资与股权激励等。技术商品产业化评价指标参见表5-4。

表 5-4 技术商品产业化评价指标

一级指标	二级指标
产业化规模	是否为高新技术企业（认定）
	从业人员数量
	产品与服务总产值
	产品与服务出口总值
	资产总值
	资本运营能力
	年度投资总额
产业化水平	主营产品市场占有率
	主营产品市场占有增长率
	利润总额
产业化持续发展能力	经营现金净流量
	资本保值增值率
	3 年资产总额增长率
	3 年净利润增长率
	总资产周转率
	经营性现金流量增长率
	存货周转率
	负债率

5.1.3 技术创新与技术经纪

技术创新是创造新的产品、生产过程或服务方式的技术活动。熊彼特对创新的定义是：把一种从来没有过的关于生产要素的"新组合"引入生产体系。也就是说，技术创新是从技术创意开始直到产生市场应用优势的全部活动。

技术创新不断带来令人诧异的产品与服务概念，传统意义上的基础研究、应用研究、技术研发和商业化研究，分类交叉，界限融合。技术创新包括技术创意的产生、研究、开发、商业化，贯穿于技术转移全产业链的各个环节，这些环节衍生的服务需求成为技术经纪新的职能业务。

技术应用于生产和生活的形式是多种多样的，这决定了满足这些需求的技术创新的形式也是多种多样的。

1. 产品创新

产品创新包括变革性大幅度提高质量、创造一种产品或一项服务。技术的创新不一定带来产品的创新，可能只是带来成本的降低、效率的提高等。

2. 工艺创新

工艺创新是通过运用新的生产技术、操作程序，变革或重新设计流程、规则等，来提高产品质量和生产效率的活动。工艺创新和产品创新二者实现途径不同，方式也不一样。产品创新直接体现于生产或服务的结果，而工艺创新则直接体现于生产或服务的过程。工艺创新的成果既可以体现于劳动者、劳动资料和劳动对象之中，还可体现在各种生产力要素的组合方式上。

3. 消费创新

消费创新是一个全新的概念，是指技术持有者在掌握消费需求的前提下，运用创新技术，形成创新产品，伴随创新产品的开发，不断地开拓市场、引导消费甚至创造消费需求。消费创新引起消费革命。研究我国能源战略的中央财经领导小组会议就推动能源生产和消费革命曾明确提出推动能源消费革命，抑制不合理能源消费的要求。

4. 资源替代创新

竹纤维替代长丝纤维，这是众多的典型案例之一。包括毛竹在内的速生竹是我国丰富的经济林木资源，资源替代创新在性价比、亲肤健康特质等方面的优势很快使竹纤维成为国际市场的家纺新宠。竹纤维产品拥有较高的技术含量，具有很多其他纤维产品无法比拟的功能，符合高技术、高附加值、经济环保等产业发展要求，可以替代日益紧张的石化资源，对推动新能源革命具有重要的战略意义。

技术创新会带来商业模式的创新，带来产品与服务市场、赢利模式等多方面的改变。

5.1.4　科技成果转化与技术经纪

科技成果转化也称技术转化，包括科学研究成果形成应用技术，以及应用技术形成新产品、新工艺、新材料等两个方面。科技成果转化是对科学研究与技术开发所产生的具有应用价值的科技成果所进行的后续试验、应用、推广活动，其根本目的是通过科技成果在更多领域、更大范围的应用，发挥其"第一生产力"提高劳动生产率的优势作用。科技成果转化与技术转移是源泉与河流的关系，技术转移除了源源不断转化而来的科技成果，还有转化后经过集成或改造的改良技术再行转移，还有不同技术势差的技术在不同的阶段进入转移过程，转化与转移二者的区别明显。

科技成果转化能力是一个国家战略竞争力的重要体现，我国很大比重的科技成果来自每年万亿元的研究与实验投入，转化的应用技术和新产品以及服务既包括具有的公益性质的推广技术，又有纯粹商业性质的转让技术。由于受传统体制的影响，我国科技成果转化的主导力量也主要来自政府，只有在形成应用技术或成果转化产品形成雏形，即转化风险相对较小时，企业才有吸纳新技术的积极性。带有公益性质的技术供给和需求一般不具备技术的垄断性和使用的复杂性，因而，技术的吸纳者不一定具有明确的产业扩张和再转让目的，只有重大的科技成果或明显能够满足一定利益预期的科技成果才能实现商业转化。技术转移首先是技术供给方和接受方均有具体的经济目的和其他的谋利意识，技术需求方大多谋求新技术、新设备带来规模效益或垄断效应。因此，科技成果转化作为技术转移的前奏，部分成果能够进入商业开发，但大多数科技成果会在产品化之前夭折。

科技成果转化可以由科技成果研究者自行转化，也可由职业的技术经营者收购或联合转化。一般形成配套的攻关技术或单项的创新应用技术，直接向生产部门转让成套应用技术的较少。技术转移一般为成套设备系统技术的直接转移，受让方一般是一个或者若干个特指的技术需求方，当需求方超过一定量时将会影响需求方对技术收益预期的判断，转移技术的价格会大打折扣。

狭义的科技成果转化以成果形成应用技术、实用产品为终点，以技术持有方掌握相关技术为标志，一般不涉及技术的后续应用程度；对于技术经纪而言，技术转化自身不是目的，技术经纪人要帮助科技成果得以实际应用、创造更多的社会财富、增加更多的资产收益。因此，技术经纪业务不仅关注技术受让方是否掌握了相关技术，有的还需负责受让方在掌握相关技术后能够充分发挥该项技术的功能水准，从而为技术的持有者带来期望收益。

5.1.5 技术转让与技术经纪

从技术功效的角度，可以把技术区分为尖端技术、先进技术、成熟技术、落后技术等多种定量级差。从技术的特定需求角度，可以把技术区分为高新技术、适用技术、淘汰技术等多种定性类别。创意技术、准技术、待转让技术、原创技术、委托开发技术、合作开发技术等技术概念都与技术权益让渡有关。

技术转让是各种不同类别存量技术权益的让渡，是技术的持有方将技术的使用权、所有权或其他权利让渡于技术需求方的经济法律行为，也是技术市场上一方将技术成果有偿转让给另一方的经营形式，转让行为通过技术交易完成。技术的有偿转让（或零费用转让）是技术转让的特性之一，无偿使用的技术不列入转让的范畴。除法律禁止的以外，只要技术转让方与技术受让方自愿，技术成果形式和技术转让内容一般不受限制。技术转让可以理解为技术转移的狭义概念，技术转让可以是单项的、简单的技术交易行为而不一定是"系统知识"的技术转移过程。技术转让概念更多地运用于转让技术的分类、转让费用的计算与支付形式等，而很少与转让技术的商业化、产业化相联系。

5.1.6 技术扩散与技术经纪

技术的时空传播即技术扩散，是指某项技术或技术产品在一定时间、一定空间应用的速度与范围。技术扩散有两个方面的含义：一方面是指新技术的应用，即把技术成果应用于生产与生活过程；另一方面是指新技术的传播，即新技术采用者不断增加，或者采用区域不断扩大。技术扩散能给新的区域或新的使用者带来明显的经济效益。技术扩散是技术转移的一种泛指，没有技术转移的概念之前，更多的是指技术应用或推广的程度，二者的区别在于前者不强调传播方式和扩散渠道，没有目的性与交易性的局限。技术转移包括国家和地区之间的技术转移，包括技术研发部门（如研究与实验机构）向技术应用部门（如生产企业和商业经营部门）的转移，也包括技术应用部门之间的转移。技术扩散也是技术由供给方向技术需求方流动的过程，这种过程在一定的时间内向不同行业、不同地域扩展。

作为一种泛指的描述概念，技术扩散与技术经纪业务没有直接关系，但技术扩散的客观效果与技术经纪绩效问题关联。特定时空的技术扩散与技术经纪存在正相关的逻辑关系。

5.1.7　技术推广与技术经纪

技术推广是指政府出于公益性或其他目的，通过试验、示范、培训、指导以及咨询服务等手段，普及和传播技术的活动。技术推广不仅有政府的职能与作用，也有民间和社会其他组织在市场机制下的自发、主动的作用，是一个双向的过程。在我国，技术推广主要指基本农业技术的示范普及。由于中国是一个农业大国，政府高度重视农业尤其是粮食种植业的发展，建立了全国自上而下的农业技术推广体系。《农业技术推广法》把农业技术推广定义为："把应用于种植业、林业、畜牧业、渔业的科技成果和实用技术普及应用于农业生产的产前、产中、产后全过程的活动。"遵循的原则是：有利于农业的可持续发展；尊重农业劳动者的意愿；因地制宜，经过试验、示范；国家、农村集体经济组织扶持；实行科研单位、有关学校、推广机构与群众性科技组织、科研人员、农业劳动者相结合；讲求农业生产的经济效益、社会效益和生态效益。相对于技术推广，技术转移的卖方主体主要是企业，是国际化的集团公司。从政府科技管理职能的角度，在独成系统的农业技术推广体系之外，技术经纪在农业高新技术的有偿推广中大有可为。细胞育苗、杂交育种等一大批高新技术进入国际技术转移循环，立体农业、植物工厂等多种生态农业经营模式的推广是技术经纪的重要服务业务。

5.2　技术转移信息的经纪服务

技术转移的路径也是技术转移信息流动的路径。技术总体上按经济发达状况进行梯度转移，尖端技术在西方发达国家之间转移，以设备为载体的先进技术一般由发达国家向发展中国家转移，以中高端消费品和新型生产设备为载体的成熟技术一般由经济发达区域向经济落后地区转移。现代社会人们的物质消费需求增长迅速，不仅需求数量增加，而且需求结构也日趋升级。社会需求规模的扩张和社会可供利用资源的有限并存，这只能依靠以技术进步为支持的新的生产方法、生产手段、生产工艺和生产设备，来实现经济总量的快速增长。需求结构的演变和升级，与传统产品的品种少、质量差、功能低的情况并存，只能依靠以技术进步为支撑的新产品问世来加速换代，为社会提供多品种、高质量、多功能、低价格的商品和服务。因此，社会需求的任何变化，都会对技术的发展产生重大影响，或决定技术的发展方向、层次、水平和规模。

5.2.1　技术转移需求信息管理

1. 技术转移需求的多重性

需求影响是通过供求关系和市场机制而发生作用的。社会需求规模增长和需求结构变化，一是会通过市场媒介影响技术创新的层次、速度和规模；二是会规定技术创新的方向、内容和结构。技术需求影响技术转移，主要表现为技术需求的导向功能和限定功能，并通过技术市场的"展示、交易、共享、服务、交流"而发挥作用。

技术需求者（国家、企业、机构、个人）因社会消费水平的提高和发展竞争刺激其需求是无止境的，当某种需求欲望被满足后，随着情况发生变化，会产生新的需求，从而不断地发出新的需求信息。例如人们对通信的需求，先后引发了电话技术、电报技术、卫星通信技术、移动通信技术的产生和发展，并引发了全球通信技术广泛应用。

尽管技术需求者的需求欲望是无限的，但是满足技术需求的条件是有限的，经济增长的波动性会影响社会需求，进而也会影响技术需求，呈现周期发展状态，波及技术创新。这种波动相对于经济波动存在时间差，技术转移周期波动如图 5-1 所示。

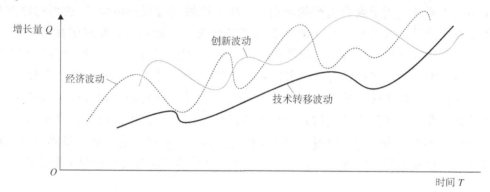

图 5-1　技术转移周期波动图

2. 技术需求的市场效应

技术需求以信息传递为链条，通过市场机制的作用来影响技术转移。技术需求信息传递链构成了互动效应。这个作用链是从技术需求者所萌生的需求欲望开始，经过市场变换，到达技术创新者，引发创新者的创新行为。技术需求位于技术需求信息链条的始端。在技术生产者和技术消费者（技术需求者）相分离的情况下，技术需求者的需求必然对技术转移产生牵动作用，对技术转移的发展具有重要影响，因此技术需求是技术转移不可缺少的条件。

（1）技术引进

技术引进是技术获得一方技术转移的行为表现。技术引进方通过技术转移获得技术资源，引进的并不是简单的技术载体，而是通过技术载体包含的具有交易价值的技术内容，其目的是引进方技术素质的提高和技术能力的提高。

技术引进是资源的引进。技术资源的发挥、财富的创造、商品价值的增值，是技术融合于其他生产要素之中共同作用而发生效能的，表现为技术生产手段的改变、生产技能的提高、创新能力的增强。由于新技术的发展和同类技术的出现，迫使原来引进的技术进入衰退期，技术引进方不得不再次引进新技术，以替代原来引进的技术。因此引起了新一轮技术需求的提出。另外，引进方消化、吸收引进技术，并在引进该技术的基础上创造出新技术，满足自身发展的需求，并逐步成长为技术转让方。

（2）技术引进工程

技术引进工程从开始到完成，大致需要项目规划、项目施工和项目生产3个阶段，共15个步骤。

①项目规划阶段工作内容包括前期运筹和规划项目，包括：需求形成、机会研究、初步可行性研究（项目建议）、寻找并筛选项目、可行性研究、项目评估、项目决策。这一阶段是决定项目效果的关键阶段，其工作重点是项目需求、可行性分析与项目立项决策。

②项目施工阶段的主要工作任务是项目组织实施。包括：谈判签约、工程设计、工程施工、试运行、竣工验收。这一阶段是将项目合同规定的技术物化为可以使用的技术，其工作重点为项目谈判、签约和施工组织。

③项目生产阶段的主要任务是使用技术、消化技术、吸收技术和创新技术。包括：投产、项目后评估、技术再创新。这一阶段的工作重点是使用和消化吸收该项技术，实施并通过技术再创新获得收益和回报。

各阶段和步骤工作流程如图5-2所示。

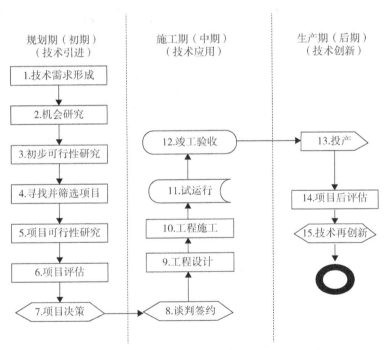

图5-2 技术引进带动技术需求与创新的阶段和步骤

3. 技术需求的信息采集

了解和掌握企业发展对技术需求的动态信息，是有效转让目标技术、成功实施技术转移的关键性环节之一。为此，技术转移服务机构在日常运营中应通过有效的途径及办法，设法搜集目标区域内有关企业发展对各种技术需求的动态信息，建立企业技术需求信息库，为日后技术转移、成果转化的顺利展开与实施提供良好的基础条件。

（1）技术需求信息采集的内容

以企业技术需求为例，采集的技术需求的信息主要包括：企业自然状况（企业名称、住所、联系电话、设立时间、组织形式、所在行业、经营业务、服务地域等）、企业发展特征（企业资产及生产能力规模、技术装备的新旧及先进性程度、企业经济实力与发展潜力等）、企业技术需求状态（企业科技进步计划和中近期内准备解决的主要技术课题与解决的途径、方法等要求）、企业技术引入能力（技术引入的经济实力、交易条件、信用状况和技术实施能力）等。

（2）企业技术需求基本信息调查表

企业技术需求基本信息调查参见表5-5。

表5-5 企业技术需求基本信息调查表

单位基本情况	单位名称				
	地址				
	法人		组织机构代码		
	联系人		手机		
	座机		电子邮箱		
技术需求情况	技术需求名称				
	关键词				
	有效期				
	需求领域	□电子信息技术　　□生物与新医药技术　　□航空航天技术 □新材料技术　　　　□高新技术服务业及公共事业 □新能源及节能技术　□资源与环境工程技术 □高端装备与先进制造　□化学与化学工程技术 □现代农业与食品产业技术　□其他：_____			
	技术需求类别	□技术研发（关键、核心技术）　□产品研发（产品升级、新产品研发） □技术改造（设备、研发生产条件） □技术配套（技术、产品等配套合作） □技术咨询　□技术评估　□企业诊断　□委托团队、专家长期技术服务			
	合作方式	□技术转让　□技术许可　□技术入股　□其他：_____			
	合作价格（万元）				
	意向合作单位	□有　　□无	意向合作专家	□有　　□无	
技术需求详情	（包括目前生产状况，遇到的技术难题，需要解决的问题，1000字以内）				

续表

技术指标	（主要技术指标与参数，500字以内）
图片或视频	
备注	需求录入暂存、提交、审核、退回、发布

调查日期：＿＿＿＿＿＿＿＿

调查人：＿＿＿＿＿＿＿　　　　部门主管：＿＿＿＿＿＿＿＿

4. 技术需求挖掘的方法

技术需求是指企业为实现创新发展，提出获取新技术、新产品、新工艺、新材料以及新的生产制造流程的欲望和要求，进而为引进技术、实现技术转移奠定基础。目前，我国技术转移服务机构进行技术需求挖掘常采用发放调查表格和现场实地走访调查方法，属于"供给为导向"的服务模式，但这种供给导向型挖掘技术需求的方式停留在表面上，缺乏方向性和针对性，无法识别企业的真实需求，无法解决技术供需的有效对接。

技术有效需求的挖掘要围绕国家和区域发展战略，为企业进行战略规划、方案设计、技术改造和新技术配套引进与企业现行状况的适用性的分析，并提出要以提升企业的技术能力和综合实力为目标，以购买和消化吸收引进技术的资金和物质基础为条件，以人力资源的优化配置为手段，以引进技术的产业化和市场化为过程的对先进、适用技术的需要。企业的技术需求大多是产生在新产品的开发、产品升级换代、生产技术改造、制造装备改进等方面。近年来，在《中国制造2025》国家战略的引导下，企业转型升级、结构调整带来的智能制造技术整体解决方案、智能制造生产线、智能工厂、精益生产及工业用软件开发、传感器、物联网、增材制造、新材料、新工艺、新产品的技术需求剧增。技术有效需求的挖掘需要从以下几个方面入手：

①全面了解企业经营和创新整体情况，从对企业技术需求的挖掘、评价与对接进行系统分析入手，解决技术需求挖掘的针对性、真伪性和对接难的问题。

②从企业创新能力诊断入手，通过调查研究和分析企业技术创新体系，全面了解企业的技术创新现状，找出存在的问题及产生问题的原因。

③针对企业技术创新战略，从技术需求的完整性、可靠性、先进性、经济合理性、生产可行性等方面评估技术需求的可行性。

企业技术需求挖掘与有效性评价内容见表5-6。

表5-6 企业技术需求挖掘与有效性评价内容

	企业技术需求挖掘与过程管理		企业技术需求有效性评价		
	方法与步骤	工作内容	创新战略评价	创新能力评价	技术需求评价
1	访问前调研	需求调查文件、表格设计文案准备	外部机会与行业发展趋势分析	研发机构分析	需求征询准备
2	需求征集表格设计	邮件、表格邮寄或发放	企业信息表选择与收集	企业信息表选择与收集	数据可视化处理与分析评价
2	现场调查	企业人员访谈文件资料收集	企业创新战略与产业融入情况	科技项目立项、知识产权、研发投入、技术收入、研发团队、财税情况、项目和技术收益情况	对关键技术及与之配套的相关技术需求信息的完整性、真实性、合理性进行评价
2	企业诊断	企业技术创新与经营管理体系梳理，确定诊断范围	发现企业经营体系及创新环节存在的问题，找出产生问题的原因	企业转型升级过程中的技术和产品创新解决方案	解决方案的可行性评价
	难题招标	通过社会网络发布难题招标信息	寻求技术研发团队联合开展技术难题攻关	技术研发条件，技术储备，技术研发能力	难题招标及标的发布，制定技术难题竞价规则
3	过程控制	培训企业人员	帮助企业提出适应企业创新发展的合理需求	技术需求企业和技术研发机构对接；联合技术攻关的相关组织与实施	过程服务与评价
4	分析与评价	技术供需对接分析技术研发过程分析新产品市场分析	分析评价由企业技术需求提出引入的新技术对企业研发能力的提升情况	分析评价企业新技术的引进对产品竞争力、技术成熟度、经济合理性、生产适用性及市场占有率的影响情况	撰写技术需求评价报告
5	后期跟进服务	企业新一轮技术需求的挖掘	企业创新战略跟踪服务	企业创新能力跟踪服务	评价报告发布、推荐、入库

5. 技术需求预测

（1）技术需求预测的内容

在一个特定的时间内，需求情况是若干可变因素的函数，这些可变因素包括市场的构成、相同产品或替代品的竞争、需求收入弹性和价格弹性、营销渠道、消费增长水平等。因此，需求分析是一个非常复杂的过程。需求和市场研究的目的在于提供关于产品的某些情报信息。因此，需要提供的需求内容包括：市场当前需求的大小及构成，以及该市场的地域范围；市场细分，包括消费者、消费者的类型、地理区域；整个市场及细分市场在一定时期的市场需求预测；拟开发的技术产品或拟建设的项目在国内与国际竞争和所预测的时期内，所能达到的市场占有率；市场需求的技术产品的定价结构预测；市场营销手段，包括售后服务类型、包装标准、销售组织的分析预测；在对市场分析的过程中，对技术产品的规格、设计、性能、包装等进行适当修改，以便适应市场和地区的需要。

（2）技术需求预测的流程

技术需求预测的步骤是：收集并分析技术市场的变化情况和技术交易数据；按细分市场将技术合同数据进行分类；确定技术市场的主要决定因素及其对需求的影响，分析预测这些决定因素发展及其对未来需求的影响；通过一种或几种方法对各种决定因素进行推断，进而预测需求。

（3）与技术需求相关的原材料的选择

在得到全部相关因素信息后，应确定哪种原材料最为适宜，并分析待转移技术的工艺与技术是否经济。例如，分析原材料的来源和可得数量，以确定满足当前和长远需要的原材料来源和可能性；分析原材料的单位成本，以确定技术转移项目是否经济并制订供应计划。

（4）产品结构及工艺方案的选择

产品结构及工艺方案是技术转移落地的关键问题，对企业的经济效益有直接影响，新结构、新工艺的采用需要成熟的技术和工艺，与技术转移投资额、生产成本、生产规模、环境保护密切相关。

（5）技术评价要素与内容

评价技术并按项目各组成部分的最佳结合选择最适用的技术，一是需要论证技术的先进性、技术的实用性、技术的可靠性、技术的成熟度、技术的连锁效应以及技术应用带来的负面作用及其影响；二是应把技术评价与企业的生产规模、产品的质量及适销性、生产要素资源相结合。有时原材料的选择会决定要采用的技术，因此，在选择技术的同时要确定获得技术来源的方法，如通过技术许可证交易、技术产权交易等。技术评价要素与内容参见表5-7。

表5-7　技术评价要素与内容

序号	技术评价要素	技术评价内容
1	技术的先进性评价	从技术水平和实用性两方面进行评价，判断是否达到国际先进水平、国际水平、国内先进水平
2	技术的实用性评价	转移的技术对推动生产、推广应用、满足需要等方面具有一定的适应能力
3	技术的可行性评价	技术的成熟度和在使用中的可靠程度，及其是否符合要求，新采用的工艺方法成功的概率

续表

序号	技术评价要素	技术评价内容
4	技术的成熟度评价	评价技术处于成熟度9级中的哪个阶段： 1级：提出基本原理 2级：提出应用设想 3级：完成概念和应用设想的可行性验证 4级：以试片或试验件为载体完成实验室环境验证 5级：以典型件为载体完成相关环境验证 6级：以缩比件为载体完成相关环境验证 7级：以工程样机为载体完成典型使用环境验证 8级：以实际产品为载体完成使用环境验证 9级：完成使用任务
5	技术的连锁效应评价	技术应用后对行业的发展、劳动条件的改善、就业机会的增加、生活质量的提高等方面的作用
6	技术的负面影响评价	技术的应用是否会造成社会环境污染、生态平衡破坏等不良影响

5.2.2　技术转移人员信息管理

技术转移人员包括技术转移全过程各环节的服务人员，以技术经纪人信息调查登记为例。技术经纪人信息调查登记内容见表5-8。

表5-8　技术经纪人信息调查登记表

姓名		性别	
出生日期		民族	
国籍		政治面貌	
证件类型		证件号码	
所在经纪机构		机构代码	
手机		邮箱	
职务		职称	
所在地区		最高学历	
毕业院校		所学专业	
服务领域	□电子信息技术　□生物与新医药技术　□航空航天技术 □新材料技术　□高新技术服务业及公共事业 □新能源及节能技术　□资源与环境工程技术 □高端装备与先进制造　□化学与化学工程技术 □现代农业与食品产业技术　□其他：_____		
职业能力认定	□高级（技术经纪师）　　□中级（技术经理人）　　□初级（技术经纪人）		
职业证书编号		证书发放时间	

续表

培训学时		培训学分	
能力自评	(基本能力、专业能力、综合能力，500 字以内)		
服务内容	(500 字以内)		
服务案例	(500 字以内)		
成果成效	(500 字以内)		
能力评价	(500 字以内)		
图片与视频 （个人照片等）			
备注：支持录入暂存、提交、审核、退回、发布			

5.2.3 技术转移机构信息管理

技术转移机构类别多样，仅以区域技术转移网络枢纽和新型研发机构为例。

1. 区域技术转移网络枢纽（科技大市场）信息管理

区域技术转移网络枢纽信息管理主要有以下方面：

（1）运营服务环境信息

区域技术转移网络枢纽（科技大市场）应具备的条件包括：具有独立法人资格、相关专业资质、专业服务能力和资金实力；具备提供专业优质的科技服务的能力，在各自的专业领域内经营状况良好，服务业绩明显；具有良好的商业信誉，无不良记录；具备健全的执业规则以及其他相应的管理制度；提供的各类信息资料应合法、真实、可靠，应依照法律法规、标准以及行业规范开展服务活动；根据业务需要收集和整理相关信息，审核信息的合法性、真实性和有效性，对不能接受的委托，应向申请人说明理由，退还其提供的材料；具有固定的服务场所、服务设施；为技术转移机构和技术交易提供完善的网络环境，包括服务器资源、存储资源、数据资源、计算资源和交易软件系统、网络安全系统、技术转移与技术交易服务系统、数据库系统等。

（2）区域（省、市、县）技术转移机构体系信息

省、市、县三级技术转移体系设置为层级扁平、资源共享、服务定制的全域网状结构。技术转移机构分别纳入所属区域，按照属地管理与市场化相结合的模式，进行运营。省、市、县三级技术转移运营体系各自的职责为：

省域运营中心应具备系统建设运维、信息采集、交易促成、内容监管、数据统计、账户管理、技术交易数据汇总统计发布和为省、市（地）、县分级管理权限设定等服务功能。

市域运营中心应具备信息采集、技术交易服务、会员发展、交易系统应用、交易促成、信息审核、模块监管、账户管理、交易数据统计上报等服务功能。

县域运营中心应具备信息采集、会员发展、技术交易、供需对接、交易促成、技术成果示范应用等服务功能。

技术转移服务机构应接入所属区域运营中心服务系统和运营体系，采集所属区域的技术资源信息、企业技术需求信息、专家信息、技术转移从业人员信息和新型研发机构信息、大型仪器设备信息等，提供本机构支撑技术转移、成果转化的服务信息、服务内容。

（3）技术转移机构服务职能信息

技术转移机构的基本职能为：搜集和调研高校、科研机构的基本情况，建立研发机构档案及其预研项目、在研项目、技术成果信息数据库；搜集和调研科技研发成果，对初步掌握的技术成果进行商业评估；同具有商业价值及推广前景的技术成果持有人进行获取、代理、技术经营权益协商，以获取实施技术转移所必需的权利；同技术成果持有人订立技术成果委（受）托转移协议。

2. 新型研发机构信息管理

新型研发机构是产学研合作创新型科研组织，从智力资源与经营资源整合相互作用的视角入手，探索如何提升现代科技组织的创新能力。新型研发机构最大的特点就是"市场化"运作，技术与资本如影随形。新一轮科技创新体制改革，关键突破口就在新型研发机构，就是要通过新型研发机构整合各方资源，打开从"科学"到"技术"再到"产品"的通道，形成一条从基础研究到应用研究，再到产业孵化、市场开拓的全链条技术转移通道。

新型研发机构是以产业技术创新为主要任务，多元化投资、市场化运行、现代化管理且具有可持续发展能力的一种新型独立法人组织。信息管理的主要内容有以下

方面：

（1）新型研发机构的主要功能信息

①技术研发。开展关键共性技术、支柱产业核心技术研发，解决产业发展中的技术瓶颈。

②孵化科技企业。以技术成果为纽带，联合产业基金和社会资本，积极开展科技型企业的孵化和育成。

③转化科技成果。构建专业化技术转移体系，完善成果转化体制机制，开展技术服务，加快推动科技成果向市场转化。

④集聚高端人才。吸引高端人才团队进行创新创业，培养和造就具有世界水平的科学家、科技领军人才和创新创业型人才。

（2）新型研发机构的资质信息

新型研发机构应注册成立独立法人运营公司。新型研发机构的运营公司应为多元投资的混合所有制企业，人才团队持有50%以上股份，各投资方应主要以货币形式出资，若以无形资产出资，需要确权评估后，将所有权转移至运营公司；应具有稳定的科研成果来源；应具有高水平的研发队伍和核心技术，研发人员占比不低于30%；形成和聚集的技术成果具有产业化基础和市场化前景；具备开展研究、开发和试验所需要的仪器、设备和固定场地等基础设施。

（3）新型研发机构的主营业务信息

新型研发机构的主营业务收入应以合同开发、科技服务和股权投资收益为主；孵化和引进2家以上科技型企业，或合同开发、科技服务收入达到200万元以上。年度研究开发经费支出占年收入总额比例不低于30%。

5.2.4 技术转移基础信息资源的利用

信息资源的利用是技术经纪人的重要服务内容，涉及的主体与服务对象众多，主要分为以下几类：

1）为企业技术需求方提供的需求信息调查与挖掘服务主要包括：需求征集、需求挖掘、需求评估、需求对接、跟踪服务等。

2）为技术成果供给方提供的技术转移服务主要包括：技术成果收集；技术供给方的人才团队测评及成果转化路径选择、技术成果的适用性和价值评估、技术转移、成果转化供需对接等。

3）为技术转移机构、技术转移从业人员（技术经纪人、技术经理人、技术转移管理人员）配套提供的技术转移服务主要包括：

①技术交易标准化服务体系的建立指导，如定价咨询体系、交易行为公证、交易代理经纪、法律保障体系等；构建可增值、专业化的服务体系，可信赖、规范化的市场机制。

②技术交易平台的搭建运营指导，线上平台运营汇聚资源、大数据提升匹配效率，构建可匹配、规模化的要素供给，可盈利、常态化的商业模式。

③技术经纪人的培育指导，对技术经纪人的执业培训，如开展科技评估、法律咨询、审计、仲裁、风险投资等综合方面的培训。

④为政府主管部门的管理提供支撑，如技术交易数据统计分析、市场环境建设、运营服务体系建设、政策法规宣传贯彻。

技术经纪人只有在扎实的信息管理基础上，在相关理论指导下才能游刃有余地开展技术转移全过程产业链服务，主要服务内容包括项目建议书、商业计划书、可行性研究报告的撰写和技术评价、技术投融资服务。

5.3 技术转移产业链服务

技术转移产业链服务是技术市场交易中介服务的延伸。技术转移已形成完整的高端服务体系，产业链有关的技术转移理论，从供方角度考察，主要有技术差距论、技术选择周期论、技术转移选择论、雁行形态发展论、技术转移内部论等；从接受方（即技术引入方）角度考察，则以需求资源（NR）关系论、中间技术论和外贸自乘效益论等为代表。

5.3.1 项目建议书

1. 项目建议书的作用

项目建议书（或立项申请报告）由项目筹建单位或项目法人根据国民经济的发展、国家和地方中长期规划、产业政策、生产力布局、国内外市场、所在地的内外部条件，就某一具体新建、扩建项目提出的项目的建议文件，是对拟建项目提出的框架性的总体设想。它要从宏观上论述项目设立的必要性和可能性，把项目投资的设想变为概略的投资建议。技术转移过程中，项目建议书的形成既是技术转移工程项目准备的开始，又是确定技术转移项目建设和具体设计的依据。项目建议书的呈报可以供项目审批机关作出初步决策。它可以减少项目选择的盲目性，为下一步可行性研究打下基础。

2. 项目建议书的内容

项目建议书研究内容包括：市场调研、对项目建设的必要性和可行性进行研究，对项目产品的市场、项目建设内容、生产技术和设备及重要技术经济指标等进行分析，并对主要原材料的需求量、投资估算、投资方式、资金来源、经济效益等进行初步估算。项目建议书研究内容概览参见表5-9。

表 5-9　项目建议书研究内容概览

序号	主要环节	建议书提要	建议书内容与撰写要求
0	基础资料准备	项目初步设想	项目概述； 项目总投资； 产品及介绍； 产量、预计销售价格； 直接成本及清单（含主要材料规格、来源及价格）
		技术、设计、工艺、生产环境情况	项目技术及来源； 设计专利标准； 工艺描述； 工艺流程图，对生产环境有特殊要求的要加以说明（比如防尘、减振、有辐射、需要降噪、有污染等）
		项目厂区情况	项目厂区位置； 建筑面积； 厂区平面布置图； 购置价格； 当地土地价格
		企业近三年审计报告	企业近三年审计报告（包含财务指标、账款应收预付等周转次数、在产品、产成品、原材料、动力、现金等的周转次数）
		项目新增的人数、部门、工资情况	项目拟新增的人数规模； 拟设置的部门和工资水平； 项目工资总额估算（含福利费）
		企业近三年经营管理费用	企业近三年营业费用； 管理费用等； 扣除工资后的大致数值及占收入的比例
		项目产品价格及原料价格及税率	项目产品价格及原料价格按照不含税价格测算； 明确含税价格，逐项列明各种原料的进项税率和各类产品的销项税率
		项目设备选型表	设备名称及型号、来源、价格，进口的要注明； 备案项目耗电指标等可不做单独测算，工艺环节中需要外部协助的请标明
		其他资料	根据工作进展需要随时沟通并整理提交的其他信息

续表

序号	主要环节	建议书提要	建议书内容与撰写要求
1	建设的必要性	说明项目建设的必要性和依据	阐明拟建项目提出的背景、拟建地点，提出或出具与项目有关的长远规划或行业、地区规划资料，说明项目建设的必要性； 对改扩建项目要说明现有企业的情况； 对于引进技术和设备的项目，说明国内外技术的差距与概况以及引进的理由、工艺流程和生产条件的概要等
2	建设资源	论述关于产品方案、拟建项目规模和建设地点的初步设想	产品的市场预测，包括国内外同类产品的生产能力、销售情况分析和预测、产品销售方向和销售价格的初步分析等； 说明（初步确定）产品的年产值，一次建成规模和分期建设的设想（改扩建项目还需说明原有生产情况及条件），以及对拟建项目规模经济合理性的评价； 产品方案设想，包括主要产品和副产品的规模、质量标准等； 建设地点论证，分析项目拟建地点的自然条件和社会条件，论证建设地点是否符合地区布局的要求
3	建设条件	对关于资源、交通运输以及其他建设条件和协作关系的初步分析	拟利用的资源供应的可行性和可靠性； 主要协作条件情况、项目拟建地点水电及其他公用设施、地方材料的供应情况分析； 对于技术引进和设备进口项目应说明主要原材料、电力、燃料、交通运输、协作配套等方面的要求，以及已具备的条件和资源落实情况
4	工艺方案	关于主要工艺技术方案的设想及工艺路径	主要生产技术和工艺（如拟引进国外技术，应说明引进的国别以及国内技术与之相比存在的差距，技术来源、技术鉴定及转让等情况）； 主要专用设备来源（如拟采用国外设备，应说明引进理由以及拟引进设备的国外厂商的概况）
5	资金筹措	论述关于投资估算和资金筹措的设想	投资估算，根据掌握数据的情况，可进行详细估算，也可以按单位生产能力或类似企业情况进行估算或匡算； 投资估算中应包括建设期利息、投资方向调节税和考虑一定时期内的涨价影响因素（即涨价预备金）； 流动资金可参考同类企业条件及利率，说明偿还方式、测算偿还能力； 对于技术引进和设备进口项目应估算项目的外汇总用汇额以及其用途，外汇的资金来源与偿还方式； 国内费用的估算和来源
6	建设进度	项目建设进度的安排计划	建设前期工作的安排，包括涉外项目的询价、考察、谈判、设计等； 项目建设需要的时间和生产经营时间

续表

序号	主要环节	建议书提要	建议书内容与撰写要求
7	经济和社会效益	经济效益和社会效益的初步估算	计算项目全部投资的内部收益率、贷款偿还期等指标以及其他必要的指标，进行盈利能力、偿还能力初步分析； 项目的社会效益和社会影响的初步分析
8	结论和建议	有关的初步结论和建议与附件	对于技术引进和设备进口的项目建议书； 邀请外国厂商来华进行技术交流的计划； 出国考察计划； 可行性分析工作的计划； 聘请外国专家指导或委托咨询的计划

3. 项目建议咨询服务流程

项目建议书主要用于对每一个新项目的介绍和建议，一般偏重于宏观的方面，内容不要太细，其目的是使机构或企业决策层对该项目有一个了解和认识，以决定是否可以上马该项目。项目技术的创新性、视觉的独特性以及对于报告接收者的了解程度是该类报告成功与否的关键。项目建议服务既可以包含在融资服务的程序中，也可以单独作为一个服务内容。项目建议咨询服务的内容与基本操作流程参见表5-10。

表5-10　项目建议咨询服务的内容与基本操作流程

步骤	工作流程	工作内容
1	前期准备	与客户进行细致的交流，了解客户需求，确保项目内容关于项目目标正确：研究企业提供的资料，分析企业状况，初步拟定项目框架，实地考察客户企业及环境； 双方就项目建议书内容（包括项目目标、框架、主要内容、执行方案、时间计划和初步预算等）进行初步商讨； 拟定并签署合同，完成项目启动所需基础工作
2	项目启动	根据项目要求确定由双方主要领导组成的项目领导小组，直接监督管理项目的开展： 提出初步计划； 内容细化； 时间进度要求； 人员要求； 其他后勤准备； 准备项目开展所需要的资料、表格

续表

步骤	工作流程	工作内容
3	调研、分析、汇总	对以下内容进行调研、分析、汇总： 委托方现状和技术科技项目的技术基础、产业关联度、产品的市场前景、国内外现状和技术发展趋势； 项目建设方案、规模、地点、期限； 项目承接单位所有制性质、本项目在本行业中所处的位置、生产经营状况； 原材料供应及外部配套情况； 投资估算与资金筹措、经济效益
4	撰写项目建议书	就上述意见与企业负责人沟通； 针对反馈意见和建议，对方案进行调整和补充； 按照委托方要求撰写报告； 提交项目建议书
	收费标准	公式计算：收费基数+人工费用×人数×天数

5.3.2　商业计划书

商业计划书是公司、企业或项目单位为了达到招商融资和其他发展目标，根据一定的格式和内容要求而编辑整理的展示公司和项目目前状况、未来发展潜力的书面材料。其主要意图是递交给投资商，以便于他们能对企业或项目做出评判，从而使企业或项目获得融资和其他支持。

目前中国企业在国际上融资成功率不高，高校、科研院所项目团队在国内的融资困难，大多不是项目自身问题或项目投资回报不高，而是项目方商业计划书编写得草率，策划能力让投资商感到失望。商业计划书的起草与创业本身一样是一项复杂的工作，要对行业、市场进行充分的研究，是企业筹资、融资、企业战略规划与执行等经营活动的指南和执行方案，其目的在于为投资者提供一份创业的项目介绍，向他们展现创业的潜力和价值，并说服他们对项目进行投资。对于一个发展中的企业，专业的商业计划书既是寻找投资的必备材料，也是企业对自身的现状及未来发展战略全面思索和重新定位的过程。

商业计划书有相对固定的格式，从企业成长经历、产品服务、市场营销、管理团队、股权结构、组织人事、财务、运营到融资方案等，要求内容翔实、数据丰富、体系完整。商业计划书要能够吸引投资者，让他们看懂项目商业运作计划，才能使项目融资需求成为现实。

1. 商业计划书的内容框架要求

1）材料清单。包括公司概要、股权结构、股东背景、公司组织架构、高级管理人员简介、产品介绍、市场占有率及知识产权状况、资金需求及使用计划。

2）封面和目录。商业计划书的封面看起来要既专业又可提供联系信息，向投资人递交的文本，要求美观庄重，并附上保密说明，而准确的目录索引能够让读者迅速找到他们想看到的内容。

3）内容框架。商业计划书描述企业的目标、所处的产业和市场、所能够提供的产品和服务、可能遇到的竞争、对手的管理和其他资源、如何满足顾客的要求、长期优势以及企业的基本财务状况和财务预测。

4）项目摘要。这是非常重要的纲领性前言，主要是概括介绍企业的渊源、性质、目标和策略，产品和服务的特点，市场潜力和竞争优势，管理队伍的业绩和其他资源，企业预期的财政状况及融资需求等信息。

5）企业描述。将企业的历史、起源及组织形式作出介绍，并重点说明企业未来的主要目标（包括长期和短期），企业所供产品和服务的知识产权及可行性，这些产品和服务所针对的市场以及当前的销售额，企业当前的资金投入和准备进军的市场领域及管理团队与资源。

6）市场分析。描述企业定位行业的市场状况，指出市场的规模、预期增长速度和其他重要环节，包括市场趋势、目标顾客特征、市场研究或统计、市场对产品和服务的接受模式和程度，对投资者而言，要让专业人员确信这个市场有足够规模且是不断增长的。

7）竞争分析。明确指出与企业竞争的同类产品和服务，分析竞争态势和确认竞争者信息，包括竞争者的身份、来源和所占市场份额，竞争者的优点和弱点，最近的市场变化趋势等，同时认真比较企业与竞争对手的产品和服务在价格、质量、功能等方面有何不同，解释企业凭什么能够赢得竞争。

8）产品和服务。列举企业当前所提供的产品和服务类型，以及将来的产品和服务计划，陈述产品和服务的独到之处，包括成本、质量、功能、可靠性和价格等，指出产品所处生命周期或开发进展，如果本企业的产品和服务有独特竞争优势，应该指出保护性措施和策略。

9）财务计划。包括企业的实际财务状况、预期的资金来源和使用、资产负债表、预期收入（利润和亏损状况）以及现金流量预测等。这部分内容是商业计划的关键部分，制订过程中最好能寻求会计师和其他专业人士的帮助，财务预测的设想总是先于实际的数字，所以，预测要现实合理并且可行。

10）附录。该部分应附上关键人员的履历、职位，组织机构图表，预期市场信息，财务报表以及商业计划中陈述的其他数据资源等。

2. 商业计划书范文模板

商业计划书格式参见表 5-11。

表 5-11　商业计划书格式

第一部分　项目摘要	
一、公司简单描述	
二、公司的宗旨和目标	

续表

三、公司目前股权结构		
四、已投入的资金及用途		
五、公司目前主要产品或服务介绍		
六、××市场概况和营销策略		
七、主要业务部门及业绩简介		
八、核心经营团队		
九、公司优势说明		
十、目前增资需求		
十一、融资方案		
十二、财务分析	1. 财务历史数据	
	2. 财务预计	
	3. 资产负债情况	

第二部分　项目综述

第一章　公司介绍	一、公司的宗旨	
	二、公司简介资料	
	三、各部门职能和经营目标	
	四、公司管理	1. 董事会
		2. 经营团队
		3. 外部支持
第二章　××技术与产品	一、技术描述及技术持有	
	二、产品状况	1. 主要产品目录
		2. 产品特性
		3. 正在开发/待开发产品简介
		4. 研发计划及时间表
		5. 知识产权策略
		6. 无形资产
	三、××产品生产	1. 资源及原材料供应
		2. 现有生产条件和生产能力
		3. 扩建设施、要求及成本，扩建后生产能力
		4. 原有主要设备及需添置设备
		5. 产品标准、质检和生产成本控制
		6. 包装与储运

续表

第三章　××市场分析	一、××市场规模、市场结构与划分	
	二、××目标市场的设定	
	三、××产品消费群体、消费方式、消费习惯及影响市场的主要因素分析	
	四、目前公司产品市场状况，产品所处市场发展阶段（空白/新开发/高成长/成熟/饱和）、产品排名及品牌状况	
	五、××市场趋势预测和市场机会	
	六、××行业政策	
第四章　××竞争分析	一、有无行业垄断	
	二、从市场细分看竞争者市场份额	
	三、主要竞争对手情况：公司实力、产品情况	
	四、潜在竞争对手情况和市场变化分析	
	五、公司产品竞争优势	
第五章　××市场营销	一、概述营销计划	
	二、销售政策的制订	
	三、销售渠道、方式、行销环节和售后服务	
	四、主要业务关系状况	
	五、销售队伍情况及销售福利分配政策	
	六、促销和市场渗透	1. 主要促销方式
		2. 广告/公关策略、媒体评估
	七、产品价格方案	1. 定价依据和价格结构
		2. 影响价格变化的因素和对策
	八、销售资料统计和销售记录方式，销售周期的计算	
	九、市场开发规划，销售目标	
第六章　××投资说明	一、资金需求说明（用量/期限）	
	二、资金使用计划及进度	
	三、投资形式（贷款/利率/利率支付条件/转股-普通股、优先股、任股权/对应价格等）	
	四、资本结构	
	五、回报/偿还计划	
	六、资本原负债结构说明	
	七、投资抵押	
	八、投资担保	
	九、吸纳投资后股权结构	
	十、股权成本	
	十一、投资者介入公司管理之程度说明	
	十二、报告	
	十三、杂费支付	

续表

第七章　××项目投资报酬与退出	一、股票上市	
	二、股权转让	
	三、股权回购	
	四、股利	
第八章　××项目风险分析	一、资源风险	
	二、市场不确定性风险	
	三、研发风险	
	四、生产不确定性风险	
	五、成本控制风险	
	六、竞争风险	
	七、政策风险	
	八、财务风险	
	九、管理风险	
	十、破产风险	
第九章　公司管理	一、公司组织结构	
	二、管理制度及劳动合同	
	三、人事计划	
	四、薪资、福利方案	
	五、股权分配和认股计划	
第十章　××项目财务分析	一、财务分析说明	
	二、财务数据预测	1. 销售收入明细表
		2. 成本费用明细表
		3. 薪金水平明细表
		4. 固定资产明细表
		5. 资产负债表
		6. 利润及利润分配明细表
		7. 现金流量表
		8. 财务指标分析
商业计划书编制时间：编制一份完整的商业计划书，专业投资顾问公司需 10~15 个工作日		

3. 商业计划书委托服务基本操作流程

商业计划书委托服务工作流程参见表 5-12。

表 5-12　商业计划书委托服务工作流程

步骤	工作流程	工作内容
1	签订委托合同	达成合作协议，签订委托合同
2	收集资料	a. 向客户征集相关资料 b. 财务预算基本数据与股东、管理团队资料，企业经营历史与主营业务、产品性能与科技基础资料介绍 c. 市场行业资料、项目建设实施计划、营销方法与策略、项目的融资计划和退出方案，项目在原料、生产、销售渠道、技术、设备、资金、人员、环境、政策及合作伙伴等方面可以利用到的重要支撑条件
3	尽职调查	初步调研内容：从企业内部人员、制度、管理、财务以及企业的产品、营销、市场等各方面对即将展开的项目进行可行性分析
4	专家委员会研究撰写方案	确定大纲和主要内容
5	起草商业计划	执行小组分别撰写报告的各部分； 完成初稿
6	交付客户获取意见	与企业沟通讨论： 企业未来的经营管理分析及衡量标准的确定； 对企业进行宣传、包装的策略、途径和范围； 如何向风险投资商、银行和供应商宣传企业及其经营商业模式，使商业计划书的营销效果达到最佳
7	集合意见修订	针对企业的反馈意见调整修改： 对商业计划书进行适当修改； 按照标准格式提交项目商业计划书
8	专家委员会审核定稿	印制封装交付客户
9	参考收费标准	公式计算：收费基数+人工费用×人数×天数 （如需英文版本，费用将按照翻译价格标准单独收取）

5.3.3　可行性研究

接受委托后，制作项目可行性研究报告。可行性研究报告是从事一种经济活动（投资）之前，要对从经济、技术、生产、销售直到社会各种环境、法律等的各种因素进行具体调查、研究、分析，确定有利和不利的因素、项目是否可行、估计成功率大小、经济效益和社会效果程度，由决策者和主管机关审批的上报文件。可行性研究报告运用逻辑方法和专业研究方法，针对与项目有关的市场、社会、技术等各方面情况进行深入细致的调查研究，拟定各种可能的技术方案和建设方案，并进行认真的技术经济分析和比较论证，对项目建成后的经济效益和社会效益进行科学的预测和评价，在此基础上，对项目的技术先进性、适用性、经济性和有效性以及建设可能性和可行性进行全面分析，系统论证、多方案比较和综合评价，由此给出是否应该投资和如何投资等结论性意见。

1. 可行性研究的主要内容

1）市场研究。即需求分析，需对产品的市场需求进行调查和预测，既要预测市场的容量，还要分析产品的生命周期。

2）技术研究。技术研究也称技术可行性分析，包括产品设计、产品性能、技术的先进性、可行性、适用性、经济性、生产工艺流程、主要生产设备和配套工程、环保、能源等一系列内容。

3）经济研究。即经济效益分析，主要论证财务上的盈利性和经济上的合理性。

4）环境保护。调查环境现状，预测项目对环境的影响，提出环境保护和"三废"治理的初步方案。

5）敏感性分析。论证成本、价格或进度等发生变化时，可能给项目的经济效果带来何种影响及影响程度。

2. 可行性研究报告撰写要点

1）以全面、系统的分析为主要方法，以经济效益为核心，围绕影响项目的各种因素，运用大量的数据资料论证拟建项目是否可行。

2）当完成了所有系统的分析之后，应对整个可行性研究提出综合分析评价，指出优势、劣势和建议。

3）通过附件材料，如试验数据、论证材料、计算图表、附图等，对可行性报告的结论给予说明和佐证。

4）可行性研究报告编制规范：

①项目总论。可行性研究报告的总论是对项目简明扼要地进行概述，对项目承担者的形象和思想做相应的描述。通常，项目的评估、审批、贷款以及对合作者的吸引，其成败在一定程度上取决于总论写作质量的好坏。

②基本问题研究。可行性研究报告的基本问题研究，是对各个专题研究报告进行汇总统一、平衡后所做的原则性、系统性的概述。基本问题研究的内容主要有三类：工业新建项目的基本问题研究、技术引进项目的基本问题研究和技术经济政策基本问题研究。

③工业新建项目的可行性研究路径。工业新建项目的可行性研究从三个方面入手：一是市场研究，着重解决项目新建的必要性问题；二是工艺研究，着重解决技术上的可能性问题；三是经济效益研究，着重解决项目的合理性问题。通常把这三个问题分成十个专题来论述：市场情况与企业规模；资源与原料及协作条件；厂址选择方案；项目技术方案；环保方案；工厂管理机构和员工方案；项目实施计划和进度方案；资金筹措；经济评价；结论。

④项目可行性研究报告撰写参考文献及依据：

　　——国家有关的发展规划、计划文件，包括对该行业的鼓励、特许、限制、禁止等有关规定；

　　——项目主管部门对项目建设请示的批复；

　　——项目审批文件；

　　——项目承办单位委托进行详细可行性分析的合同或协议；

　　——企业的初步选择报告；

　　——主要工艺和装置的技术资料；

　　——拟建地区的环境现状资料；

　　——项目承办单位与有关方面确定的协议，如投资、原料供应、建设用地、运输等方面的初步协议；

　　——国家和地区关于工业建设的法令、法规，如"三废"排放标准、土地法规、劳动保护条例等；

　　——国家有关经济法规、规定，如中外合资企业法、税收、外资、贷款等规定，国家关于建设方面的标准、规范、定额资料等。

　　⑤项目可行性研究报告编制过程中，对项目进行财务、经济评价时，需要参考如下相关文件：

　　——《中华人民共和国会计法》，2017 年 11 月 5 日起实施；

　　——《企业会计准则》，2007 年 1 月 1 日起实施，最新〔2019〕21 号解释；

　　——《中华人民共和国企业所得税法实施条例》，2008 年 1 月 1 日起实施，2019 年部分修订；

　　——《中华人民共和国增值税暂行条例实施细则》，2009 年 1 月 1 日起实施；

　　——《建设项目经济评价方法与参数（第三版）》，国家发展与改革委员会 2006 年审核批准施行；

　　——项目必须遵守的国内外其他工商税务法律文件等。

　　⑥其他参考文件：

　　——《产业结构调整指导目录（2019 年本）》；

　　——《建设项目经济评价方法与参数（第三版）》；

　　——《投资项目可行性研究指南》；

　　——《建设项目环境保护管理条例》；

　　——新的有关财务制度的会计制度；

　　——《城市污水处理及污染防治技术政策》；

　　——项目建设单位提供的有关本项目的各种技术资料、项目方案及基础材料。

3. 可行性研究报告基本构架

　　可行性研究是决策科学在项目领域的应用，是通过运用多种科学手段（包括技术科学、社会学、经济学及系统工程等）对一项建设工程进行技术经济论证的综合科学，其基本任务是通过广泛的调查研究，综合论证一个工程项目在技术上是否先进、实用和可靠，在经济上是否合理，在财务上是否盈利，为投资决策提供科学的依据。而将可行性研究的成果编制成可行性研究报告，是作为投资项目中的前期工作的重要内容，对项目具有十分重要的作用。可行性研究报告的基本框架如下：

一、项目总论

总论作为可行性研究报告的首要部分，综合叙述研究报告中各部分的主要问题和研究结论，并对项目的可行与否提出最终建议，为可行性研究的审批提供方便。

二、项目概况

（一）项目名称

（二）项目承办单位介绍

（三）项目可行性研究工作承担单位介绍

（四）项目主管部门介绍

（五）项目建设内容、规模、目标

（六）项目建设地点

三、项目可行性研究主要结论

在可行性研究中，对项目的产品销售、原料供应、政策保障、技术方案、资金总额及筹措、项目的财务效益和国民经济、社会效益等重大问题，都应得出明确的结论，主要包括：

（一）项目产品市场前景

（二）项目原料供应问题

（三）项目政策保障问题

（四）项目资金保障问题

（五）项目组织保障问题

（六）项目技术保障问题

（七）项目人力保障问题

（八）项目风险控制问题

（九）项目财务效益结论

（十）项目社会效益结论

（十一）项目可行性综合评价

四、主要技术经济指标表

总论部分中，可将研究报告中各部分的主要技术经济指标汇总，列出主要技术经济指标表，使审批和决策者对项目作全面了解。

五、存在问题及建议

对可行性研究中提出的项目的主要问题进行说明并提出解决的建议。

---

4. 项目可行性研究的基本流程

项目可行性研究服务流程参见表5-13。

表 5-13 项目可行性研究服务流程

步骤	工作流程	工作内容
1	签订委托协议	了解委托方的要求，是开展可行性研究的主要依据； 明确研究项目的范围、界限、研究的内容； 与委托方签订协议
2	制订工作计划	完成撰写可行性研究报告各部分的人员安排； 制订工作计划
3	调查研究、搜集资料和数据	对项目的主要问题进行一系列的调查； 收集相关信息，掌握充足翔实的数据，作为分析的基础
4	方案设计与优化	对选出的方案进行详细论证； 确定具体范围、估算投资费用、经营费用和收益、项目的经济分析评价； 通过调查研究，分析信息与资料； 完成可行性研究报告
5	项目评价	可行性研究必须对所选择的项目进行如下论证： 在技术上是否可行； 开发进度是否能达到； 估算的投资费用是否包含所有合理的未预见费用； 经济财务分析要评价项目在经济上是否可接受； 项目资金是否可以筹措
6	编写可行性研究报告	按照中国国家发展计划委员会审定实施的《投资项目可行性研究指南》的规定，编写可行性研究报告。可行性研究报告文本格式如下： 封面：项目名称、研究阶段、编制单位、出版年月，并加盖单位印章； 封一：编制单位资格证书及工程咨询资质证书、工程设计证书； 封二：编制单位的项目负责人、法人代表名单； 封三：编制人、校核人、审定人名单； 目录； 正文； 附图、附表、附件； 《报告》文本的外形尺寸统一为 A4
7	与委托单位交换意见	交换意见后，做适当修改

5.3.4 技术转移技术评价

技术转移中的技术评价也称作技术产权价值评估。评价与评估概念大多是通用的，评价多用于评判分析的综合结论，评估则多指资产价值的评价估量。技术评价过程中需要明确评价的目的和选择技术价值评价方法，分析在技术评价和技术交易中需要参考的各项基本要素。

1. 科学技术管理中的技术评价

科学技术管理中特定概念的技术评价，源自美国未来学家丹尼尔·贝尔《后工业社会的来临——对社会预测的一项探索》一书。由于很多新技术的应用在创造社会财富和满足人类各种需求的同时，对人们的道德观念、心理、生理，对人类的生存环境及可持续发展等多方面产生了日益严重的负面影响，很多生态危机甚至是"不可逆的非容忍性的"。为了对科学技术发展的各种负面影响进行全面的宏观研究，早在20世纪60年代，西方国家就开始技术评估体系的全面建设，从组织、规划、立法等多方面规范和细化了技术评价活动。技术评价成为特定概念，它既是科学技术管理不可或缺的环节，又是技术转移工作的重要组成部分和运行保障。

技术评价也称技术评估，其概念和内涵因技术评价的目的不同而有较大差异。如企业购买专利技术和研究机构科研项目结题，列入产业规划中的发明技术和为缩短项目周期采用的管理技术，所进行的技术评价会在评价范围、评价内容、评价方法等方面有各自不同的侧重点要求，有各自不同的深度、广度要求。

技术评价的目的性决定了技术评价的差异性。技术评价应遵循的原则，实施的基本程序和基本要求，不受技术类别差异、技术价值差异的影响。技术评价的目的性受制于国家、社会、经济的发展目标和国家的政治经济管理体制。我国与西方发达国家在技术评价的差异影响因素中，就业、生态、资源利用、环境保护、产业结构、税收政策、评估机构等隶属宏观因素，影响最为明显，技术应用的效率和后续影响的巨大差异也是显而易见的。而在以中小企业为服务主体的微观层面，我国技术转移工作中的技术评价，更多的是面向产学研技术转移链条中技术的商业价值评价。由于利润是企业的第一追求目标，以及微观层面技术评价的行业垄断性相对松懈，委托方明确的目的性和受委托方行业的竞争性，使得我国微观层面的技术评价活动与国际先进水平的差距日渐拉近。

2. 技术转移技术评价要义

技术转移过程中的技术评价，主要是对具有商业价值和转移推介前景的技术成果的交易价值评价。需要通过选择技术成果，分析其是否有市场前瞻性、创新性，进行可商业化评价，为技术成果的进一步集成开发、中试、产业化打下基础。技术评价的主要内容是技术成果交易的可行性、经济性、安全性等方面的价值利益分析和技术成果产业化非常规及负面影响分析。技术转移机构或技术经纪人依据客观事实和数据资料，依据服务规范、服务要求和服务流程，运用科学的方法，对技术成果进行综合评判。

宏观意义上的技术评价不仅包括对技术可行性、经济效益、市场环境和环保资源制约等硬性指标的评价，还要对相关联的法律、政治、伦理、习俗、物候、灾患等难以预见的软性问题进行预估，同时还包括制定有关评价政策、研究评价标准、选择评价方法和建立监控系统等。

①企业的技术评价，多以商业价值为核心目标，以单一的技术为评判对象。

②产业的技术评价，如农业、工业、贸易等传统产业，多是产业升级、技术改造、

成套设备引进中的技术评价，评价内容多有据可依，有章可循。新兴产业的技术评价内容增加了知识产权类的诸多复杂问题。可以利用成熟的技术经济资料，以及积累的前沿的学科案例和创新的工作实践。

③区域的技术评价，如环渤海区、长江三角区、粤港澳大湾区等。在同一产业导向、区域资源、经营环境条件下集中的产业园区，社会化、专业化的优势体现等。

④新型联盟技术评价工作难点不在于转移技术的自身评价，面临的考验是对相关的科技政策、产权结构、收益界定、权责关联等众多新概念、新法规的理解认定，潜在风险的揭示化解，空白法理的诠释规避等。

⑤国家层面技术评价则从全民整体利益出发，技术评价范围应包括科技规划、科技机构、科技布局、科技政策、科技队伍等多方面的专业评估和综合评估。

⑥国际技术评价就是打破地域界限，从跨国、全球乃至外太空的视野，评估技术方案的预前、预中、预后结果，如温室效应的碳交易技术评价、H1N1流感防控技术评价、北约的防导技术评价、中欧 GPS 铱星系统技术评价等。西方国家一些技术创新，实质上是一种观念创新，是一种强势经济背景下的知识产权战略。国际技术评价中的不公正、不对等现象，多与国家的宏观技术、经济、法律政策有关，技术评价机构应尽到中立、科学、前瞻等全方位的责任。

3. 技术转移技术评价的内涵

技术转移中的技术评价应包括技术可行性评价、经济效益评价、知识产权价值评估等内容。

(1) 技术可行性评价

技术可行性评价应包括技术的任务来源、技术的主要性能指标、技术及产品的标准化程度、技术应用及其产品生产的难易程度和技术的适用程度评价分析等内容。

技术的任务来源：考察分析技术是源于自主研发还是合作开发或国外引进；是国家或省部级的科研课题还是企业的研发项目；是重点项目还是一般项目，如系重点项目，是哪一个层面、级别的项目；评价技术成果的层级水平。

技术的主要性能指标：考察、分析技术成果的指标参数、性能参数，评价技术成果的成熟度。

技术及产品的标准化程度：考察、分析评价技术成果是否符合国家或行业的有关技术标准及产品标准的要求，新产品与其达到的标准化系数和对材料及元器件的标准化要求。

技术应用及其产品生产的难易程度和技术的适用程度评价：评价内容主要是技术与技术使用方的经营条件和经营环境是否适配。不同的国家和地区普遍存在着政治、经济、文化差异，存在着配套技术和技术人员水平的差异，如何选择与企业自身技术力量、基础设施、产业配套能力、资金实力和管理水平等方面条件相适应的技术，需要权衡高新技术、先进技术、适用技术和原创技术之间的应用利弊。

通常，高新技术应用的高收益和高风险成正比；先进技术通常有较高的人员素质要求和配套条件要求，且转让价格较高；适用技术既包括高新技术概念的先进技术，也包括中等水平的中间技术和落后技术中的改良技术或组合技术，其性价比较高；原创技术可以是随设备、项目一起转移的专有技术，也可以是经注册形成工业产权或著作权的垄断技术。重视和选择原创技术的重要意义在于拥有自主知识产权。除专有技术、专利技术外，原创技术可以获得诸如著作权及邻接权、商标权、地理标志权、工业品外观设计权、集成电路布图设计权、商业秘密保护权等多种知识产权的保护。原创技术的垄断优势演化为市场竞争优势后，将最有潜力成为产业核心技术和国际主导技术。关键领域前沿的原创技术不仅能主导一个企业的经济命脉，还能影响一个国家在世界上的竞争地位。

（2）经济效益评价

技术是手段，经济效益是目的。技术转移的最终目的是通过增强竞争能力来实现最佳的经济效益。现代市场中，企业的竞争已由货物贸易、服务贸易、技术贸易的市场领域迁移至知识的累积和技术的创新研究领域。

经济效益是人们在生产经营活动中，为达到一定经济目的，所投入资源与所产生成果的比较。工农业生产、服务和物流等领域的经营活动有很明确、很直接的效益目的。

①经济效益评价的内容。包括技术及其产品的用途、使用范围；技术及其产品的发展前景及市场适应与竞争能力；技术及其产品预期的生产建设投资规模；技术及其产品的经济、社会效益等。

②经济效益的经济指标的衡量。从成本和效益的角度分析，技术转移的经济效益和财务表现的主要作用，一是规避投资风险，减少盲目投资，投资回报是决定技术是否能转移的首要指标；二是保障投资项目的正常运行，如项目的投融资规模、资金的均衡调度、投资的回收期限分析等是保证项目正常运行的基本条件；三是追求利益最大化，通过盈亏平衡点、需求弹性、风险系数等真实的数据和科学的指标分析，帮助提高决策水平和管理层次，通过挖潜增收、节流减损，最终实现经济利益最大化。

经济效益可以用不同的经济指标来衡量，主要指标有成本效益分析、投资收益率、投资回收期、内部收益率、净现值、盈亏平衡点分析等。最常用也是最直观的指标是成本效益分析和投资收益率分析。

③成本效益分析。成本效益分析可以分两个侧重角度，一是技术转移在既定的效益预期下，合理利用资源和实现投入最少；二是在既定的投入条件下，实现的产出最大。投入即成本，是投入到项目中的人工、材料等方面的总成本。产出即效益，项目所产出的所有有形和无形收益，是可直接计算和需通过折算的收益。分析测算的结果，理想的投资方案应该是收益大于其成本，并且应该超过金融机构有保障储蓄的平均利率。

④投资收益率。投资收益率是指技术转移项目在整个收益期内的年收益和投资总额的比值。

投资收益率可以引申出多角度的各种计算方法，如内部收益率、外部收益率等。不同投资规模的项目，使用的分析指标繁简不一，技术转移项目中，创投风险、权益认定、融资能力、现金流、税赋分类、分红方式等分析内容日趋复杂，实际中要依据情况，统筹计算、评价。

⑤技术资产价值评估。技术资产价值评估是指对技术转移项目的有形或无形资产评定其货币价值或其他价值的专业行为。无论是进行价值投资，还是价格投机，价值评估都是技术转移管理基本分析的一项重要内容。评估的内容是通过评估师制定的货币价值、价格，或技术资产的原始价值等参照标准，以某一种或几种评价的方式估算当前的价值。

技术转移过程中技术价值评估的初衷是面向机构投资行为的价值确认，主要用于无形资产的评定估算。国际化资产并购的普及，使技术价值评估延伸到技术资产以外的各类单项资产评估，对商业信誉、消费者口碑等逐渐赋予了更多的资产意义。

（3）知识产权价值评估

知识产权价值评估是一项权属、权益的综合性评估，是对特定目的下全部要素权益价值或部分要素权益价值进行分析、测算的交易服务活动。国际上通行的评估方法主要有收益法、成本法和市场法等几大类，评估方法还指在实践活动中一项特别方法自身的使用技巧和经验。

知识产权价值评估与有形资产的价值评估有许多共同特点和不同点。知识产权价值评估受条件、环境和评估背景的限制，权益结构复杂、风险识别较难，主观判断和评估专业经验等，都将影响知识产权的评估价值，评估时要根据实际情况综合统筹权衡。

知识或与知识相关的实践活动是知识产权的内涵。它以确切的、非物质的智力因素和知识活动为特征，是高水准智力活动的产物，大多都不以有形资产的形式存在，例如专利、著作权等。随着科技的快速发展及法律保障的进步，知识产权在无形资产中的占比越来越大。从商业和法律两方面来看，一是知识产权属于范围确定的无形资产中的一部分资产，二是知识产权是被法律授权和保护的。知识产权包括：商标、商号、服务标记、专利、商业秘密和专有技术、域名和网络资产、软件等。

技术要素使得知识产权和无形资产相互作用，这些资产形成的权利要素集合的价值往往高于单个资产的价值。企业核心专利作为单独的资产被出售或许可其他企业使用时，其价值要大于技术要素集合的价值。知识产权评估要素参见表5-14。

表5-14　知识产权评估要素

序号	市场评估要素	信息技术资产评估要素	技术评估要素
1	注册主商标	管理信息系统	核心专利
2	企业标志	用户申请表	技术诀窍
3	广告投入与效果	资料库	配方秘密
4	次生品牌	用户许可	一揽子技术和资源
5	核心品牌	来源编号	造型技术
6	国际驰名商标	数据库	流程技术

续表

序号	市场评估要素	信息技术资产评估要素	技术评估要素
7	发明专利	链接	设计技术
8	派生商标	域名、服务器	测试技术
9	实用新型与外观设计	商务网址访问量	装备与产品设计技术
10	商业信誉	第三方软件工具	产品操作指南
11	社会责任	信用、支付系统	平台系统

除了表5-14所示的三类最有价值的知识产权评估要素之外，很多无形资产不属于知识产权的范畴，有些与知识产权有着不可分割的联系，这些无形资产在技术转移或技术并购活动中是不可忽略的重要的评估要素，影响着技术转移的绩效和专业化服务流程。

4. 技术资产评估的关联要素

直接竞争和模仿竞争的环境下，技术交易的难度加大，专利和技术的评估随着专利范围和种类的扩展，从发明专利、设计专利到动植物新品种，产权价值评估变得越来越复杂。同时，技术或者专利随着从早期的技术完善到专利申请再到开发成型直至商业化的几个阶段的技术含量变化，其技术或专利的价值也随之提高。互联网、物联网权属资产的价值呈稳定上升趋势，软件资产的价值不断赶超硬件的价值增长。在技术并购、企业重组时，技术资产的所有权变更、转让和销售等因素将改变价值评估的流程及操作；其他市场化整合中的技术价值评估，相应的法律环境变化最大，技术经纪人应特别关注科技政策和产业政策的相关变化和规则要求；在与税收相关的技术价值评估过程中，法律法规的弹性界限是技术经纪人要把握的重点。无论评估是为了企业知识产权确权，还是为了转让许可，或者为了技术交易的价值认定，技术价值的评估都需要谨慎细致和科学灵活。

技术资产评估要素及其关联要素参见表5-15。

表5-15 技术资产评估要素及其关联要素

评估要素	维度1	维度2	维度3	维度4	维度5	维度6	维度7
专利价值	研究经费	合作开发	产品化程度	试验数据	试产周期	法律状况	……
软件资产	源代码	解决方案	消费者申请	软课题	App	服务系统	云平台
其他技术资产	产品外形	工业化配方	流水线设计	工艺工装	……	……	……
知识产权合同	许可和被许可	政府特别授权	联合商标使用协议	背书交易	代理人费用	地点命名权	……
研究开发能力	研究团队	研究成果	外协外包	……	……	……	……
产品资产	资料图表	包装	色彩	设计图	质量保证书	专卖许可	……
商标	主商标之外的注册类别	标志设计	报批中的申请	最大区域市场	重要区域市场	国际注册	国内注册

评估要素	维度 1	维度 2	维度 3	维度 4	维度 5	维度 6	维度 7
关联品牌资产	标志设计	广告受众	媒体音频视频	创意广告	版权	子品牌	非主导产品市场
互联网资产	域名	网站	链接	点击	交互访问	好评	……
数据通信	数据库	传输权	通信许可	开发资质	覆盖的广度	铺设电缆权	……
人力资源	高素质经营管理人员	专业人员招聘合同	公共关系	专家顾问	非竞争条款	战略伙伴	……
企业身份资产	企业名称	商品标志	销售策划方案	信誉保险	会员	……	……
不动产资产	区域化权	代理	路线权	非公共道路通行权	勘探权	开发权	……

5. 技术价值评估方法的选择

（1）对评估目的的分析判断

技术经纪人在承接知识产权评估项目时，应关注和了解被评估的产权资产；所属的类别；评估的原因和背景；拟采用的评估价值基础；是否存在影响价值评估的法律、税收、金融或其他商业不明朗的条件或限制性因素；应选择哪些评估方法；价值评估的前提条件；评估的开始时间与结束时间等。评估目的是选择评估方法时首先要考虑的因素，也是对评估方法的选择具有比较确定性影响的因素。

尽管重置成本、现行市价、收益现值等评估方法均可用于技术资产的评估，但由于评估目的、条件和对象的差异，用一种方法得到的评估值往往不适用于其他环境下的评估要求。为了取得较为准确的评估值，就需要从技术资产的特点出发，根据现有的评估环境，选择适当的评估方法和参数。采用适用的价值评估方法，是技术经纪人和技术评估机构在提供技术交易服务时的必要操作。价值评估因评估目的不同，选择的评估方法和要素会有所差异，如按照市场价值、公允价值、内审价值、税务价值、清算价值、交易价值、抵押价值和重置价值等进行评估。

（2）依据技术评估目的，判断评估条件

技术经纪人在依据评估目的初步确定评估方法后，要根据周围的评估条件来衡量现在是否具备采用此种方法的基本条件，分析对评估方法有重大影响的主要条件。

以成本摊销为目的的资产评估，宜采用重置成本法。因为成本费用的摊销往往意味着资产的重置和补偿，技术资产的来源不同，其补偿的内容也不同。采用重置成本法，通过核算该项技术资产各方面的成本因素，获得一个反映其研发费用的评估值，由此可使技术资产成本费用摊销的目的得以实现。在评估实务中，可以确定某项技术资产在交易中的最低价格，以及对技术资产的会计核算。以转让和投资为目的的技术资产评估，宜采用收益现值法和现行市价法。在以技术作价入股或进行转让时，交易各方注意的是技术的获利能力，获利能力越高，技术的价值也越高。采用收益现值法衡量技术资产的未来收益，或采用现行市价法参照市场价格，可以较好地满足技术资产的评估要求，实现评估目的。条件评判如下：

①如果仅获得专利权，但尚未投入生产，采用收益现值法会增添不可靠因素，应考虑采用重置成本法。采用重置成本法，则应分析评估条件能否提供该项技术资产的成本资料，包括物资、人工等多方面的费用账目，以及现时的物价指数、通货膨胀水平等市场因素，以保证重置成本法应用过程中有充分的资料支持，体现重置成本标准。

②如果技术已进入应用生产阶段，有了市场化的应用，则应以收益现值法为主，以反映专利技术创造的收益。采用收益现值法，则应分析评估环境能否提供企业的历史收益水平、其所在行业的资金收益率、企业的现实经营状况等影响预期收益的因素。依据翔实的资料判断技术资产的收益情况，并以此确定技术资产价值。

③如果采用现行市价法，则应分析评估条件是否给出了与该项技术资产具有可比性的同类或近似的技术交易资料，包括交易价格、形式和环境等条件。

④对于处于发展阶段、收益还不是很显著的专有技术，除采用收益现值法和重置成本法外，评估实践中还采用成本收益法。

⑤计算机软件等工业版权的评估，较多应用重置成本法和现行市价法，其中的通用软件多采用现行市价法，还可以使用技术含量估价法作为重置成本法的辅助补充手段。

6. 技术价值的评估

作为商品进行价值评估和交易的技术，是根据实践经验和科学原理发展而来的物质生产工艺、技术管理、科学实验方法和技能。影响技术商品价格的因素很多，既包括政策法规、宏观经济形势、科学技术发展的总趋势、技术市场供求变化等宏观因素，也包括技术评估的目的、技术性能因素与特征、经济寿命和法律状态，技术应用带来的市场效益、社会效益及替代技术的发展，还有各种投资性和收益性风险的影响因素等。

（1）技术的价值

技术资产如果进入市场进行交换，就是技术商品，它与其他所有的商品一样，具有使用价值和价值。技术资产的使用价值是影响其交易价格的重要因素，并且具有与其他商品显著不同的特征。技术的价值是价格的基础，反之，技术的价格是其价值的货币表现形式。技术研制开发过程中所消耗的社会必要劳动时间，决定了技术资产的价值量。

技术资产的价值量由三部分组成：一是转移的物化劳动价值 c（技术研制开发过程中的材料能源费、资料费、设备折旧费等）；二是活劳动价值 v（科研人员的工资、奖金及培训费、管理费以及技术服务费等）；三是活劳动运用技术资产新创造的价值 m。$c+v+m$ 构成了技术商品的总价值量。由于技术的研制开发过程消耗的劳动主要是复杂的脑力劳动，新创造的价值 m 远大于物化劳动价值 c 和活劳动价值 v 之和 $c+v$。由于技术垄断及技术市场的激烈竞争，技术资产往往形成超额利润。因此在实际评估中，如果条件比较成熟，常采用收益法评估技术的价值，以反映技术的真正市场价值。

（2）技术评价目的

技术评价通常应用于新技术研究开发及商业应用的全过程，包括事前评价、中间评价和事后评价。其目的是有效地选择研究开发工程，反馈和控制开发进程，将技术应用于商业领域，为企业创造经济效益，并控制技术应用带来的社会负面效果。

①技术导向型。强调系统考察，尤其是随着时间的推移，技术应用后产生的社会后果和生态效果，着重研究那些非预期的、间接的和滞后发生的后果。

②问题导向型。这类评估常常针对某一特定问题（如能源危机、环境污染、生态失调等）提出对策和相应的替代技术。

③项目导向型。评价对象是某一具体项目，如一条高速公路、一个核电站等。这类问题的边界十分清晰明确，也常常有几种备选方案可供选择。

④目标导向型。此类评价是在已有的和待开发的技术中，确定选用什么样的技术对实现目标更有利；判断这些技术的应用会产生什么样的影响，其评价始终围绕既定的目标进行。

⑤研究开发前或研究开发初期阶段的技术评价。此类技术评价目的是确定是否开始技术研制，如何研制，其评价特点是对待研发的技术作概括性展望。

⑥研究开发中的技术评价。评价目的是决定技术开发是否继续进行、中止或修正方向。技术评价的特点是根据新的技术信息，检查其方向是否依然有效。

⑦实施阶段的技术评价。评价目的是决定是否应该将新技术引入社会，评价的重点是技术在社会中的适用形态和可能产生的各种影响。

⑧拓展阶段的技术评价。评价目的是尽早发现伴随技术规模扩大和利用形态的变化等而产生的次级影响。评价重点是检查实施阶段的影响及对策，对实用技术进行监测和控制，尽早发现技术的负面影响，在重大影响发生前提出修正案。

⑨成熟阶段的技术评价。评价目的是鉴别技术大量应用后对各方面可能带来的影响。评价重点是分析技术的现实影响及将来波及状况，同时研究针对影响的对策和替代方案。

⑩技术预测评价是对技术的发展趋势、技术的潜在性能、技术的风险、技术的预期价值、技术的市场前景和技术的估计影响（包括生态环境、人文、社会政策、伦理等）进行评价。

⑪技术价值评价包括两方面的内容：技术经济评价与技术资产评价。技术经济评价是运用技术经济学的理论与方法对各种技术所带来的经济效益进行评判分析，目的是选择技术先进、经济合理、实践可行的最优方案。技术资产评价是将技术看作资产，测评估量其本身所具备的价值，其目的是为"转让"或"核算"企业资产，计算其"公允值"。

⑫技术水平评价是对技术的适用性、先进性、可靠性、成熟度以及技术竞争力、技术生命周期等相关方面进行评价，考察技术本身的性能。其中，技术成熟度评价标准可参考表5-16所示的评价等级与标准。

表 5-16　技术成熟度评价等级与标准

等级		等级描述	等级评价标准
1	基本原理清晰	通过探索研究，发现了新原理、提出了新理论，或对已有原理和理论开展了深入研究。属于基础研究范畴，主要成果是研究报告或论文等	（1）发现或获得了基本原理； （2）基本原理分析描述清晰； （3）通过理论研究，证明基本原理是有效的
2	技术概念和应用设想明确	基于基本原理，经过初步的理论分析和实验研究，提出了技术概念和技术应用设想。主要成果为研究报告、论文或试验报告等	（1）通过理论分析、建模与仿真，验证了基本原理的有效性； （2）基于基本原理，提出明确的技术概念和技术应用设想； （3）提出了预期产品的基本结构和功能特性； （4）形成了预期产品的技术能力预测
3	技术概念和应用设想通过可行性论证	针对应用设想，通过详细的分析研究、模拟仿真和实验室实验，验证了技术概念的关键功能、特性，具有转化为实际应用的可行性。主要成果为研究报告、模型和样品等	（1）通过分析研究、模拟仿真和实验室实验，验证了技术能力预测的有效性； （2）明确了预期产品的应用背景、关键结构和功能特性； （3）完成关键结构与功能特性的建模仿真； （4）研制出实验室样品、部件或模块等，主要功能单元得到实验室验证； （5）通过实验室实验，验证了技术应用的可行性，提出了技术转化途径
4	技术方案和途径通过实验室验证	针对应用背景，明确了技术方案和途径，通过实验室样品/部件/功能模块的设计和加工，以及实验室原理样机的集成和测试，验证了技术应用的功能特性，技术方案与途径可行	（1）针对应用背景，明确了预期产品的目标和总体要求； （2）提出了预期产品的技术方案和途径； （3）完成实验室样品/部件/功能模块设计、加工和评定，主要指标满足总体要求； （4）实验室样品/部件/功能模块集成于原理实验样机，验证了技术应用的功能特性； （5）通过原理实验样机测试，验证了技术方案和途径的可行性； （6）提出了演示样机的总体设计要求

	等级	等级描述	等级评价标准
5	部件/功能模块通过典型模拟环境验证	针对演示样机总体要求，完成了主要部件/功能模块的设计和加工，通过典型模拟环境的测试验证，功能和性能指标满足要求。典型模拟环境能体现一定的使用环境要求	（1）完成演示样机总体设计，明确样品/部件/功能模块等功能、性能指标和内外接口等要求； （2）完成样品/部件/功能模块等设计，设计指标满足总体要求； （3）完成工装和加工设备实验室演示，初步确定关键生产工艺； （4）完成样品/部件/功能模块等加工，满足设计要求； （5）初步确定关键材料和器件，满足样品/部件/功能模块等验证要求； （6）样品/部件/功能模块等试验验证环境满足典型模拟环境要求； （7）样品/部件/功能模块等通过典型模拟环境验证，功能和性能满足设计要求
6	以演示样机为载体通过典型模拟环境验证	针对演示样机的验证要求，完成了演示样机的集成，通过典型模拟环境下演示试验，功能和性能指标满足要求，工程应用可行性和实用性得到验证。典型模拟环境能体现使用环境要求	（1）完成样品/部件/功能模块等典型模拟环境验证，功能和主要性能满足总体要求； （2）完成演示样机设计，设计指标满足总体要求； （3）基本确定关键生产工艺规范，工艺稳定性基本满足要求； （4）基本确定关键材料和器件，通过工程应用可行性分析； （5）完成演示样机加工，满足设计要求； （6）演示样机试验验证环境满足典型模拟环境要求； （7）演示样机在典型模拟环境下通过试验考核，功能和性能满足设计要求
7	以工程样机为载体通过典型使用环境验证	针对实际使用要求，完成了工程样机的集成，通过典型使用环境下考核验证，功能和性能指标全部满足典型使用要求	（1）针对使用要求，明确了战术技术性能要求； （2）完成工程化样品/部件/功能模块等典型模拟或使用环境验证，功能和性能满足使用要求； （3）完成工程样机详细设计，设计指标全部满足使用要求； （4）工艺稳定，工艺文件完整，具备试生产条件； （5）关键材料和器件质量可靠，保障稳定； （6）完成工程样机加工制造，满足设计要求； （7）工程样机试验验证环境满足典型使用环境要求； （8）工程样机在典型使用环境下通过试验考核，功能和主要性能全部满足典型使用要求

续表

等级		等级描述	等级评价标准
8	以原型机为载体通过使用环境验证和试用	针对实际使用要求，完成了原型机的集成，通过实际使用环境下的考核验证，经济指标全部满足实际使用要求，性能稳定、可靠	（1）产品化样品/部件/功能模块的功能和结构特性达到实际产品要求； （2）生产工艺达到可生产水平，具备生产条件； （3）材料和器件等有稳定的供货渠道； （4）完成原型机生产，功能和结构特性达到使用环境要求； （5）原型机试验验证环境满足使用环境要求； （6）原型机在使用环境下通过定型试验和试用，经济指标全部满足实际使用要求
9	以产品为载体通过实际应用	技术以其最终的产品应用形式，通过实际使用验证，经济指标全部满足要求，具备批量稳定生产能力和使用保障能力	（1）产品具备使用保障能力； （2）产品具备批量稳定生产能力和质量保证能力； （3）完成用户培训； （4）完成全产品演示； （5）产品通过了实际使用环境和任务环境的考核验证，应用设想得到成功实施

备注：1. 演示样机、工程样机、原型机为技术在不同阶段的成果载体。演示样机，是指通过演示试验验证主要功能和性能的样机；工程样机，是指工程研制过程中，为进行验证试验而制造的样机；原型机，是指设计产品的制造原型，其形状、尺寸、表面效果、所用材料及功能等与即将（批量）生产的产品完全相同。2. 对于共用技术，大多数项目技术成熟度不超过五级

（3）技术评价方法及分类

技术评价的方法有上百种，常用的方法的分类如表5-17所示。

表5-17　常用技术评价方法的分类

分类标志	常用评价方法大类	常用评估方法子类
评价工具	实验方法	直接实验法、模拟实验法
	专家方法	评分法、轮廓模型法、检查表格法、实数法
	经济分析方法	指标公式法、费用效益法
	运筹学方法	线性规划法、动态规划法、模拟法、相关树法
	混合评估法	专家法+经济分析法、运筹+经济分析法、运筹+专家法、经济分析+运筹+专家法、实验+经济分析+运筹法

续表

分类标志	常用评价方法大类	常用评估方法子类
评价功能	财务评估法	时间型方法
		价值型方法
		效率型方法
	社会评估法	就业分析、收入分析、资源分析
		可持续发展分析
		环境影响评估
	风险评估法	盈亏平衡分析
		敏感性分析
		概率分析
评价目标	技术预测评价方法	技术水平评价方法
		技术价值评价方法
		技术成熟度评价方法
		技术风险评价方法
	技术进步评价方法	数据包络法
	技术创新评价方法	层次分析法

5.3.5 许可和许可收费服务

1. 许可的范围与类别

1) 专利和技术许可范围。范围包括从许可给国外企业最简单的机械设备到最复杂的生物基因改变而取得的植物和动物专利。这种许可还包括使用商业秘密、技术和技术秘密的许可范围。

2) 版权许可协议。可以授权他人使用文学或艺术资料、绘画、照片或其他形象、翻译作品、设计和其他知识性概念。

许可最早的案例可以追溯到中世纪，罗马教皇委任或许可当地的企业主在罗马征税和征收许可使用费。20 世纪 30 年代，曾有 600 万个被许可的 Shirley Temple 洋娃娃被出售；20 世纪 70 年代许可行业成为重要行业；20 世纪 80 年代，许可成为一种科学，被许可人关注的不再是资产，而是想知道许可人的专利和市场计划。

许可范围包括：专利、技术、版权、软件、商标、形象、数据库、域名、艺术和形象、特许经营权、商标和技术的汇集，及其他无形资产等。

2. 许可费用的构成

许可费用结构是一种管理和控制被许可人的有效方式。许可协议分为完全支付许可、运行许可费用两类。

完全支付许可常用于专利和技术许可，是在许可协议签订时由被许可人单独支付给许可人足额的费用金额，一般以专利剩余的保护期为付费期。

许可协议通常要规定连续支付或运行许可费（运行许可费可以认为是实际许可费的百分比，或每季度一次固定的支付，或是单位生产量的费用等），参见表 5-18。

表 5-18　许可费用结构

序号	许可费用内容
1	销售中的许可费率百分比
2	销售中的每单位的许可费
3	每季度的固定费用
4	许可费率或单位费用每年的上限
5	许可费下降的数量
6	许可费下降的时间段
7	以价值构成要素为基础的许可费
8	以产品使用的百分比为基础的许可费
9	以利润为基础的许可费
10	以产品成本为基础的许可费

3. 许可费用的主要价值条款

许可费用的重要条款是排他性与非排他性的确定。排他性是指以固定的范围为界限的授予单个被许可人排他性使用知识产权，包括分销的排他性、零售渠道的排他性、价格点或价格范围的排他性、限期或时间的排他性、设计或特别工艺的排他性等。

排他性提供了在排他性规定的范围内对被许可人提供或者服务的保护区域。例如被许可人被授权在一国生产某款电子产品，另一被许可人在海外其他市场使用相同技术。

对许可协议进行价值评估的过程比较复杂，核心内容还包括：固定的许可费收益、附加的合同收益、可能的升值收益、应收权益等其他价值收益。许可协议中主要的价值条款见表 5-19。

表 5-19　许可协议中主要的价值条款

序号	许可内容	许可价值条款
1	许可协议签订前的影响因素	类型研究、市场研究
		谈判前需要明确的问题
2	许可授权的核心影响因素	排他性或者非排他性
		授权的制约与限制
3	被许可的商品	描述和定义
		被许可补充的商品

续表

序号	许可内容	许可价值条款
4	区域	一国还是多国
		区域选择
5	许可期限	合同时期
		市场规划
6	续展期选择、延长	续展选择
		额外商品的选择
7	费用、信贷条款和条件	初期费用
		使用费用
8	广告、营销	广告市场分销
		市场策划
9	许可程序	实施安排
		过程安排
10	监测和调控	金融监控
		产品监控
11	质量保证	产品的执行标准
		包装设计制备
12	商业外观和设计的所有权	商标的核准文件
		权属的由来
13	双方保障	被许可人：产品质量
		许可人：商标所有权
14	商业保险	产品责任
		广告责任
15	保密约定	要求
		公开
16	权利终止	条款
		措施
17	争议解决	法律的选择
		管辖权和管辖地
18	可转让性和分合同	分许可
		合同许可
19	其他	通知
		标准协议条款

4. 许可使用费率

技术许可费率的变化常常由于许可人、技术和行业的不同而发生变化，许可费率既没有行业规定也没有固定的计算公式。表5-20中的费率范围是经谈判达成的众多协议数据统计而来。

表5-20　技术许可费率范围

行　　业	范　　围
航空	2%～15%
化学	1%～10%
健康保健设备	5%～10%
电子	3%～12%
医疗设备	3%～5%
软件	5%～15%
半导体	1%～12%
医药品	8%～20%
诊断学	2%～5%
电子用品	2.5%～9%
出版物	5%～18%
商标许可费	6.5%～8.5%
录像游戏/软件	3%～18%

5.3.6　技术投融资服务

技术投融资服务在我国属于起步阶段。国外也将此服务称为"科技风险融资事业"，其含义是为促进技术转移、成果转化，对有发展潜力的技术成果进行风险融资，并期望取得相应回报的金融服务。

1. 服务内容

技术投融资服务内容主要包括：技术投资、股权融资；技术并购；专利、版权和商标等知识产权质押融资；法律允许前提下的技术抵押融资；技术种子风投等基金的引进；技术投融资风险监控咨询；技术转移政策性信贷及专项补贴咨询。

2. 服务要求

从事技术投融资服务的机构应具备与业务范围相应的职业能力。服务机构应具有信贷、证券、担保等方面的专业人员。服务人员应熟悉金融管理、技术管理业务的相关政策法律，可以根据服务情况，设立专门服务团队。

3. 服务流程

技术投融资服务的内容与操作流程参见表5-21。

表 5-21 技术投融资服务的工作流程与内容

步骤	工作流程	工作内容
1	接受项目委托融资要求，初步考察企业	了解企业基本情况，包括结构、产品、技术、市场研发能力、战略规划等； 了解企业融资意向，获得投资企业关心的其他问题
2	对项目进行初审	组织相关人员对项目的可行性进行初审
3	签订投融资委托协议	约定委托事项，明确双方权利和义务
4	融资前期准备	尽职调查； 协调整体策划； 精心编制商业计划书； 策划融资方案
5	筛选推荐合作伙伴	通过网络等相关媒体及其他渠道发布项目融资信息； 向境内、外投资机构征询融资意向； 与有意向的投资机构初步接触； 向委托方介绍投资机构的基本情况及投资意见； 与委托方协商调整融资方案； 根据投资机构要求协助补充完善商业计划书
6	组织实地考察	组织有意向的投资机构实地考察项目单位，安排与投资机构的互动性交流
7	审核技术投融资项目	项目发展规划； 资金使用计划； 出资方背景； 单轮或多轮投融资； 市场预测； 营销方案； 风险及控制
8	对技术投融资项目预期收益论证	技术投融资的必要性； 技术投融资的规模； 技术投融资渠道； 财务预期
9	组织与投资机构正式洽谈，签订融资协议	沟通双方的意见，确定初步的融资协议； 引见双方面对面直接洽谈协商； 双方进行实质性论证、考察、认定； 签订投资合作协议； 形成正式的融资协议文本
10	监督融资协议的执行	监督投资机构的资金到位； 承付佣金； 商务跟踪服务（组织专业团队、制订实施方案、实施工作计划，对各项计划进行阶段检查）

◇ **案例 3**

如何挖掘和提炼企业真实技术需求

摘 要：中国经济的发展模式从"效率驱动"转入"创新驱动"，产学研结合、科技服务体系等滞后问题造成科技创新的"孤岛现象"，突出表现为企业的真实技术需求挖掘异常困难。江苏省产业技术研究院作为国内科技体制改革的试验田，大胆探索与实践，与细分领域龙头企业共建企业联合创新中心，通过开展常态化企业走访，全面甄别企业技术需求，提高对企业科技创新把脉问诊的精准度，帮助企业对接国内外大院大所，取得了良好的成效，积累了一批典型的技术转移案例，对如何挖掘企业的真实技术需求这一难题提供了经验和借鉴。

关键词：技术需求挖掘；企业联合创新中心；江苏省产业技术研究院（JITRI）

1. 背景描述

建立"以企业为主体、市场为导向、产学研深度融合的技术创新体系"，以解决科技和产业"两张皮"的问题，这一创新体系的提出，意味着科技成果转化工作的重心从传统的高校院所"供给端"，转向了企业"需求端"，挖掘企业技术需求就越发重要。而如何确保企业技术需求的真实性和有效性，对于提高产学研协同创新能力，促进科技成果转化具有重要意义。放眼国内，企业真实技术需求的挖掘和提炼仍有很大困难，制约高校院所与企业合作的瓶颈仍未彻底打通，需要在机制体制方面进行深度的探索以形成可直接复制的成功经验。

（1）造成我国科技成果转化率偏低的主要原因

随着国内企业研发支出快速增长，科技对经济发展的作用贡献度越来越大。但据国家知识产权局《2019 年中国专利调查报告》，我国高校专利转化率约为 8.1%；据中国教育部科技司编撰的《2019 年高等学校科技统计资料汇编》显示，全年高校专利转化率约为 9%。为什么我国的科技成果转移转化率如此之低？大多数分析研究都聚焦在供给端——"高校院所的科技成果本身偏向基础研究、技术不够成熟"或者中间环节——"国内技术转移体系不够健全、缺乏技术转移专业人才"，而很少从需求端来考虑：企业提出的技术需求是否是真实的、准确的？

在我国，科研院所和高校是科技创新的主力军，探索科学规律和解决理论命题是其主要动机，由这种动机决定的科技成果转移转化模式主要是"推式"模式，即科技团队或科技人员在立项和研发过程中并没有以科技成果产业化为目标，只是在理论成果或技术成果形成后，再考量其是否具有产业化前景，然后通过科技中介或自我寻求科技成果转移转化。这种模式有两个痛点，一方面，高校院所本身具有的特殊属性和在获取市场信息方面的滞后性，其与企业的技术需求严重不对称，导致了高校的研发与市场需求的割裂；另一方面，高校院所的科研产出多侧重于基础研究领域，基础研究成果要实现产业化，就必须进行中试放大和二次开发，这需要大幅增加创新成本。而我国各级科技计划项目多是由政府科技管理部门牵头，组织科技专家讨论编制的，较少考虑产业的需求，因此这部分成本是纵向科研经费无法解决的，而企业是在没有看到自己需要的成熟产品或确切的技术解决方案之前，也不愿意去负担这一成本。

突出企业在科研中的主体地位，是把企业提出的来自于市场一线的技术需求反馈给高校院所，从而大幅提高其研发的精准度和科技成果转化的效率。从多年高校技术转移工作的实践经验来看，很多企业提出的技术需求经过产学研对接，高校院所的专家教授才发现该技术并不是企业真实的或者急切的需求。为应付各级管理部门而随便填写的表格，浪费了科研人员的时间和耐心，削弱了高校院所参加产学研对接的积极性。

那为何企业不愿意提供真实的技术需求呢？

（2）企业真实技术需求挖掘的难点

一是企业的技术需求是企业的核心机密。企业视其在生产和研发过程中产生的真实技术需求为核心机密，一旦上报给政府科技部门公开以后，将会被竞争对手了解其研发方向和技术瓶颈，竞争者进行针对性的研究，会在竞争中取得先机。还有一点，企业申报政府各类科技经费补贴的研发项目，由于项目申请成功后并为取得预期成果，往往会将企业的技术优势方向，甚至是其业已研发完成的技术创新成果重新包装满足结题的需要；而企业真正的技术短板、迫切需要解决的"硬骨头"，则出于种种考虑而不愿意轻易示人。江苏是产业大省，全省规模以上企业4万多家，高新技术企业超1.8万家，产学研合作起步较早，各级政府科技部门出台了诸多举措加大政策、经费支持力度，如已经实施了12年的江苏省"科技镇长团"、企业科技副总等政策都发挥了很大的作用。但对于企业来说合作者始终是"外人"，不如企业内部的人员工作起来更方便，效率也更高。

二是缺少专业人才梳理。据《中国科技成果转化年度报告2020（高等院校与科研院所篇）》，仅有19.3%的高校院所建立了技术转移机构，只有46.6%的高校院所设有专兼职技术转移人员，其中专职人员平均每家仅有7.1人。高校院所尚且如此，企业的情况就更不容乐观。很多中小企业没有负责提炼、挖掘技术需求的专业人员，往往提不出准确的技术需求，或者能够描述出大概的需求却无法给出具体的参数和指标，与高校科研机构的技术专家交流的时候无法确定具体的费用投入和考核指标，往往仓促签约上马，在合作的过程中分歧无法协同，导致大多数产学研合作不欢而散成为"水中花镜中月"，而高校和企业各自的责任会成为一桩桩悬案。

三是科技服务机构不成熟。在科技成果转化服务机构和平台建设方面，缺少"大而强"的高水平专业服务机构。现有服务机构大多仅是提供简单的信息交换和交易对接，很少有机构能够提供专业化的发明评估、质量管理、市场分析、商业推广、交易估值、谈判签约等系列服务。高水平服务机构和平台的缺乏难以实现科技成果转化链条的良性循环，难以真正促进技术、资本、市场资源的有效整合。

2. 活动内容

江苏产研院作为江苏省"科技体制改革的试验田"和"高校科研机构与江苏产业之间的桥梁"，自2013年成立以来就不断创新体制机制，尤其是在挖掘和提炼企业真实技术需求方面，陆续出台了"JITRI-企业联合创新中心""江苏省研发型企业"等一系列重大改革举措，努力尝试破解产学研合作难题，取得了一定的成效。JITRI-企业联合创新中心区别于其他研发载体的创新平台，具有以下明显特点：

一是需求化目标导向。联创中心以提出技术需求及完成落地为建设目标和考核指标。三年建设期内，每个中心将联合业内其他领军企业，提出一批真实有效的技术需求，每年计划投资金额平均超过3000万元，实际签约合同金额超过1500万元。同时为了对整个行业起到技术支撑和引领带动作用，要求其中来自外部其他企业的需求和签约金额不低于30%。

二是行业化服务属性。每个联创中心将依托共建龙头企业，整合行业上下游企业，牵头组建行业联盟组织。通过举办产业技术对接会、行业企业私董会等活动，进一步集聚行业资源，提升行业实力。鼓励联创中心进行产品和技术的标准化研究，为国标、行标、地标、团标的制定做出贡献。

三是战略化布局研究。联创中心结合行业发展前景，切实把握企业产品布局、产能规模等，为业内企业制定发展战略，落实并购规划，充分利用存量资产，借助营运优化、采购与供应链管理、资本项目执行等方法促进产融结合。

四是产业化项目落地。联创中心在建设初期主要以引导创新项目落地为主，树立品牌，扩大行业影响力。发展到一定阶段后，联创中心一方面整合资源对创新技术进行二次开发，提升项目的产业化质量，取得技术增值；另一方面成立产业基金，参与创新项目的投资布局。

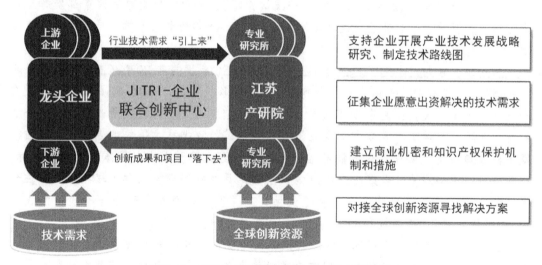

图 5-3 JITRI-企业联合创新中心的主要职能

为此，江苏产研院出台了《江苏省产业技术研究院企业联合创新中心建设方案（试点）》，对合作企业的遴选条件、支持措施进行了规范。该方案首先明确了合作企业原则上为民营企业，且在细分行业内具有较高的影响力和知名度，规模与技术水平处于省内前列，具有一定的科研实力，研发支出占销售收入的比例不低于2%。

在政策支持方面，江苏产研院为JITRI-企业联合创新中心提供一定的建设运营经费和海外合作资金池、集萃研究生奖学金等相关配套政策的支持。如共建企业与江苏产研院的海外战略伙伴开展合作，江苏产研院将根据实际金额从海外合作资金池中按一定比例对高校和科研机构进行经费补助；如共建企业与江苏产研院的合作高校院所联合培养研究生，江苏产研院则给予集萃奖学金（硕士研究生、博士研究生、博士后分别为每人每年1.2万元、3万元、5万元）的支持，通过企业直接发放给学生本人。

3. 活动效果展示

截至2021年年底，江苏产研院与江苏省内细分行业龙头企业累计共建211家企业联合创新中心，联创中心共提出技术需求867项，企业意向出资金额23.8亿元。经过精准对接，江苏产研院帮助企业联合创新中心实现需求对接790余项，已达成技术合作429项，合同金额达11.02亿元。

4. 案例分析

（1）催化工艺改进帮助企业实现农药中间体绿色技术升级

南京红太阳生物化学有限责任公司是全球最大的吡啶碱生产厂商，近年来，红太阳逐步加快新型敌草快以及相关原料生产工艺的研发，以期能够在催化剂、工艺和反应器研发等关键技术领域取得突破，实现绿色技术升级。2019年，红太阳集团与江苏产研院共建了JITRI-红太阳联合创新中心。

针对农药中间体催化工艺开发过程中的技术难题，红太阳与江苏产研院先进催化技术研究所进行了精准匹配，从催化工艺反应器改造项目着手开展合作研发。先进催化技术研究所凭借其丰富的行业经验，经过认真评估、设计和实验模拟，将原有的搅拌反应器改造成特殊的外循环反应器，成功解决了农药中间体生产过程中催化剂破碎等技术难题，有效提高了催化剂使用效率和寿命。考虑到企业需求的紧迫性，研究所项目团队将原计划一年的项目周期缩短至三个月，高效完成了全部设计及实验内容，并交付了相关的工艺图纸。基于该项目的成功合作，红太阳和先进催化技术研究所签订了战略合作协议，通过共建联合实验室、联合攻关等深度合作方式，形成研究所开展催化剂和工艺研发、企业进行中试和工业化放大的合作模式，助力农药中间体产业实现高效生产及绿色转型升级。

（2）MBR膜处理技术助力升级农药废水处理

江苏蓝必盛化工股份有限公司（以下简称蓝必盛）与江苏产研院共建了JITRI-蓝必盛联合创新中心，主要针对"化工三废"治理开展合作研究。针对企业提出的化工农药废水处理的技术难题，江苏产研院材料与能源环保事业部多次与蓝必盛公司技术负责人进行交流，深入了解相关技术需求，精准匹配到江苏产研院膜科学技术研究所针对农药废水的膜生物反应器（MBR）技术开展了相关小试研究，采用了研究所核心产品——孔径为25nm的MBR膜进行实验。结果表明，MBR集成活性炭工艺对于改善农药废水的COD、SS等指标具有优异效果。随后，膜科学技术研究所将此技术在蓝必盛运营的安徽华星化工有限公司废水处理项目中开展中试实验，处理规模为1.5吨/小时，经过110余天的连续运行，膜工艺处理农药废水获得了预期的实验效果。膜科学技术研究所已与蓝必盛正式签订"农药废水MBR膜处理的技术开发协议"。

农药废水中含大量高毒性、难降解的有害物质，膜科学技术研究所开发的MBR膜集成活性炭工艺可确保农药废水达到后续工段的接管标准，有效降低废水的处理成本。该项目的成功实施将为全国农化行业的废水处理升级改造带来示范效应。

（3）盛航海运与移动通信所达成210万元技术委托开发协议

南京盛航海运股份有限公司（以下简称盛航海运）是国内从事国际、国内，沿海、长江中下游成品油和化学品船舶运输的高新技术龙头企业，也是国家安全生产标准化一级达标单位。近年来，盛航海运正逐步向智能化物流方向发展，针对危化品运输行业需求，需要研发集船舶数据采集、危险品船舶效能动态监控、危险品船舶智能安全防控为一体的船舶辅助驾驶系统。2020年，盛航海运与江苏产研院共建了JITRI-盛航海运联合创新中心。针对企业提出的技术需求，经多次开展调研对接，匹配到江苏产研院移动通信技术研究所，双方签订了危化品绿色智能船舶辅助驾驶系统210万元的技术委托开发协议。目前，船舶数据采集仪的研发已初步完成并上船测试；船舶效能动态监控系统的研发正在进行中。紫金山实验室也主动参与，将与移动通信所、盛航海运就智慧船舶5G专网系统研发开展合作，率先开启船舶运输领域的"5G+卫星通信"（6G方向预研）专网研发。盛航海运与移动通信所的合作项目不仅能减少机务、海务船舶管理时间，提高工作效率，还能结合关键设备数据及效益进行分析，给出关于船舶燃油、设备维修保养等方面的合理建议。同时，通过移动手机App就可以做到船舶安全及人员安全的监管，方便员工作业，助力船舶运输行业的绿色智能化。

（4）填补激光关键部件国内空白，带动产业链高质量发展

数字振镜是激光设备中的核心部件，广泛用于数字激光医疗和数字化高精度激光加工领域。高端激光振镜的核心部件、关键技术及绝大多数市场均被欧美企业控制。据统计，2019年高端激光振镜市场规模在30亿元到50亿元，涉及的下游激光装备超过千亿元，由于高端振镜技术和产品的空白，严重制约着我国智能制造相关产业的发展。

江苏金海创科技有限公司（简称金海创）作为我国振镜产品研发与生产的龙头企业，由于国外技术封锁，其数字振镜的核心零部件数字电机及驱动器等技术问题始终无法得以解决。2020年9月，江苏产研院与金海创共建了JITRI-金海创联合创新中心，在全面了解企业发展情况及相关技术需求后，针对数字振镜研发需求开展多方调研与对接，推动金海创与JITRI-Sioux联合研发中心（简称Sioux）达成800万元人民币的合作协议，委托Sioux开发与数字振镜配套的数字电机及数字驱动器等核心部件。目前，Sioux开发的数字振镜生产样机已正式下线。该合作打破了国外对核心零部件的技术封锁，实现核心部件的进口替代，改变激光加工行业的传统割裂局面，同时联合配套产业的融合发展，推动下游应用产业链的价值延伸，促进了国内激光及相关产业的高端化发展。

（5）牵线大连理工大学解决紫龙药业关键技术需求

江苏紫龙药业有限公司（以下简称紫龙药业）是扬子江药业集团全资子公司，产品涵盖抗过敏、抗感染、抗高血压药、医疗器械等多个医药领域，是国内鼻炎抗过敏药龙头生产经营企业。自2020年4月JITRI-紫龙药业联合创新中心成立以来，紫龙药业结合自身发展提出了多个领域的技术和项目引进需求。

针对紫龙药业提出的技术需求，江苏产研院对省内相关技术研发团队进行了搜集和筛选，先后联系、推荐了江苏产研院新型药物制剂技术研究所、南京工业大学药物研究所和南京济群医药科技股份有限公司（江苏省研发型企业），并逐一组织对接洽谈。由于此项需求时间要求迫切，为了更快找到匹配资源，江苏产研院又迅速通过国

内高校云对接群（生物医药领域）发布需求，通过对大连理工、南理工、南师大等几个高校相关团队的项目经验、平台支撑条件的交流了解，认为大连理工大学相关团队符合紫龙药业研发及产业化需求，第一时间组织开展对接工作。最终，经过 3 个月的频繁交流讨论，紫龙药业与大连理工大学达成了"XX 技术委托开发"项目合作。

（6）与昆山开发区设立 1 亿元的"两岸企业科技攻关引导资金"，引导企业开展产学研合作

除了与龙头企业合作之外，江苏产研院还探索与地方政府园区进行深入合作。如江苏产研院先后与昆山开发区的 9 家龙头企业共建了 JITRI-企业联合创新中心，双方还探索共同设立"两岸企业科技攻关引导资金"，首期规模 1 亿元，用于支持区内企业与外部研发机构合作实施重大技术需求科技攻关项目，突破产业前瞻性技术，攻克共性关键技术难题。对于单个重大技术需求科技攻关的项目，可提供高达项目合同总金额 30% 的资金补助，最高可达 300 万元。同时，出台两岸企业科技攻关引导资金管理办法，完善科技项目资金"前补助"机制。为了给区内企业提供更精准的服务，江苏产研院与昆山开发区共同组建了专业团队，同时组织区内现有高校技转中心人员，开展常态化企业走访，全面甄别企业真实需求，研究项目市场化的可行性，提高对园区企业科创把脉问诊的精准度。两年多时间已收集挖掘 120 余家企业提交的 200 余项技术需求，组织开展 180 余场线上线下对接交流活动，立项资助 4 批次 45 个科技攻关"卡脖子"项目，共惠及 36 家企业，撬动企业投入资金 3.15 亿元，全区 90% 的规模以上科技型企业与院校建立产学研合作，为昆山开发区产业高端化发展注入源源不断的新动能。

5. 案例点评

江苏省产业技术研究院自 2013 年成立以来不断创新体制机制，创新性地实施了 JITRI-企业联合创新中心、江苏省研发型企业、企业科技攻关引导资金等一系列重大改革举措，努力挖掘和提炼企业真实技术需求，帮助其对接国内外高校院所，为破解产学研合作难题提供了现实的案例和有益的借鉴。2021 年 6 月，长三角国家技术创新中心正式揭牌，江苏产研院将以此为契机，在资源运用、人才培养、模式探索、生态营造等方面主动发力，积极开展跨区域、跨领域的产学研合作及重大关键核心技术集成攻关，为服务国家长三角一体化发展战略和江苏高质量发展做出新的更大贡献。

◇ **案例 4**

复合材料技术转移效率评价

复合材料经过几十年的发展，在航空航天领域的应用已进入成熟期，已经由军用飞机应用领域进入商用飞机应用领域，由小型简单的次承力结构件发展到大型复杂的或整体化的主承力构件。由于热稳定性好，比强度、比刚度高，已用于制造飞机机翼和前机身及其支承结构、太阳能电池翼和外壳、大型运载火箭的壳体、发动机壳体、航天飞机结构件等。复合材料在飞机结构上的应用情况大致可以分为三个阶段：第一阶段是应用于受载不大的简单零件部件，如各类口盖、舵面、阻力板、起落架舱门等；

第二阶段是应用于承力较大的尾翼等次级主承力结构，如垂直安定面、水平安定面、全动平尾、鸭翼等；第三阶段是应用于主承力结构，如机翼盒段、机身等。三个阶段所涉及的复合材料制造技术是三个不同层次，在载荷水平上是完全不同的，对构件制造技术的要求也不同，构件的尺寸和结构的复杂程度也随着应用阶段的递增有大幅的提高。

目前广泛应用的高性能连续纤维增强环氧、双马来酰亚胺和聚酰亚胺基复合材料，具有高比强度和比模量、抗疲劳、耐腐蚀、可设计性强、便于大面积整体成型等特点，已经成为继铝合金、钛合金和钢之后的最重要航空结构材料之一，在航空航天等领域得到广泛应用。其中树脂基复合材料机翼、平尾、垂尾、鸭翼、直升机机身、尾段等复合材料构件已经实现批量生产。树脂基复合材料的用量已经成为航空结构先进性的重要标志。

本案例选择23项复合材料专利技术成果，对其分阶段选用不同模型进行评价，一是选择验证复合材料技术评价方法；二是为复合材料领域实施技术转移战略提供决策支持。复合材料的应用技术体系见表5-22。

表5-22　复合材料的应用技术体系

材料应用技术体系	成分与组织	应用基础理论
		设计与标准
		基本性能及其稳定性
		主要性能及其稳定性
		工艺适应性
		检测
	合成与加工	新工艺
		新装备
		成分—组织—性能适应性
		生产适应性
		热工艺
	材料性能	成分—组织—性能关系
		全面性能评价
		特种现象
		表征、检测方法
		设计适应性评价
	材料应用	构件制造适应性评价
		寿命、使用可靠性评价
		模拟与失效
		经济可承受性评价

1. 技术评价体系构建

技术成果评价是知识转化为生产力过程中的重要环节，技术成果评价的科学性、公平性、权威性不仅是对技术人员劳动成果的肯定，更直接影响到技术成果的转化。科学评价是对科研成果的有效性、可靠性、科学性及其价值的评定，是对科学工作者创造性劳动的仲裁和评价。

复合材料技术转移效率评价体系架构如图 5-3 所示。

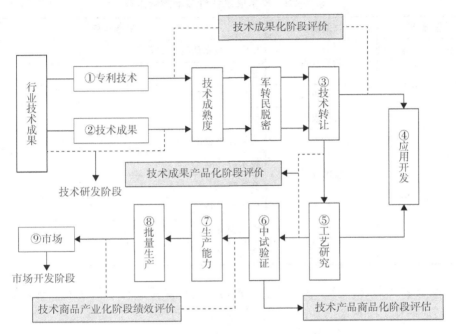

图5-4 复合材料技术转移效率评价体系架构

2. 评价模型选择

根据设计的相关信息采集表，定量化指标构成的技术成果评价体系，运用数据包络分析法（DEA）从投入和产出效率的角度对技术成果进行评价，分析技术成果的投入产出率，在对技术成果的评价结果进行比较分析的基础上，筛选出可转移技术。

技术成果化的评价实际上是技术投入与产出的效率评价。针对多投入、多产出的多项技术成果的综合性评价，本研究选择数据包络分析法作为技术成果化评价的研究方法。数据包络分析法以相对效率为基础，根据多指标投入与多指标产出对相同类型的决策单元进行相对有效性评价。即采用极值的方法，以相对效益变量作为总体上的衡量标准，主要原理是：对 n 个具有可比性的决策单元，每个决策单元有 m 种输入单元和 s 种输出单元，当输入和输出数据给定后，对 n 个决策单元进行相对有效性的评价。本研究采用数据包络法研究分析技术成果化，适用于对技术研发形成技术成果的过程中多投入、多产出的有效性进行评价，其评价结果相对而言比较客观。

数据包络法评价决策单元的相对有效性，称之为 DEA 有效，否则，称之为非 DEA 有效。DEA 的应用范围已扩展到美国军用飞机的飞行、基地维修与保养，以及陆军征兵等方面，广泛运用于技术和生产力进步、技术创新等领域的有效性分析，常用来研究多种方案之间的相对有效性、预测相对效果，还可以用来进行政策评价，该方法在处理多投入、多产出问题上具有优越性。

选取合适的投入与产出指标是数据包络分析的一个重要环节。本案例根据技术成果研发的投入和产出效率作为考察标准，科学选取部分定量指标，构建技术成果评价的指标体系，见表5-23。

表5-23　技术成果评价基本指标体系

一级指标	二级指标	三级指标
技术投入指标	经费投入	R&D（技术研发）经费
		总投资额
	人员投入	研发人员数量
	其他投入	研发周期
技术产出指标	技术成果	成果先进程度
		技术成熟度
		获奖情况
		知识产权数量
	应用情况	应用领域
		应用范围

1) 技术投入指标。没有投入就没有产出。技术成果化环节的投入是研发创新的投资活动，是一种反映技术研发的经济实力与决策能力的指标，以真实投入数据为标准，从资金来源、人力资本和时间周期三个维度编制指标，其中包括项目技术研发经费投入、总投资额、研发人员数量和研发周期四项投入指标，从而达到评价技术投入有效性的目的。

2) 技术产出指标。技术成果化环节的产出是阶段性的物态结果，是技术成果化效率的体现。技术成果产出指标主要考察技术开发研究的程度和应用推广情况，主要包括技术成果先进程度、技术成熟度、获奖情况、知识产权数量、应用的领域和范围等。

技术成果先进性程度根据技术成果鉴定和相关机构确认的成果学术水平进行评价。

技术成熟程度参考《技术成熟度及其评价方法》给出的九级评价标准，见表5-24。成果化阶段的技术成熟度一般为1~3级；产品化阶段的技术成果成熟度在4~6级；商品化阶段为5~7级，产业化阶段为8~9级。

表5-24　技术成熟程度评分标准

TRL	定　义	评分标准
1	发现和报告技术基本原理	20
2	阐明技术概念和用途	30
3	验证技术概念的关键功能和特性	40

TRL	定　　义	评分标准
4	在实验室环境下完成基础部件/原理样机验证	50
5	在相关环境下完成部件/原理样机验证	60
6	在相关环境下完成系统/子系统模型或样机验证	70
7	在使用环境下完成系统样机验证	80
8	完成实际系统试验验证	90
9	完成实际系统使用验证	100

获奖情况主要是指获得国家及省部级及集团奖的情况。

知识产权在本研究中主要指专利，包括发明专利、实用新型专利和外观设计专利。专利评价参考不同知识产权的属性，设定不同的权重。

应用领域特指航空技术应用领域，包括飞机总体、发动机、航空电子、机载电子、金属与无机非金属材料、高分子与复合材料技术、电子/信息功能材料、先进制造技术与装备、航天工程装备、海洋工程装备和其他民品或其他领域，技术涉及应用领域越广，得分越高。

航空技术应用范围包括国际、国内、军用和民用，技术应用范围越广，得分越高。

3. 技术转移效率分析

归纳整理23项复合材料技术成果（A1~A23），从投入—产出的角度进行技术转移效率对比分析，运用DEA方法软件工具，将数据代入DEA非参数模型进行计算，得出评价结果见表5-25。

表5-25　技术成果的 DEA 统计结果

决策单元	技术转移效率	纯技术效率	规模效率
A1	0.766	1	0.766
A2	0.570	0.583	0.979
A3	1	1	1
A4	0.575	0.581	0.989
A5	1	1	1
A6	0.572	1	0.572
A7	1	1	1
A8	0.710	1	0.710
A9	0.453	0.453	1
A10	1	1	1
A11	1	1	1
A12	1	1	1
A13	1	1	1

续表

决策单元	技术转移效率	纯技术效率	规模效率
A14	1	1	1
A15	1	1	1
A16	0.474	0.480	0.988
A17	1	1	1
A18	0.716	1	0716
A19	1	1	1
A20	1	1	1
A21	0.641	0.654	0.980
A22	1	1	1
A23	1	1	1
均值（MEAN）	0.847	0.902	0.943

技术转移效率由两部分组成，技术转移效率=纯技术效率×规模效率。纯技术效率是技术项目组受管理和技术等因素影响的生产效率，规模效率是受生产规模因素影响的生产效率。由表 5-25 可知，选取的 23 项复合材料成果技术转移效率有提升空间，均值为 0.847，其中有 14 项成果技术转移效率达到 DEA 有效，即同时达到技术有效和规模有效，它们分别是 A3、A5、A7、A10、A11、A12、A13、A14、A15、A17、A19、A20、A22、A23，而其他成果表现为非 DEA 有效，说明这些成果在技术水平提升、科技资源配置、技术转移激励等科技政策的制定和执行方面存在着较大的改善空间。根据以上所有成果的技术转移效率值进行分类，结果见表 5-26。

表 5-26   成果的技术转移效率评价

成果的技术转移效率	1	0.7~1（不含 1）	0.7 以下
评价	好	较好	一般
成果数量（项）	14	3	6
累计	14	17	23
比重（%）	60.87	13.04	26.09
累计（%）	60.87	73.91	100.00

由表 5-26 可知，即 DEA 有效的成果有 14 项，占成果总数的 60.87%，这些技术成果的技术效率和规模效率的 DEA 值均为 1，统计结果说明这 14 项复合材料技术成果比其他 9 项成果的管理水平相对较高，规章制度相对较完善，科技资源配置的效率较高以及生产规模合理。

4. 技术转移相对无效分析

复合材料技术转移效率小于 1 的 9 项成果按技术效率和规模效率的影响作用可分为两类：技术效率无效（5 项）和技术效率相对有效但规模效率无效（4 项）。对技术效率无效的技术成果，可通过调整投入量或产出量的方法提高技术效率；如果技术转移效率仅仅是由于规模效率无效造成的，这说明没有投入需要减少、没有产出需要增加，是因为其生产规模和投入、产出不相匹配，需要增加规模或减少规模，比如 A1、A6、A8、A18 四项技术成果。

对技术效率无效的 5 项成果（A2、A4、A9、A16、A21）进行分析，通过 DEA 投影分析可进一步探究技术转移无效的成果投入冗余或产出不足的情况，见表 5-27。

表 5-27　各决策单元投入产出调整表

决策单元	投入指标			产出指标					
	R&D 经费	R&D 人员数量	研发周期	成果先进程度	技术成熟度	知识产权数量	应用领域	应用范围	经济效益
A2	41.7↓	41.7↓	56.6↓	3.4↑		73.4↑			
A4	41.9↓	41.9↓	50.1↓	28.6↑	40.0↑	3.0↑	78.3↑		434.7↑
A9	84.7↓	54.7↓	54.7↓				249.6↑	300.1↑	
A16	87.8↓	52.0↓	52.0↓	1.3↑		8.4↑		87.9↑	
A21	87.4↓	34.6↓	34.6↓	3.5↑		64.8↑	100↑	134.9↑	128.5↑
合计（个）	5	5	5	4	1	4	3	3	2

注：表中数据为投入产出调整幅度（%），↑表示增加，↓表示减少。

当投入因素是决策单元可决定的，而产出因素不能决定时，可以考虑是否减少投入，不管产出是否能增加（因为产出是决策单元不可控的因素）；如果产出因素是决策单元可决定的，而投入因素不能决定时，可以考虑产出是否能增加，不管投入是否能减少（因为投入是决策单元不可控的因素）。由表 5-27 可知，5 项技术效率没有达到 DEA 有效的技术成果中，投入指标中 R&D 经费、R&D 人员数量和研发周期都有待改进，产出指标中各项技术成果也都可以进行相应的调整，需要说明的是，这里的投入冗余和产出不足是在各个项目原有生产规模水平下的相对冗余和相对不足，而非绝对冗余和绝对不足。

5. 技术转移相对有效分析

选取 DEA-Solver Pro5.0 软件，对复合材料技术成果进行超效率分析，解决了深入细化分析问题。其原理是评价某技术成果时，将该技术成果的投入产出用其他成果的投入产出的线性组合代替，把此技术成果的相关因素排除在外，技术成果的有效因素的效率值将被放大，并对原来均有效的技术成果的各因素进行再排序。对于原 DEA 模型中无效的因素，在超效率模型中效率值不变；对有效的因素，超效率值 θ 将大于或等于 1，表示如果投入规模再扩大 $\theta-1$，则该因素仍能保持相对最优效率。各成果的超效率评价结果见表 5-28。

表 5-28　各成果技术转移效率排名表

排名	决策单元	效率值	排名	决策单元	效率值
1	A5	1.305	13	A7	1
2	A23	1.265	13	A19	1
3	A11	1.193	13	A14	1
4	A17	1.172	13	A15	1
5	A20	1.121	13	A12	1
6	A22	1.036	18	A4	0.2996
7	A10	1.035	19	A21	0.1299
8	A3	1.032	20	A2	0.0265
9	A13	1.032	21	A9	0.0154
10	A6	1.013	22	A16	0.0117
11	A1	1.008	23	A8	0.0105
12	A18	1.006			

　　由表 5-28 可知，在所调研的复合材料技术成果中，技术转移效率排名前五的项目按由高到低的顺序依次为：A5、A23、A11、A17、A20。

技术经纪与知识产权保护

引 言

科学技术快速进步的驱动力源自人类发明创造的主动性和获取技术应用带来的巨额财富，西方发达国家正是通过知识产权的保护制度充分调动起企业和科技人员的研发积极性，掌握了技术贸易的主动权，继而通过技术贸易带来的超额利润主导着技术转移的路径。知识产权纠纷已成为当今国际技术贸易摩擦的焦点，活跃的技术贸易有赖于知识产权的保护，知识产权保护已成为各国技术贸易共同遵循的基本规则。尽管知识产权制度具有影响技术与知识更广泛传播应用的负面作用，但是，不管交易双方是否存在主观意愿分歧，知识产权都是一道不可回避的贸易壁垒，忽视了技术交易中的知识产权，轻则涉嫌投机取巧的道德诚信问题，重则面临泄密盗窃等刑罚问题。保护知识产权，是扩大技术贸易、引进先进设备和外商投资的法制保障前提，也是技术经纪人从事技术转移服务的重要业务技能。知识产权是技术许可的主要内容，技术许可是技术交易的主要实现形式之一。不同国家和地区知识产权的法律界定差异很大，本章内容只涉及与技术交易服务密切相关的基本概念与常识、不同区域间尤其是国际技术交易涉及的产权问题，技术经纪机构应该有专业的经纪人或知识产权法律工作者的参与。

6.1 知识产权的特征与分类

6.1.1 知识产权的概念

知识产权（Intellectual Property），也称"知识所属权"，指"权利人对其所创作的智力劳动成果所享有的财产权利"，即"权利人对其智力劳动所创作的成果在有限时间内享有的专有权利"。各种智力创造如科学技术发明、文学和艺术作品，以及在商业中使用的标志、名称、图像、外观设计，在经过申请提交、审核批准等法律程序后都可被认定为某一个人或组织所拥有的知识产权。

1. 知识产权的定义

1967 年签订的《建立世界知识产权组织公约》定义了知识产权的概念，知识产权包括有关下列项目的权利：文学、艺术和科学作品；关于表演艺术家的演出以及唱片和广播节目；人们一切领域内的发明；科学发现；工业品外观设计；商标、服务标记以及商业名称和标记；制止不正当竞争；在工业、科学、文学或艺术领域内由于智力活动而产生的一切其他权利。

国内部分学者对知识产权也给出了相应的定义：知识产权指的是人们可以就其智力创造的成果依法享有的权利；知识产权是基于创造性智力成果和工商业标记依法产生的权利的统称；指法律所赋予的智力成果完成人对其特定创造性智力成果在一定期限内享有的专有权利。

国内学者对知识产权的定义，表达了对知识的形成和权属本质特征的内涵和外延，可以帮助人们认识和判断新出现的权利是否可以归入知识产权范围之内，以保持知识产权的开放性。知识产权一般是指公民、法人和其他社会组织依照法律规定，对其在科学、技术、文化、艺术、医药等领域创造的智力成果及工商业标识所享有的专有权利。中国加入世界贸易组织（WTO）后，药品的知识产权已成为一项重要内容。

2. 知识产权的本质

参照物权定义方式，一般认为"知识产权是对特定智力成果的支配权"，即承认知识产权是依附于特定智力成果之上的权利。无形是知识产权的本质属性之一，知识成果之无形是相对于动产、不动产之有形而言的无形财产权，客体的非物质性是知识产权的本质属性；创造性也是知识产权的本质属性，智力成果通常是在前人大量的知识积累基础上获取的，能够取得产权保护的成果只是具有创造性因素的部分；优先权是衍生于人为约定的本质属性，假设两人完全独立完成的同一创造成果，无论创造时间的先后，唯有申请在先并取得法定机构批准的一方才享有相关权益。在我国法律上，知识产权客体包括发明、实用新型、外观设计、集成电路布图设计、植物新品种、文艺作品、计算机软件、商标、商号、原产地名称（地理标志）、商业秘密、知名商品特有名称和装潢等。那些尚在构思中而未成型的知识成果或已面世而未申请和登记的成果，不能归于知识产权的客体。

知识产权的权利人可以直接支配特定的智力成果，无须依他人意愿或行为的介入，并依自己的意愿享受其利益。如专利权人无论其本人利用发明还是将其转让、许可给他人，皆可依照自己的意愿为之，理所当然享受其利益。如享受智力成果的使用价值与交换价值；商标权人使用其商标于商品上，或转让于他人，以获得对价；将专利权许可给他人使用，以收取许可费；将其专利权质押于人，以担保其债务。

知识产权因其对特定智力成果的直接支配的权利，还蕴含了排他性的绝对效力，即具有绝对权，任何人未经许可不得擅自利用，否则将承担相应的法律责任。

6.1.2 知识产权的特征

知识产权的特征主要包括"专有性"（独占性）、"地域性""时间性""支配权"

"对世权"（绝对权）等，且"专有性、地域性、时间性"具有更重要的实践意义。

知识产权的专有性或独占性一般指两个方面，一是知识产权为权利人所独占，权利人垄断专利权并受到严格保护，未经权利人许可或未经法律规定，任何人不得使用权利人的智力成果；二是同一项智力成果不允许有两个或两个以上同一属性的知识产权并存。

知识产权具有地域性，分地域取得和行使，是指知识产权"只能依一定国家的法律产生，又只在其依法产生的地域内有效"，即一国法律所确认和保护的知识产权，只在该国领域内发生法律效力。作为来源于法律的权利也仅能在法律的效力范围内发生效力，因而知识产权是一种具有地域性的权利。支配权是权利人根据自己的意志，对权利客体进行直接支配，并排除他人干涉的权利，知识产权的权利人对其权利客体可以自己利用，也可以许可给他人利用。

知识产权的时间性是指法律对知识产权的保护规定了一定的期限，知识产权在法定期限内有效。时间性在专利权、集成电路布图设计权、植物新品种权、著作权的部分权利上体现得较充分。知识产权的专有性、地域性均具备民事权利自然具有的特征，时间性则是知识产权的部分特征。按照我国法律的规定，发明专利权保护期为 20 年；实用新型专利权保护期为 10 年，外观设计专利权保护期为 15 年；集成电路布图设计专有权保护期限为 10 年；植物新品种权保护期限，对于藤本植物、林木、果树和观赏树木为 20 年，对于其他植物为 15 年。著作权中的经济权利和发表权利亦有保护期限。

国家授予性存在于知识产权的申请中，如专利权、集成电路布图设计权、植物新品种权、著作权、商标权、商号权等，须由国家相应的机关认可或核准才能取得。而依事实取得的知识产权，并不具有国家授予性，如著作权的邻接权、发现权、发明权、商业秘密权、商品特有名称权等。

知识产权的种类和内容均由法律直接规定，如《集成电路布图设计保护条例》在 2001 年 10 月施行后，集成电路布图设计专有权才成为我国知识产权中的一类。如《专利法》第十一条规定："发明和实用新型专利权被授予后，除本法另有规定的以外，任何单位或者个人未经专利权人许可，都不得实施其专利，即不得为生产经营目的制造、使用、许诺销售、销售、进口其专利产品，或者使用其专利方法以及使用、许诺销售、销售、进口依照该专利方法直接获得的产品。"即知识产权系由法律直接创设。

知识产权的权利人对其客体（智力成果）可以自己使用，也可以许可他人使用；可以自己不利用，也可以禁止他人利用；可以放弃权利，也可以转让权利。因此，知识产权具有支配性和绝对性。对于知识产权人支配权的保护，须借助于法律赋予的独占权利。即知识产权的内容是对智力成果的直接支配性。

尽管理论上可以有无限多的主体同时对智力成果进行支配使用，但根据法律，在一国境内一般仅授予一项知识产权，仅承认在先申请者享有专利权，其目的是通过授予先申请的发明人以独占权，以此激励技术创新、技术公开。然而对于商业秘密，法律则无法判断其垄断范围，如有多人拥有相同的商业秘密，则可以享有各自独立的商业秘密权。

在经济全球化时代，要高度关注知识产权的地域性，特别是需要申请批准的知识产权，如果需要开拓国际市场，仅仅在一国申请获得知识产权是不够的，因为法律不保护在另一个国家所享有的知识产权，除非两国间另有国际条约或互惠协定的约束。

由于智力成果在消费上不具有排他性，所以知识产权人可以就相同的权利内容授予多人同时行使。例如，著作权人可以同时授权两家出版社出版其作品，专利权人可以同时授权七家企业生产其专利产品，商标权人可以同时授权十家企业使用其商标；这种知识产权许可方式称作非独占许可。由于"知识产权具有可分授性"，对知识产权的使用价值而言，意味着可以发放数个内容相同或不同的使用许可权。在知识产权质押担保方面，亦可设立多个担保，只是在实现担保时，设立时间在先的，权利实现优先。

6.1.3 知识产权的分类

知识产权的实质是把人类的智力成果作为财产来看待。知识产权包括工业产权和著作权（国际上称作版权）两大部分。

从我国法律的规定来看，知识产权的类型主要有：专利权（包括工业品外观的保护）、发现权、发明权、商标权、著作权（包括邻接权）、商业秘密权、集成电路布图设计权、植物新品种权、商号（厂商名称）权、原产地名称（地理标志）权、商品外观权、商品特有名称权等。

知识产权的范围日益扩大，工业产权被认为是工业、农业、林业和其他产业中具有实际经济意义的一种无形财产，包括植物新品种权等也划入了工业产权之列，著作权也涵盖了邻接权。一些国家为了填补某些工业产权无法保护的空白和弥补单一著作权保护的不足，遂将集成电路布图设计等也纳入工业产权保护的范畴。

通常，人们将专利权、商标权与著作权视为知识产权的核心组成部分。

1. 工业产权

工业产权包括发明专利、商标以及工业品外观设计等方面组成的知识产权。《巴黎公约》将专利权与商标权统称为工业产权，《伯尔尼公约》是最早规范著作权的国际公约。这两个公约在知识产权的保护中发挥了重要的作用。

工业产权主要包括专利权、商标权、服务标志权、厂商名称权、原产地名称权、制止不正当竞争权，以及植物新品种权和集成电路布图设计专有权等。

(1) 专利权

专利权是指一项发明创造向国家专利局提出专利申请，经依法审查合格后，向专利申请人授予的在规定时间内对该项发明创造享有的专有权。根据我国《专利法》的规定，发明创造有三种类型，即发明、实用新型和外观设计。发明专利、实用新型专利和外观设计专利被授予专利权后，专利权人对该项发明创造拥有独占权，任何单位和个人未经专利权人许可，都不得实施其专利，即不得为生产经营目的制造、使用、许诺销售、销售和进口其专利产品。未经专利权人许可，实施其专利即侵犯其专利权。未经有关部门审批和发布，不形成专利权，专利权亦存在不构成侵权的特例，比如在先使用权和以科研为目的的非经营使用等。

（2）商标权

商标权是指商标主管机关依法授予商标所有人对其注册商标受国家法律保护的专有权。商标是用以区别商品和服务不同来源的商业性标志，由文字、图形、字母、数字、三维标志、颜色组合或者上述要素的组合构成。我国商标权的获得必须履行商标注册程序，而且实行申请在先原则。商标是产业活动中的一种识别标志，所以商标权的作用主要在于维护产业活动中的秩序。

（3）商号权

商号权是指厂商名称权，是对商家已登记的商号（厂商名称、企业名称）不被他人利用的一种使用权。即商事主体对商号在一定地域范围内依法享有的独占使用权。

在不同的讨论范畴中，如原产地名称、专有技术、反不正当竞争等尽管也规定在《巴黎公约》中，但原产地名称不是智力成果，专有技术和不正当竞争只能由反不正当竞争法保护，一般不列入知识产权的范围。

2. 著作权

国际保护工业产权协会（AIPPI）1992年在东京大会指出，知识产权分为"创造性成果权利"与"识别性标记权利"两大类。创造性成果的知识产权指对创造性的智力成果所享有的知识产权，如专利权、著作权、集成电路布图设计权、植物新品种权、商业秘密权、发现权、发明权等。由于商业秘密分为技术秘密和经营秘密，经营性秘密与创造性无关，所以这种分类也不是绝对的。著作权（版权）自作品创作完成之日起产生。著作权分为著作人身权和著作财产权。

著作权是法律上规定的某一单位或个人对某项著作享有印刷出版和销售的权利，任何人要复制、翻译、改编或演出等均需要得到版权所有人的许可，否则就是对他人权利的侵权行为。

著作权，是文学、艺术、科学技术作品的原创作者依法对其作品所享有的一种民事权利。在我国，著作权、著作邻接权、计算机软件著作权等，属于著作权法规定的范围。这是著作权人对著作物（作品）独占利用的排他的权利。狭义的著作权又可细分为发表权、署名权、修改权、保护作品完整权、使用权和获得报酬权等。

发表权，即决定作品是否公之于众的权利；署名权，即表明作者身份，在作品上署名的权利；修改权，即修改或者授权他人修改作品的权利；保护作品完整权，即保护作品不受歪曲、篡改的权利；复制权，即以印刷、复印、拓印、录音、录像、翻录、翻拍等方式将作品制作一份或者多份的权利；发行权，即以出售或者赠与方式向公众提供作品的原件或者复制件的权利；出租权，即有偿许可他人临时使用电影作品和以类似摄制电影的方法创作的作品、计算机软件的权利，计算机软件不是出租的主要标的的除外；展览权，即公开陈列美术作品、摄影作品的原件或者复制件的权利；表演权，即公开表演作品，以及用各种手段公开播送作品的表演的权利；放映权，即通过放映机、幻灯机等技术设备公开再现美术、摄影、电影和以类似摄制电影的方法创作的作品等的权利；广播权，即以无线方式公开广播或者传播作品，以有线传播或者转播的方式向公众传播广播的作品，以及通过扩音器或者其他传送符号、声音、图像的类似工具向公众传播广播的作品的权利；信息网络传播权，即以有线或者无线方式向公众提供作品，使公众可以在其个人选定的时间和地点获得作品的权利；摄制权，即以摄制电影或者以类似摄制电影的方法将作品固定在载体上的权利；改编权，即改变作品，创作出具有独创性的新作品的权利；翻译权，即将作品从一种语言文字转换成另一种语言文字的权利；汇编权，即将作品或者作品的片段通过选择或者编排，汇集成新作品的权利；公开发表权、姓名表示权及禁止他人以扭曲、变更方式利用著作损害著作人名誉等权利属于著作人格权的内涵。

著作权要保障的是智力成果的表达形式，而不是保护智力或智慧成果本身，因为在保障著作财产权此类专属私人利益的同时还需保障人类生存与发展所必需的知识及信息传播，还必须推进社会公共财产的累积和技术进步，因此算法、数学方法、技术或机器的设计均不属于著作权所要保障的对象。

3. 创新类知识产权

技术创新类的知识产权包括专利权、著作权、集成电路布图设计权、植物新品种权、发现权、发明权以及计算机软件著作权。

4. 反不正当竞争类知识产权

反不正当竞争类知识产权包括商业秘密权、域名权、商品特有名称权、商业外观权等与反不正当竞争有关的权利，由《中华人民共和国反不正当竞争法》予以规范。

5. 依事实取得的知识产权

依事实取得的知识产权是指知识产权的取得仅依一定事实的出现即可自动取得享有，不需履行一定的法律程序。该类知识产权包括著作权及邻接权、发现权、发明权、商业秘密权、商品特有名称权、商业外观权。

6. 依申请取得的知识产权

依申请取得的知识产权是指知识产权的取得须经申请人申请，由相应的行政机关依一定的程序审查批准予以登记、注册后，才能享有。包括专利权、植物新品种权、商标权、软件著作权、商号权、特殊标志权等。如专利权的获得，发明人须将其发明向国家知识产权局专利局申请，由专利局依照法律审查后，符合条件的授予专利权，并予以登记和公告。

7. 人身性知识产权

人身性知识产权是权利人所享有的人身权利或精神权利，如著作权中的人身权利、发现权、发明权等。

8. 财产性知识产权

财产性知识产权指知识产权人享有的财产权利或经济权利，如著作权中的财产权利（或经济权利）、专利权、集成电路布图设计权、植物新品种权、商标权等。其中财产权在知识产权的范围与内容上占据权利比重的绝大部分。

9. 有期限的知识产权

有期限的知识产权是指仅能在一定期限内存续的知识产权，法律强制规定其保护期限，如发明专利权、集成电路布图设计权、植物新品种权、著作权中的经济权利等。其目的是增进社会公益，使这些权利经过一定时间后，其权利体进入社会公有领域，任何人都可以使用。如发明权经过 20 年，发明即进入公有领域，人人都可免费使用。

10. 无期限的知识产权

无期限的知识产权是指其存续期限法律无限制的知识产权。如商业秘密权、商号权、发现权、发明权、商品特有名称权、商业外观权，著作权中的署名权、修改权、保护作品完整权等，其保护期限没有限制。但如果商业秘密已被公开，或者商号、商品特有名称等不再使用，则存于其上的权利也将随之消失。对于商标权，法律虽然规定注册商标有效期为 10 年，但商标权人可以无限制地续展。

从法律体系和社会发展战略角度看，知识产权呈不断扩张的开放趋势。随着科学技术的发展和社会的进步，知识产权传统权利类型的内涵不断丰富，知识产权的外延也在不断拓展。根据《与贸易有关的知识产权协议》（Agreement on Trade-related Aspects of Intellectual Property Rights）、《建立世界知识产权组织公约》等国际公约和我国民法、反不正当竞争法等国内律法，知识产权的扩展范围主要包括以下内容：

①著作权和邻接权。邻接权在著作权法中被称为"与著作权有关的权益"。

②商业秘密权，即民事主体对属于商业秘密的技术信息或经营信息依法享有的专有权利。

③植物新品种权，即完成育种的单位或个人对其授权的品种依法享有的排他使用权。

④集成电路布图设计权，即自然人、法人或其他组织依法对集成电路布图设计享有的专有权。

对于科技成果奖励权、地理标志权、域名权、反不正当竞争权、数据库特别权利、商品化权等能否成为独立的知识产权，存在较大的讨论空间。

著作权与专利权、商标权、商号权有时会有相互交叉的情形，这是知识产权的一个特点。

技术许可在被广泛应用之前，其狭义概念，形式上仅指技术许可协议，内容上仅指工业产权中的专利权、商标权以及专有技术。为了取得工业产权或专有技术的使用权，技术的拥有方与技术的需求方签订合同，以合同的形式保障双方的权利和利益。许可证协议是一方准许另一方使用其所有或拥有的工业产权或专有技术，被许可方依照双方的约定得到某项或多项技术的使用权并支付使用费的合同。技术许可证协议中的使用权主要指专利使用权、商标使用权和专有技术使用权。

许可证协议有比较规范的格式和内容限定。但是技术许可从概念到范畴，从内容到形式，都在不断丰富和完善中，同时，技术许可日益显现出它的复杂性和单边倾向性。技术许可协议的实质是主体双方的平等性及协议内容的规范性和简约性。

服务贸易的多样化和创新技术的垄断趋势使得技术许可协议的意义更偏向于作为一种保障手段而非等同于技术许可的实施过程。

6.1.4 专利权、著作权的权利主体与客体

知识产权的权利主体，也称为知识产权的权利人，包括专利权人、商标权人、著作权人、商业秘密权人、商号权人、原产地名称权人、植物新品种权人、集成电路布图设计权人等。知识产权的权利主体可以是自然人、法人或非法人组织。

本小节仅对专利权和著作权的主体与客体进行论述和分析。

1. 专利权的主体与客体

（1）专利权的主体

《专利法》第六条规定："执行本单位的任务或者主要是利用本单位的物质技术条件所完成的发明创造为职务发明创造。职务发明创造申请专利的权利属于该单位，申请被批准后，该单位为专利权人。……非职务发明创造，申请专利的权利属于发明人或者设计人；申请被批准后，该发明人或设计人为专利权人。利用本单位的物质技术条件所完成的发明创造，单位与发明人或者设计人订有合同，对申请专利的权利和专利权的归属作出约定的，从其约定。"

《专利法》第八条规定："两个以上单位或者个人合作完成的发明创造、一个单位或者个人接受其他单位或者个人委托所完成的发明创造，除另有协议的以外，申请专利的权利属于完成或者共同完成的单位或者个人；申请被批准后，申请的单位或者个人为专利权人。"

如上所述，我国的专利权主体包括：发明人、设计人及其合法受让人；共同发明人与共同设计人对同一项发明创造共同享有专利权；发明人所在单位有权获得职务发明创造的专利权；外国人也可依法在我国申请和获得专利权。

（2）专利权的客体

专利权的客体是指专利法保护的对象，即能取得的专利权。《专利法》第二条中规定："本法所称的发明创造是指发明、实用新型和外观设计。"

所以我国专利权的客体，即发明创造，包括发明、实用新型和外观设计。

①发明专利。由《专利法》对发明的定义可知，发明是一种新的具体的技术方案，是发明人利用自然规律的结果，是发明人将自然规律在特定技术领域的结合和应用，具有先进性和实用性。发明作为一种新的技术方案，其实质内容必须符合专利法的规定，才能得到专利法的保护。

发明的类型包括职务发明和非职务发明、独立发明和共同发明等。我国的《专利法》所指的发明分为产品发明、方法发明和改进发明。

产品发明是指通过智力劳动创造出以有形形式表现的各种制品或产品，可以是完整的产品，也可以是一件产品的某部分，包括制造品的发明，如各种机器设备及生活用品；材料的发明，如人工全合成牛胰岛素等。

方法发明是指将一种物品或者物质改变成另一种状态或另外一种物品或物质所采用的手段和步骤的发明。包括制造方法的发明、化学方法的发明、生物方法的发明或其他各种测量方法的发明等。我国现行的《专利法》对方法发明的保护延展到依照该

方法所获得的产品。

改进发明是指对已有的产品发明或方法发明所作出的实质性革新的技术方案。改进发明是在已有产品和方法的基础上进行的创造性的改善。

②实用新型专利。《专利法》第二条中规定："实用新型，是指对产品的形状、构造或者其结合所提出的适于实用的新的技术方案。"

产品的形状是产品具有的可以从外部观察到的确定的空间形状，可以保持并能使产品在使用中具有特定的技术功能和相应的技术效果。

③外观设计专利。《专利法》第二条中规定："外观设计，是指对产品的整体或者局部的形状、图案或者其结合以及色彩与形状、图案的结合所作出的富有美感并适于工业应用的新设计。"

外观设计是对产品的外表所作的设计，也称为工业品外观设计。构成外观设计的元素包括产品的形状、图案和色彩等。作为工业品外观设计还可用于工业化批量生产，与其他在国内外出版物上发表过的外观设计不相同和不相近似，以免与他人在先取得的合法专利冲突。

2. 著作权的主体与客体

(1) 著作权的主体

《著作权法》第九条规定，著作权人包括作者、其他依照《著作权法》享有著作权的自然人、法人或者非法人组织。

著作权主体又称著作权人，是指依法对文学、艺术和科学作品等享有著作权的人。我国的著作权主体范围广泛，包括自然人、法人或者非法人组织。进行作品创作，一般需要经过从构思到表达完成的过程，其间作者付出了艰辛的智力劳作，所以，一般而言，著作权的主体是自然人。《著作权法实施条例》第三条规定："为他人创作进行组织工作，提供咨询意见、物质条件，或者进行其他辅助工作，均不视为创作。"《著作权法》第十一条中规定："由法人或者非法人组织主持，代表法人或者非法人组织意志创作，并由法人或者非法人组织承担责任的作品，法人或者非法人组织视为作者。"

如何正确确认作者，法律上通常以署名为标准。《著作权法》第十二条中规定："在作品上署名的自然人、法人或者非法人组织为作者。"在正常情况下，在作品上署名的人即为作者，但是，在个别情况下，也有署名并非真正作者的情况，如委托作品或者雇佣作品的署名者不一定是真正的作者，还有擅自盗用他人的作品而自己署名的现象等。法律规定，如果提出与署名状况不同主张的，应由主张人出具相关的证明材料，其争议可以向人民法院提出侵权诉讼。

《著作权法》第十一条中规定："创作作品的自然人是作者。"作为著作权原始主体的作者需要具备以下条件：必须是直接参与创作的人，即通过自身所掌握的技巧、方法直接创作反映自己的创作个性即特点的人，而为他人提供咨询、进行组织，提供物质、技术条件或者其他服务的人不能认为是作者；作者通过创作产生符合著作权法规定的作品。我国在确认著作权取得的问题上，实行的是完成后依法自动取得，而无论作品是否发表，作者均享有著作权。因此，作者是最直接、最基本的著作权主体，应当享有原始著作权和完整的著作权。

著作权的继受主体，是指通过受让、继承、受赠或者法律规定的其他方式取得全部或者一部分著作权的人。作者去世后，继承人或第三人可以根据作者的遗嘱、遗赠抚养协议或者法定继承的规定而取得著作权，成为著作权主体。一般而言，著作权中的财产权可以继承，人身权利不能继承。

合作作品著作权的主体，必须具备两个条件：一是必须有共同的创作愿望；二是必须都参加了共同的创作劳动。如果没有参加创作，仅为创作提供咨询意见、物质条件或者其他辅助性劳动的人，不能成为合作者。《著作权法》第十四条中规定："合作作品可以分割使用的，作者对各自创作的部分可以单独享有著作权，但行使著作权时不得侵犯合作作品整体的著作权。"

职务作品的著作权主体即指为完成本单位任务或主要利用本单位的物质技术条件所创作完成作品的著作权主体。《著作权法》第十八条规定："自然人为完成法人或者非法人组织工作任务所创作的作品是职务作品，除本条第二款的规定以外，著作权由作者享有，但法人或者非法人组织有权在其业务范围内优先使用。作品完成两年内，未经单位同意，作者不得许可第三人以与单位使用的相同方式使用该作品。有下列情形之一的职务作品，作者享有署名权，著作权的其他权利由法人或者非法人组织享有，法人或者非法人组织可以给予作者奖励：（一）主要是利用法人或者非法人组织的物质技术条件创作，并由法人或者非法人组织承担责任的工程设计图、产品设计图、地图、计算机软件等职务作品；（二）报社、期刊社、通讯社、广播电台、电视台的工作人员创作的职务作品；（三）法律、行政法规规定或者合同约定著作权由法人或者非法人组织享有的职务作品。"

委托作品的著作权主体应依据《著作权法》第十九条的规定确认。《著作权法》第十九条规定："受委托创作的作品，著作权的归属由委托人和受托人通过合同约定。合同未作明确约定的或者没有订立合同的，著作权属于受托人。"

演绎作品的著作权主体应依据《著作权法》第十三条的规定确认。《著作权法》第十三条规定："改编、翻译、注释、整理已有作品而产生的作品，其著作权由改编、翻译、注释、整理人享有，但行使著作权时不得侵犯原作品的著作权。"

汇编作品的著作权主体应依据《著作权法》第十五条的规定确认。《著作权法》第十五条规定："汇编若干作品、作品的片段或者不构成作品的数据或者其他材料，对其内容的选择或者编排体现独创性的作品，为汇编作品，其著作权由汇编人享有，但行使著作权时，不得侵犯原作品的著作权。"在汇编作品的创作中，需要注意的是汇编人应该取得原作作品的著作权人许可。

（2）著作权的客体

著作权的客体是指著作权保护的对象，即作品。《著作权法实施条例》第二条规定："著作权法所称作品，是指文学、艺术和科学领域内具有独创性并能以某种有形式复制的智力成果。"受著作权保护的作品应具有独创性和原创性，作品的完成是作者自己的选择、取舍、安排、设计、综合的结果，而不是抄袭、剽窃或者篡改他人作品而形成的。

我国著作权法保护的作品包括文学、艺术和自然科学、社会科学、工程技术等作品：文字作品；口述作品；音乐、戏剧、曲艺、舞蹈、杂技艺术作品；美术、建筑作品；摄影作品；电影作品和以类似摄制电影的方法创作的作品；工程设计图、产品设计图、地图、示意图等图形作品和模型作品；计算机软件；法律、行政法规规定的其他作品。

《著作权法》还规定了不享有著作权的客体，包括：法律、法规，国家机关的决定、决议、命令，其他具有立法、行政、司法性质的文件，官方正式译文；时事新闻；历法、通用数表、通用表格和公式；依法禁止出版、传播的作品。

(3) 著作权的归属

①职务作品著作权的归属：一般进行创作的作者享有包括人身权和财产权在内的著作权，而不是由单位享有。但也存在着限制条件，其一是对著作权行使的限制；其二是规定单位有优先使用权；其三是职务作品包括利用单位物质条件创作的作品，法律、行政法规规定或合同约定著作权由单位享有的作品。

②委托作品著作权的归属可以由双方约定归委托方所有或受托方所有。一般来说，双方当事人应当根据受托人在完成作品中的创作程度来约定著作权的归属，如果该作品的详细资料和写作由委托人提供，受托人只是进行简单的整理和文字加工，那么应当约定委托人是著作权人。如果该作品的资料基本上是受托人自行收集，作品的内容为受托人独立创作，则应当约定受托人是著作权人。如果双方约定不明确或者未作约定的，该著作权属于受托人所有。

③合作作品著作权的归属由《著作权法》给予了明确规定，两人以上合作创作的作品，著作权由合作作者共同享有。没有参加创作的人，不能成为合作作者。

6.2 技术许可的实施

技术许可是指知识产权所有人（或其授权人）允许他人在一定期限、区域，以一定费用收取方式使用其所属权的技术贸易手段。技术许可包括所属权许可和许可证协议两方面。

6.2.1 技术许可的范畴

按照技术许可客体的属性，技术许可分为专利许可、商标许可、专有技术许可、著作权许可、特许权许可、专利申请权许可等。

1. 专利许可

专利许可又称专利权使用许可或专利权实施许可，专利许可与专利权转让是不可混淆的两个概念。专利权转让是指专利权人将自己的整个专利权全部转让给受让方。专利许可使用，是许可方（即专利权人）将自己的专利使用权允许被许可方在一定的时间和范围内使用。专利许可与专利权转让，均须通过签订书面协议的方式予以认定。专利转让合同的成立，须经过国家知识产权局专利局登记和公示后才能生效。全民所有制单位的专利权转让，必须经上级主管机关批准。我国单位和个人向外国人转让专利权的，必须经国务院有关主管部门批准。

专利许可通常以书面协议形式出现，这种协议被称作专利许可证、专利许可合同。有关这种合同的订立、履行也叫作专利许可证贸易。它具有以下特征：专利许可是以专利权的有效存在为前提的；专利许可是以转让专利实施权为内容的交易；专利许可在时间上受到专利权期限的限制；专利许可在范围上受到专利权地域性的限制；专利许可受到贸易策略、履行能力和销售组织等要素的限制；专利许可在贸易伙伴、审批程序以及法律调整上受到限制。

2. 商标许可

商标许可包括商标的使用权及商标项下的相关技术的使用权。商标许可协议一般都包含相应的技术贸易内容。如果假冒商标可以轻易达到原商标商品的质量标准，则单纯的商标使用权许可会使原商标商品的竞争力大打折扣，其生命力亦不会持久。因为创建一个品牌商标，需要一定的时日，需要一定的人力、财力、物力的投入，商标许可通常是在引进生产线或引进专有技术时，在一系列附加条件下，同时引进。除了少量的土特产品或真正的老字号商品，商标许可大多是由发达国家向发展中国家转移。

3. 专有技术许可

专有技术亦称为技术诀窍、技术秘密，是技术许可中最为复杂、最为重要的技术交易形式。专有技术很多情况下是与专利技术和其他知识产权技术一起转移的，如专利技术许可中，仅凭专利公开的说明书或技术标准，往往不能达到预期的技术转移目的，或不能顺利地安排经营活动，专利持有人往往还保留部分关键性的技术或某些既容易被人们忽略而又不容易被人们轻易解决的"问题"。所以在其他类别的技术许可中，很多时候必须另行配套引进能够使生产经营活动顺利运行的专有技术。

4. 著作权（版权）许可

著作权许可是指著作权人在保留其著作权人身份的前提下，允许他人在一定的条件下行使其著作权。"一定的条件"是指除了使用费以外，还包括对使用方式、时间和地域范围等方面的限制。作为许可使用的对象一般是著作财产权，但是在少数情况下也包括人身权利。著作权许可是非常重要的著作权行使方式。

著作权许可使用不改变著作权的归属。通过著作权许可使用合同，被许可人获得在一定期间、在约定的范围内、以一定的方式对作品的使用权，著作权仍然全部属于著作权人。被许可人的权利受制于合同的约定。被许可人只能以约定的方式在约定的地域和期限行使著作权，不能擅自将权利许可他人使用，也不能禁止著作权人将同样权利以完全相同的方式，在相同的地域和期限内许可他人使用，除非被许可人享有的是专有许可权并附有从属许可的权利。除非著作权人许可的是专有使用权，否则被许可人对第三人侵犯自己权益的行为一般不能以自己的名义向侵权者提起诉讼，因为被许可人并不是著作权的主体，著作权许可使用和著作权转让有着明显的区别。

因著作权许可使用而设立的协议是一种民事合同，除遵循《民法典》的规定外，《著作权法》还对许可使用合同的主要条款及其他相关内容作了一些特殊规定。

著作权许可协议，当事人既可以采用书面形式，也可以采用口头形式或者其他形式。但是，《著作权法实施条例》规定："许可使用的权利是专有使用权的，应当采取书面形式，但是报社、期刊社刊登作品除外。"

权利的内容解决许可使用的权利种类和效力性质问题。权利的种类一般是根据《著作权法》第十条对各项权利的定义来确定的，也可以采用双方协商共识并符合行业惯例的方式来界定权利的名称和内容。

时间、地域范围是被许可的使用权的重要因素。法律对此没有特别的限制，通常由当事人根据需要自由约定。

许可使用的地域范围和作品的使用方式有密切的联系，一般以一个国家为界限，但对某些权利，又往往可以作更小的划分，例如表演权可以限制在一个县城的范围，播放权可以限制在一定的城市。例如，国内图书出版合同一般不得以省份为界限（中国台湾、香港和澳门地区除外）分别许可不同的出版社出版同一作品。

稿费是著作权人最主要的收益，合同中对其标准和支付方式应加以明确的规定。常见的稿费标准是稿酬制和版税制。稿酬一般分为基本稿酬和印数稿酬。书刊基本稿酬的计算公式是：每千字稿酬额×全文千字数。稿酬一般在作品交付出版时便付清，它与出版的图书的定价无关，也不受作品实际销量的影响。版税制是国际通行的稿酬付费方式，版税是著作权人与作品使用者按照一定比例分享作品销售所得。版税的计算公式是：出版物定价×出版物销售量（或印刷量）×一定的百分比（版税率）。音乐、戏剧作品演出版税称上演版税，其计算公式是：票房收入×一定的百分比（版税率）。其中版税率由著作权人和作品使用者协商确定。它取决于作品的性质、版次、畅销程度以及作者的知名度等多种因素。

完整的著作权许可使用合同还包括许多具体的内容，例如作品名称、主体身份、违约责任、侵权责任担保以及对他人侵权行为的追究等。

5. 特许权许可

特许权的概念非常宽泛，不同的问题描述就会有不同的权利引申。广义的特许权许可是指所有存在利益关系的技术权利的授受，其中包括专利、商标、专有技术等传统意义上的技术许可，也包括普通的特许经营许可。狭义的特许权是指基于管理技术、软件技术为主，且区别于传统技术贸易的技术转移方式。特许权许可的实质是知识产权扩展前提下的特许经营，主要有四种类型：①产品特许经营。其特许权的主要内容有：特定产品系列、销售价格体系、销售方式、售后服务约定。②生产特许经营。其特许权的主要内容有：关键技术、专用设备、厂房要求、质量标准、现场管理系统。③品牌特许经营。其特许权的主要内容有：品牌名称、品牌标识（色彩、图案、标志物等）、品牌标语、品牌形象、品牌定位、品牌所代表的品质与实力等。④经营模式特许经营。经营模式实际上是一套完整的经营运作方案，特许内容就是建设并运营一个具有一定特色的经营实体，其特许权包括三个部分：其一，硬件或有形部分，如产品、设备、工具、VI（视觉识别）等；其二，软件或无形部分，如品牌、CI（企业形象）、MI（理念识别）、BI（行为识别）、专利、商业秘密等；其三，特许权的约束和附加限制。特许权的许可内容主要以《特许经营协议》《特许经营手册》予以约束和规范，这两个文件对特许经营成功与否具有同样重要的作用。

6. 专利申请权许可

专利申请权许可是许可方将特定的发明创造申请专利的权利移交给被许可方，被许可方为此支付约定的价款而签订的转让协议。专利申请权许可属于技术许可的一种。专利申请权许可经常是在专利申请得到批复后，与该专利捆绑在一起实施转让的。从技术转移的角度，被许可方单纯为许可方办理专利申请属于技术服务概念，而申请权与专利权的同时转让则属于技术转移范畴。

签订专利申请权许可协议，应注意以下问题：

①我国《专利法》对确定专利申请权的归属有如下规定：执行本单位的任务或者主要是利用本单位的物质条件所完成的职务发明创造，申请专利的权利属于该单位；非职务发明创造，申请专利的权利属于发明人或设计人。在中国境内的外资企业和中外合资企业的工作人员完成的职务发明创造，申请专利的权利属于该单位；非职务发明创造，申请专利的权利属于发明人或设计人。两个以上单位协助或者一个单位接受其他单位委托的研究、设计任务所完成的创造发明，除另有协议外，申请专利的权利属于完成或共同完成的单位；两个以上的申请人分别就同样的发明创造申请专利权的，专利权授予最先申请者。

②专利申请权的许可，原则上是自由的。我国单位或个人向外国人转让专利申请权或者专利权的，必须经国务院有关主管部门批准。

③专利申请权许可协议应采用书面形式，经国务院专利行政部门登记和公告后生效。

④签订许可协议之前，许可方已经实施该发明创造的，除协议另有约定外，许可方应在协议生效后停止实施。

⑤该合同不影响许可方在协议订立之前与他人订立的非专利技术转让协议的效力。除协议另有约定外，原非专利技术转让协议约定的原转让方的权利和义务转由专利申请权许可协议的被许可方承担。

⑥该发明创造专利申请被驳回的，专利申请权许可协议的被许可方无权要求许可方返还价款，但许可方侵害他人专利权或专利申请权的情况除外。

6.2.2 技术许可实施的途径

1. 技术许可实施的形式

技术许可转让是指在狭义技术许可前提下技术转移的实施过程，是指对具有商业价值和推介前景的技术成果，通过与技术持有人的委托协商与签约，以受托方式获取对目标技术成果实施转移的授权操作。

技术许可转让的实质，是科学技术知识、信息和生产实践经验在不同法律关系主体之间的传递和扩展。这种传递和扩展必须通过一定的物质载体形式如图纸、技术资料、软件、样机等进行，同时也体现为某种技术权益通过合同的法律形式由出让方转移给受让方。这样一类的技术权益包括技术发明的专利申请权、专利技术的使用权、专利权和非专利技术（也称"专有技术"）的使用权等。

因此，从技术权益转移角度看，技术许可实施一般包括以下基本形式：

①专利申请权转让；

②专利权转让；

③专利实施许可（即专利技术使用权转让）；

④非专利技术转让（或称"专有技术转让"）；

⑤著作权转让等。

2. 技术许可实施途径

技术许可实施既可以在技术持有人与技术引入方之间直接进行，也可以通过第三方的介入，在技术持有人、中介人和技术引入方之间展开，而且第三方（或"中介人"）在促进和实现技术转让过程中所处的位置、作用及其身份选择，也可以不尽相同。由此，在有技术转移中心参与下的技术许可实施，应当通过以下途径来加以实现。

(1) 受托转移

技术转移中心以合同方式首先从技术持有人那里取得对该技术实施转移的转让授权，然后以技术持有人身份向希望得到该技术的单位或个人直接转让该技术。其模式及过程为：

技术持有人 ——（权利出让）——→ 技术转移中心 ——（技术转让）——→ 技术用户

(2) 委托转移

技术转移中心以合同方式从技术持有人那里取得技术转移的转让授权之后，以获取技术持有人身份，委托经纪人寻找和选择交易伙伴，通过经纪人的业务运作及服务，达成技术转让交易目标。其模式及过程为：

技术持有人 ——（权利出让）——→ 技术转移中心 ——（经纪授权）——→ 技术经纪人 ——（经纪服务）——→ 技术用户

(3) 居间转移

技术转移中心以中介人身份参与技术转让，通过向技术持有人和技术引入方提供其所需要的中介服务，促成其交易的实现。其模式及过程如图 6-1 所示。

技术持有人 ←——（委托寻找客户）——→ 技术转移中心 ←——（委托寻找技术）——→ 技术用户

图 6-1　居间技术转移流程

(4) 合作开发转移

技术转移中心与目标研发机构合作，共同开发某种新技术、新产品、新工艺、新材料，包括对已有研发成果的二次开发，所得技术成果的使用权、转让权、专利权归技术转移中心和合作研发机构共有。技术转移中心以技术持有人身份实施技术转移（转让），其模式及过程如图6-2所示。

图6-2　合作开发技术转移流程

3. 专利许可的实施程序

（1）许可方对被许可方的选择

①确认被许可方的法人资格和经营范围。如果被许可方缺乏进行许可贸易的主体资格，不具有按照自己的意志和条件从事许可贸易的能力，就不能成为贸易的伙伴。

②评估被许可方的实施条件和资信状况。实施条件，指被许可方具有与使用专利技术相适应的生产工艺、原材料、厂房设备、必要的生产操作技术人员，以及有效的经营运作机制和销售市场网络。资信状况，指被许可方的实施诚意和履约信誉。

（2）被许可方对许可方的选择

要求许可方保证自己是所许可专利技术的真正所有权人或持有人；分析许可方所提供的专利的有效性、技术自身的价值、市场潜力和发展趋势；明确许可方为实施专利技术所提供的技术协助、服务和有关方面的范围；调查许可方的技术实力、经营条件和商业诚信。

（3）商业机会选择

商机选择是分析所预期的专利项目实施的机会是否可行，即经过研究验证拟实施专利的机会是否存在，如存在实施可能，则以项目建议书的形式进入可行性研究。

（4）可行性研究

可行性研究是对项目的所有内容，进行个别的和综合的深入调查、分析和研究，提出具体可行的项目实施方案。

（5）评价与决策

所谓评价与决策，就是把拟议中的项目放在经济与社会的整体内加以分析，研究项目对经济、社会的作用，以及贡献与影响，然后作出实施或放弃项目的决策。

（6）谈判与签订合同

谈判是签订合同的前提，签订合同是谈判的结果。谈判过程是双方努力寻求对方都能接受的妥协点的过程。

（7）协议审批与备案

一般专利许可合同，当事人签字即可生效；但按照《专利法实施细则》的规定，应报有关部门备案，涉外的专利许可合同，则应按照规定，分别报请有关部门审批。

合同生效后，执行合同的各项具体事务就由当事人双方来进行。由于不同合同其标的不同以及其他差异等，合同的执行并无固定模式，基本原则是双方都应自觉履行自己在合同上所承诺的义务。

6.2.3 技术许可实施后的服务保障

1. 技术后续服务的保障作用

在技术交易中，技术转让的出让方为引进方提供被转让的标的技术实施所必需的技术服务，是出让方应尽的责任，也是技术转让的重要内容及环节之一。首先，技术转让本身就含有技术传授的过程，要顺利地实现这一过程，仅凭交付技术资料是难以做到的，因为在许多情况下，出让方交付的技术资料并不能包括被转让技术的全部内容，特别是无法包括出让方技术人员头脑中的技术经验和技术诀窍。这些经验和诀窍需要通过技术人员的操作实践和现场指导才能表现出来，而且这些经验和诀窍还往往涉及所转让技术的核心内容，直接影响被转让技术实施的结果与效果。其次，被转让技术作为一种非公知的专有技术，在其应用实施过程中，必然面临诸多特定的技术问题，需要由熟悉该技术原理、掌握该技术的专门知识及经验的专业人才或其群体及时加以解决，没有技术出让的后续服务保障，被转让技术的实施难以顺利地展开和进行。

因此，在技术转移过程中，技术服务是技术转让的重要条件和不可或缺的内容之一。

2. 技术出让后的服务内容

与技术转让相关的技术服务的要求及内容应在转让合同中加以明确的规定和体现。有关技术服务的具体要求及内容由合同各方通过协商进行确定。一般应包括以下基本内容：

①向引进方相关人员传授、讲解被转让的标的技术原理及知识，为引进方培训被转让技术实施及应用所需要的专业技术人员和操作工人。

②现场指导、协助引进方安装、调试被转让技术应用实施所涉及的机器、设备等。

③为引进方提供利用被转让技术进行产品设计、制造、检验、调试等方面的技术指导，协助引进方解决被转让技术生产应用过程中遇到的各种技术性难题。

④引进方需要的与标的技术转让相关的其他方面的技术性服务。

3. 技术服务费用

技术转让过程中技术出让方为引进方提供与标的技术转让有关的技术服务所涉及的技术服务费用问题，包括费用的计算办法、内容及范围、数额及其支付方式等，由双方协商达成共识后，在双方订立的技术转让合同中加以明确和规定。

与技术转让相关的技术服务费用，原则上可以单独分项目计收，也可以采用一揽子的办法计收，或将该项费用包含在技术许可使用费内，不独立核算技术服务费用。

与技术转让相关的技术服务，在独立计算其费用的情况下，费用计算依据可以按实际工作量计价，也可以按件计价。按实际工作量计价时，合同双方可协商议定一个估算的技术服务工作量，确定不同等级技术人员的人/日或人/时的收费标准，然后依据该标准按实际工作量计付技术服务费用。按件计价时，可以按照项目的估算或实际工程费用的一定比率计付技术服务费，也可以按其他标准确定一个固定的一揽子技术服务费额。

技术服务费用的计价内容，可以区分为：

①直接费用，出让方为提供技术服务而实际发生的费用，包括资料成本费、差旅费、通信费等。

②间接费用，出让方提供技术服务所发生的经营管理费用，包括管理人员工资、办公费、资产折旧费等。

③专家费用，实际支付给技术服务人员的工资、津贴、补助费等。

④酬金，提供技术服务的部门的所得。

技术服务费可以一次性支付，也可以按照服务的工作进度分期支付。

4. 技术服务的合同条款

与技术转让相关的技术服务的提供与接受和与之有关的相关事项，由技术转让合同中的专门条款加以规定，具体内容应包括：

①技术服务的内容、范围、方式和要求；

②技术服务的履行期限、地点、方式及办法；

③技术服务的工作条件和协作事项，合同双方的责任与义务；

④技术服务报酬及其支付方式；

⑤违约金或损失赔偿的计算方法等。

6.2.4 专利申请权受让

专利申请权受让越来越受到技术经纪人的关注，与风险投资类似，与专利受让相比，申请权代理和申请权受让的风险较小，蕴藏的回报潜力很大。

1. 专利申请权受让的运作流程

（1）专利申请权受让的前提

专利申请权受让是技术转移机构最重要的技术信息来源渠道，也是潜在技术财富的重要积累。专利申请权与专利权是既有联系又有很大区别的两个概念。

新技术的持有人将其所持有的该项技术可申请专利的权利（称为"专利申请的权利"）转让给他人，这种转让，对作为出让方的技术持有人而言，称作"专利申请权的出让"，而对于接受这种转让的单位或个人来说，则称为"专利申请权的受让"。

世界知识产权组织（WIPO）2022年11月21日发布的《世界知识产权指标》报告显示，2021年全球专利、商标和外观设计的知识产权申请量均创历史新高。其中，中国提交的专利申请数量最多，接近全球专利申请量的一半。共受理159万件专利申请，这一数量与排名第二至第十三的12个主管局的总和相近。截至2021年，全球有效专利数量约为1650万件，同比增长4.2%。其中，中国有效专利数量达360万件，超过美国成为2021年有效专利数量最多的国家。美国以330万件有效专利排在中国之后。积极受让专利申请权，包括积极鼓励技术持有人出让其专利申请权，从而主动争取对某种或某些技术申请专利的权利，应该而且有可能成为技术转移机构的重要运营业务之一。这是因为：

①专利申请权受让的利益前提。技术转移机构熟悉专利申请的业务运作程序，申请易于成功，并且有助于人力及费用的节省；由技术转移机构直接申请专利，在申请被批准后，有利于专利技术的转移、转让、实施；能够较好地保证和实现技术持有人应该得到的基本经济权益与利益；能够拓宽技术转移机构的业务服务范围。

②专利申请权受让的条件前提。技术转移中心是否应该争取和接受技术持有人出让的专利申请权，应以下条件为前提：目标技术能够满足专利授予所要求的实质条件，专利申请被驳回的可能性较小，这是最基本的条件；技术持有人同意将该项技术的专利申请权转让给技术转移中心或其他单位及个人，并且能够积极配合技术转移中心的专利申请工作，为专利申请提供良好的条件；该技术的专利申请被批准后，作为专利的技术，具有良好的转让价值和较高的应用预期，即有望获取较好的经济及社会效益。

（2）专利授予的实质条件

按照《专利法》的一般规定，专利权仅授予一定范围内的具有新颖性、创造性和实用性的发明。因此，在考虑并争取某一项技术的专利申请权时，必须具有以下方面的突出特征或特性：

①必须是一种发明。即对特定技术问题所提出的一种前所未有的解决方案，是发明人的一种思想，这种思想可以在实践中解决技术领域里特有的某种问题。不属于发明的智力创造成果，如"科学发现"，和属于人们推理范畴的"智力活动的规则和方法"等，由于不能授予专利权因此不在专利申请权的考虑范畴之内。

②必须是一定范围内的发明。即技术发明不能违反国家法律、社会公德和有碍于公共利益的获取与实现，必须有助于经济、社会的健康发展和运行。

③必须是同时具备新颖性、创造性和实用性三个条件的发明。新颖性即发明创造具有前所未有的、未被公知的属性，是取得专利权的首要条件。通常通过技术、时间、地域和例外情况四个方面的标准来加以规定和体现。创造性即目标发明与申请专利日以前的现有技术相比，具有突出的实质性的特点和显著的进步，能够带来前所未有的技术效果。实用性即目标发明能够在生产实践中加以使用，并产生积极的经济、技术及社会效果，具备可实施性、再现性和有益性等基本特征。

（3）专利申请的实质内容

专利申请文件一般应包括请求书、说明书、权利要求书、摘要等内容，符合简洁、全面和规范的实质要求。

①请求书。申请人向专利机关表明希望获取专利权的声明，内容包括发明创造的情况和关于申请人及有关当事人的情况证明。

②说明书。申请人对其发明所进行的一种具体而详细的陈述，内容包括发明成果

的名称、发明所属技术领域的背景资料、发明所解决的技术课题、发明与现有技术相比较的优点，以及实施该发明的最佳方案。

③权利要求书。申请人要求给予专利保护的项目范围及内容的说明，是专利申请文件的核心组成部分。权利要求书以说明书为依据，所提出的权利要求不得超过说明书所描述的技术范围。

④摘要。说明书和权利要求书的简短提要，简明扼要地说明发明所属的技术领域，发明解决的技术课题和发明的特征、用途等。

（4）专利申请权受让运作程序

专利申请权受让运作程序如图6-3所示。

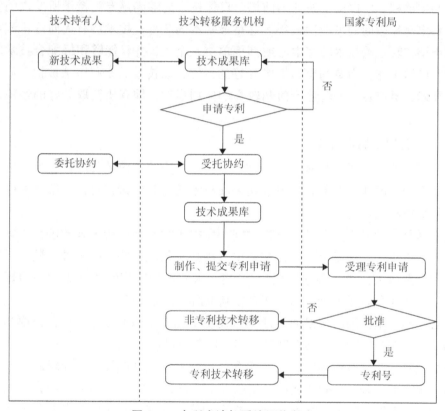

图6-3 专利申请权受让运作程序

2. 专利申请权的转让价格与支付方式

（1）转让价格的组成及影响因素

专利申请权的转让价格，是专利申请权的受让方为获取目标技术申请专利的权利而向这一权利的出让方所支付的一种费用、报酬或补偿，通常由出让方从事该技术研发而花费的费用分摊和出让方向受让方提供相关资料所支付的技术资料费用两部分所组成。

但转让价格的实际形成，却与诸多因素相关，如技术开发成本、技术的更新周期、技术所在行业的利润状况、专利申请获准的难易程度、专利申请获准后作为专利技术的推介前景及其收益预期、专利申请权转让的实现方式与方法、转让合同的其他条件约定、转让成本。转让成本即转让主体为缔结和实施专利申请权转让合同所实际支出的各项费用。

在确定专利申请权转让价格时，必须综合考虑上述各种因素的影响作用及其结果。

（2）转让价款的支付方式

任何交易活动的合同价格与支付方式都联系紧密。在合同价格总额已确定的情况下，采用不同的支付方式，合同当事各方各自所得到的实际利益会有较大的差别。因此，在确定合同价格时，应将与之相对的支付方式一并加以考虑。

专利申请权转让价款的支付可以选择以下方式：

①总付。申请权转让双方商定一个固定的价格总额后，由受让方按现值一次或分期付清。

②提成。申请权转让的受让方在合同规定的期限内，按照专利申请批准后的专利技术实施所产生的实际效果向出让方支付一定比例的权利转让补偿。提成的约定涉及提成年限、提成比例、提成基础和提成方法四个方面的问题，一般不确定提成的具体数额，出让方的实际所得需要根据专利技术实施所产生的经济效果决定。其中的提成基础可以在产量、价格、利润三种方式中作出选择，而提成方法，则有固定提成、滑动提成和最低提成、最高提成等方法可供选择。

③入门加提成。申请权转让的受让方在合同开始执行时先向出让方支付转让费用总额的一部分，剩余部分按规定的办法提成。这是一种一次总付与提成相结合的支付方式，所以又称"混合支付"，其中的"总付"包括入门费或定金。

前述三种方式，"总付"较有利于出让方，出让方风险较小；"提成"有利于受让方，受让方风险较小；"入门加提成"则能够较好地在双方的利得及风险中保持平衡。

3. 专利技术归属及其权益的分享

专利申请权转让后同该专利申请相关的技术性质及形态问题，将出现以下两种情况：

（1）专利申请被驳回的情况

如果在专利申请公开之前被驳回，则该项技术发明仍可作非专利技术进行转让；如果是在专利申请公开后被驳回，那么该项技术发明即成为社会公知的技术，无法再进行技术转让。这就要求专利申请权转让的受让方在进行专利申请时，必须审慎地处理相关问题，努力避免出现专利申请被驳回的第二种情况，以便将专利申请的风险降低到最低程度。专利申请被驳回的第一种情况，即非专利技术的权属确定，可以有以下三种选择：

①返归出让方持有，出让方在专利申请权转让时所出让的仅仅是申请专利的权利，不涉及技术本身。

②由受让方持有，技术转让所得全部归受让方所有。

③由出让方和受让方共同持有，技术转让所得在双方间按照转让合同约定的分配比例及方法进行分配。

（2）专利申请被批准的情况

专利申请被批准后，专利申请所涉的技术发明便成为专利技术。专利技术的权属确定可以有如下选择：

①专利权人为受让方，专利技术实施后所产生的经济收益归受让方所有。

②专利申请权转让双方同为该专利技术的专利权人，专利技术实施后所形成的经济效益在出让方和受让方之间按照转让合同约定的分配比例及方法进行分配。

究竟采用上述两类情况的何种选择，均应在专利申请权转让合同中与申请权转让价格及其支付方式上一并考虑，通过磋商达成共识后加以明确规定。

6.3 我国知识产权的现行法律规章

知识产权相关法律和规章主要是在知识创新和知识扩散两方面发挥秩序保障、循规纠偏作用。法律与规章是知识权益冲突的平息依据。知识产权保护体系包括国内最新的商标权、专利权、著作权等知识产权法律法规和行政规章，以及各种规范性文件和地方规定，同时也包括《民法典》《行政诉讼法》等知识产权领域常涉法律规范。我国加入的各国际条约和国际公约也属于知识产权保护体系的内容。

6.3.1 专利法及相关的法规和行政规章

2020年10月17日第十三届全国人民代表大会常务会议通过了《关于修改〈中华人民共和国专利法〉的决定》，以加强对专利权人合法权益的保护，加大对专利侵权行为的惩治力度，完善激励发明创造的机制、制度。

《专利法》（第四次修正）借鉴国际做法，加大了对侵犯知识产权的打击力度，提高故意侵犯、假冒专利的赔偿和罚款额度，完善了举证责任，明确提出网络服务提供者未及时阻止侵权行为须承担连带责任。在充分发挥司法保护主导作用的同时，完善行政执法，提升专利保护效果和效率。

在加强专利转化服务和促进专利的实施运用方面，《专利法》（第四次修正）有利于建立发明人或设计人合理分享职务发明创造收益的激励机制；完善对发明人、设计人激励机制以及专利授权制度，明确单位对职务发明创造的处置权。为提升专利公共服务效率，新设专利开放许可制度为专利权的取得和实施提供了更多便利，能激发创新积极性，促进发明创造。

在完善专利授权制度方面，一是新设外观设计专利申请国内优先权制度，规定了申请人自外观设计在国内第一次提出专利申请之日起六个月内，又就相同主题在国内提出专利申请的，可以享有优先权；二是优化要求优先权程序，放宽专利申请人提交第一次专利申请文件副本的时限；三是延长外观设计专利权保护期，为适应我国加入关于外观设计保护的《海牙协定》的需要，将外观设计专利权的保护期由原来规定的10年延长至15年。我国现行的保护知识产权的主要法律、法规及行政规章（专利法部分）包括：

1. 法规

①《中华人民共和国专利法》（2020 年修正）。

②《中华人民共和国专利法实施细则》（2010 年修订）。

③《专利代理条例》（2018 年修订）。

④《农业化学物质产品行政保护条例》（根据 2020 年 11 月 29 日《国务院关于修改和废止部分行政法规的决定》修订）。

⑤《国防专利条例》。

⑥《药品行政保护条例》。

⑦《集成电路布图设计保护条例》。

⑧《中华人民共和国植物新品种保护条例》（2014 年修订）。

2. 行政规章

①《药品行政保护条例实施细则》。

②《农业化学物质产品行政保护条例实施细则》。

③《专利资产评估管理暂行办法》。

④《专利实施许可合同备案管理办法》。

⑤《中华人民共和国植物新品种保护条例实施细则（农业部分）》。

⑥《集成电路布图设计保护条例实施细则》。

6.3.2 商标法及相关的法规和行政规章

1. 法规

①《中华人民共和国商标法》（2019 年修订）。

②《中华人民共和国商标法实施条例》。

③《中华人民共和国出口货物原产地规则》。

④《特殊标志管理条例》。

⑤《奥林匹克标志保护条例》。

2. 行政规章

①《商标代理管理办法》。

②《集体商标、证明商标注册地和管理办法》。

③《商标评审规则》。

④《商标评估机构管理暂行规定》。

⑤《驰名商标认定和保护规定》。

⑥《商标印制管理办法》。

⑦《原产地域产品保护规定》。

6.3.3 著作权法及相关的法规和行政规章

1. 法规

①《中华人民共和国著作权法》（2020 年修正）。

②《中华人民共和国著作权法实施条例》（2013 年修订）。

③《计算机软件保护条例》（2013 年修订）。

④《实施国际著作权条约的规定》（2020 年修正）。

⑤《音像制品管理条例》（2016 年修订）。

⑥《电影管理条例》。

⑦《出版管理条例》（2016 年修订）。

⑧《广播电视管理条例》（2020 年修订）。

⑨《电子出版物管理规定》。

⑩《传统工艺美术保护条例》（2013 年修订）。

⑪《地图管理条例》。

2. 行政规章

①《计算机软件著作权登记办法》。

②《软件产品管理办法》。

6.3.4 反不正当竞争法及相关的行政规章

1. 法律

《中华人民共和国反不正当竞争法》（2019 年修订）。

2. 行政规章

①《关于禁止仿冒知名商品特有的名称、包装、装潢的不正当竞争行为的若干规定》。

②《关于禁止侵犯商业秘密行为的若干规定》。

6.3.5 与奖励相关的法规和行政规章

1. 法规

《中华人民共和国促进科技成果转化法》，2015 年 10 月 1 日起施行，第四十四条规定："职务科技成果转化后，由科技成果完成单位对完成、转化该项科技成果做出重要贡献的人员给予奖励和报酬。"

第四十五条规定："科技成果完成单位未规定、也未与科技人员约定奖励和报酬的方式和数额的，按照下列标准对完成、转化职务科技成果做出重要贡献的人员给予奖励和报酬：

（一）将该项职务科技成果转让、许可给他人实施的，从该项科技成果转让净收入或者许可净收入中提取不低于百分之五十的比例；

（二）利用该项职务科技成果作价投资的，从该项科技成果形成的股份或者出资比例中提取不低于百分之五十的比例；

（三）将该项职务科技成果自行实施或者与他人合作实施的，应当在实施转化成功投产后连续三至五年，每年从实施该项科技成果的营业利润中提取不低于百分之五的比例。"

《国家科学技术奖励条例》于 1999 年 5 月 23 日国务院令第 265 号发布。根据
2003 年 12 月 20 日《国务院关于修改〈国家科学技术奖励条例〉的决定》第一次修
订，根据 2013 年 7 月 18 日《国务院关于废止和修改部分行政法规的决定》第二次
修订。

2. 行政规章

①中共中央办公厅、国务院办公厅印发《关于实行以增加知识价值为导向分配政
策的若干意见》。

②中央全面深化改革领导小组第三十三次会议 2017 年 3 月 24 日审议通过《关于深
化科技奖励制度改革的方案》。

6.3.6 其他法规和行政规章

①《中华人民共和国民法典》民法总则篇。

②《中华人民共和国刑法》（2020 年修订）第 2 编第 3 章第 7 节 "侵犯知识产权
罪"。

③《中华人民共和国科学技术进步法》（2007 年修订）。

④《中华人民共和国农业技术推广法》（2012 年修订）。

⑤《中华人民共和国外商投资法》。

⑥《中华人民共和国知识产权海关保护条例》。

⑦《中华人民共和国技术进出口管理条例》。

⑧《高等学校知识产权保护管理规定》。

⑨《关于进一步加强高等学校知识产权工作的若干意见》。

6.3.7 我国知识产权的权利方式

1. 知识产权的延展

我国现行法律保护的各类知识产权如图 6-4 所示。

2. 知识产权的权利依据

我国各类知识产权类别及主要法律依据和权利产生的方式见表 6-1。根据我国加入
WTO 的有关承诺，我国已将《专利法》及其实施细则、《商标法》及其实施条例、《著
作权法》及其实施条例及《计算机软件保护条例》等法律、法规进行了因应性的修改。
如《著作权法》2001 年进行的第一次修订是为了满足中国加入世界贸易组织的需要，
对《著作权法》与世界贸易组织《与贸易有关的知识产权协议》不一致的内容进行了
修订；2010 年进行的第二次修订是为了执行世界贸易组织关于中美知识产权争端案的
裁决，只对著作权法的两个条文进行了小的修改。

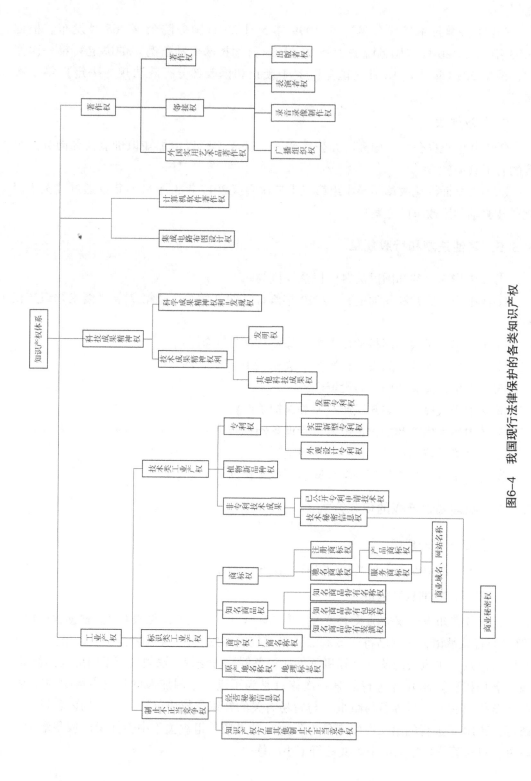

图6-4 我国现行法律保护的各类知识产权

表 6-1　我国各类知识产权类别及主要法律依据和权利产生的方式

大 类	亚 类	主要法律法规	权利产生的方式
著作权 （广义）	著作权	《民法典》 《著作权法》及其实施条例	依法自动产生
	邻接权	《著作权法》 《计算机软件保护条例》	依法自动产生
	外国实用艺术品著作权	《实施国际著作权条约的规定》	依法自动产生
集成电路布图设计权		《集成电路布图设计保护条例》	依法自动产生
专利权	发明专利权 实用新型专利权 外观设计专利权	《民法典》 《专利法》及其实施细则	依法申请获准
植物新品种权		《植物新品种保护条例》	依法申请获准
商业秘密权	技术秘密权 经营秘密权	《民法典》 《反不正当竞争法》	依法自动产生
商标权	注册商标权	《民法典》 《商标法》及其实施条例	依法自动产生
	驰名商标权	《巴黎公约》 《商标法》 《驰名商标认定和保护规定》	依法自动产生，可依规定申请认定
知名商品权	名称权、包装权、装潢权	《反不正当竞争法》	依法自动产生
商号权 （厂商名称权）		《巴黎公约》 《企业法人登记管理条例》 《反不正当竞争法》 《民法典》	依法自动产生，依法申请获准
原产地名称权 （地理标志权）		《商标法》 《原产地域产品保护规定》	依法申请获准
科技成果精神权	发明权、发现权和其他科技（技术）成果权	《国家科学技术奖励条例》 《科学技术进步法》等	依法自动产生

6.4　知识产权的保护与摩擦

6.4.1　与贸易有关的知识产权协议

《与贸易有关的知识产权协议》，简称 TRIPS 协议，是世界贸易组织体系下的多边贸易协定。TRIPS 协议是关贸总协定乌拉圭回合谈判的 21 个最后文件之一，于 1994 年 4 月 15 日由各国代表在摩洛哥的马拉喀什签字，并于 1995 年 1 月 1 日起生效，由同时成立的世界贸易组织管理。

TRIPS 协议是关贸总协定乌拉圭回合中达成的涉及世界贸易的 28 项单独协议中有关

知识产权保护的重要协议之一。由于近年来知识产权与国际贸易日益紧密地联系在一起，知识产权案件不断增多，已影响到国际贸易的正常发展。以美国为代表的发达国家极力主张在国际上建立一套高标准、严要求的知识产权保护体系，并提出各国应通过乌拉圭回合谈判在确立更有效的，而且统一的原则方面达成一致。经过几年发达国家和发展中国家的代表在协商中的激烈辩论和艰巨谈判，1992年12月达成了《与贸易（包括假冒商品贸易在内）有关的知识产权协议》草案，并于1994年4月在摩洛哥召开的乌拉圭回合谈判成员方部长级会议上草签。该协议是迄今为止，国际上所有有关知识产权的国际公约和条约中，参加方最多、内容最全面、保护水平最高、保护程度最严密的一项国际协定。

TRIPS协议有7个部分73条，包括：总则和基本原则；关于知识产权的效力、范围及使用的标准；知识产权的实施；知识产权的取得、维持及当事人之间的相关程序；争端的防止和解决；过渡性安排；机构安排和最后条款。

6.4.2 知识产权的国际保护

1. 知识产权协议

要求成员方应实施TRIPS协议，并可在各自的法律制度和实践中确定实施该协议的适当方法；只要不违反该协议，成员方还可以在其法律中实施比该协议要求更广泛的保护。知识产权协议的基本原则如下：

①国民待遇原则。在知识产权保护上，成员对其他成员的国民提供的待遇，不得低于提供给本国国民的待遇。但"四公约"[1]另有规定的可以例外。给予表演者、录音制品制作者和传播媒体的国民待遇，仅适用于TRIPS协议规定的权利。某些司法和行政程序，也可以成为国民待遇的例外。

②最惠国待遇原则。无条件最惠国待遇。其例外有：来自有关司法协助或法律实施的国际协定的优惠等，但这种优惠并非专门针对知识产权保护，而是一般性的优惠；来自相关公约的互惠性保护；TRIPS协议未规定的表演者、录音制品制作者和传播媒体的权利；TRIPS协议生效前已有的优惠等。

③其他原则。有助于促进技术革新、转让和传播；促进技术知识生产者与使用者互利；增进社会、经济福利和保持权利与义务的平衡。

TRIPS协议为所有成员规定了知识产权保护的最低标准，也提供了一个强制性的争端解决机制，极大地保护了发达国家的利益，但美国、日本等发达国家并不满意。美国、日本等发达国家一直策划建立"国际专利制度"，以替代现有的TRIPS协议，主要希望在全球建立"统一的专利法；统一的专利局；一次申请、一次检索；一次授权产生一件全球专利"。

2.《保护工业产权巴黎公约》

《保护工业产权巴黎公约》，简称《巴黎公约》，于1883年3月20日在巴黎签订，1884

---

[1] 即《巴黎公约》《伯尔尼公约》《罗马公约》《马德里公约》。

年 7 月 7 日生效。《巴黎公约》的保护范围是工业产权，包括发明专利、实用新型、工业品外观设计、商标、服务标记、厂商名称、货源标记或原产地名称以及制止不正当竞争等。1985 年 3 月 19 日中国成为该公约成员方，我国政府在加入书中声明：中华人民共和国不受公约第二十八条第一款的约束。

3. 《商标国际注册马德里协定》

《商标国际注册马德里协定》，签订于 1891 年，是用于规定、规范国际商标注册的国际条约。马德里体系中的成员方和组织已超过 100 个。

根据《商标国际注册马德里协定》或《商标国际注册马德里协定有关议定书》的规定，在马德里联盟成员间所进行的商标注册，即通常所说的商标国际注册，指的就是马德里商标国际注册。

4. 《保护原产地名称及其国际注册里斯本协定》

以保护"原产地名称"［Appellations of Origin（AOs）］为宗旨的里斯本协定的协议国已经同意扩大协定的范围，将草签时原本狭隘定义的原产地名称（AOs）类别扩大到涵盖地理标志［Geographical Indications（GIs）］。地理标志用于标示产品的特定地理产区，它包括质量、口碑或者其他与该产地密切相关联的特性。新文本是在里斯本协定的 28 个协议方与两个"特别"代表团之间进行谈判之后达成的，这两个代表团分别是欧盟和非洲知识产权组织。目前，地理标志是由 WTO 的 TRIPS 协议治理。

5. 《保护文学和艺术作品伯尔尼公约》

《保护文学和艺术作品伯尔尼公约》，简称《伯尔尼公约》，是关于著作权保护的国际条约，1886 年 9 月 9 日签订于瑞士伯尔尼。截至 2019 年 7 月 4 日，随着所罗门群岛的加入，成为该公约新缔约方，该公约缔约方总数达到 177 个。

1992 年 10 月 15 日中国成为该公约成员方，我国加入该公约前两年，已制定了与该公约相配套的《中华人民共和国著作权法》（第七届全国人民代表大会常务委员会第十五次会议通过，1991 年 6 月 1 日起施行），从法律上为我国加入该公约提供了保障。该公约与《保护工业产权巴黎公约》一起成为世界范围内保护经济"硬实力"（指《巴黎公约》）和文化"软实力"（指《伯尔尼公约》）的两个"根本法"。《伯尔尼公约》的诞生，标志着国际版权保护体系的初步形成。

6. 《保护集成电路知识产权的华盛顿公约》

《保护集成电路知识产权的华盛顿公约》，简称《华盛顿公约》，1989 年 5 月 26 日缔结于美国华盛顿。

《华盛顿公约》共 20 条，其主要内容包括：联盟的建立；定义；条约的客体；保护的法律形式；国民待遇；保护范围；实施、登记、公开；大会；国际局；本条约某些规定的修改；巴黎公约和伯尔尼公约的保障；保留；争议的解决；条约的参加；条约的生效；条约的退出；条约的文本；保存人；签字。

该公约明确规定，"集成电路"是指一种产品，在它的最终形态或中间形态，是将多个元件，其中至少有一个是有源元件，和部分或全部互连集成在一块材料之中和/或之上，以执行某种电子功能。"布图设计（拓扑图）"是指集成电路中多个元件，其中至少有一个是有源元件，和其部分或全部集成电路互连的三维配置，或者是指为集成电路的制造而准备的这样的三维配置。

《华盛顿公约》规定成员方应对集成电路的布图设计实行注册保护，注册申请无须具有新颖性，集成电路布图设计的所有人在其产品投入商业领域后两年之内提交申请即可，保护期至少为 10 年。受保护的条件除了"独创性""非一般性"之外，还有"非仅仅其有关功能的有限表达方式"。《华盛顿公约》还规定了国民待遇，即各成员方对于其他成员方的国民或居民，只能要求与本国国民一样地履行手续，并给予同样的保护。这与诸版权公约中的国民待遇不同，而与《保护工业产权巴黎公约》相似。

7. 我国加入国际知识产权公约的历程

伴随着知识产权保护制度的建设，中国开始积极加入各个知识产权国际公约，这为我国的知识产权制度与国际接轨奠定了良好的基础。其中主要包括：1985 年加入《保护工业产权巴黎公约》；1989 年加入《保护集成电路知识产权的华盛顿公约》和《商标国际注册马德里协定》；1992 年加入《保护文学和艺术作品伯尔尼公约》和《世界版权公约》；1993 年加入《保护录音制品制作者防止未经许可复制其录音制品公约》；1994 年加入《商标注册用商品和服务国际分类尼斯协定》和《专利合作条约》；1995 年加入《商标国际注册马德里协定有关议定书》和《国际承认用于专利程序的微生物保存布达佩斯条约》；1996 年加入《工业品外观设计国际分类洛迦诺协定》；1998 年加入《专利国际分类协定》；1999 年加入《保护植物新品种国际公约》。

加入国际公约就意味着我们要面临各种条约的约束与监督，很多与国际条约不符的规定亟待修改完善。比如，我国第一部《专利法》在专利权客体方面，对药品和化学的排除不符合《巴黎公约》的规定，因此，在之后的修订过程中加上了对药品和化学的保护。除了修订现行法律之外，我国在这一时期还颁布了一些新兴领域的法规，比如，1997 年颁布《植物新品种保护条例》，1991 年 6 月 4 日颁布《计算机软件保护条例》等，都逐步完善了我国的知识产权法律制度。

6.4.3 知识产权交易保护

知识产权保护依据的是专有权授予或权利确立的一系列法律程序，及一国政府有关职能机构制定调整的有关知识产权的确定、归属、权利人权利和义务、侵权与反侵权等关系的法律规范。

知识产权保护不仅是履行国际规则，也是中国创新发展的内在需求。中国近年来对外支付的知识产权使用费居世界前列。知识产权交易保护的突出矛盾是发达国家与发展中国家之间的权利不对等。

1. 美国"337 调查"

"337 条款"是美国《1930 年关税法》第 337 节的简称，现被汇编在《美国法典》第 19 编 1337 节。"337 条款"的前身是《1922 年关税法》的 316 条款，后经修改的《1930 年关税法》第 337 条而得名。自此以后，美国历次贸易立法不断对该条款加以修正与发展。对确定现行"337 条款"的实体架构与程序运作影响最大的是《1988 年综合贸易与竞争法》（*Omnibus Trade and Competition* Act）和《1995 年乌拉圭回合协议法》（*Uruguay Round Agreement* Act）对美国法典第 28 编的修订。"337 条款"成为美国重要的贸易保护手段之一。

"337 调查"是指美国国际贸易委员会（United States International Trade Commission，USITC）根据美国《1930 年关税法》（*Tariff Act of 1930*）第 337 节及相关修正案进行的调查，即禁止一切不公平竞争行为或向美国出口产品中的任何不公平贸易行为：产品以不正当竞争的方式或不公平的行为进入美国，或产品的所有权人、进口商、代理人以不公平的方式在美国市场上销售该产品，并对美国相关产业造成实质损害或损害威胁，或阻碍美国相关产业的建立，或压制、操纵美国的商业和贸易，或侵犯合法有效的美国商标和专利权，或侵犯了集成电路芯片布图设计专有权，或侵犯了美国法律保护的其他设计权，并且美国存在相关产业或相关产业正在建立中。

在"337 调查"中，如果申请人指控进口产品侵犯知识产权，申请书的主要内容应包括：对涉案知识产权的描述；对涉嫌侵权的进口产品的描述；涉嫌侵权产品的生产商、进口商或经销商的相关信息；涉案知识产权正在进行的其他法院诉讼或行政程序；国内产业情况及原告在该产业中的利益；诉讼请求。在涉及专利的"337 调查"案件中，申请人还必须提供证明侵权的专利权利要求对照表。

美国国际贸易委员会（USITC）的职能主要是：以知识产权为基础的进口调查，并采取制裁措施；产业及经济分析；反倾销和反补贴调查中的国内产业损害调查；保障措施调查；贸易信息服务；贸易政策支持；维护美国海关税则。

(1)"337 条款"调查

根据美国法律规定，对一般不正当贸易的法律构成要件的认定有两个方面：一是美国存在相关产业，或该产业正在建立中；二是损害或实质损害美国的相关产业，或阻止美国相关产业的建立，或压制、操纵美国的商业和贸易。

美国对知识产权方面的不正当贸易的法律构成要件包括两个方面：一是进口产品侵犯了美国的专利权、著作权、商标权等专有权；二是美国存在相关产业或相关产业正在筹建中。

美国"337 调查"大部分都是针对专利或商标的侵权行为，少数调查还涉及版权、工业设计以及集成电路布图设计侵权行为等。其他形式的不公平竞争包括侵犯商业秘密、假冒经营、虚假广告、违反反垄断法等。近年来，中国已经成为美国"337 调查"的最大受害国，在已判决的相关案件中，中国企业的败诉率高达 60%，远高于世界平均值 26%。

(2)"337 调查"的一般程序

"337 调查"的一般程序为：申请、立案、应诉、听证前会议、取证、听证会、行政法官初裁、委员会复议并终裁、总统审议。

如果任何一方当事人对 USITC 的裁决结果不服，可以向美国联邦巡回上诉法院提起上诉。根据美国《1930 年关税法》第 337 节的规定，USITC 会在 12~15 个月内结束调查，复杂案件可能会延长至 18 个月。

（3）"337 调查"的申请与立案

申请人可以亲自或以邮寄方式向 USITC 提交申请书，包括 12 份非保密文本及 6 份证据材料、12 份保密文本及 6 份证据材料。非保密文本的申请书也可以以电子版的方式提交。

非美国企业也可以提起"337 调查"申请。在涉及知识产权的"337 调查"中，无论美国企业（自然人）还是非美国企业（自然人），只要其认为进口产品侵犯了其在美国登记或注册的专利权、商标权、版权或集成电路布图设计权，并能够证明美国国内已经存在或正在形成相应的国内产业，都可以依法向 USITC 提起"337 调查"申请。在确定美国是否存在国内产业这一问题上，主要考虑申请人是否在厂房和设备方面做了重要投资、是否雇用了大量劳动力或筹措了大量资金、是否对涉案知识产权的开发进行了设计、研发、许可等重大投资活动。

①申请与立案。"337 调查"自从颁布以来经过多次修订，现规定授权美国国际贸易委员会在美国企业起诉的前提下，对进口中的不公平贸易做法进行调查和裁决。"337 条款"是国际上最具变通性和杀伤力的贸易保护手段，凡是"337 调查"认定侵权行为存在的外国出口产品，将通过颁发禁止进口令的方法直接禁止该涉案产品的进口和在美国市场的销售，而且无法规避。另外，"337 条款"已经跨越了国界，在全球范围内的侵权行为均可能被追诉，甚至包括非出口行为。根据"337 调查"普遍排除令规定，一家败诉，该国其他生产该产品的企业同样也要退出美国市场。

USITC 的官方网站申请书的相关内容包括原告、被告以及诉由等信息。此外，还可以通过 USITC 的 EDIS 系统查询非保密版的申请书、所附证据及其他相关调查文件。USITC 在收到申请书之日起 30 日内决定是否立案。立案公告将公布在美国政府官方刊物《联邦纪事》上，并可以在 USITC 的网站上查询。

"337 调查"是针对进口产品发起的调查，即使外国企业没有在美国直接设立分公司，而是通过中间商将产品销售到美国，也可能因为进口产品涉嫌侵权而成为"337 调查"的被告。如果原告在"337 调查"申请中要求 USITC 发布普遍排除令，则 USITC 一旦发布普遍排除令，受该措施影响的不仅包括申请书中列名的被告，还包括其他未在申请书中列名，但可能向美国出口同类涉案产品的企业。

获知"337 调查"案件的预警信息后，企业应迅速通过有关进出口商会、行业协会、律师或商务部进出口公平贸易局了解并核实申请书及相关附件的内容，结合申请书中的涉案产品描述及涉案知识产权的说明，与本企业对美出口产品分析对比，从而确认本企业是否涉案。

②如何避免成为"337 调查"的被告。"337 调查"的立法目的是限制进口贸易中的不公平行为。许多企业由于不知情或缺乏知识产权保护意识而成为"337 调查"的被告。在生产经营和对外贸易活动中，对美出口企业可以采取以下预防性措施避免成为"337 调查"的被告：一是在生产对美出口产品时，先初步调查美国同类产品中是否适用相同或类似技术、外观设计及商标，在接受进口商委托生产对美出口产品的订单时，在委托加工合同中加入关于知识产权侵权纠纷的免责条款；二是生产或出口前

委托有关中介组织进行检索，减少侵权的可能性。

③被告的应诉反应。被告企业如果决定应诉，首先应迅速了解涉案产品技术、销售情况，并将具有一定决策能力的人员组成内部管理团队，同时聘请律师，结合企业自身情况，确定应诉策略。此外，在部分案件中，原告可能利用广泛的渠道公开被告正在面临"337 调查"这一情况，从而影响涉案产品的现有或潜在的使用者或购买方，停止使用或购买被告的产品。因此，决定应诉后，被告还应迅速向外界或有关购买方发表声明，表明自己的立场和相应行动。

④被告不应诉的后果。"337 调查"程序中，被告如果不应诉，可能会被认定为是缺席被告。一旦 USITC 就某一被告作出缺席裁定，原告在申请书中对缺席被告的指控将被认定是真实的，其可以向 USITC 提出对缺席被告立即采取救济措施。USITC 可以在认为不影响公共利益的情况下，对缺席被告采取排除令、禁止令或两者并取。

⑤联合应诉的利弊。"337 调查"中，如果多家被告企业实施联合应诉，可以整合资源、共享信息、分担应诉工作，一定程度上能够分摊应诉费用，使单个企业的应诉负担降低。此外，通过联合应诉企业间的协作，可以形成合力，共同与原告抗衡。实践中，一些涉案企业出于担心，一是不愿选择联合应诉策略；二是由于需要与其他企业协商，无法快速作出决策；三是可能泄露本企业的商业秘密，被其他企业"搭便车"；四是企业自身情况不同导致无法形成统一的应诉策略；等等。

（4）"337 条款"的特点

"337 条款"规定，如果任何进口行为存在不公平行为（主要针对侵犯专利权或者商标权的行为，也包括侵犯著作权、不正当使用商业秘密、侵犯商标权及其他商业侵权行为），并且对美国产业可能造成抑制或垄断，美国国际贸易委员会（USITC）可以进行调查。

向 USITC 递交的起诉书必须证明存在被相关专利涵盖的产品已经形成国内产业，或者上述产业正在美国兴起。"国内产业"的要求分成两部分，一部分涉及技术，另一部分涉及经济。在技术方面，原告必须证明专利涵盖的产品已经在美国生产或销售。在经济方面，原告必须证明已经在制造设施和设备上有相当数额的投资，花费了大量的人力和财力，或在产品开发，包括工程、研发或授权许可等方面作出实质性投资。

USITC 经过调查审理后若确认进口产品侵犯了知识产权，则可依据"337 条款"规定发布两种命令：一种是"停止令"，另一种是临时性或永久性的"禁止令"或"排除令"。前者类似于美国地区法院发布的禁令，即要求被告立即停止侵权行为。如果被告不顾这种命令而执意将侵权产品输入美国并进行销售，就有可能被课以巨额罚款。后者则明令禁止侵权产品进入美国。USITC 可以发布全面排除令，这种排除令并不针对具体的进口商，而是针对侵权的产品，禁止特定类型的所有侵权产品进口到美国。即便是有限排除令，也适用于被告的所有侵权产品。USITC 的排除令并不指出具体型号，而是对禁止进口的侵权产品作出一般的总体描述。所以，如果美国市场对被告来说是主要市场的话，一个针对极小侵权认定的排除令，其杀伤力足以使被告无法继续经营。禁止令还用来防止被告销售已经进口至美国的侵权产品存货。

"337 条款"的调查程序（限定在 12~15 个月内结束调查）较快，具有非常严厉的补救措施。一旦被认定侵权，不但被告的相关产品将可能被永久禁止进入美国，而且被告国内同行业的同类产品也可能永远被禁止进入美国市场。

"337 条款"的诉讼属于行政诉讼，除了能迅捷地裁决后下禁令之外，并不给原告以经济上的补偿。所以原告往往会双管齐下，一边在 USITC 进行行政诉讼，同时又在联邦地区法院提起民事侵权诉讼，以获得经济赔偿。在行政诉讼进行的过程中，联邦地区法院通常会暂停审理民事索赔案。

2. "337 调查"应对举措

企业在向美国出口产品前，应当提高知识产权意识，提前做好准备，防患于未然。首先，进行专利检索，确定是否有可能侵犯涉及该产品的美国专利，或涉及该产品的制造方法的美国专利，包括请专家分析产品在美国的专利保护状况。其次，如果发现有可能侵犯美国公司专利权的情况，则应及时对产品进行修改，以免侵犯知识产权。如果存在侵权可能，则可以使用其他方法绕过专利来避开侵权。如果有些核心专利无法绕过，也可以从专利权所有人那里取得使用专利的许可，或者与进口商达成协议，由进口商承担侵权的责任。

对于"337 调查"案，被告企业如果不应诉，USITC 就会缺席判决，这就意味着被调查的产品将长期甚至永久地失去美国市场。被告企业积极应诉，至少可以取得谈判的筹码，争取胜诉或与原告庭外和解。一个行业中往往有许多企业生产同类产品，"337 条款"的诉讼往往是同时针对许多家涉案企业。在这种情况下，企业可以联合起来共同应诉，以降低诉讼费用。行业的商会往往可以组织和协调。

USITC 的"337 调查"的实际操作中存在以下情况：从原告和第三方取证的时间非常有限；行政法官举行听证会和颁布其裁定的时间非常有限；委员会要求行政法官对听证会上提出的每一项争议进行裁定，即裁定专利是否有效和是否存在侵权行为，因时间紧迫，对原告非常有利。

被告方的应对举措包括：

①如果即决裁定动议成功，将该专利撤出调查范围而不需要再举行最后的听证会，即使原告有难以反驳的侵权和专利有效的立场，上述专利也不列入委员会调查范围；被告可以花更多的时间对其余的专利在听证会上作进一步的陈述，就每个抗辩提供充分的证明。

②如果即决裁定动议不成功，仍有利于缩小争议的范围，至少上述动议能试探行政法官在该抗辩中所持的立场。

③如果即决裁定动议被完全否决，被告则可放弃上述辩解，而在听证会上陈述其他抗辩。

④如果行政法官否决即决裁定动议，但对抗辩感兴趣，则被告可以重新深化论据并提供补充证据，在听证会上或在随后的即决裁定动议中递交。在听证过程中被告还可以辩称自己的产品没有侵犯对方的专利权。专利权的权项可以包括一项或多项技术

要素。只有当被控产品涉及权项的所有技术要素时才可以判定侵权，否则就不属于侵权。被告还可以辩称原告的专利权无效，如专利的权项覆盖面太宽，原告申请专利时已经存在类似的技术，专利缺乏新颖性等。

3. 败诉应对

如果被告有败诉的可能，或是经过抗辩被认定侵权而败诉，可参考的应对策略如下：

①被告可以根据分析或 USITC 认定的侵权绕过专利重新设计产品，重新获得美国市场。如果遇到实在无法绕过的核心专利，则可以与原告谈判，争取成为原告的 OEM 制造商，即生产贴上原告品牌的产品。这样做当然会让原告有更多的利润，但是如果市场巨大，则通过薄利多销被告仍可继续生存下去。

②被告还可以与原告谈判获得使用专利的许可，并交纳合理的许可费。这种做法对被告比较有利，因为专利许可费可以用被许可方的利润为基数，从利润中支付，这是双赢的局面。即使专利持有人坚持要用销售额为基数，被许可方还可以通过谈判，不以整个产品，而仅以涉及专利的零部件的价值为基数，尽量减少许可费。

③被告还可以与原告谈判成立合资企业，由原告提供专利技术，在被告方地区制造产品。同时借助劳动力成本和开放政策的优惠，降低产品成本。这也是一种双赢的局面。

6.4.4 知识产权贸易摩擦

近年来，贸易摩擦形势呈现两个新特点：①正在上台阶；②日趋激烈化。上台阶是指正在上第三个台阶。第一个台阶是关税壁垒、行政保护措施。由于世界贸易组织使所有成员大大降低了关税，努力取消行政保护措施，因此，这种初级贸易摩擦形式和手段已经大大弱化。第二个台阶是世界贸易组织允许各成员采取三种合法的贸易保护手段：反倾销、反补贴、保障措施，一些针对中国的特别保障措施以及贸易转移、市场扰乱、市场经济地位等手段和概念也在频频发生与使用。目前，贸易保护措施又上到新的第三个台阶，即技术性贸易壁垒。技术性贸易壁垒摩擦过去也有，但现在比过去更加广泛化、常规化。

在全球贸易竞争日趋激烈的形势下，以技术法规、技术标准和合格评定程序为主要内容的技术性贸易壁垒已经成为世界各国调整贸易利益的重要手段。

技术性贸易壁垒措施有其科学的定义。技术性贸易壁垒措施是一国（地区）为维护公民、动植物、环境安全、防欺诈、保证产品质量和贸易秩序而采取的强制性的或自愿性的技术措施。这些措施将对其他国家（地区）的商品、服务贸易和投资自由进入该国（地区）市场产生影响。狭义的技术壁垒主要是指世界贸易组织《技术性贸易壁垒协议》规定的技术法规标准和合格评定程序；广义的技术壁垒不仅包括世界贸易组织的《技术性贸易壁垒协议》，还包括动植物及其产品的检验和检疫措施、包装标签标志要求、绿色壁垒、信息技术壁垒等，它们也经常以技术法规、标准、合格评定程序的形式出现。

运用技术性贸易壁垒手段有两种作用：一种是正确使用技术性贸易保护措施，维护本国产业的合法权益；另一种是过度使用技术性贸易保护措施，行贸易保护主义之实。两种技术性贸易保护措施的采用，均使技术性贸易摩擦形势复杂化、尖锐化。这将成为今后较长时期内的一个总趋势。

◇ **案例 5**

"职务科技成果权属混合所有制"探索❶

李克强总理在 2018 年的政府工作报告中，首次提出"探索赋予科研人员科技成果所有权和长期使用权"，引起了全国科技界和法学界的关注与热议。作为率先进行赋予科研人员科技成果所有权探索的西南交通大学也受到更多的关注。2018 年 4 月，北京大学法学院与西南交通大学国家大学科技园在北京大学共同举办了"职务科技成果混合所有制：法学与经济学视角"修法研讨会，邀请学界专利法、商法、民法、经济学著名专家，从法学与经济学的视角，探讨了如何通过修订《专利法》第六条及相关法律赋予科研人员科技成果所有权的方案。

北京大学的张守文指出，所有的制度应服务于现实经济社会发展需要，有效激发科技创新甚至是颠覆性的创新。加强单位和个人之间的合同约定、明晰权利归属确实非常必要，在立法上能够配套、系统地考虑更加重要。《促进科技成果转化法》已经有了很多突破和进步，如果能和《专利法》的修订整合在一起，就是一个系统的战略法律制度构建，比单方面的规定要好。

西南交通大学（简称西南交大）康凯宁在研讨会上报告了通过"职务科技成果混合所有制"赋予科研人员科技成果所有权的实践效果和理论研究成果，以及为推动《专利法》第六条修订所做的努力。建议尽快修订《专利法》第六条，将职务发明权属由"单位所有"修订为单位与发明人"可以约定所有"，如果不约定，申请专利的权利和专利权仍然属于单位。他强调说，"'可以约定'并没有缩小单位的权利，反而是扩张了单位的权利。对于企业，由于承担了创新失败的巨大风险，可以选择不约定而由单位所有；但对高校院所这类事业单位则可以通过约定选择混合所有"。同时他也呼吁学界在《专利法》第四次修订的机遇面前积极建言，深入探讨修订《专利法》第六条的可能性和方案。

北京大学姚卫浩提出，《促进科技成果转化法》已经做了比较大的让利，将使用权、处置权、收益权三权下放，是否还有必要修订《专利法》第六条？

中国社会科学院李明德认为，知识产权制度是市场经济的制度，让单位与雇员自己约定权属可能比法律规定权属要好。如果涉及国有企事业单位的职务发明权属，西南交大提出的"职务科技成果混合所有制"不需要《专利法》做出修改，需要对《促进科技成果转化法》《事业单位国有资产管理办法》进行修改。一个专利，从研发、申

---

❶ 国家技术转移西南中心提供。

请、获得，只跨过了一步，而投入市场获得利益，还需要九十九步。职务发明本身就值一块钱，要实现商业价值就需要市场融资九十九块钱来实现。

清华大学申卫星认为，权利的配置既要考虑发明人的激励机制，也要考虑单位或国家的投入，如果知识产权是由单位或者国家与发明人共同创造的，那就可以选择混合所有。混合所有制的好处是使后面的收益分配有正当性。如果 70% 只有通过奖励获得，科研人员会觉得不踏实，因为有不确定性，就像不知道出版社到底一年发行量是多少，给多少算多少。但是有了产权据此来要求就踏实了。但他同时也指出，给职务发明人 70% 的比例可能过高。

北京理工大学曲三强指出，"职务科技成果混合所有制"与修订《专利法》第六条，不仅仅是讨论职务成果形成以后应该怎么分配利益，更多的要讨论怎样通过修法激励产出更多的可转化成果。法定配置产权是成本最低的方式。如果通过合同来约定产权，需要较高的交易成本。他提出，是否能够在职务发明制度之外，再创造一个共有发明的制度，重新赋予它法律定义。智力劳动本身是有溢出效应的，智力劳动创造的价值是无法用工资对价的。

1. 西南交大"职务科技成果权属混合所有制"的探索

西南交大科技园经过学校授权，在认真学习现有法律法规的基础上，借鉴美国《拜杜法案》，从 2010 年开始进行"职务科技成果混合所有制"探索与试验。"职务科技成果混合所有制"的核心内容是分割职务发明专利权给发明人团队，使职务发明人"晋升"为与学校平等的共同专利权人，将发明人享有的被奖励权升级为知识产权，以产权来激励发明人进行科技成果转化。

在西南交大科技园的推动下，西南交通大学总结过去五年"职务科技成果混合所有制"运营试验经验，于 2016 年 1 月 19 日以"西交校科〔2016〕1 号"文件的形式印发了《西南交通大学专利管理规定》，在国内高校中率先实施"职务科技成果混合所有制"试点工作。

"职务科技成果混合所有制"试点的核心内容：一是将职务科技成果所有权由纯粹的国有变为国家、集体、个人混合所有；二是将"先转化，后确权"改变为"先确权，后转化"；三是将奖励权改变为专利权。

推动"职务科技成果混合所有制"，激发创新创业活力，解决科技成果转化难的问题，通过既有专利的分割确权和新专利的共同申请，解决"高校有权利转化却没有动力转化，职务发明人有动力转化却没有权力转化"的核心问题。通过实践得出的"职务科技成果混合所有制"的优势，包括以下方面：

（1）"先确权，后转化"优于"先转化，后确权"

现行制度采用的是"先转化，后确权"路径，而"职务科技成果混合所有制"采用的是"先确权，后转化"路径。从激励的角度看，"先确权，后转化"远优于"先转化，后确权"，因为先说断，后不乱，消除了"先转化，后确权"的不确定性和延时性。先确权只需高校一个章即可到国家知识产权局完成专利分割确权手续，然后评估作价入股，职务发明人就拥有了公司的股权。而后确权涉及国有产权交易，需要政府十多个部门审批，且最快也要在公司成立三年之后才能开始确权，有较高的制度成本和较长的延迟性。

（2）专利权优于奖励权

科技成果转化率低的问题备受关注，但可转化科技成果供给严重不足则无人关心。在没有职务发明人产权保证的制度之下，高校的大多数知识产权是为了结题、报奖和职称晋升而申请的，并没有多少转化价值。"职务科技成果混合所有制"由于给予职务发明人明确的知识产权预期，可以鼓励职务发明人从立项到科研全过程培育成果的可转化价值属性，从而产生出更多的可转化科技成果，极大地改善了科技成果供给侧结构，并挤出大量专利"泡沫"。前期奖励知识产权与后期奖励股权，科技成果转化价值大不一样。"职务科技成果混合所有制"可以彻底解决可转化科技成果供给不足的问题。

奖励权是一种被动权利，是不稳定的，不包括交易权、定价权等产权权利，不可以继承，且具有延迟性和不确定性；专利权是主动的、稳定的，且包括交易权、定价权、收益权在内，是产权，可以继承，是即时的、确定的。从产权经济学看，人力资本的有效激励首先取决于有效的产权制度安排。基于产权激励理论，产权激励是对人力资本的首要激励，是最具激励效应的途径与方法。科研人员如果和科技成果的产权无关，必然缺乏转化动力。实践中，通过所有权赋予科技人员在科技成果转化中的主体地位，能够促进科研人员与单位构建"友谊之船"，科技成果才得以顺利过渡、转化实施。很显然，奖励权不如专利权。

（3）国家、职务发明人混合所有制优于国家独立所有制

新制度经济学中的科斯定理指出：资源有效利用的前提是资源产权的明晰。职务发明人拥有产权，可以极大地激发其进行科技成果转化的动力和热情，能积极主动地以主体地位进行职务科技成果转化。发明人的个人利益与社会公共利益是共生共存的，没有发明的个人利益就没有社会公共利益，科技成果不转化是国家科研投入和发明人创造性劳动最大的流失，避免流失的有效途径就是采取"职务科技成果混合所有制"。成果只有转化了，国家科研投入才能避免流失，提高税收及就业机会、国有股权及其分红，使产业结构向高端调整。"先转化，后确权"相当于"分粮"，而职务科技成果"先确权，后转化"则相当于"分地"。如果用形象的说法表达股权激励模式下"混合所有制"确立的产权激励模式"职务科技成果混合有制"的好处，那就是：创新驱动发展，产权驱动创新。

2. 项目跨越"死亡之谷"的"天使前投资"探索

科研成果产业化需要经历实验室成果、中间试验、产品定型生产三个阶段。实验室阶段有国家科技计划资金的投入，产品定型生产阶段有风险投资和产业资本进入，而中试阶段的资金投入却是个空白，原因在于这个阶段不确定性高、风险大，高校院所只有科研经费，缺少后续向产品转化的中试资金支持。而企业作为成果需求的下游，并不愿意承担中试中的巨大风险，企业更需要的是直接拿来就可以生产的"成品"。由于中试环节缺少资金支持，导致大量的科技成果被湮没于这一"死亡之谷"。为此，西南交大科技园创造性地提出了"天使前投资"的概念。"天使前投资"的概念是指比天使投资更早期的投资，对尚未到孵化阶段的科技成果进行中试投资，以占有一定比

例的知识产权作为回报，使实验室样品变成产品样品。在 2014 年 4 月，西南交大科技园代表西南交通大学和双流区人民政府成立了注册资金达 9000 万元的天使投资公司"成都西南交大研究院有限公司"，双流区政府为研究院公司提供了 8000 万元的中试资金，对尚未到孵化阶段的项目进行"天使前"投资。通过协调运作，成果转化链条不断完善。西南交大科技园筛选具有市场转化价值的科技项目，对待转化项目进行评测，策划项目成果转化方案，在项目中试阶段，西南交大科技园下属的研究院负责跟踪研发团队科技成果的中试进展，引入双流区人民政府向研究院提供运营及中试经费，将具有转让价值的成果作价入股，通过风险投资、产业资本合作成立创业公司，在研究院公司进行孵化，最终实现产业化。

西南交大科技园为"车载探地雷达系统""非饱和土三轴仪""高铁关键岗测试系统""系统可信性自动化验证""环保阻尼减振降噪材料""盾构机耐磨块"等 7 个中试项目累计投入了 1000 多万元"天使前"资金，取得了较好的效果，积累了"天使前投资"经验。

3. 促进科技成果转移转化信息平台的打造

西南交大科技园从成立开始就把技术服务和技术转移作为园区重要服务功能。2017 年在原有"西南交大科技园成果转化平台""西南交通大学科技成果转化网络信息服务平台"的基础之上，投资开发了"科评通""技转通""共享实验室平台""轨道交通创新创业高端现代服务（NQI）平台"等服务平台。

"科评通"系统是由西南交大科技园与国家科技成果网、中智科学技术评价研究中心共同开发的。该平台拥有强大的专家资源库和大数据分析系统，可以对科技成果进行专业化和自动化评估。企业用户可以通过移动终端或 PC 端进入，免费登入系统，进行评价申请后系统会自动根据评价流程对信息进行采集，筛选适合的专家进行评估，然后形成评估报告。2018 年完成科技成果评价 77 项。

"技转通"是西南交大科技园以科技评价、技术经纪、全国联网的线下成果展示厅为基础的技术交易 O2O 专业平台，集成了国内、国际优质科技成果，提供技术转移、科技成果转化一站式服务。

"共享实验室平台"依托西南交通大学在轨道交通技术领域高水平专业实验室的资源优势，汇聚了牵引动力国家重点实验室、国家轨道交通电气化与自动化工程技术研究中心、陆地交通地质灾害防治技术国家工程实验室、综合交通运输智能化国家地方联合工程实验室、高速铁路运营安全空间信息技术国家地方联合工程实验室等 26 个国家级、省部级实验室，为企业检测检验、实验验证等服务。已完成实验室检测能力与检测参数的梳理，初步设计完成共享实验室平台的功能架构设计，并于 2018 年新签约 7 家实验室。

"轨道交通创新创业高端现代服务（NQI）平台"是"计量—标准—检验检测—认证认可"一体化技术平台，围绕辐射中西部地区的轨道交通产业集群，打造国家级轨道交通检验、检测、认证、人才培训基地，促进轨道交通质量安全体系建设，为成都打造国家级轨道交通产业新城，加快建设世界一流轨道交通创新高地、中国西部轨道交通装备制造维保基地，面向"一带一路"轨道交通装备造修出口服务基地提供技术支撑。

◇ **案例 6**

特定机器人及其组件 "337 调查" 案件评价

1. 案件基本情况介绍

2017 年 4 月 18 日，美国知名上市公司 iRobot 在美国地区法院发起专利侵权诉讼，同时向美国国际贸易委员会（USITC）请求对若干产品发起"337 调查"，并发布排除令，永久禁止侵权产品进入美国市场。iRobot 此番在美国据以起诉的专利共计 6 件，分别为：

（1）2004 年 10 月 26 日获得授权的专利"用于自主机器人的多模式覆盖的方法和系统"（专利号：6,809,490，Method and system for multi-mode coverage for an autonomous robot）；

（2）2006 年 12 月 26 日获得授权的专利"机器人障碍检测系统"（专利号：7,155,308，Robot obstacle detection system）；

（3）2013 年 7 月 2 日获得授权的专利"自主地板清洁机器人"（专利号：8,474,090，Autonomous floor-cleaning robot）；

（4）2013 年 12 月 3 日获得授权的专利"覆盖机器人移动"（专利号：8,600,553，Coverage robot mobility）；

（5）2015 年 5 月 26 日获得授权的专利"自主地板清洁机器人"（专利号：9,038,233，Autonomous floor-cleaning robot）；

（6）2016 年 11 月 8 日获得授权的专利"用于自主机器人装置的远程控制调度器和方法"（专利号：9,486,924，Remote control scheduler and method for autonomous robotic device）。

iRobot 起诉的 6 件专利涉及领域包括扫地机器人的模式控制、障碍识别、移动控制以及远程操控等，基本覆盖扫地机器人所涉的大部分技术或特征。

被诉讼的企业包括美国 Bissell Homecare, Inc.、美国 Hoover Inc.、美国 Royal Appliance Manufacturing Co. Inc.、加拿大 Bobsweep, Inc.、美国 Bobsweep USA、美国 The Black and Decker Corporation、美国 Black and Decker（U.S.）Inc.、中国 Shenzhen ZhiYi Technology Co., Ltd.（深圳市智意科技有限公司）、中国 Suzhou Real Power Electric Appliance Co., Ltd（苏州莱宝电器有限公司）和中国 Shenzhen Silver Star Intelligent Technology Co., Inc.（深圳市银星智能科技股份有限公司）。

参与案件的行政法法官为 Thomas Pender 和 Chief Administrative，首席律师 Jean Jackson，代理律所 Fish&Richardson P. C.。

2018 年 11 月 30 日美国国际贸易委员会（USITC）作出裁决，其中，涉案 6 件专利中，4 件全部权利要求均被裁定不侵权或者无效，1 件由 iRobot 主动撤回，仅有 9,038,233 号专利被裁定构成部分侵权。

2. 当事双方概况（申诉方和被诉的中国企业）及行业背景

（1）申诉方——iRobot Corporation

美国 iRobot 公司于 1990 年由美国麻省理工学院教授罗德尼·布鲁克斯、科林·安格尔和海伦·格雷纳创立，iRobot 专注于实用机器人的研究，是全球知名 MIT 计算机科学与人工智能实验室技术转移及投资成立的机器人产品与技术专业研发公司。

（2）被诉中国企业——深圳市智意科技有限公司

深圳市智意科技有限公司成立于 2012 年，提供中高端智能机器人、智能扫地机等智能家电、智能家居产品，是国内领先的集研发、设计、生产和销售为一体的高科技公司。其主要产品包括 iLife 系列扫地机器人，包括 A6、A4、A4s、V7、V7s、V5s、V5s Pro、V3s 和 V3s Pro。

（3）被诉中国企业——苏州莱宝电器有限公司

苏州莱宝电器有限公司成立于 2013 年，前身是苏州海力电器有限公司，专业生产、销售吸尘器及吸尘器配件，产品直接销往欧洲、中东、澳大利亚、东南亚等国家和地区。其主要产品包括 Hoover 产品系列的 BH 70700 和 BH70800。

（4）被诉中国企业——深圳市银星智能科技股份有限公司

深圳市银星智能科技股份有限公司成立于 2005 年，是国内最早从事扫地机器人研发与制造的企业之一，深耕家庭清洁机器人领域 14 年，是一家提供家庭智能机器人整机方案设计服务、制造服务以及增值服务的国家级高新技术企业。在扫地机器人结构、软件与算法、传感器和系统集成等方面积累了大量核心技术，在高端产品和先进技术方面处于行业领先位置。其主要产品包括 Hoover 产品系列的 BH 71000；Black & Decker 的产品 BDH500；Bobsweep 系列产品"Bobsweep PetHair Plus Robotic Vacuums"。

（5）扫地机器人行业背景

扫地机器人，又称自动打扫机、智能吸尘、机器人吸尘器等，是智能家用电器的一种，能凭借一定的人工智能，自动在房间内完成地板清理工作。一般采用刷扫和真空方式，将地面杂物吸纳进入自身的垃圾收纳盒完成地面清理的功能。扫地机器人满足家庭清洁需求，相比人力和吸尘器，扫地机器人智能便捷，其采用的环境感知技术和运动控制技术降低了清扫过程的人工干预，可自主完成规划路径、清扫、充电。随着扫地机器人性价比不断提高（智能化提高、价格降低），以及需求端生活水平提高、住房面积增大、老龄化问题，扫地机器人爆发增长。

2002—2012 年，扫地机器人主要产品形态是随机碰撞式扫地机器人，通过多次重复清扫提高地面清洁的覆盖率。这一阶段，美国的 iRobot 公司凭借其独创的随机式扫地机器人 Roomba400—800 系列占据全球龙头地位。Roomba800 系列于 2013 年推出，是第一阶段扫地机器人的终极形态，一方面通过电机、电池、滚刷等部件的升级将其清洁能力提升到了当时的最高水准，另一方面通过配备灯塔虚拟墙实现对扫地机器人工作区域的分割和导航，一定程度上提高了清洁效率。

2012—2019 年，基于陀螺仪惯导、激光 SLAM、视觉 vSlam 等技术，扫地机器人的清扫方式由随机式清扫升级为规划式清扫。基于传感器的升级，这一阶段的扫地机器人具备了初步的智能化水平，通过构建家庭环境地图实现对自身的定位和清扫路径的规划，解决了随机碰撞式扫地机重复清扫的问题，提高了清洁效率和用户体验。iRobot 仍旧保持高端市场龙头地位，科沃斯、石头科技等国产品牌基于中国本土产业链优势，以较高的性价比占据大部分中端市场。浦瑞克、凤瑞、家卫士等品牌采用陀螺仪惯导，将规划式扫地机器人价位做到了 500 元以内，成功打入下沉市场，在拼多多电商平台销售表现良好，美的、海尔等一众传统家电巨头产品定位同样瞄准中低端市场。从技术升级路线看，陀螺仪惯导属于规划式导航的初级方案，激光 Slam 属于普遍应用的成熟方案，视觉 vSlam 方案受限于网络、功耗、处理能力等因素目前只具备定位导航功能，但是从功能拓展性上看显然视觉 vSlam 方案更具想象空间。

随着 5G 网络、智能视觉、智能语音、云计算等前沿技术的突破和推进，扫地机器人能实现云端智能和边缘智能的协同运作；另一方面，其电机电控系统的升级将带来清洁能力、效率的大幅提升。两相结合产生的智能清洁机器人预示智能清洁新时代即将来临。

3. 337 案件调查过程

（1）申请立案

2017 年 4 月 18 日，美国企业 iRobot Corporation 根据美国《1930 年关税法》第 337 节规定向美国国际贸易委员会（USITC）提出申请，请求对特定扫地机器人及其组件（Certain robotic vacuum cleaning devices and components thereof such as spare parts）进行"337 调查"。拟定应诉方包括中国 Shenzhen ZhiYi Technology Co., Ltd.（深圳市智意科技有限公司）、中国 Suzhou Real Power Electric Appliance Co., Ltd（苏州莱宝电器有限公司）和中国 Shenzhen Silver Star Intelligent Technology Co., Inc.（深圳市银星智能科技股份有限公司）3 家中国企业在内的 10 家企业。

使用的美国专利号为 6,809,490、7,155,308、8,474,090、8,600,553、9,038,233 和 9,486,924。

（2）立案

2017 年 5 月 17 日，美国国际贸易委员会（USITC）投票决定对特定扫地机器人及其组件（certain robotic vacuum cleaning devices and components thereof such as spare parts）启动"337 调查"（调查编码：337-TA-1057）。涉案产品为自主扫地机器人（无需人为干预即可清洁指定区域）。

美国最终将以下企业列为指定应诉方：美国 Bissell Homecare, Inc.、美国 Hoover Inc.、美国 Royal Appliance Manufacturing Co. Inc.、加拿大 Bobsweep, Inc.、美国 Bobsweep USA、美国 The Black and Decker Corporation、美国 Black and Decker（U. S.）Inc.、中国 Shenzhen ZhiYi Technology Co., Ltd.（深圳市智意科技有限公司）、中国 Suzhou Real Power Electric Appliance Co., Ltd（苏州莱宝电器有限公司）和中国 Shenzhen Silver Star Intelligent Technology Co., Inc.（深圳市银星智能科技股份有限公司）。

美国贸易委员会将于立案后 45 天内确定调查结束期。除美国贸易代表基于政策原因否决的情况外，美国国际贸易委员会在 337 案中发布的救济令自发布之日生效并于发布之日后的第 60 日起具有终局效力。

（3）部分终裁

2017 年 12 月 7 日，深圳市智意科技有限公司、深圳市银星智能科技股份有限公司、美国 Hoover Inc. 和美国 Royal Appliance Manufacturing Co.（经营名称为 TTI Floor Care North America，Inc）提出未侵犯 9,486,924 号专利的动议。2017 年 12 月 14 日，USITC 发布初裁，批准动议。2017 年 12 月 21 日，申请方 iRobot 申请复审；2018 年 1 月 4 日，深圳市智意科技有限公司、深圳市银星智能科技股份有限公司、美国 Hoover Inc. 和美国 Royal Appliance Manufacturing Co.（经营名称为 TTI Floor Care North America，Inc）提交回应。USITC 决定不予复审。

2018 年 1 月 8 日，申请方 iRobot 申请作出即决裁决，即满足对国内行业形成"经济优势"的条件。iRobot 同时提交了一份备忘录和一份提议的无争议事实声明（SUF）以支持其议案。2018 年 1 月 18 日，应诉方深圳市银星智能科技股份有限公司、Hoover Inc.、Royal Appliance Manufacturing Co.、Bobsweep, Inc.、Bobsweep USA 提出反对并对申请方进行回应。2018 年 2 月 13 日，USITC 作出支持申请方的初裁。此后利益相关方没有提出复审申请。

2018 年 1 月 16 日，美国国际贸易委员会（USITC）发布公告称，对特定扫地机器人及其组件，包括备件（Certain Robotic Vacuum Cleaning Devices And Components Thereof Such As Spare Parts，案件号 337-TA-1057）作出"337 调查"部分终裁：对本案行政法官于 2017 年 12 月 14 日作出的对美国专利 9,486,924 不存在侵权的初裁（Order No. 29）不予复审；并终止对专利号为 9,486,924 的调查。

（4）部分终裁

2018 年 3 月 15 日，美国国际贸易委员会（USITC）发布公告称，对涉华扫地机器人及其组件（Certain Robotic Vacuum Cleaning Devices And Components Thereof Such As Spare Parts，案件号 337-TA-1057）作出"337 调查"部分终裁：对本案行政法官于 2018 年 2 月 20 日作出的初裁（Order No.40）不予复审，即基于申请方撤回，终止对 14 项申请的调查。

2018 年 2 月 15 日，申请方 iRobot 提出终止对以下项的调查：①所有应诉方关于 7,155,308 专利的第 2、3、7、11、12、17、19、20、28 和 34 项申请；②所有应诉方关于 8,600,553 专利的第 1、2、8、11、21 和 25 项申请；③所有应诉方关于 6,809,490 专利的第 1、2、3 和 7 项申请；④所有应诉方关于 8,474,090 专利的第 8、11、14、15、18 和 19 项申请。2018 年 2 月 20 日，USITC 作出支持申请方的初裁。此后没有利益相关方提出申请。

（5）部分终裁

2018 年 10 月 2 日，美国国际贸易委员会（USITC）发布公告称，对涉华扫地机器人及其组件（Certain Robotic Vacuum Cleaning Devices And Components Thereof Such As Spare Parts，案件号 337-TA-1057）作出"337 调查"部分终裁：基于申请方提出的和解动议，对本案行政法官于 2018 年 9 月 19 日作出的初裁（Order No. 83）不予复审，即终止对深圳市智意科技有限公司的调查；同时因为本案内对美国注册专利号 8,600,553 的调查仅涉及中国广东深圳市智意科技有限公司，因此本案对美国注册专利号 8,600,553 的调查也随之终止。

（6）部分终裁

2018 年 11 月 30 日，美国国际贸易委员会（USITC）公告称，对涉华扫地机器人及其组件（Certain Robotic Vacuum Cleaning Devices And Components Thereof Such As Spare Parts，案件号 337-TA-1057）作出"337 调查"部分终裁：针对侵犯美国注册专利号 9,038,233 的行为发布一项有限排除令，涉及深圳市银星智能科技股份有限公司；同时向美国 Hoover, Inc. of Glenwillow, OH、美国 Royal Appliance Manufacturing Co., Inc.、加拿大 Bobsweep, Inc. of Toronto, Canada、美国 Bobsweep USA of Henderson, NV 发布普遍排除令和禁止令；终止本案调查。

（7）部分终裁

2019 年 3 月 15 日，美国国际贸易委员会（USITC）公告称，对涉华扫地机器人及其组件（Certain Robotic Vacuum Cleaning Devices And Components Thereof Such As Spare Parts，案件号 337-TA-1057）作出"337 调查"部分终裁：同意启动咨询意见程序（institute an advisory opinion proceeding）。2019 年 1 月 30 日，深圳市银星智能科技股份有限公司提出申请，表明有 8 个产品并没有违反有限排除令和禁止令。2019 年 2 月 11 日，申请方对此反驳。2019 年 2 月 22 日，深圳市银星智能科技股份有限公司请求准许回复以支持其咨询意见申请；申请方认为应该驳回。

（8）部分终裁

2019 年 3 月 25 日，美国国际贸易委员会（USITC）公告称，对涉华扫地机器人及其组件（Certain Robotic Vacuum Cleaning Devices And Components Thereof Such As Spare Parts，案件号 337-TA-1057）作出"337 调查"部分终裁：正式开始执行本案调查中发出的禁止令（institution of formal enforcement proceeding）。在审查申诉、证明文件以及信函之后，委员会决定正式开始执法程序，以确定美国企业 Bobsweep USA of Henderson, Nevada 和加拿大企业 Bobsweep, Inc. of Toronto, Canada 是否违反原始调查中发布的禁止令以及执行措施是否适当。以下实体被指定为正式执行程序的当事方：①申请方 iRobot；②应诉方深圳市银星智能科技股份有限公司；③美国不公平进口调查办公室。USITC 还决定将执法程序与咨询意见程序合并。

（9）终裁

2019 年 6 月 4 日，美国国际贸易委员会（USITC）公告称，对涉华扫地机器人及其组件（Certain Robotic Vacuum Cleaning Devices And Components Thereof Such As Spare Parts，案件号 337-TA-1057）作出综合咨询意见和执行的"337 调查"部分终裁：对本案行政法官于 2019 年 5 月 20 日作出的初裁（Order No. 53）不予复审，即根据此前案件双方的和解，行政法官决定终止案件执行阶段并终止案件调查。

同日，发布撤销程序（Rescission Proceeding）的公告：建立撤销程序，取消 2018 年 11 月 30 日发布的有限排除令和 4 项停止令（救济令），并终止撤销程序。2019 年 5 月 7 日，申请方 iRobot 与涉案企业 Bobsweep、深圳市银星智能科技股份有限公司提交联合申请，说明已经过和解（settlement）解决争端，申请撤销救济令。

4. 涉案的专利及中国企业涉诉权利要求

本次中国企业涉诉产品共有 4 类 14 项，表 6-2 对涉诉权利要求和产品进行了统计。

表 6-2 中国企业涉诉产品

涉诉产品			涉案专利号	涉案权利要求
产品类型	苏州莱宝电器有限公司	深圳市银星智能科技股份有限公司	深圳市智意科技有限公司		
Hoover Accused Products	BH70700 BH70800	BH71000		6,809,490	1, 2, 3, 7, 12, 42
				7,155,308	1, 2, 3, 7, 11, 12, 17, 19, 20, 28, 34
				8,474,090	1, 2, 3, 7, 8, 10, 11, 14, 15, 17, 18, 19
				8,600,553	1, 2, 4, 8, 11, 12, 21, 22, 25
				9,038,233	1, 10, 11, 14, 15, 16
				9,486,924	1, 2, 8, 9, 12, 13
Bobsweep Accused Products		Bobsweep PetHair Plus		6,809,490	1, 2, 3, 7, 12, 42
				7,155,308	1, 2, 3, 7, 11, 12, 17, 19, 20, 28, 34
				8,474,090	1, 2, 3, 7, 8, 10, 11, 14, 15, 17, 18, 19
				9,038,233	1, 10, 11, 14, 15, 16
Black & Decker Accused Products		BDH500		6,809,490	1, 7, 12, 42
				7,155,308	1, 2, 3, 7, 11, 12, 17, 19, 20, 28, 34
				8,474,090	1, 2, 3, 7, 8, 10, 11, 14, 15, 17, 18, 19

产品类型	涉诉产品			涉案专利号	涉案权利要求
	苏州莱宝电器有限公司	深圳市银星智能科技股份有限公司	深圳市智意科技有限公司		
iLife Accused Products			V3s/V3s Pro	6,809,490	1，2，3，7，12，42
			V5s/V5s Pro	7,155,308	1，2，3，7，11，12，17，19，20，28，34
			V7s/V7s Pro	8,474,090	1，2，3，7，10，14，15，17，18，19
			A6	8,600,553	1，2，4，8，11，12，21，22，25
				9,038,233	1，10，11，14，15，16
			A4/A4s	9,486,924	1，2，8，9，12，13

5. 案件结果

2018 年 11 月 30 日，美国国际贸易委员会（USITC）作出裁决，裁定深圳市银星智能科技股份有限公司对 9,038,233 构成部分侵权，颁布了有限排除令。2019 年 3 月 15 日，深圳市银星智能科技股份有限公司申请启动咨询意见程序（institute an advisory opinion proceeding），并最终被认定由其制造的 RolliCute/RolliTerra/LASEREYE/RV003A/Xshai/Fl/T2104/T2015/T2107/T2109 以及采用新设计边刷的 Y1/Y2 产品均不构成侵权。

苏州莱宝电器有限公司及其供应商于 2017 年 9 月 14 日与 iRobot 达成和解。深圳市智意科技有限公司于 2018 年 9 月 19 日与 iRobot 达成和解。

6. 案件启示与评价

（1）挖掘抗辩理由

被诉企业在应诉抗辩过程中要不断挖掘抗辩理由，提高胜诉概率。

①无侵权行为抗辩。

只有当该权利要求书中的所有技术要素都涉及相关的进口产品时，才可以判定侵权，否则就不属于侵权。因此涉案企业可通过压缩对方专利的权利要求的解释范围，从被诉产品并不完全符合专利保护要求的范围、被诉产品与要求保护的专利并不等同等方面提出理由，指出两者的关键差别，最终得出证明被诉产品不侵权的结论。此外，公知技术抗辩、禁止反悔等抗辩都是被普遍采用的不构成侵权的抗辩理由。

在此案中，2017 年 12 月 7 日，深圳市智意科技有限公司、深圳市银星智能科技股份有限公司提出未侵犯 9,486,924 号专利的抗辩，并得到美国国际贸易委员会（USITC）的批准。

②权利无效抗辩。

专利一般都被假定是有效的，在证据充分的情况下，被诉企业可选择积极无效申请人的涉案专利，启动 IPR 程序。"337 调查"中无效专利的主要理由包括：证明专利缺乏新颖性、证明与申请日前的现有技术相比缺乏显著性、缺少足够的书面描述、专利权利要求的范围不确定等。

另外可以启动 IPR 程序。美国专利制度的 IPR 程序是美国 2011 年颁布的美国发明法案中的一个新程序，是依据《美国法典》35 编 31 章的一个新的专利无效诉讼程序，于2012 年 9 月 16 日生效。此程序在美国专利商标局的专利审判和上诉委员会进行，IPR 申请人只能根据《美国专利法》102 条和 103 条对专利提出没有新颖性和创造性的无效请求，而提交的现有技术必须是专利或出版物。深圳市智意科技有限公司和深圳市银星智能科技股份有限公司基于上述程序，对申请人的 6 项涉案专利提出 IPR 程序。其结果，一是上述 IPR 程序的不断提出，对于申请人是不小的压力，该程序流程快。二是立案后专利权人在 3 个月内就要进行初步答复，相较于一般联邦地方法院 2~3 年的专利诉讼时长，成本低。IPR 程序立案后 1 年左右就可以出判决结果，从而将被申请人的涉诉产品是否侵权的焦点转移到申请人的涉案专利是否有效上来，让申请人反而处于被动地位。一般联邦地方法院的专利诉讼费用预算动辄上百万美元，而 IPR 程序的预算一般在 30 万~50 万美元，而且联邦地方法院诉讼初期就开始 IPR 程序，大部分联邦地方法院会暂停地方法院的诉讼程序，等美国专利商标局对专利有效性的判决，这将为申请人节约可观的法院诉讼费用和宝贵的诉讼时间。三是程序无效成功率高。根据美国专利法，在联邦地方法院的专利诉讼中，专利首先是被默认有效的，所以无效的难度很大；而 IPR 程序中，专利没有被默认为有效，对权利要求的解释比联邦地方法院更广，更便于确定专利无效；而且美国专利商标局有技术背景的法官相较于一般没有技术背景的联邦法官或陪审团，更容易被说服。

表 6-3 为此案中深圳市智意科技有限公司和深圳市银星智能科技股份有限公司对 6项涉案专利提出的 IPR 程序。

表 6-3 企业对涉案专利提出的 IPR 程序信息

涉案专利号	时间	诉讼案件号	IPR 程序请求人	涉案权利要求
9,486,924	09/22/2017	IPR201702137	深圳市智意科技有限公司	1-2, 8-9, 12-13
9,038,233	09/05/2017	IPR201702050	深圳市智意科技有限公司	1, 10, 11, 14, 15, 16
	04/02/2018	IPR201800882	深圳市银星智能科技股份有限公司	1, 9-11, 15-16
8,600,553	09/21/2017	IPR201702133	深圳市智意科技有限公司	1-2, 4, 8, 11-12, 21-22, 25
	04/16/2018	IPR201800898	深圳市银星智能科技股份有限公司	1, 4, 10-13, 22, 25
8,474,090	10/02/2017	IPR201800005	深圳市智意科技有限公司	1-3, 7-8, 10-11, 14-15, 17-19
	03/30/2018	IPR201800880	深圳市银星智能科技股份有限公司	1-11, 17-19
7,155,308	09/08/2017	IPR201702078	深圳市智意科技有限公司	1-3, 7, 11-12, 17, 19-20, 28, 34
	03/08/2018	IPR201800761	深圳市银星智能科技股份有限公司	1, 2-4, 6-8, 11-12, 15, 19-20, 27-28, 31-34
6,809,490	09/06/2017	IPR201702061	深圳市智意科技有限公司	1-3, 7, 12, 42
	04/16/2018	IPR201800897	深圳市银星智能科技股份有限公司	1, 2-5, 7, 8, 12, 42

③特殊申辩事由。

首先，337 条款旨在保护美国国内企业免予不公平竞争，因此被提起调查的专利产品必须存在相应的作为保护对象的"国内产业"，即申请人必须证明其在美国制造或销售专利涵盖的产品，或者其在美国向其他人许可了自己的专利。但 USITC 对"国内产业"认定门槛相对较低，基于此进行抗辩的难度随之增大。其次，产品具有进口行为是 USITC 调查行使管辖权的必要条件，如果产品并未进口，那么即使产品侵犯了美国的专利，也不属于 337 条款的适用范围。此外，337 条款对排除令和禁止令的适用规定中都载明了与公共利益冲突时的除外适用原则，即当上述救济措施对公共健康和福利、美国经济的竞争状况和美国类似产品或直接竞争产品的生产状况和美国消费者状况产生不利影响时，USITC 有理由不发布以上救济令。因此被申请人在基于公共利益的抗辩事由中可以提出申请人主张的救济措施不合理或范围过于广泛，或强制申请人披露必要的商业秘密。

（2）专利布局，适时反击

在扫地机器人专利大战中，面对 iRobot 的专利狙击，深圳市银星智能科技股份有限公司是较少全面反击的厂商代表之一。银星智能不仅在美国积极应对 iRobot 的专利侵权诉讼，包括提起专利无效宣告请求。与此同时，银星智能还在国内市场对 iRobot 的专利提起了无效宣告请求，并拿出自己的专利起诉 iRobot 侵权。银星智能不仅在美国挡住了 iRobot 的专利攻击，确保自己的产品还能继续在美国销售，而且它在国内反击也成效显著，iRobot 的专利 ZL03103501.9 被判无效，银星智能起诉 iRobot 侵权的专利则被判有效。

其结果是，银星智能与 iRobot 在可能的专利许可谈判中，将会处于相对有利地位，甚至不排除双方有机会达成零成本交叉许可的可能等。与此同时，与那些早早与 iRobot 达成和解或缴纳巨额费用的厂商相比，银星智能在后续市场的竞争和价格优势有望更胜一筹。

因此，出口企业既要生产好产品，更要形成深厚技术积累和完善专利布局，为在全球市场的产品营销提供有力支持。

（3）巧用启动咨询意见程序

深圳市银星智能科技股份有限公司在 2019 年 3 月 15 日申请启动咨询意见程序（institute an advisory opinion proceeding），由美国国际贸易委员会（USITC）认定其提出的其他产品和设计不侵犯申诉方提出的专利申请，最终 USITC 认定深圳市银星智能科技股份有限公司制造的产品 RolliCute/RolliTerra/LASEREYE/RV003A/Xshai/Fl/T2104/T2015/T2107/T2109 以及采用新设计边刷的 Y1/Y2 产品均不构成侵权，允许在美国进行销售。

这种方式相当于在"337 调查"应对策略中的规避设计（design around）。规避设计是指被控侵权的企业研究设计一种不同于涉案产品的新产品，来规避原告的专利权。"337 调查"中，规避设计产品一旦获得行政法官或者 USITC 的认可，将不受 USITC 最终作出的排除令等救济措施的影响，企业仍能继续对美出口此类产品。因此，规避设计是"337 调查"程序中常见的一种应诉策略。"337 调查"被诉企业应当在应诉过程中，积极开展规避设计，最大限度地稳定市场。

第七章

技术经纪与信息服务平台

引 言

技术交易信息服务平台是技术经纪人必须熟悉并能够操作运用的工具与手段。但是，技术交易信息平台在大数据、物联网、区块链等信息技术的应用背景下已不仅仅作为一种工具与手段存在，它已颠覆了门户网站的概念，以一种全新的商业模式进入技术供需、经纪服务、风险投资、孵化器、网络开发等多方利益相关者视野。信息平台将由线上交易场所升级为技术转移服务产业的增值器，在这个多网合一的智能融合体内，包括平台的构建者与使用者多边之间，通过信息资源的互动、互融、互链实现价值的增值与利益的分享。信息服务平台按照服务客户群体的角色分为前台服务系统和后台管理系统。技术经纪人应该熟悉了解信息平台中前台服务系统和后台管理系统的基本功能，能够熟练操作使用相关功能模块完成技术转移服务业务，并能够完成技术供需方及价值链相关参与方的多边交互沟通。

技术交易信息服务平台的经济特性从低到高包含四个层面：平台、平台服务机构、平台生态系统、平台经济。其中，平台是引擎，平台服务机构和技术经纪人是主体，平台生态系统是载体，有着内在联系的平台生态系统的整体构成平台经济。

技术交易信息服务平台经济发展有三条基本路径：一是搭建平台与创建平台服务机构，聚集技术经纪人；二是传统中介机构数字化升级；三是传统企业向平台型企业转型。无论哪一种方式，平台搭建是重中之重。

7.1 技术交易信息服务平台基本结构

技术交易信息服务平台是服务于技术交易全过程的公共支撑平台，应以促进技术交易和提高科技成果转化率为目标，针对技术交易过程中存在的交易流程不统一、信息采集发布不规范、技术评价估值不科学、融资功能不健全、科技服务不配套等问题，研究解决技术项目从创意研发、形成科技成果与知识产权、小试中试，到产业化生产和销售的整个生命周期全过程中，为交易主体提供研发服务、技术交易服务、知识产权服务、科技咨询服务和产业化融资的共性需求服务。因此，平台建设方案需解决的关键问题有：

①研究设计统一的技术交易信息采集规范和数据统计报送制度，解决技术交易信息采集制度不统一的问题。

②构建基于互联网的技术交易共性支撑平台及构建技术交易全程服务体系，以适应技术交易平台化发展的服务模式。

③形成从高校、科研院所、企业等技术供给方技术成果资源采集的工作机制，以及和国家科技资源网等机构的合作机制，形成强大的技术成果、技术项目数据库，解决目前技术成果分散、技术需求信息不完备、服务机构和技术经纪人无法形成规范的有效服务的问题。

④研究制订专利技术评价规范，建设技术交易网、交易展示和路演大厅，解决技术交易信息披露不规范、不充分、融资难的问题。

⑤平台汇聚 PE、VC 以及其他科技金融资源，形成技术投资人数据库，通过众筹的方式推动需求导向型的技术交易，解决技术市场资源配置能力不足的问题。

⑥针对技术交易服务能力不足、资源分散的问题，平台通过实名认证会员制度，汇聚技术供方、需方、服务方、政府部门、企业等交易主体，集成技术供需信息发布、科技咨询、技术评估、成果展示、知识产权代理、专利拍卖、产品在线交易、难题招标、绩效评价、人才支撑等服务资源，形成完整的技术交易全程服务产业链。

⑦针对技术交易主要通过线下一对一谈判、方式单一、效率不高的问题，积极扩大交易规模，推动技术交易的电子商务服务，如开发网上技术商城、技术交易"招、拍、挂"系统、在线设计交易系统开发运营，拓展技术交易范围和交易模式，将在线设计交易、技术成果和产品在线交易、专利技术在线竞价拍卖、技术难题招标、技术产权拍卖和竞价交易，通过流程化服务和规范化交易规则，建立技术转移的"SaaS"商业服务系统。

⑧针对技术交易跨区域、跨国界的特点，通过联合全国各地技术交易机构联网运行，并加强与国际同业机构的合作，汇聚分布的交易数据，实现资源与渠道共享，促进科技资源跨区域流动重组，研究推出多语言服务系统和跨国交易支付系统。

⑨针对技术交易主体的需求，研究开发在线咨询服务和在线支付结算系统，推动技术经理人、技术经纪人的职业发展，鼓励其从事研发设计、技术转移、知识产权、科技咨询、技术交易服务并获得相应的收益。

⑩围绕技术交易过程中潜在的融资、交易价款结算、知识产权代理、版权保护等需求，通过导入科技金融产品，完善在线结算功能，汇集知识产权服务资源，提供综合的配套服务，形成技术资本化全流程服务体系。

⑪通过技术交易信息数据、技术交易大数据分析，为政府各级科技主管部门技术市场监管和科技政策完善提供服务支持。

7.1.1 平台应用逻辑架构

技术交易信息服务平台是技术经纪人的主要工作平台，通过应用开发和数据分析设计器生成包括查询、表单、填表、流程、数据分析、主题分析在内的各种业务应用，通过应用框架设计器合成各类技术交易服务子系统和领域系统，通过技术交易信息服务平台前端界面设计器生成个人中心、服务平台、管理平台及其他自定义的公共服务平台。基于服务的技术交易信息服务平台逻辑架构如图7-1所示。

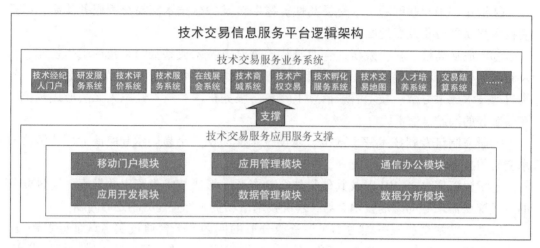

图7-1　技术交易信息服务平台逻辑架构

7.1.2　平台应用管理解决方案

应用与数据一体化的技术交易信息服务平台解决方案如图7-2所示，平台各功能模块之间协同工作，为技术交易提供的服务功能包括：

①入口层。提供手机App、手机浏览器、微信公众号、企业号、C/S客户端、PC浏览器。

②移动门户模块。支持与入口场景无关的内部统一的移动门户。

③应用管理模块。提供认证、授权、应用管理、服务平台、管理平台、PC浏览器门户、C/S客户端、运维环境管理、应用运行监控与分析、用户行为分析等。

④通信办公模块。包括消息传送、常用信息传送与跟踪、事务信息传送等。

⑤数据管理模块。提供元数据层管理、数据服务层管理、统一接口、数据授权管理。

⑥数据分析模块。提供单视图模板、主题模板，预定义企业、机构、技术经纪人、技术成果、技术需求、行业领域、知识产权、专家、教师、学生等主题模板。

⑦应用开发模块。提供查询、表单、填表、流程、应用框架的可视化开发等。

7.1.3　平台数据资源管理系统

平台采用模块化的结构，搭建的应用与数据一体化的技术交易信息服务平台环境，可以实现技术交易市场资源数据的统一管理和服务管理。系统采取统一身份认证和业务授权验证，如图7-2所示；与入口场景无关的统一移动门户让运维更简单、用户使用更方便；数据分析平台使各类数据分析和主题分析可随时随需而建，并提供以服务推送为目标的智能化服务。

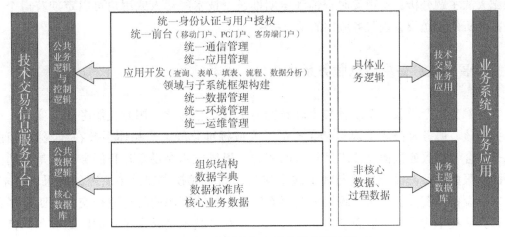

图 7-2 统一身份认证与数据资源管理体系

①为解决数据共享的问题，建设数据资源中心，制定数据介入标准，并通过软件收集、管理技术交易市场各类数据资源，并将数据资源纳入数据资源中心数据库。

②元数据层的管理：对元数据层服务器、主题数据库、数据表的描述与管理，针对每个业务主题库的数据表进行可视化管理，将核心数据表备份到中心数据库，将技术交易数据统计信息存储至中心数据库，识别技术转移主体组织结构源表，并建立平台组织结构。对平台的数据表按组织结构表、字典表、标准表、核心数据库、业务数据表、代码表等进行统一分类管理，并支持创建新的数据库、数据表。

③数据服务层管理：建立虚拟主数据库，通过视图或接口的方式，访问业务主题库的全部数据，开设数据查询账号，第三方应用通过虚拟主数据库的数据查询账号实时访问授权数据。对于已经建立元数据清单的业务主题数据库，由系统自动添加到虚拟主数据库。建立技术交易核心数据库，核心数据库包括技术交易核心数据和统计汇总数据，可以通过程序从业务主题数据中复制数据，同时对所复制的数据进行完整性验证，以保证数据安全。

④数据规范及权限管理：提供系统管理员设置数据访问账号，设置账号的操作权限业务数据表。

⑤将移动门户扩展到移动端、App、微信中，同时通过微信企业号、企业微信、微信小程序、微信公众号等多种渠道提供 PC 移动一体化、一致性的业务支持，技术经纪人和用户无论从哪个入口进入，最终都统一到平台的移动门户，满足了各类交易主体通过多渠道、多入口随时触达信息化服务的用户体验，提升用户的"获得感"。

⑥基于应用开发平台可以快速生成各类查询、表单、填表、流程和应用框架，不但可以快捷开发专业化应用程序，还能快捷合成子系统和领域系统。

⑦各类数据分析和主题分析变得随需而建。例如，自定义的单视图技术交易数据分析、自定义的技术市场发展主题分析、自定义的技术在线交易，以及挂牌、拍卖交易大屏展示等。

⑧实现以服务推送为目标的智能化服务。建立省市县级、领域级、机构级及技术

经纪人的主题分析，实现实时查询和定期推送。技术经纪人或用户可以定期获得个人数据分析的推送及管理服务应用的及时提醒。

7.2 平台技术交易信息服务系统

技术交易全程服务系统使技术转移的专业化、信息化、国际化服务得以实现。一是提供核心服务及技术交易全链条产品，形成标准化线上产品体系及在线服务流程；二是整合各类服务机构及技术经纪人的能力，提供技术交易全过程服务；三是将功能产品、服务产品商品化，进行线上线下交易，即集成技术交易中所需的成果、需求、专家、设备、资金、组织、政策等全要素资源，并将资源商品化进行交易；四是平台运营方从技术成果同市场需求的有效匹配出发开展技术交易全过程的跟踪服务，打造综合性的一站式全程服务平台，发布通过系统数据统计分析得到的技术交易趋势和交易指数，并出具交易白皮书。

技术交易过程中的各种代理、法务、检索、咨询、评估、审计、财务、招标、知识产权等科技服务，均可以在平台上统一规范地完成，高效便捷地为技术交易提供服务。同时，由于在统一的科技服务系统平台开展服务，可以实现同类技术转移服务机构服务质量和能力的量化对比，使得技术交易服务在质量提高的同时走向低成本化，将促进技术交易活动更多地进入技术市场，确立技术市场在技术交易活动中的主渠道地位，服务系统不断完善和技术市场的服务机制和服务质量不断提高，进而不断扩大技术交易规模。

7.2.1 平台系统服务功能集成

技术交易市场在制度、组织、机制、能力与活力等方面以基层实践升华顶层设计，自技术交易平台身份认证、技术产品的在线信息采集标准建立始，完备功能集成。技术交易市场省市县三级运营体系与服务系统包括：

省域运营中心应保障技术交易服务系统正常运行，包括会员审核、委托服务、信息发布审核、交易管理、数据采集、数据分析、服务权限管理、公众信息维护、咨询投诉、平台推广、系统维护等。市和县域运营中心负责辖区内系统的运维管理和服务推广，辖区内技术交易与信息审核，频道监管，账户管理，辖区内会员发展和技术交易数据统计。

省市县三级运营中心应按照技术交易服务系统的接入、交易数据的接入、数据访问和数据交换规则运行和维护系统。

省市县三级运营中心应引导入驻服务机构和技术经纪人利用网络平台提供的工具包为技术成果转移提供专业服务。

技术交易服务云平台集成交易服务、信息服务、咨询服务、跟踪服务、增值服务等服务系统功能，提供成果展示、精准信息搜索、实时在线竞价、展会持续发布等服务。技术交易信息服务系统主要功能参见表7-1。

表 7-1　技术交易信息服务系统功能

前台业务系统功能	栏　目	功　能　描　述
网站首页	会员中心	会员注册登录系统，为注册会员提供交易服务工作平台
	技术交易供需系统	网站前台系统
交易地图	区域交易地图	1. 区域技术交易整体情况可视化展示； 2. 根据具体需求链接到相应专题模块
	动态交易数据	
技术交易市场	技术难题	1. 为批量转让项目提供以"技术难题招标""成果拍卖""挂牌交易"为特色的在线交易服务； 2. 对通过协议定价完成转让的国有科技成果进行成交信息公示； 3. 构建在线竞价模块，提供在线竞价交易服务； 4. 在线完成成果转让的全业务流程，实现全流程痕迹化管理
	成果拍卖	
	挂牌交易	
	交易公示	
技术商城	技术成果	1. 提供科技成果、科技服务、需求信息的在线交易； 2. 提供科技人才在线沟通、在线咨询、在线服务交易； 3. 知识产权运营服务； 4. 技术合同在线签约与登记； 5. 提供仪器设备的在线预约、在线租用； 6. 在线生成订单、签署合同、支付价款、交易评价； 7. 技术产品购物车； 8. 在线交易结算
	技术需求	
	技术咨询	
	科技人才	
	知识产权运营	
	技术合同登记	
	大型仪器设备	
技术经纪人社区	经纪人推介	集成技术经纪人资源，打造经纪人能力展示、服务集成、代理合作的互动社区
	社区服务	
	代理项目	
会展中心	在线路演	汇集优秀成果项目，通过在线路演、展览展示等形式，进行专题发布、推介
	展览展示	
资讯服务	通知公告	主要包括通知公告、行业动态、科技资讯、政策文件及解读等资讯的发布、分享
	行业动态	
	政策文件	
支付结算	交易结算	实现交易资金在线支付与管理。支付方式有：微信、支付宝、区块链
	价款管理	
	账户管理	
区域中心	各级市场	各级分市场、行业市场的集中入口
统计报表	数据报表	提供技术交易统计分析报告
	行业报告	
即时通信	会员通信	注册会员在系统平台上的通信接口
会员注册	会员中心	会员注册与账号维护
客服中心	在线咨询	为会员和客户提供在线咨询服务

续表

后台系统管理功能	功　能　描　述
会员管理	主要包括通行证管理、会员信息管理；允许会员自主管理自身的账号信息；提供系统管理员用户管理功能
认证管理	多层次认证体系，涉及身份信息验证、银行账户验证、联系方式验证以及各类证件材料的验证；通过各类认证方式保障会员真实有效
信息管理	主要管理平台内核心信息，包括机构、成果、需求、人才、设备等，具备搜索、发布、修改等管理功能
通信管理	提供登录用户在线即时进行洽谈、聊天、留言等功能，提高对接的便捷性与及时性
客服管理	为平台开发部署在线客服服务，提供每日 12 小时的在线客服咨询
系统管理	权限管理、审计管理
统计报表管理	交易统计，数据分析
交易结算系统	交易结算系统，银行卡、微信、支付宝等支付接口，网银对账系统
内容管理	内容管理包括：跨栏目、跨网站发布信息、模板设计、信息创建删除或修改、访问管理和统计、图片文件管理、栏目定义、功能扩展
服务管理	各类服务接口 API
数据库管理	数据库系统是技术交易市场的核心资源，存储和管理技术成果库、技术需求库、服务机构库、高校院所库、专家信息库、技术合同库、技术交易库、信息中心库数据，支撑技术交易市场运营和技术交易结算，对技术交易数据的安全性、可靠性和完整性提供平台支持等

7.2.2　平台技术商城系统

技术交易商城系统汇聚参与技术交易的各类用户，满足技术交易数据的采集、发布、共享和交换；提供技术和服务的在线交易，提供技术交易的事先、事中、事后的流程化服务，提供网络竞价交易服务、合同登记服务；保证技术交易过程中的公平性和高效性。技术交易供需系统汇聚众多资源，注册会员包括企业、高校、科研院所、技术转移服务机构、政府管理部门、技术专家、技术经纪人、专业师资、技术转移研究生等；汇聚技术需求、技术成果、服务产品，技术交易信息、设计资源信息等资源信息，为技术交易服务平台商业化运营、大数据分析和服务定制提供有力的资源支撑。

技术交易商城系统的注册会员通过技术供需信息发布、展会大厅、人才服务、在线咨询、网上签约、仪器设备共享、购物车、合同审核、知识产权运营、技术交易地图与第三方支付系统、技术交易社区、统计调查、交易指数发布、收藏夹、政策法规、知识库、建站平台等服务，可以按技术领域分类，发布成果、需求、服务信息；可以快速查询相关领域的技术、需求和服务产品；可以通过线下展厅和在线展会展示技术成果；可以通过图表形式展示技术交易的趋势，分析技术交易动态，监测技术交易数据，统计技术贡献率及对社会发展指数的影响。

7.2.3 平台会员中心系统

从服务的类别出发，会员中心系统管理注册用户，可划分为六种业务用户类型：技术供方、技术需方、技术服务机构、技术经纪人、技术专家、技术交易管理者。注册用户通过申请的方式取得进一步的业务用户类型，以完成"用户实名认证"等从事技术交易与服务必备的各类资格认证功能。注册用户提交的申请由系统工作人员在系统后台进行审核生效。不同身份的用户拥有不同的服务权限。

系统根据不同会员的身份，提供给会员不同的发布和管理这三类信息的入口，信息发布后由后台管理员进行审核，审核流程如图7-3所示。

通过审核后的一般会员，可以通过技术需求、技术成果和技术服务对应管理软件查看系统相应的状态和信息；注册会员交易资格审核通过后，可以在网上技术商城开设"商铺"，将自己的产品、服务、能力等进行议价交易。

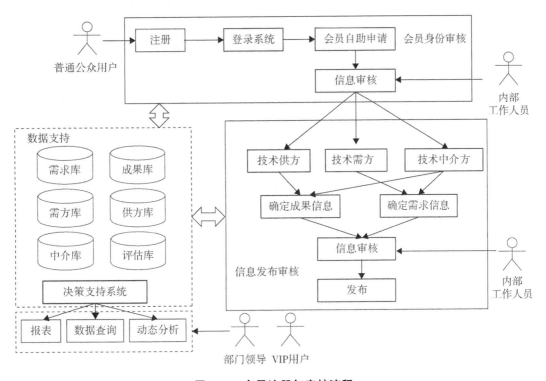

图7-3 会员注册与审核流程

7.2.4 平台技术产权交易系统

技术交易服务的核心价值在于从技术成果收集、项目筛选、项目评价、项目撮合成交、价款结算等交易流程的各个节点入手分析研究技术交易业务体系，梳理各业务之间的逻辑关系。汇集技术经纪、技术评估、知识产权等各类专业服务机构的激励合作机制和管理制度体系，从而促进技术产权交易市场与专业服务机构之间的有机合作，在项目采集、调查问卷、筛选评价、信息发布、交易智能对接、技术交易（招拍挂）、交易结算技术交易过程，为技术交易主体提供线上线下融合的交易服务。

技术市场交易包含技术招标、技术拍卖、技术挂牌及交易公示等。

1. 技术招标服务流程

技术招标服务内容参见本书3.2.1节，技术招标竞价流程如图7-4所示。

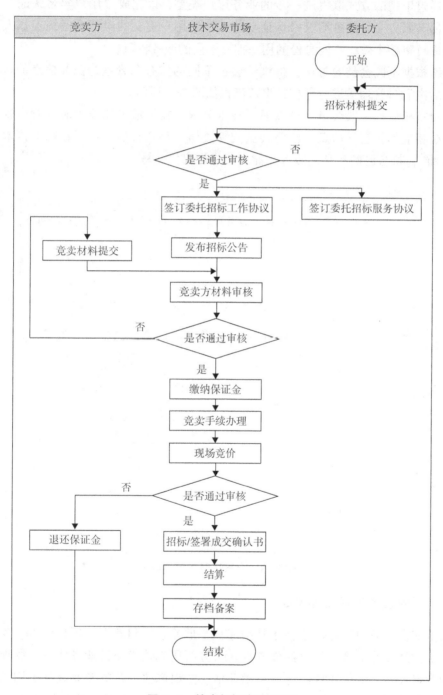

图7-4　技术招标竞价流程

2. 技术成果拍卖

技术拍卖交易服务内容参见本书3.2.2节，技术成果拍卖流程如图7-5所示。

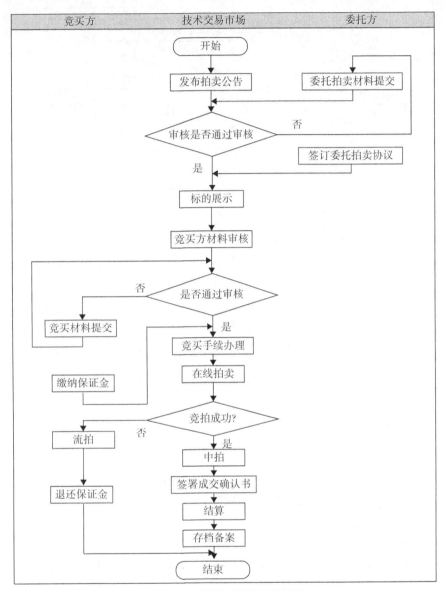

图7-5 技术成果拍卖流程

3. 技术挂牌交易

技术挂牌交易服务内容参见本书3.2.3节，成果挂牌交易流程如图7-6所示。挂牌期满，如未征集到意向受让方，转让方可以进行以下操作：不变更挂牌条件，延长挂牌期（延长时限不少于5个工作日，但不得超过6个月）；变更挂牌条件，重新办理挂牌手续后再次挂牌；自然撤牌。

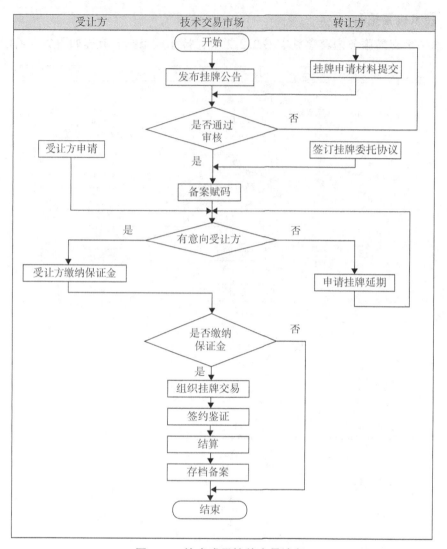

图7-6 技术成果挂牌交易流程

4. 技术交易公示

《中华人民共和国促进科技成果转化法》指出：国家设立的研究开发机构、高等院校对其持有的科技成果，可以自主决定转让、许可或者作价投资，但应当通过协议定价、在技术交易市场挂牌交易、拍卖等方式确定价格。通过协议定价的，应当在本单位公示科技成果名称和拟交易价格。《国务院关于印发实施〈中华人民共和国促进科技成果转化法〉若干规定的通知》指出："科技成果转化过程中，通过技术交易市场挂牌交易、拍卖等方式确定价格的，或者通过协议定价并在本单位及技术交易市场公示拟交易价格的，单位领导在履行勤勉尽责义务、没有牟取非法利益的前提下，免除其在科技成果定价中因科技成果转化后续价值变化产生的决策责任。"

委托方（高校、科研院所）提交公示申请，填写交易公示申请表，提交相关审核材料，经技术产权交易所审核通过后签订委托公示协议，公示期为15日。公示期间如果有异议方，接受异议方提交异议函、证明材料。技术交易市场中止当前公示并对其进行复核，复核未通过则终止公示。如果公示期间没有异议或有异议但经复核通过，则公示结束后技术交易市场出具公示鉴证函，并存档备案，公示过程结束。技术交易公示流程如图 7-7 所示。

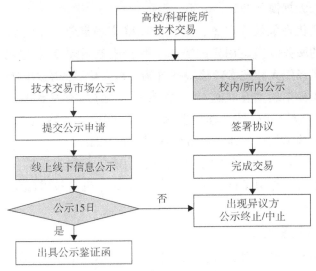

图 7-7　技术交易公示流程

7.3　技术交易信息服务平台运营

平台是一种为供需及相关主体提供连接、交互、匹配与价值创造的媒介组织，是一种基于数字化技术的新型资源配置方式。基于新一轮科技革命涌现出以互联网、移动互联网、物联网、大数据、云计算、人工智能及智能设备等为支撑的数字化平台，其连接能力强、涉及范围广、运作效率高，拥有强大的网络效应，可创造出诸多前所未有的新功能与新价值。

平台的兴起，正以空前的力量把人与人、人与物、物与物、服务与服务连接起来，给人们带来便利，给企业带来效率。通过平台，远隔千里的人们可以相互沟通、相互交易及进行高效分工、合作，并以前所未有的速度积累财富。所以有人说，"第一次工业革命做工厂，第二次工业革命做企业，第三次工业革命做平台"。

当前，中国平台发展如火如荼，生机盎然，无论是规模与影响还是创新力与活力都位居世界前列。除了信息技术、数字技术、智能技术等深度应用、商业模式不断创新等因素，还有两点原因：一是，中国是世界人口大国、消费大国、制造业大国、资源大国，存在大量人财物等零散闲散资源；二是，全社会供需之间的匹配程度并不高，存在诸多痛点、难点与堵点。这些为平台在中国的兴起带来巨大的机遇。

7.3.1　平台服务场景

当前，平台经济存在六大短板：一是认知短板，平台企业缺乏对应用场景的深刻理解，平台功能不够强大；二是数据短板，"信息孤岛"阻碍了社会资源、数据的集成共享和创新应用；三是策略短板，商业模式不清晰，定价不合理，服务差异化不高；四是质量短板，存在平台服务质量不高与诚信缺失现象；五是人才短板，特别是许多平台缺乏核心人才；六是生产侧短板，平台经济在消费端运用比较广泛，在生产领域的渗透与运用尚未大规模展开。

目前平台同质化现象较为严重，平台应明确市场定位，专注细分市场，根据自身优势提供差异化的服务以满足用户的需求。平台服务亟须专业化深度服务，服务能力的提升体现在技术经纪人和技术转移服务机构的差异化服务能力的提高。

平台服务要积极拓展"互联网+""智能+"。为了增强平台的连接、感知、响应与运作能力，要深度应用互联网、移动互联网、物联网、大数据、云计算、人工智能、区块链等技术，为技术供需主体、服务供应链全链赋能。

中国技术转移正处于一个新的结构调整、功能更新和重组的发展阶段，跨区域技术转移信息网络平台既是国家创新体系的信息枢纽，也是技术经纪人提供专业化服务的工作平台。

1. 技术交易全过程服务

技术从创意研发、形成科技成果与知识产权、小试中试，到产业化生产和销售的整个生命周期全过程，存在着研发服务、技术交易服务、知识产权服务、科技咨询服务和产业化融资服务的共性需求。根据国家技术转移体系建设要求和科技服务业发展现状，需要面向研发服务、技术交易服务、技术商品化服务及技术资本化服务建立平台化服务运营体系，制定从技术到产品市场化的全过程各个环节的服务流程与服务规范，为技术经纪人提供基于云计算、大数据和人工智能技术支撑技术交易服务系统及工作平台，创新技术交易服务模式，促进技术交易快速增长。

如图 7-8 所示，技术交易全过程服务包括：

（1）研发服务过程

该过程包括技术创新（t_1）、技术开发（t_2）、技术成果发布（t_3）等环节，主要服务内容包括：技术情报服务、信息服务、知识服务和人才服务，技术情报检索分析、科研立项、行业需求和竞争信息分析，技术成果、技术需求收集和分析，为合作研发提供知识、人才服务等。

（2）交易服务过程

该过程包括技术评估事务（t_4）、专利事务（t_5）、科技咨询（t_6）等，主要业务有专利申报、专利评估、专利技术产业化项目筛选、技术产业化评价、技术交易撮合、交易技术签约、技术交易合同登记、团队建设、专家智库、复合型人才培养等。

（3）产业化服务过程

该过程主要由金融服务、平台服务构成，主要服务内容包括：孵化器的专利技术孵化、中试、技术商品化、技术融资、行业研发检测、国际技术转移、技术产业化与资本化服务（t_7、t_8）等。

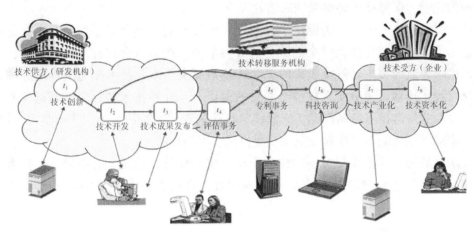

图 7-8 技术交易全过程创新服务链

2. 技术交易的线上线下（O2O）服务

近年来，我国的技术交易服务平台运营服务系统，由技术交易登记系统拓展到技术转移的全过程服务系统，初步形成了从知识创造及技术研发、科技创业、企业成长、产业创立到集群创新服务的线上线下融合服务业态：技术交易服务主体由"政府主导"转向"市场为主配置资源"，服务对象由"共性"转向"个性"；服务内容由"综合"转向"专业"；服务价值由"低端"转向"高端"；服务形态由"分散"转向"集成"。逐步形成了以政府统一规划，企业、研发服务机构、专家及技术经纪人为主体，枢纽型平台开放互联支撑，国家、区域网络枢纽、省市县网络和"一带一路"、军民融合及由东向西的空间布局。以多边平台互利共赢模式支撑全球市场拓展和资源共享运行机制的建立，以新一代信息技术支撑的 SaaS、PaaS、IaaS 服务，将为平台的技术交易提供全程高效运营服务。

技术创新与技术研发是技术转移的基础，是技术产品化、商品化、产业化的源头。技术交易信息服务平台线上线下服务具有以下内涵：

（1）科技资源的配置与共享

技术转移需要调用的科技资源主要包括两大类：一类是与科技密切相关的知识和能力，另一类是以资金为主的科技财力与物质投入。科技资源的优化配置及开放共享不仅对科技创新起了重要的推动作用，而且极大地拓展了政府有关部门挖掘资源潜力、应用科技优势的职责空间，在科技资源整合开放共享中的主导及统筹规划，国家实施自主创新战略、实现协同创新对促进技术转移具有重要意义。

优化创新资源配置、增强服务于技术转移产业的能力，是提升创新与研发效率，促进技术价值实现的关键路径。

（2）技术创新与研发服务

技术创新、技术研究开发通常是有路径依赖的。实体经济选择什么类型的技术，不能仅靠市场的趋势预测，更重要的是基于可利用的科技资源和自有知识及技术水平。平台提供技术交易全程服务，就是依据技术转移的客观规律通过服务资源的配置与服务流程的完善，保障技术转移最佳的绩效提升。

技术交易是技术转移的关键环节，是技术转移的前提和必要手段。技术交易的服务业态是为技术权益让渡提供全面服务的分类形式。产学研合作技术研发力度，是解决技术供求矛盾的根本，科技成果的成功转化是源头活水。技术交易全程服务的意义是在保障技术转移过程中所有权益者利益的前提下，分解技术转让者的营运风险，打破技术垄断或缓解技术垄断程度，降低技术转移成本，提高技术受让者的学习、消化、吸收、集成、创新能力，提高专业化、规模化、市场化能力。

技术交易的全程服务要解决的核心矛盾是技术权益的系统、有序转让，技术权益的系统、有序转让意味着技术资源的合理配置，意味着技术交易服务效率和效益的提高。

(3) 科技成果的转化与产出

重大、原始性的科技创新表现为群体突破的态势，对科技资源提出了更高的要求。研发成果、技术成果转移水平及其质量状态，关联技术成果、专利、版权、科技论文数量与水平及其成果转移的经济效益状况，新的服务理念还包括促进研发资金的投资回报和聚集投资的产出等。

技术创新与研发过去一直都被视为一项支出，是一项会冲抵利润的中长期开支，而未被计入国民生产总值。无形资产获得承认的第一阶段是 1999 年人们将软件开发重新归类为投资。第二阶段是一个联合国工作组在 2008 年通过了新国民经济核算的国际统计标准，澳大利亚和加拿大已经采用了这个新标准，欧洲在 2014 年开始实施此标准，美国政府将研发和艺术创作计入投资，从专利权、版权、注册商标、设计、文化作品和企业流程当中获取了大量财富，带动了 GDP 增长。在计算折旧方面，投资支出转变为资产价值，有利于加速折旧推动技术研发和技术引进。创意不像机器那样会锈蚀，但是，如果它们被模仿或替代，对创造者而言就失去了价值。

7.3.2 平台服务模式

平台经济基于信息化、网络化、数字化、智能化技术，以联结创造价值为理念，以开放的生态系统为载体，依托网络效应，进行价值的创造、增值、转换与实现。发展平台经济有利于提高全社会资源配置效率，催生诸多新业态与新企业，形成新的经济增长点，改善用户体验，增加就业岗位，繁荣各类市场，促进国际国内贸易。

平台经济类型丰富、发展迅速，电商、社交媒体、搜索引擎、金融互联网、交通出行、物流、工业互联网等平台经济正在深刻改变各国产业格局，改变人们的生产生活消费行为。平台经济为传统经济注入了新的活力，推动产业结构优化升级，更大范围地实现全球连接，引领社会朝着智能化方向发展。平台经济不仅为中国经济注入新的动能，也为中国经济新一轮产业变革带来助力。

面对巨大的市场，平台运营机构或企业要加深对所涉及领域、行业、用户的认知，着力解决行业发展的难点，为技术市场主体提供量身定做的精细化服务，通过差异化、专业化为用户提供更多价值创造，系统地设计好平台运作的商业模式、定价策略、服务标准，持续改善服务质量。具体而言：一是要把握市场趋势、为用户创造价值、以用户有良好的体验为中心，设计好平台的使命、市场定位、功能模块、服务内容、运作流程、盈利模式、经营规则，明确平台的核心价值及其创造方式。针对技术转移过程的不同阶段和不同阶段的难点，形成和提供不同的解决方案。二是对于市场不断细分、需求持续升级，平台服务则应不断实现供需的有效匹配。

技术交易信息服务平台汇聚了咨询、评估、交易、知识产权代理等第三方服务机构和科技资源，第四方平台的运营一是为技术交易主体提供综合配套服务，二是构建基于"互联网+"技术交易的"众服"、科技资源跨区域流动的"众筹"、国际技术转移的"众包"服务模式。对于交易过程中的技术投融资、专利技术运营、技术评估和风险投资，可以通过引导注册会员、PE、VC 投资人参与，提供流程化的服务产品、市场化的运营机制。第四方平台运营的商业模式和服务收益获取的渠道主要有：

1. 开放式协作服务模式

互联网造就了"由客户制定规则的时代"，服务业务出现了各种业务的跨界组合，并成为未来技术交易商业模式业务内容的常态。技术交易服务主体从封闭的、自足的运营方式，转向开放的、协作的运营方式，技术交易服务主体聚合用户，与技术交易服务的众多协同者一起开展业务或搭建平台。当技术交易服务主体在运营流程上不再大而全，而是走专业化服务"聚合"道路的时候，技术交易服务主体的业务总量不是变少而是变多了。将本属于自己的业务委托其他公司来完成，而自己只生产"半成品"，通过与其他技术交易服务主体的协作，让"半成品"最终在用户面前成为"成品"。这种复合型商业模式，集成众多的合作伙伴的创新服务能力和创新成果，最终制造出极具创新性的服务产品。多边平台聚合数量庞大的第三方开发商或服务提供商，最终将半成品聚合为成品，形成集聚效应。

2. 个性化推荐与服务定制模式

以技术供方为主导的个性化推荐、以需求为主导的定制服务，根据其历史消费行为记录，推荐技术买方（需求方）可能感兴趣或者满足其需求的技术产品和服务产品，目的在于能够有效地为技术买方（需求方）主动推荐其可能感兴趣并选择的技术产品和服务产品信息，提高技术买方（需求方）对技术产品和服务产品的购买率。提高技术买方（需求方）的业务使用满意率，更好地增加平台客户的在网黏性，扩大技术交易和服务收入。个性化推荐和定制服务模式是建立在海量数据挖掘基础上的一种高级商务智能服务，可以为客户推荐产品和提供定制服务，满足客户的个性化需求。

平台的技术交易商城系统是为各交易主体提供实现网上自助订购技术产品和服务产品的技术交易电子商务平台。用户可以通过平台查询技术、服务产品，定制技术、产品、咨询等。平台以线上线下（O2O）一对一服务模式，保障技术交易信息的安全性和有效性。技术交易商城系统有四类用户注册认证登录方式：个人客户、机构客户（高校、科研院所）、企业客户、政府单位。用户通过选择不同类型的选择登录界面，注册成为系统中的合法用户，注册用户的有效信息将成为系统应用的权限识别依据。用户登录系统完成有效身份认证之后，可在技术商城中获取开设交易商铺、提供服务产品、提供供需信息、引导注册会员订购技术和服务、开通在线业务的权限。

3. 大数据价值驱动服务模式

以大数据为价值驱动的技术交易商业智能（Business Intelligence，BI）模式是现代服务的高端化模式，是指用现代数据仓库技术、线上分析处理技术、数据挖掘和数据展现技术从大量的技术交易历史数据和新生数据中抽取出潜在的、有价值的信息，进行数据分析以实现商业价值。这是一种技术交易的高附加值服务业务。参与技术交易主体（用户）的名称、属性、级别、在网年限、历史业务情况、搜索痕迹、需求信息、关注领域以及日志数据、上网数据分析、用户行业和习惯信息等数据中蕴含着巨大的商机。基于数据挖掘的大数据处理，是通过数据挖掘技术对技术交易数据和指标及用户属性进行分析研究，获取有价值、带有规律性、取向性的知识。根据得到的信息知识产生推荐行为，为技术供方、需方、服务方和政府提供有价值的技术情报信息，并与区域和相关产业进行关联分析，给出有价值的技术交易趋势分析与定量预测结果。

7.3.3 平台运营生态

平台应打造开放、共享、共生的生态体系，推动线上线下资源的有机结合，把技术生产者、服务者、消费者等各个环节逐步整合到平台。通过对各环节数据的深度挖掘与分析，最大化地为技术交易主体创造价值，构建共利、共赢、共享的生态体系。

1. 技术交易价值链的利益协同保障

技术交易服务是一种新兴的战略性服务产业，其内涵和外延涉及国民经济的各个领域，涵盖宏观、中观、微观三个层面。技术引进与技术输出业务需求的增长，带动并刺激技术交易服务的快速发展，技术交易服务自身也在良性循环中成长为独立的产业实体，成为经济结构调整的主导要素之一。技术交易业务是现代服务业内容的重要组成部分，作为一种高端服务，它对经济的带动作用通常比一般商业服务业高约10倍。

技术交易服务体系的建设首要的问题是更有效地促进技术交易。促进技术交易，同一个问题的两个方面是：技术能否实现转移交易？技术转移交易后成效如何？由于科学技术进步及其成果应用对经济社会发展的作用日益重要，"技术交易"所涵盖的内容逐渐扩大到研发机构之间的技术项目有偿合作，研发机构与企业、企业与企业之间的技术转让，以及不同经济、技术行为主体间的技术许可等各个方面，并且从早期的无意识行为、欠发达国家的政府行为、发达国家为打破南北僵局的策略工具等内涵，逐步发展成为世界范围内不同行业、企业、研发机构和政府等都高度关注并积极参与的一种战略行动。从根本利益上讲，技术研发者、技术持有者与技术受让者、技术消费者是技术交易利益冲突的甲乙双方。能否实现技术转移，甲方处于主动地位，其影响因素主要有技术的复杂程度、技术的成熟度、技术的通用性、技术的换代周期等；技术最终能否成交取决于甲方在主观上对技术转移的利益期望、客观上对技术的垄断程度。技术转移后的成效如何，其影响因素主要有技术受让者的存量技术基础、经济实力、生产要素组织水平、产品市场化能力等；终极检验准则是技术消费者即商品使用者的认知、认可程度。在分析从创意到市场的技术转移全过程经济利益基础上，要以利益激励为导向，以政策法规为规范，以道德信用责任为约束不断促进技术交易。

2. 技术交易价值链的要素衔接保障

(1) 形成从"研发"到"消费"的技术交易新型业态

经济的全球化和技术的强劲需求加快了技术转移的速度。技术转移带来的市场空间、商业价值等经济利益是刺激技术输出的直接动因，表象之下的深层仍是一个从"技术研发"到"新产品消费"、设计完整但简单明了的经济利益引进输出过程。

技术交易反映了技术由经济发达区域向次发达区域的流动，呈现由点到面的定向性渗透、逐渐扩散。其趋向表现为：落后地区受经济技术开发条件及观念、政策所限，廉价的技术人才、单项技术、萌芽技术等技术要素在向发达国家和地区聚集，发达国家和地区昂贵的总装设备、商标品牌等成品作为各类知识产权和先进技术的载体，瞄准潜能市场，向欠发达地区的行业、企业转移。

(2) 形成高新技术产业新型业态

技术交易全过程通过国际技术转移推进了产业形态的转变，以新一代信息技术和新能源技术为代表的高新技术转移形成了系列新型产业业态。

唯有技术与市场的结合才能有效降低产业结构调整的代价。宏观产业结构因循着农业、工业、服务业产值比重顺序颠倒的发展轨迹。为了快捷有效地承接技术的进步与扩散效应，全国各地根据资源的配置优势，先后建立起各具特色的一大批产业集聚园区。产业集聚园区以关联技术产品为纽带，吸引上下游大量的中小型企业为方便供、产、销而主动集聚，按市场规则形成产业集聚规模，成为区域经济发展的支柱产业。产业集聚→产业集群→产业升级（高新技术产业发展）→产业创新（新型产业业态形成），这一过程以地域资源优势为依托，引进国内外系列专业技术，淘汰落后生产力，推进产业结构调整，最终推动社会经济转型，为技术交易规模的扩大提供了源源不断的技术资源。

(3) 形成技术交易全程化服务业态

全程化服务是指对科技研发所产生的有实用价值的成果进行产品开发、技术扩散、市场推广、消费应用等环节，将科技成果转化为新产品、新工艺、新材料和新服务并逐步形成一定商品规模的过程，是技术和人财物资源等生产要素及其相互联系形成社会生产劳动的基本组织结构体系的过程。技术交易网络服务平台在宏观上可以看成是一个由技术供求系统、技术转让系统、技术产品消费系统和技术环境系统构成的技术转移系统，其良性运行需要建立健全动力机制、收益分配机制、约束机制、激励机制、调控机制。技术交易全程服务在微观环节中可视同产品创意、商品制造、营销开拓、市场占有的规模化经营活动，是技术成果产品化、商品化、规模化的动态流程。

全程化服务保障全链条的要素衔接，一是通过技术引进或技术合作优化经济结构，转变发展方式，提升改造能力，实现产业升级与调整，形成全新产业；二是构建技术交易服务各环节的服务活动目标、组织形式和工作方式的网络化、多边化、产业化、全球化、市场化、规范化服务体系，以海量信息资源、科技资源、服务资源、客户资源形成的数据，为技术交易主体提供线上线下服务；三是充分发挥"看不见的手"的市场调控功能，逐步解决体制与观念等固化矛盾。

长期以来，由于技术开发与工程应用脱节的现象比较普遍，科技计划项目实施缺乏设计单位、生产部门、配套单位以及技术成果用户的有效参与，增加了科技成果的开发成本，降低了技术的实用性、先进性和成熟性，影响了后期技术成果的转移转化。另外，科技项目审批环节缺乏严密的技术经济论证，科研立项、成果转化和市场开发三大环节资源相互分割、脱节现象比较严重，直接造成了相当一部分成果不成熟，经受不住生产实践的检验，无产业化推广价值。再者宏观科技管理机制和组织结构不合理，造成体制分割，有限的科技资源难以实现优化配置，科技资源短缺与闲置浪费并存，资源利用和投入产出效率不高，难以把科研成果转变为市场可接受的商品。再加上科技成果转化中的利益分配不合理，缺乏可操作性，影响了产业化的有效推进。

3. 技术交易价值链价值能力提升保障

技术交易服务平台价值链保障体系中，发展战略是价值链保障体系的中枢，起着支配主导全局的作用；技术交易全程服务、服务管理流程、商业模式等要素是神经中枢的系统保障。其中，公共管理部门的组织能力、服务机构的业务能力是平台价值保障体系的"左膀右臂"，技术交易全过程的服务能力是平台价值保障体系的"躯干"。

(1) 技术转移公共管理部门的组织能力

公共管理部门包括各级政府的科技管理职能部门和各类兼有监管职能的相关事业单位以及事业单位性质的孵化器、信息平台等。公共管理部门的组织能力主要有科技管理机制创新能力、科技战略管理能力、科技资源配置能力、技术转移政策主导能力、技术转移环境完善能力等。技术交易信息服务平台海量的信息资源使其管理部门成为不可或缺的决策信息渠道。

(2) 技术转移服务机构的业务能力

技术转移服务机构种类繁多、业务复杂，其主要的业务能力包括：知识产权保护能力、技术培训能力、评估咨询能力、技术经纪代理能力、信息平台服务能力、孵化扶持能力、融资风投能力等。技术交易信息服务平台的业务处理强大功能是技术转移服务机构和技术经纪人直接的依赖工具。

(3) 技术交易全过程的服务能力

技术交易全过程的服务能力是指四个子过程（环节）的成果化能力、产品化能力、商品化能力、产业化能力。影响四个子过程绩效能力的因素有战略环境、经营机制、资源条件、政策支持力度等。技术交易信息服务平台标准化的业务处理流程大大降低了工作强度，开阔了空间，提高了质量。

◇ **案例 7**

以大数据为价值驱动的新型技术服务

常州天正公司是一家面向制造企业提供智能装备制造、工业控制软件、工业通信终端、模块和芯片及数据服务的高科技企业，在为中小微企业转型升级提供传感器和设备联网解决信息数据采集和产品转型升级问题时，发现企业面临的首要问题是融资难、融资贵，即使企业资产收益率高，也难以获得金融支持。常州天正公司采用无差别采集技术（系统不再从设备直接采集数据，而是从设备采集统一的电磁信号），以核心算法将普通的电磁信号进行函数解析，还原成设备的生产数据，开发设计工业通信功能模块，直接从电磁信号中还原出设备数据，实现了设备的无差别安装部署。以设备上网的形式把每一台设备视为数据终端，组成终端设备的互联互通，采集了上万家企业设备的开关机状态、工作时长、平均运行时间、故障情况等核心数据，基于自行开发的企业工业生产力征信模型、区域竞争力模型，形成了设备加工的大数据平台，降低了企业入网成本。2017 年联入设备 13 000 余台，入网企业超 10 000 家。该公司通过与设备集成商合作，免费提供工业软件、联合基建、人才、订单信息等多种方式，吸引客户以多种形式入网，并持续探索各类广泛部署方案的可能性，通过装机采集的数据总量超过 100TB，每周增长 5%。

在为企业服务的过程中，发现企业在转型升级过程中最迫切的需求是购买新设备和服务时在银行获得贷款。该公司通过对企业工业大数据进行征信分析，对接金融机构，为中小企业客户解决了融资问题，探索了利用工业大数据对企业工业生产力征信的服务模式，为中小微企业、金融机构、保险公司提供融资租赁。该公司也因工业大数据衍生服务实现了盈利。

该公司在对企业制造设备联网、状态监控信息采集和生产自动化改造过程中，发现中小微工业企业的发展困境，在对其迫切需要解决的问题的分析中发现，中小微工业企业融资租赁征信困难。进而进行深入跟踪分析，了解到我国中小微企业工业装备存量 50 万亿元，每年新增设备 12 万亿元，由于设备每 8 年更新一轮，中小微企业的融资需求超过 10 万亿元。该公司对此现象进行了以下分析：

1）与其他行业金融杠杆进行比较发现，相比较房地产行业自有资金、融资资金的 1∶3 金融杠杆，汽车行业的自有资金与融资资金 1∶2 金融杠杆，工业行业（增量 12 万亿元，存量 50 万亿元）自有资金与融资资金的 1∶0.08 金融杠杆严重缺乏流动性。

2）大型企业通常资产负债率在 60% 左右，甚至更高，中小微企业资产负债率仅为 5%，中小微工业企业资产收益率高，利息承受能力强，反而难以获得金融支持。

3）进一步分析发现，中小微企业信用体系缺失，信息严重不对称，主要表现在：财务核算不规范，财务数据存在涉税风险，社保资金的缴纳存在客观困难，银行流水可信度低，缺乏不动产作为贷款资产抵押，银行贷款审核不被认可。

4）核心服务。

①基于"数据+模型"的新型服务模式。该公司在对中小微企业进行上述分析后，

独立开发了中小微企业生产力征信评估模型，开拓了一种对企业生产能力征信的方法，降低了传统征信对财务数据的依赖，利用多源异构信号的数据化解析技术采集的工业生产数据作为企业生产征信模型（参见图7-9），对产能质量分析、生产质量排名、优质客户标定、工业金融风控提供了真实、客观、可信的数据分析，填补了客户、集成商、工厂与政府、金融机构和工业服务平台间因信息不对称形成的信息鸿沟，形成了新技术转化为新服务的商业模式。

该公司的产品与服务特征表现在：以工业大数据为基础，通过交叉对比广域分析和流动性资产评估，为中小微企业融资租赁提供有据防控和量化风险及动态评估数据分析，目前已应用于金融机构、保险机构和企业供应链。金融机构可以基于设备信用提供浮动利率融资租赁、担保、证券化服务。当中小微企业当月生产力信用低于阈值时，会主动提醒金融机构注意风险隐患。该公司基于"数据+模型"构建的征信体系上线以来，减少了传统征信体系对财务数据的依赖，已经高效响应了超过3000家中小微企业的各种金融需求，切实解决了中小微企业融资中短、频、快、急的各种行业"痛点"，为企业获得金融借款8亿元，联合授信300亿元以上。

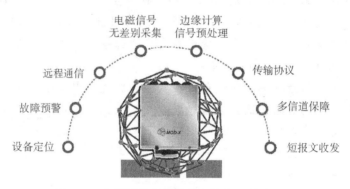

图7-9 多源异构信号的数据化解析技术

②贷前风控规则、信用规则。在数据产品基础上，预置上百条反欺诈和信用高风险规则，支持信贷机构以最低成本快速提高风控能力；对设备工况、使用情况等进行分析，完成资产寿命和使用质量的评估，实现对企业还款能力、还款意愿的量化评估。

③贷中风控预测。该技术产品提供实时定位功能，如果设备位移超出设备围栏，主动报警；企业当月生产力信用低于阈值，主动提醒；企业还贷出现异常，远程关停、禁用设备，增加企业还款意愿。

④分风险预警。当企业购买设备的经费不足时，提供以征信为基础的融资租赁服务。

⑤优质客户标定。如果企业以自有核心生产设备为主要担保方式时，将其视为优质客户，为其提供短期流动资金贷款业务。

⑥为更好地解决中小微企业融资困难，推出了浮动利率和量化分级生产力信用和企业信用的现金贷业务。

⑦对企业由于赊销而形成的应收账款有条件地转让，为企业提供资金，并负责管理、催收应收账款和坏账担保等业务。

第八章

财会金融的产业支持

引　言

提升财政金融服务能力，创新财会支持产业发展方式，推动产业与金融深度融合对技术转移转化作用显著。本章主要探讨技术转移、成果转化过程中技术经纪人需要了解的会计与金融相关知识。对财务报表的基本理论及科技金融的融资渠道做了简单的梳理。熟悉财会金融知识，拥有良好的融资渠道、丰富多样的融资手段，是对技术经纪人的基本要求之一。为叙述方便，会计、金融专业知识主要以企业为相关业务主体。

8.1　会计基础知识

会计是以货币为主要计量单位，以凭证为主要依据，运用专门的方法，对特定单位的资金运动进行核算和监督，旨在提高经济效益的一种经济管理工作。会计有财务会计和管理会计两大分支。财务会计是对企业已经完成的资金运动进行确认、核算与监督，并以财务会计报告为主要形式，侧重于定期为管理者和企业外部利害关系者提供财务、税务状况及盈利能力等会计信息。财务会计是现代企业的一项重要的基础性工作。管理会计是利用财务会计提供的资料及其他信息进行加工分析，帮助管理人员对日常的各项经济活动进行导向、规划与控制，并帮助决策者作出各种专题决策。管理会计作为企业会计的内部管理系统，不受会计准则等外部规定限制，主要履行预测、决策、规划、控制和考核的职能，其工作重点主要是为企业内部管理服务。

8.1.1　会计的基本概念

1. 会计的定义

①会计的本质是一种经济管理活动，它属于管理的范畴。

②会计的主体为某一特定的单位，可以是一个企业，也可以是企业内部的一个独立核算的部门。

③会计以货币作为主要的计量单位。

④会计的主要作用是反映和监督单位的经济活动，从而提高整体经济效益。

2. 会计的职能

会计的基本职能包括进行会计核算和实施会计监督两个方面。

①会计核算。会计核算贯穿经济活动的全过程，是会计最基本的职能，是指会计以货币为主要计量单位，通过确认、记录、计算、报告等环节，对特定主体的经济活动进行记账、算账、保障，及提供会计信息等。

②会计监督。会计监督也称会计控制，是会计人员在会计核算的同时，对特定主体经济活动的合法性、合理性进行审查。

3. 会计的对象

会计的对象是指会计所核算和监督的内容。凡是特定主体能够以货币表现的经济活动，都是会计核算和监督的内容，也就是会计的对象。

4. 会计要素和会计等式

（1）会计要素

会计要素是对会计对象进行的基本分类，是会计核算对象的具体化，是反映会计主体财务状况和经营成果的基本单位。

会计要素有六大类别，分别是资产、负债、所有者权益、收入、费用、利润。其中，资产、负债和所有者权益三项会计要素表现资金运动的相对静止状态，反映企业的财务状况。收入、费用和利润三项会计要素表现当前资金运动的变动状态，反映企业的经营成果。

①资产。资产是企业过去的交易或经营事项形成的，并由企业拥有或者控制的、预期能带来经济利益的资源。按流动性不同可分为流动资产和非流动资产。

②负债。负债是指企业由过去的交易或者事项形成的、预期会导致经济利益流出企业的现时业务，是企业所承担的能以货币计量、需以资产或劳务偿还的债务。

③所有者权益。所有者权益又称为净资产，是指企业资产扣除负债后由所有者享有的剩余权益。企业的所有者权益又称为股东权益。

④收入。收入指企业在日常活动中形成的、会导致所有者权益增加的、与所有者投入资本无关的经济利益的总流入。按企业从事日常活动的性质不同，其经营收入来自销售商品、提供劳务及让渡资产使用权等。收入按企业经营业务的主次不同，可分为主营业务收入和其他业务收入。

⑤费用。费用指企业在经营活动中发生的、会导致所有者权益减少的、与向所有者分配利润无关的经济利益的总流出。费用的形式是由于资产流出企业、资产损耗或负债增加而引起的所有者权益减少。

⑥利润。利润指企业在一定会计期间的经营成果，包括收入减去费用后的净额、直接计入当期利润的利益和损失等。利润的内容包括营业利润和营业外收支净额等。

（2）会计等式

六项会计要素反映了资金运动的静态和动态两个方面，具有紧密的相关性，它们在数量上存在着特定的平衡关系，这种平衡关系用公式来表示，称为会计等式。会计的基本等式（也称第一会计等式、会计平衡公式）是：

$$资产 = 负债 + 所有者权益$$

这一等式反映企业资金运动过程中某一时点上资产的分布和权益的构成，资产、负债和所有者权益是企业资金运动下的基本内容，资产和权益的恒等关系是复式记账法的理论基础，是各会计主体设置账户进行复式记账和编制会计报表的理论依据。

另有两种会计等式，其一为财务成果等式，它反映了收入、费用和利润三个会计要素的关系：

$$收入 - 费用 = 利润$$

其二等式综合了企业利润分配前财务状况和经营成果之间的关系：

$$资产 = 负债 + （所有者权益 + 收入 - 费用）$$

8.1.2 财务报表

财务报表又称对外会计报表，是对企业财务状况、经营成果和现金流量的结构性表述，财务报表的内容和构成包括：资产负债表、利润表、现金流量表、所有者权益（或股东权益，下同）变动表和附注。

1. 资产负债表

（1）资产负债表的概念

资产负债表又称平衡表（Balance Sheet）、财务状况表，是总括反映企业在某一特定日期全部资产、负债和所有者权益情况等财务状况的会计报表。它表明企业在某一特定日期所拥有或控制的经济资源、所承担的现时义务和所有者对资产的要求权。

（2）资产负债表要素

资产、负债、所有者权益都是反映企业财务状况的会计要素，它们都是静态的、存量性质的要素，属于资产负债表要素。

①资产类账户。资产类账户按照反映流动性快慢的不同可以再分为流动资产类账户和非流动资产类账户。流动资产类账户主要有现金银行存款、短期投资、应收账款、原材料、库存商品、待摊费用等；非流动资产类账户主要有长期投资、固定资产累计折旧、无形资产、长期待摊费用等。

②负债类账户。负债类账户按照反映流动性的强弱可以再分为流动负债类账户和长期负债类账户。流动负债类账户主要有短期借款、应付账款、应付工资、应缴税金、预提费用等；长期负债类账户主要有长期借款、应付债券、长期应付款等。

③所有者权益类账户。所有者权益类账户按照来源和构成的不同可以再分为投入资本类所有者权益账户和资本积累类所有者权益账户。投入资本类所有者权益账户主

要有实收资本、资本公积等；资本积累类所有者权益账户主要有盈余公积、本年利润、利润分配等。

（3）资产负债表的格式

资产负债表以"资产＝负债＋所有者权益"这一会计基本公式为理论基础，按照一定的分类标注次序，把企业在一定日期的资产、负债和所有者权益予以适当排列，按照一定的编制要求编制而成。资产负债表主要有以下两种格式。

①账户式。《企业会计准则第 30 号——财务报表列报》规定，我国的资产负债表采用账户式。账户式又称水平式，其资产项目一般按一定顺序列示于报表的左边，负债和股东权益项目列示于报表的右边，一般按求偿权先后顺序排列，报表左右两边总额相等。这种方式清晰直接、一目了然，便于编制、检查、阅读和理解。资产负债表的格式见表 8-1。

表 8-1　资产负债表（账户式）

资产	金额	负债和所有者权益	金额
流动资产		流动负债	
非流动资产		非流动负债	
		负债合计	
		所有者权益	
		所有者权益合计	
资产合计		负债和所有者权益合计	

②报告式。报告式资产负债表更具书面报告的常规，所有的资产项目按一定的排列顺序列示在报表的上面，负债及所有者权益列示在下面，见表 8-2。

表 8-2　资产负债表（报告式）

项目	金额	项目	金额
资产类：		非流动负债	
流动资产		负债合计	
非流动资产		所有者权益	
资产合计		所有者权益合计	
负债及所有者权益		负债和所有者权益合计	
流动负债			

（4）资产负债表的结构

根据《企业会计准则》的规定，企业的资产负债表采用账户式结构，它由表头和基本内容两部分构成。

表头包括报表名称、编制单位、报表编号、编制日期和货币计量单位等。

基本内容是资产负债表的主要组成部分，它依据"资产＝负债＋所有者权益"这一会计基本公式，因此资产负债表的左方项目金额与右方项目金额必须相等，并保持平衡。完整的资产负债表样式见表8-3。

表8-3　资产负债表

编制企业：　　　　　　　　　　××年××月××日　　　　　　　　　　单位：元

资　产	年初数	年末数	负债和所有者权益	年初数	年末数
流动资产：			**流动负债：**		
货币资金			短期借款		
交易性金融资产			应付票据		
应收票据			应付账款		
应收账款			预收账款		
预付账款			应付员工薪酬		
应收股利			应交税费		
应收利息			应付利息		
其他应收款			应付股利		
存货			其他应付款		
一年内到期的非流动资产			一年内到期的非流动负债		
流动资产合计			其他流动负债		
非流动资产：			**流动负债合计**		
持有至到期投资			**非流动负债：**		
长期股权投资			长期借款		
长期应收款			应付债券		
固定资产			长期应付款		
在建工程			递延所得税负债		
工程物资			其他非流动负债		
固定资产清理			**非流动负债合计**		
无形资产			**负债合计**		
开发支出			**所得税权益：**		
商誉			股本		
长期待摊费用			资本公积		
递延所得税资产			盈余公积		
其他非流动资产			未分配利润		
非流动资产合计			**所有者权益合计（净资产）**		
资产总计			**负债和所有者权益合计**		

（5）资产总括分析

进行企业资产分析采用表8-4所示的资产负债表。

表 8-4　某股份有限公司 2018 年度资产负债表

单位：元

项目	期末余额	期初余额
流动资产：		
货币资金	8 691 411 352.68	6 331 965 293.91
结算备付金		
拆出资金		
以公允价值计量且其变动计入当期损益的金融资产		
衍生金融资产		
应收票据及应收账款	12 688 344 178.84	10 601 772 791.52
其中：应收票据	1 228 924 589.53	1 680 146 378.63
应收账款	11 459 419 589.31	8 921 626 412.89
预付账款	4 119 034 254.57	2 598 019 509.59
应收保费		
应收分保账款		
应收分保合同准备金		
其他应收款	56 405 859.70	65 580 311.29
其中：应收利息		
应收股利		
买入返售金融资产		
存货	13 605 285 284.77	13 134 965 504.77
持有待售资产		
一年内到期的非流动资产		
其他流动资产	79 498 591.26	72 655 675.82
流动资产合计	39 239 979 521.82	32 804 959 086.90
非流动资产：		
发放贷款和垫款		
可供出售金融资产	294 000 216.65	325 715 775.53
持有至到期投资		
长期应收款	201 430 614.64	216 323 407.60
长期股权投资	571 657 423.45	559 465 592.33
投资性房地产	28 082 582.27	
固定资产	4 891 736 317.87	4 776 617 527.60
在建工程	641 539 839.40	614 541 337.26
生产性生物资产		
油气资产		
无形资产	430 847 387.37	392 250 417.80

续表

项目	期末余额	期初余额
开发支出	1 310 138 170.16	805 064 162.77
商誉		
长期待摊费用	1 375 270.31	709 258.11
递延所得税资产	77 105 293.56	71 893 991.57
其他非流动资产	209 589 391.14	171 223 690.96
非流动资产合计	8 657 502 506.82	7 933 805 161.53
资产总计	47 897 482 028.64	40 738 764 248.43
流动负债：		
短期借款	1 832 438 400.00	1 206 396 400.00
向中央银行借款		
吸收存款及同业存放		
拆入资金		
以公允价值计量且其变动计入当期损益的金融负债		
衍生金融负债		
应付票据及应付账款	23 495 892 109.31	19 017 073 639.40
预收账款	864 397 356.00	727 525 768.37
卖出回购金融资产款		
应付手续费及佣金		
应付职工薪酬	317 593 556.47	265 164 398.06
应交税费	130 926 620.61	100 897 569.77
其他应付款	100 475 555.28	149 494 686.24
其中：应付利息	986 103.55	
应付股利		
应付分保账款		
保险合同准备金		
代理买卖证券款		
代理承销证券款		
持有待售负债		
一年内到期的非流动负债	75 058 057.94	223 205 041.27
其他流动负债	1 108 180 368.32	767 406 230.87
流动负债合计	27 924 962 023.93	22 457 163 733.98
非流动负债：		
长期借款	147 497 106.00	109 221 106.00
应付债券		

续表

项目	期末余额	期初余额
其中：优先股		
永续债		
长期应付款	288 354 611.35	285 836 534.77
长期应付职工薪酬	1 697 690.79	1 526 142.35
预计负债		
递延收益	200 986 609.56	211 032 887.48
递延所得税负债	20 913 269.82	25 566 457.98
其他非流动负债		
非流动负债合计	659 449 287.52	633 183 128.58
负债合计	28 584 411 311.45	23 090 346 862.56
所有者权益：		
股本	2 768 645 071.00	2 768 645 071.00
其他权益工具		
其中：优先股		
永续债		
资本公积	10 142 223 696.37	10 137 145 797.08
减：库存股		
其他综合收益	118 508 528.99	144 876 595.23
专项储备	112 114 350.99	80 742 066.43
盈余公积	1 068 076 565.46	1 008 178 591.86
一般风险准备		
未分配利润	1 838 443 594.93	1 575 638 184.24
归属于母公司所有者权益合计	16 048 011 807.74	15 715 226 305.84
少数股东权益	3 265 058 909.45	1 933 191 080.03
所有者权益合计（净资产）	19 313 070 717.19	17 648 417 385.87
负债和所有者权益总计	47 897 482 028.64	40 738 764 248.43

1）资产结构分析。资产结构是指企业的流动资产、长期投资、固定资产、无形资产等占资产总额的比重。通过对资产结构的分析，可以看出企业的行业特点、经营特点和技术装备特点。

流动资产比重是指流动资产占总资产的百分比。计算公式如下：

$$流动资产比重 = \frac{流动资产}{资产总额} \times 100\%$$

流动资产比重高的企业，其资产的流动性和变现能力较强，企业的抗风险能力和应变能力就强，但由于缺乏雄厚的固定资产作后盾，一般而言经营的稳定性会比较差；流动资产比重低的企业，灵活性较差。流动资产比重上升，则说明企业应变能力提高，企业创造利润和发展的机会将增加，加速资金周转的潜力较大。

> 分析：根据该公司 2018 年资产负债表，该公司 2018 年年末流动资产约为 392.40 亿元，资产总额约为 478.97 亿元，故流动资产比重为 392.40/478.97×100% = 81.93%。由此可见，该公司资产的流动性和变现能力较强，具备一定的抗风险和应变能力。

非流动资产比重是指非流动资产占总资产的百分比。计算公式如下：

$$非流动资产比重 = \frac{非流动资产}{资产总额} \times 100\%$$

非流动资产比重过高，意味着企业非流动资金周转缓慢，变现能力差，企业经营风险大。同时，非流动资产比重过高会削弱企业的应变能力，一旦市场发生较大变化，将使企业陷入困境。

> 分析：2018 年年末该公司非流动资产约为 86.58 亿元，资产总额约为 478.97 亿元，故非流动资产比重为 86.58/478.97×100% = 18.08%，具备一定的经营稳定性。

2）资产规模分析。资产规模是指企业所拥有的资产存量。一个企业必须保持合理的资产规模，如果资产规模过大，将形成资产资源的闲置，造成资金周转慢，影响资产利用效率；资产规模过小，将难以满足企业生产经营需要，导致企业正常经营难以进行。但评价一个企业资产规模是否合理，还应综合企业经营性质、规模、经营状况、市场环境等多种因素。

3）资产结构优化分析。在实际工作当中，通常根据下列标准来评价企业固定资产和流动资产的结构是否合理：

①盈利水平与风险。企业将大部分资金投资于流动资产，虽然能够减少企业的经营风险，但是会造成资金大量闲置或固定资产不足，降低企业生产能力和资金利用率，从而影响企业的经济效益；反之固定资产比重增加，虽然有利于提高资产利润率，但同时也会导致经营风险的增加。企业选择何种资产结构，主要取决于企业对风险的态度。如果企业敢于冒险，就可能采取冒险的固流结构策略；如果企业倾向于保守，则宁愿选择保守的固流结构策略而不会为追求较高的资产利润率而冒险。

②行业特点。不同的行业，因经济活动内容不同，技术装备水平也有差异，其固流结构也会有较大差异。一般来说，创造附加值低的企业如商业企业，需要保持较高的资产流动性；创造附加值高的企业如制造业企业，需要保持较高的固定资产比重。同一行业内部，因其生产特点、生产方式的差异较小，所以其固流结构就比较接近，行业的平均固流结构比例应是本企业固流结构的主要参照标准。

③企业经营规模。企业经营规模对固流结构有重要影响。一般而言规模较大的企业固定资产比例相对较高，因其筹资能力强，流动资产比例相对较低。

2. 利润表

(1) 利润表的概念

利润表又称损益表或经营情况表，是用以反映公司在一定会计期间利润实现（或发生亏损）的财务报表。

(2) 利润表的构成

利润表的构成要素包括收入、费用和利润，它们是反映企业经营成果的会计要素。

①收入类账户。收入的类型见表 8-5。

表 8-5　收入的类型

收入类型	概　念
主营业务收入	指企业经常性的、主要业务所产生的收入
其他业务收入	指企业主营业务收入以外的所有通过销售商品、提供劳务收入及让渡资产使用权等日常活动中所形成的经济利益的流入
投资收益	指企业在一定的会计期间对外投资所取得的回报，包括对外投资所分得的股利和收到的债券利息，以及投资到期收回或到期前转让债权所得的款项高于账面价值的差额等
补贴收入	指企业按规定收到的税费返还或财政补贴款等，主要包括企业实际收到的先征后返的增值税款、企业实际收到的按销量或工作量等，依据国家规定补助定额计算并按期给予的定额补助等
营业外收入	指企业发生的与其生产经营无直接关系的各项收入，主要包括固定资产盘盈、处置固定资产净收益、非货币性交易收益等

②成本、费用类账户。成本是指企业为生产商品和提供劳务等所耗费资源的货币表现，是对象化了的费用，即以产品为对象计算分摊的各种合理费用，成本是商品价值的重要组成部分。成本、费用的构成见表 8-6。

表 8-6　成本、费用的构成

成本、费用	概　念
主营业务成本	指公司生产和销售与主营业务有关的产品或服务所必须投入的直接成本，主要包括原材料、人工费用和固定资产折旧等
其他业务成本	指企业除主营业务活动以外的其他经营活动所发生的成本，包括销售材料费用、出租固定资产折旧额、出租无形资产摊销额、出租包装物费用或摊销额
销售费用	指销售产品、自制半成品和提供劳务过程中所发生的费用
管理费用	指企业的行政管理部门为管理和组织经营而发生的各项费用，包括管理人员工资和福利费、办公费及相应固定资产折旧费、修理费、技术转让费等
财务费用	指企业为筹集生产经营所需资金而发生的费用，包括利息支出、汇兑损失以及相关的手续费等

续表

成本、费用	概　念
营业外支出	指企业发生的与其生产经营无直接关系的各项支出，如固定资产盘亏、处置固定资产净损失、出售无形资产损失等

③税金类账户。营业税金及附加：指企业经营活动应负担的相关税费，主要包括营业税、消费税、城市维护建设税、资源税和教育税附加等。所得税费用：指企业为取得会计税前利润应缴纳的税费。

（3）利润表的分类

一般来说，利润总额的计算方法有两种：一种是以企业一定时期的全部收入总和减去企业全部支出的费用总和，即利润＝收入－费用；另一种是将企业的收入和费用进行分类，计算不同业务取得的利润，再将利润相加得出总的利润，即利润＝营业利润＋投资净收益＋营业外收支净额。根据计算方式的不同，利润表有两种格式。

①单步式利润表。单步式利润表是将本期所有收入和支出分别加起来，两者相减，一次性计算出企业净损益。其基本格式见表8-7。

表8-7　利润表（单步式）

项　目	本月数	本年累计数
一、收入		
营业收入		
公允价值变动收益（损失以"－"号填入）		
投资收益（损失以"－"号填入）		
营业外收入		
收入合计		
二、支出		
营业成本		
营业税金及附加		
销售费用		
管理费用		
财务费用		
资产减值损失		
营业外支出		
所得税费用		
支出合计		
三、净利润		

从表中可以得出如下关系：

收入合计＝营业收入＋公允价值变动收益＋投资收益＋营业外收入

支出合计＝营业成本＋营业税金及附加＋销售费用＋管理费用＋财务费用＋资产减值损失＋营业外支出＋所得税费用

净利润＝收入合计－支出合计

单步式利润表的优点是表式简单，一目了然；缺点是提供的信息较少，不利于分析比较。

②多步式利润表。多步式利润表按照企业利润形成的主要环节，按照营业利润、营业总额和净利润三个层次来分步计算，详细揭示企业利润形成过程。有利于分析企业的盈利水平、评估企业管理绩效，有助于促进企业经营者改善管理，提高效益。

（4）利润表的结构

利润表一般由表首、基本内容两部分组成。

1）表首部分。表首部分主要填制报表名称、编制单位、计量单位、报表编号以及报表编制的时间段。需要强调的是，利润表的编表日期一般填写"某年某月"或"某个会计年度"，因为利润表是反映某一期间损益的动态报表。

2）基本内容部分。基本内容部分是利润表的主体，列示其具体项目，主要反映收入、成本、费用和利润各项目的具体内容及其相互关系，揭示企业财务成果的形成过程。我国利润表栏目一般设有"本月数"和"本年累计数"两栏。"本月数"栏反映表中各项目的本月实际发生数，"本年累计数"栏反映各项目自年初起至本月止的累计实际发生数。某股份有限公司2018年度利润表见表8-8。

我国企业会计制度规定的利润表基本内容由以下三部分构成：

①营业利润：这部分利润能客观地反映企业经营的各种业务所形成的利润金额，企业的经营能力和盈利能力主要通过营业利润体现出来。

②利润总额：由营业利润加上营业外收入，减去营业外支出，得出利润总额，即企业的税前利润。

③净利润：由利润总额减去所得税后得出净利润，即企业的税后利润，各行业的利润表都是统一的。企业的最终经营成果都是通过净利润反映。

表8-8 某股份有限公司2018年度利润表

单位：元

项　　目	本期发生额	上期发生额
一、营业总收入	33 468 320 833.27	31 078 877 026.64
其中：营业收入	33 468 320 833.27	31 078 877 026.64
利息收入		
已赚保费		
手续费及佣金收入		
二、营业总成本	32 885 005 733.27	30 687 922 609.51
其中：营业成本	31 425 759 383.11	28 821 209 422.24
利息支出		
手续费及佣金支出		

续表

项　　目	本期发生额	上期发生额
退保金		
赔付支出净额		
提取保险合同准备金净额		
保单红利支出		
分保费用		
税金及附加	86 020 095.72	86 382 192.99
销售费用	373 457 352.20	512 409 518.06
管理费用	899 692 885.14	961 730 102.98
研发费用	122 023 950.58	250 134 655.20
财务费用	−49 185 693.01	49 511 082.33
其中：利息费用	88 857 990.58	78 932 695.43
利息收入	79 971 534.74	84 879 649.93
资产减值损失	27 237 759.53	6 545 635.71
加：其他收益	36 681 429.41	63 222 914.81
投资收益（损失以"−"号填列）	32 439 260.35	107 258 631.93
其中：对联营企业和合营企业的投资收益	1 210 530.78	12 462 565.71
公允价值变动收益（损失以"−"号填列）		
汇兑收益（损失以"−"号填列）		
资产处置收益（损失以"−"号填列）	5 088 252.63	19 384 295.08
三、营业利润（亏损以"−"号填列）	657 524 042.39	580 990 170.65
加：营业外收入	3 633 266.74	3 605 087.14
减：营业外支出	42 298 058.29	14 951 339.85
四、利润总额（亏损总额以"−"号填列）	618 859 250.84	569 643 917.94
减：所得税费用	110 944 962.00	95 279 334.79
五、净利润（净亏损以"−"号填列）	507 914 288.84	474 364 583.15
（一）持续经营净利润（净亏损以"−"号填列）	507 914 288.84	474 364 583.15
（二）终止经营净利润（净亏损以"−"号填列）		
归属于母公司所有者的净利润	558 038 215.33	471 401 712.83
少数股东损益	−50 123 926.49	2 962 870.32
六、其他综合收益的税后净额	−26 368 066.24	−603 741.09
归属母公司所有者的其他综合收益的税后净额	−26 368 066.24	−603 741.09
（一）不能重分类进损益的其他综合收益		
1. 重新计量设定受益计划变动额		
2. 权益法下不能转损益的其他综合收益		

项　目	本期发生额	上期发生额
（二）将重分类进损益的其他综合收益	−26 368 066.24	−603 741.09
1. 权益法下可转损益的其他综合收益		
2. 可供出售金融资产公允价值变动损益	−26 368 066.24	−603 741.09
3. 持有至到期投资重分类为可供出售金融资产损益		
4. 现金流量套期损益的有效部分		
5. 外币财务报表折算差额		
6. 其他		
归属于少数股东的其他综合收益的税后净额		
七、综合收益总额	481 546 222.60	473 760 842.06
归属于母公司所有者的综合收益总额	531 670 149.09	470 797 971.74
归属于少数股东的综合收益总额	−50 123 926.49	2 962 870.32
八、每股收益		
（一）基本每股收益	0.2016	0.1703
（二）稀释每股收益		

分析：根据该公司 2018 年度利润表，营业利润＝营业收入−营业成本−营业税金及附加−销售费用−管理费用−研发费用−财务费用−资产减值损失＋公允价值变动收益（−公允价值变动损失）＋投资收益（−投资损失）＋资产处置收益（−资产处置损失）＋其他收益＝［334.68−314.26−0.86−3.73−9.00−1.22−（−0.49）−0.27＋0＋0.32＋0.05＋0.37］亿元≈6.57 亿元，利润总额＝营业利润＋营业外收入−营业外支出＝6.57 亿元＋363.33 万元−4229.81 万元≈6.18 亿元，净利润＝利润总额−所得税费用＝（6.18−1.11）亿元＝5.07 亿元。

（5）利润表财务指标分析

1）盈利能力指标分析。

①收入盈利能力分析。收入盈利能力的指标主要包括销售毛利率、营业利润率、销售利润率、销售净利率。

a. 销售毛利率。销售毛利率是指销售毛利占销售收入的比率，其中毛利是销售收入与销售成本的差。其计算公式如下：

$$销售毛利率 = \frac{销售毛利}{销售收入} \times 100\% = \frac{销售收入 - 销售成本}{销售收入} \times 100\%$$

销售毛利率指标具有明显的行业特征，一般来讲，营业周期短、固定费用低的行业毛利率水平较低，如零售行业。而营业周期长、固定费用高的行业能够有较高的毛利率，以弥补巨大的固定成本，如工业企业。因此，在分析毛利率的时候，要综合企业的目标毛利率、同行业平均及先进水平企业的毛利率，以正确评价企业盈利能力。

> 分析：该公司 2018 年销售毛利率＝（销售收入－销售成本）/销售收入×100% ＝（334.68－328.85）/334.68×100%≈1.74%。
>
> 注：销售成本包括主营业务成本和其他业务成本，本案例使用利润表中的"营业总成本"数据。采用"营业成本"数据不够准确。

b. 营业利润率。营业利润率是企业的营业利润与营业收入的比率，反映企业每百元营业收入所实现的营业利润额。计算公式如下：

$$营业利润率 = \frac{营业利润}{营业收入} \times 100\%$$

营业利润率反映企业营业收入扣除成本费用后的盈利能力，该比率对企业盈利能力的考察更趋全面。其间费用中大部分是维持企业一定时期生产经营所必须发生的费用，只有将这部分费用从企业的当期收入中扣除，所剩余的部分才能反映企业稳定可靠的盈利能力。该比率越高，表明企业盈利能力越强；反之，则表明企业的盈利能力越弱。

> 分析：该公司 2018 年营业利润率＝营业利润/营业收入×100%＝6.58/334.68×100%≈1.97%。

c. 销售利润率。销售利润率是指企业一定期间内利润总额同营业收入的比率，它表明每单位营业收入能带来的利润。其计算公式如下：

$$销售利润率 = \frac{利润总额}{营业收入} \times 100\%$$

销售利润率越高，说明企业销售获利能力越强，企业经营的效益越好，对投资者和债权人越有利。在采取该指标考核企业盈利能力时，不能简单地将不同企业销售利润率指标的高低作为评价标准，而应结合企业的特点，应借鉴以前年度的指标以及行业平均指标等，从而对企业生产经营效率做出比较公正的评价。

d. 销售净利率。销售净利率是指企业净利润与营业收入的百分比，它反映每百元营业收入中所赚取的净利润的数额。其计算公式如下：

$$销售净利率 = \frac{净利润}{营业收入} \times 100\%$$

> 分析：该公司 2018 年销售净利率＝净利润/营业收入×100%＝5.08/334.68×100%≈1.52%。

销售净利率表示企业营业收入的收益水平。从销售净利率的公式中可以看出，企业的净利润与销售净利率成正比关系，而营业收入与销售净利率成反比关系。企业在增加销售收入的同时，必须相应地获得更多的净利润，才能使销售净利率保持不变或有所提高。通过分析销售净利率的升降变动，可以促使企业在扩大销售的同时，注意改进经营管理方式，提高盈利水平。

②成本费用盈利能力分析。反映成本费用盈利能力的指标主要包括成本费用利润率和成本利润率。

a. 成本费用利润率。成本费用利润率是企业的净利润与成本费用总额的比率，它反映企业成本费用总额与净利润之间的关系，从总耗费的角度考核获利情况的指标。其计算公式如下：

$$成本费用利润率 = \frac{净利润}{成本费用总额} \times 100\%$$

$$成本费用总额 = 营业成本 + 营业税金及附加 + 销售费用 + 管理费用 + 财务费用$$

该指标越大意味着同样的成本费用能取得的净利润越多，表明企业的盈利能力越强。

> 分析：该公司 2018 年成本费用总额 = 营业成本 + 营业税金及附加 + 销售费用 + 管理费用 + 财务费用 = 314.26 亿元 + 0.86 亿元 + 3.73 亿元 + 9.00 亿元 - 0.49 亿元 = 327.36 亿元，则成本费用利润率 = 净利润/成本费用总额 × 100% = 5.08/327.36 × 100% ≈ 1.55%。

b. 成本利润率。企业为了选择经营品种，有时需要测量每一品种的经营效益，因而在企业的管理工作中，还有使用成本利润率指标测算盈利能力的做法。成本利润率是企业净利润与主营业务成本的比率。其计算公式为：

$$成本利润率 = \frac{净利润}{营业总成本} \times 100\%$$

> 分析：该公司 2018 年成本利润率 = 净利润/营业总成本 × 100% = 5.08/328.85 × 100% ≈ 1.54%。

③资产盈利能力分析。反映资产盈利能力的指标有资产净利率和净资产收益率。

a. 资产净利率。资产净利率是企业净利润与平均资产总额的比率，它反映企业资产利用的综合效果。计算公式为：

$$资产净利率 = \frac{净利润}{平均资产总额} \times 100\%$$

$$平均资产总额 = （期初资产总额 + 期末资产总额）\div 2$$

该指标越高，表明资产利用的效益越好，利用资产创造的利润越多，整个企业盈利能力越强。企业经营管理水平高，通常表现为资产运用得当，费用控制严格，利润水平高；否则，是经营管理水平低下的表现。通过资产净利率的分析，能够考察各部门、各生产环节、经营环节的工作效率和质量，有利于分清内部各有关部门的责任，从而调动各方面生产经营和提高经济效益的积极性。

> 分析：根据 2018 年度资产负债表（表 8-4），该公司 2018 年平均资产总额 =（407.4+479）亿元/2 = 443.2 亿元，资产净利率 = 净利润/平均资产总额×100% = 5.08/443.2×100% ≈ 1.15%。

b. 净资产收益率。净资产收益率是企业净利润与平均净资产的比率，它反映所有者权益所获报酬的水平。其计算公式如下：

$$净资产收益率 = \frac{年末净资产}{平均净资产} \times 100\%$$

$$平均净资产 = （年初净资产+年末净资产）\div 2$$

$$净资产 = 所有者权益$$
$$= 资产总额 - 负债总额$$
$$= 实收资本 + 资本公积 + 盈余公积 + 未分配利润$$

净资产收益率是最具综合性的评价指标。该指标不受行业的限制，不受公司规模的限制，适用范围较广，从投资者的角度来考核其投资报酬，反映资本的增值能力及投资者投资报酬的实现程度，因而它是最被投资者所关注的指标。净资产收益率指标还影响着企业的筹资方式、筹资规模，进而影响企业的未来发展战略。该指标值越大，说明企业的获利能力越强。该指标可以与社会平均利润率、行业平均利润率或者资金成本相比较。

> 分析：2018 年，该公司平均净资产 =（年初净资产+年末净资产）/2 =（176.48+193.13）亿元/2 = 184.81 亿元，净资产收益率 = 年末净资产/平均净资产 = 193.13/184.81×100% ≈ 104.50%，表明公司在该段时间内业绩良好。

④资本盈利能力指标分析。资本金利润率是企业净利润与平均资本金的比率，它用于衡量投入企业资本金的盈利能力。计算公式为：

$$资本金利润率 = \frac{净利润}{平均资本金} \times 100\%$$

$$平均资本金 = （期初实收资本+期末实收资本）\div 2$$

资本金利润率指标是站在所有者立场来衡量企业盈利能力的，它直接反映所有者投资的效益好坏，是所有者考核其投入企业的资本保值增值程度的基本方式。该指标越高，说明投资人投入资本的获利能力越强，对投资者越具吸引力；反之，则收益水平不高，获利能力不强。

2）增长能力指标分析。反映增长能力的指标主要有销售增长率、营业利润增长率（规模以上企业多有主营业务利润增长率指标）和净利润增长率等。

①销售增长率。销售增长率是指企业报告期营业收入增加额与基期营业收入总额的比率，它反映企业在销售方面的成长能力。其计算公式如下：

$$销售增长率 = \frac{报告期营业收入增加额}{基期营业收入总额} \times 100\%$$

该指标越高，说明企业产品销售增长得越快，销售情况越好，企业盈利增长趋势也就越好，企业生存和发展的能力提高也就越快；反之，该指标越低，则说明企业产品销售增长得越慢，销售情况越差，企业盈利的增长后劲不足，企业的盈利趋势不容乐观。这是总的营业收入增长所反映出来的情况。

> 分析：该公司 2018 年销售增长率＝报告期营业收入增加额/基期营业收入总额 ×100%＝（334.68−310.78）/334.68×100%≈7.14%

从个别产品或劳务的销售增长率指标上，还可以观察企业产品或经营结构情况，进而也可以观察企业的成长性。产品寿命周期理论认为，任何一种产品的寿命周期阶段均可以划分为四个阶段：第一阶段为试销期，产品开发成功投入正常生产，该阶段销售规模较小，且增长缓慢；第二阶段为成长期，产品市场空间进入规模化批量生产和销售阶段，该阶段产品销售扩展较快；第三阶段为成熟期，销售较为稳定，增长放缓；第四阶段为衰退期，产品销售开始萎缩。根据这个原理，借助产品销售增长率指标，大致可以看出企业生产经营的产品所处的寿命周期阶段，据此也可以判断企业的成长性。

②营业利润增长率。营业利润增长率是指企业报告期的营业利润变动额与基期营业利润额的比率。计算公式如下：

$$营业利润增长率 = \frac{报告期营业利润 - 基期营业利润}{基期营业利润} \times 100\%$$

> 分析：2018 年，该公司营业利润增长率＝（报告期营业利润−基期营业利润）/基期营业利润＝（6.58−5.81）/5.81×100%≈13.25%。

③净利润增长率。净利润增长率是指企业报告期的净利润变动额与基期净利润额的比率。其计算公式如下：

$$净利润增长率 = \frac{报告期净利润总额 - 基期净利润总额}{基期净利润总额} \times 100\%$$

该指标越高，说明企业收益增长得越多，表明企业经营业绩突出，市场竞争能力越强；该指标越低，说明企业收益增长得越少，表明企业经营业绩不佳，市场竞争能力越弱。

> 分析：2018 年，该公司净利润增长率＝（报告期净利润总额−基期净利润总额）/基期净利率总额＝（5.08−4.74）/4.74×100%≈7.17%。

分析企业的净利润增长率，还需结合企业的销售增长率指标。如果企业的净利润增长率高于销售增长率，表明企业产品获利能力在不断提高，企业正处于高速成长阶段，具有良好的增长能力；如果企业的净利润增长率低于销售增长率特别是营业利润增长率，反映企业成本费用的上升超过销售的增长，表明企业的增长能力不佳。

3. 现金流量表

（1）基本概念

现金流量表是以现金为基础编制的，反映企业在一定会计期间现金和现金等价物流入和流出情况的财务报告。

（2）现金流量的分类

现金流量是指企业在某一期间内现金流入与流出的数量，具体可以分为三类：

①经营活动产生的现金流量。经营活动产生的现金流量是企业通过用所拥有的资产自身创造的现金流量，主要是与企业净利润有关的现金流量。通过现金流量表中的经营活动产生的现金流入和流出，可以分析企业经营活动对现金流入和流出净额的影响程度，判断企业在不动用对外筹资的情况下，是否足以维持生产经营、偿还债务、支付股利和对外投资等。

②投资活动产生的现金流量。投资活动是指企业长期资产的购建以及不包括在现金等价物范围内投资的购建和处置活动。投资活动产生的现金流量中不包括作为现金等价物的投资，作为现金等价物的投资属于现金自身的增减变动，如购买还有 1 个月到期的债券等，属于现金内部各项目的转换，不会影响现金流量净额的变动。通过现金流量表中反映的投资活动产生的现金流量，可以分析企业通过投资获取现金流量的能力，以及投资产生的现金流量对企业现金流量净额的影响程度。

③筹资活动产生的现金流量。筹资活动是指导致企业资本及债务规模和构成发生变化的活动。筹资活动包括发行股票或接受投入资本、分派现金股利、取得和偿还公司债券等。通过现金流量表中筹资活动产生的现金流量，可以分析企业筹资的能力，以及筹资产生的现金流量对企业现金流量净额的影响程度。

企业在进行现金流量分类时，对于现金流量表中未特别指明的现金流量，应按照现金流量表的分类方法和重要性原则，判断某项交易或事项所产生的现金流量应当归属的类别或项目，对于重要的现金流入或流出项目应当单独反映。对于一些特殊的、不经常发生的项目，如自然灾害损失、保险赔款等，应根据其性质，分别归并到经营活动、投资活动或筹资活动项目中。

（3）现金流量表的内容和结构

企业的现金流量表包括正表和补充资料两部分，见表 8-9 和表 8-10。

表8-9 现金流量表

编制单位：　　　　　　　　　　　××年××月××日　　　　　　　　　　　单位：元

项　　目	本年累计金额	本月金额
一、经营活动产生的现金流量		
销售产成品、商品、提供劳务收到的现金		
收到其他与经营活动有关的现金		
购买原材料、商品、接受劳务支付的现金		
支付的职工薪酬		
支付的税费		
支付其他与经营活动有关的现金		
经营活动产生的现金流量净额		
二、投资活动产生的现金流量		
收回短期投资、长期债券投资和长期股权投资收到的现金		
取得投资收益收到的现金		
处置固定资产、无形资产和其他非流动资产收回的现金净额		
短期投资、长期债券投资和长期股权投资支付的现金		
购建固定资产、无形资产和其他非流动资产支付的现金		
投资活动产生的现金流量净额		
三、筹资活动产生的现金流量		
取得借款收到的现金		
吸收投资者投资收到的现金		
偿还借款本金支付的现金		
偿还借款利息支付的现金		
分配利润支付的现金		
筹资活动产生的现金流量净额		
四、现金净增加额		
加：期初现金余额		
五、期末现金余额		

表8-10 现金流量表补充资料

　　　　　　　　　　　　　　　　　　　　　　　　　　　　　单位：元

项　　目	本年累计金额	本月金额
1. 将净利润调节为经营活动的现金流量		
净利润		
加：资产减值准备		
固定资产折旧		

续表

项　　目	本年累计金额	本月金额
无形资产摊销		
长期待摊费用摊销		
处置固定资产、无形资产和其他长期资产的损失（减：收益）		
固定资产报废损失		
财务费用		
投资损失		
递延所得税资产减少		
递延所得税负债增加		
存货的减少		
经营性应收项目的减少		
经营性应付项目的增加		
其他		
经营活动产生的现金流量净额		
2.　不涉及现金收支的重大投资和筹资活动		
债务转为资本		
一年内到期的可转换公司债券		
融资租入固定资产		
3.　现金及现金等价物净增加情况		
现金的期末余额		
减：现金的期初余额		
加：现金等价物的期末余额		
减：现金等价物的期初余额		
现金及现金等价物净增加额		

1）现金流量表正表。正表是现金流量表的主体，企业在一定会计期间现金流量的信息主要由正表提供。正表采用报告式的结构，按照现金流量的性质，依次分类反映经营活动产生的现金流量、投资活动产生的现金流量和筹资活动产生的现金流量，最后汇总反映企业现金及现金等价物净增加额。在有外币现金流量及境外子公司的现金流量折算为人民币的企业，正表中还应单设"汇率变动对现金的影响"项目，以反映企业外币现金流量及境外子公司的现金流量折算为人民币时，所采用的是现金流量发生日的汇率或平均汇率折算的人民币金额，与"现金及现金等价物增加额"中外币现金净增加额按期末汇率折算的人民币金额之间的差额。

2）现金流量表补充资料。现金流量表补充资料包括三部分内容：

①将净利润调节为经营活动的现金流量（即按间接法编制的经营活动现金流量）。

②不涉及现金收支的投资和筹资活动。

③现金及现金等价物净增加情况。

8.2 金融基础知识

金融即资金的融通，是指由资金融通的工具、机构、市场和制度所组成的有机系统，是经济系统的重要组成部分。它有广义和狭义之分，广义金融是指与物价有紧密联系的货币供给，包括银行与非银行金融机构体系；狭义的金融专指资本市场。

8.2.1 金融市场的内涵及构成

1. 金融市场的内涵

金融市场是指资金供应者和资金需求者双方通过信用工具进行交易而融通的场所。广而言之，是指进行货币借贷和资金融通，办理各种票据和有价证券买卖活动的场所，具有沟通资金供求各方、实现资金融通的作用。所谓资金融通，是指在经济运行中，资金供求双方运用各种金融工具调节资金盈余的活动，是所有金融交易活动的总称。金融市场交易的是各种金融工具，如股票、债券、储蓄存单等。金融市场对经济活动的各个方面都有着直接的深刻影响，如个人财富的经营、经济运行的效率，都直接取决于金融市场的活动。

2. 金融市场的分类

金融市场又称资金市场，它是由许多不同的市场组成的流通体系，一般根据金融市场交易工具的期限，把金融市场分为货币市场和资本市场两大类。

（1）货币市场

货币市场（Money Market）是金融市场的重要组成部分，是指融资期限在一年以下的金融市场，属于短期资金市场。金融工具主要是政府、银行及工商企业发行的短期信用工具，在货币供应量层次划分上被置于现金货币和存款货币之后，称为"准货币"，所以将该市场称为"货币市场"。

该市场的主要特征是：第一，交易期限短；第二，交易的目的主要是解决短期资金周转的要求，弥补流动性资金的不足；第三，交易工具具有较强的流动性和较小的风险性。货币市场的交易主要是短期证券，如国库券、可转让存单、商业票据等，它们可以在市场上随时出售、变现，近似于货币。

货币市场按照使用金融工具的不同，划分为不同的类型，见表8-11。

表8-11　按使用金融工具不同划分的货币市场

类　型	概　念	特　点
短期拆借市场	指进行短期资金拆借活动的市场。它分为银行同业拆借市场和企业拆借市场	是货币市场的重要子市场，发生量大、交易频繁，能敏感地反映资金供求关系和一国货币政策的意图，影响货币市场利率

续表

类　型	概　念	特　点
国库券市场	指国库券的发行、转让、贴现及偿还等所形成的市场	国库券利率高、风险低、流动性强，被视为仅次于现金和存款的"准货币"
商业票据市场	指商业票据的承兑、抵押、贴现等活动所形成的市场	采用信用发行的方式，发行成本较低；可以足额运用资金；对利率的变动反应灵敏
大额存单市场	全称是银行大面额可转让定期存款单市场，是指大额存单的发行、转让等所形成的市场	面额大，期限固定，可以自由流通转让，可以活跃市场

（2）资本市场

资本市场亦称"长期金融市场""长期资金市场"，指期限在一年以上各种资金借贷和证券交易的场所。资本市场上的交易对象主要是长期证券、债券，因为在长期金融活动中，借贷资金期限长、风险大，类似于资本投入，且融通资金主要用于扩大再生产的资本使用，故称之为资本市场。

按照使用金融工具的不同，资本市场又划分为：

1）商业银行、政策性银行中长期存贷款市场。这是借款人向国内外商业银行、政策性银行筹措中长期资金所形成的市场。国内外的商业银行、政策性银行向借款人发放投资性质的中长期借款，以解决借款人中长期资金的需要。

2）股票市场。这是经营股份公司股票发行与买卖的市场，其交易工具是股票。它是股份有限公司发行的，表示持有人（股东）按其持有的份额享受相应权益和承担相应义务的可转让的书面凭证，是一种代表所有权的证券。股票价值取决于公司的经营状况和盈利水平，因此股票既有风险性又有收益性；企业经营决策权力的大小，取决于其持有股票份额的多少，因此股票又具有参与性。股票还具有无期限性，因为股票代表着股东永久性的投资，投资者购买了股票就不能退股，但可以在股票市场上出售。股票市场的主要参与者有投资者、上市公司、证券公司、证券交易所。

3）公司债券市场。这是经营公司债券发行和买卖的市场，其交易工具为公司债券。它是一种债权凭证，有一定的期限，债券投资人的收益相对稳定。但债权人不参与企业的管理，企业破产清算时，债权人享有优先于股东对企业剩余财产索取的权利。仅从种类上看，在资本市场上经营的都是1年以上5年以内，或5年以上的中长期债券。此外还有信用债券和担保债券。信用债券指仅凭筹资人的信用而发行的，没有办理担保的债券。它适用于信用等级高的债券发行人。担保债券是以抵押、质押、保证等方式发行的债券。其中，抵押债券是指以不动产作为担保所发行的债券，质押债券是指以其有价证券作为担保品所发行的债券。保证债券是指由第三者担保偿还本息的债券。

我国批准发行的企业债券有中央企业债券和地方企业债券两种。发行债券筹集的资金主要用于基本建设和技术改造项目，所以我国企业债券又分为基建债券和技改债券。

4）投资基金市场。这是一种利益共享、风险共担的集合投资制度，即通过向社会公开发行凭证筹集资金，并将资金用于证券投资。向社会公开发行的凭证称为基金券又叫基金份额。持有这种凭证对基金享有资产所有权、收益分配权、剩余财产处置权和其他相关权利，并承担相应的义务。

投资基金的特点：一是集合理财，集分散、小额资金为整体；二是委托具有丰富证券投资知识和经验的专家经营管理，把众多小投资者从日常交易中解脱出来，还可以提高投资收益，节约交易成本；三是分散投资，通过投资组合来降低投资风险。

投资基金的分类：按组织形式划分，分为契约型和公司型两种。契约型基金是根据信托法组建的，即由委托者、受托者和受益者三方订立信托投资契约，由基金经理公司根据契约运用信托财产，由受托者（信托公司或银行）负责保管信托财产，而投资成果则由投资者（受益者）享有的一种基金类型；公司型基金是按照《公司法》组建的投资基金，投资者购买公司股份成为股东，由股东大会选出董事、监事，再由董事、监事投票委任某一投资管理公司经理来管理公司资产。这种基金股份的出售一般都委托专门的承销机构进行。

5）发行市场和流通市场。

①发行市场。发行市场通常又称为初级市场或一级市场，这个市场的活动主要是有价证券的发行。发行市场没有固定集中的场所。新证券的发行一般由发行人自行推销出售，或通过证券发行的经纪人、证券商推销出售。经纪人根据证券发行人的要求条件和证券投资者要求的收益提供服务。证券发行方式分为私募和公募两种。私募也称非公开发行，是指由证券发行人非公开地向特定投资者推销新证券的发行方式。公募则是公开发行，指证券发行人公开地向社会大众推销证券的集资方式。

②流通市场。流通市场通常称为次级市场或二级市场。该市场的主要功能是实现金融资产的流动性。在流通市场上，证券的转让和流通可以为证券投资者和筹资者提供资金融通便利，但不能为筹资人筹集到新的资金。证券交易活动的主要操作者是经纪人和证券商。

流通市场的交易方式分为场内交易和场外交易两种：场内交易是在证券交易所里进行，它有固定的交易场所和交易活动时间，接受和办理符合有关法令规定的证券上市买卖，投资者则通过经纪人或证券商进行自由买卖、成交、清算和交割；场外交易是在证券交易所以外进行的证券买卖活动，它没有正式的组织，也没有固定、集中的场所，而是通过电信系统直接在交易所外进行。

证券发行市场与流通市场具有紧密的内在联系，发行市场是流通市场的基础，只有通过证券发行市场，证券才能进行流通，才有可能进行转让和买卖。而流通市场又是发行市场正常发展的必要条件，只有流通市场的存在，才能保证证券的流动性，方便证券持有者在他们需要现款时，可出售证券变现，这样，就保证了证券的正常发行，投资者也才会去购买证券。因此，证券发行市场和流通市场是互相影响、互相制约的。

8.2.2　科技金融

1. 科技金融的概念

在我国，"科技金融"这个词汇最早见于 1993 年的《中华人民共和国科学技术进步法》。科技金融是指服务于科技研发、技术成果转化和高新技术产业发展的多方融资体系，包括金融工具、金融政策、金融制度服务业与科技产业的系列创新体系。

科技金融属于产业金融的范畴，支持渠道主要有两种：一是政府设立基金并引导民间资本进入科技企业；二是多样化的科技融资渠道。具体包括政府扶持、科技贷款、科技担保、科技租赁、科技股权投资、科技企业股权质押、科技保险以及多层次资本市场介入等。

2. 科技金融组织类型

(1) 科技银行

科技银行又称"风险银行"，是指专门为高科技企业提供融资服务的银行机构。科技银行是为解决科技型中小企业贷款融资难题，加快科技成果转化，在科技部和中国人民银行、银监会等政府机构推动下，进行的金融机构创新和金融产品创新。从 2008 年开始，国内众多商业银行设立了专门服务于科技型中小企业的金融机构。最早设立的是成都银行科技支行和中国建设银行成都科技支行。随后，各大商业银行纷纷推出针对科技型中小企业的贷款业务。2012 年 8 月，中国首家科技银行——浦发硅谷银行在上海成立。

国内新设立的科技银行为解决科技型中小企业贷款融资困难，进行了众多的金融创新，主要有以下几方面：

①建立专门的银行贷款评审指标体系。鉴于科技银行服务的对象主要是科技型中小企业，为了适应科技型中小企业的特点，科技银行设立了单独的贷款流程，建立了不同于传统银行贷款的专门评价体系。

②引入科技专家进入银行贷款评审委员会。为提高对科技项目的认知和准确评价，引入科技专家对科技贷款项目在审贷前进行技术评估。

③开通以知识产权质押贷款为主的多种金融产品服务。知识产权质押贷款服务的开通，解决了科技型中小企业由于不能提供固定资产而不能获取银行贷款的问题，同时提高了企业知识产权的价值。

(2) 科技保险

科技保险，是指运用保险作为分散风险的手段，对科技企业或研发机构在研发、生产、销售、售后以及其他经营管理活动中，因各类现实面临的风险而导致科技企业或研发机构的财产损失、利润损失或科研经费损失等，以及其对股东、员工或第三者的财产或人身造成现实伤害而应承担的各种民事赔偿责任，由保险公司给予保险赔偿或给付保险金的保险保障方式。

(3) 科技担保

科技担保是在各地方政府推动下，各地科技部门、高新区主导下建立的专门服务于科技型中小企业的担保机构，主要用以缓解科技型中小企业由于轻资产、经营不稳定而难以获得银行信贷支持的问题。

（4）小额贷款公司

小额贷款公司是由自然人、企业法人与其他社会组织投资设立，吸收公众存款，经营小额贷款业务的有限责任公司或股份有限公司。

8.2.3 科技金融市场

1. 多层次资本市场

在资本市场上，不同的投资者与融资者都有不同的规模与主体特征，存在着对资本市场金融服务的不同需求。投资者与融资者对投融资金融服务的多样化需求决定了资本市场应该是一个多层次的市场体系。

我国资本市场从20世纪90年代发展至今，资本市场构成已有场内市场和场外市场两部分。其中场内市场的主板（含中小板）、创业板（俗称"二板"）和场外市场的全国中小企业股份转让系统（俗称"新三板"）、区域性股权交易市场、证券公司主导的柜台市场共同组成了我国多层次资本市场体系。

（1）主板市场

主板又称"一板"，主要指传统的股票市场，是一个国家或地区证券发行、上市及交易的主要场所。我国主板市场有上海证券交易所和深圳证券交易所。上海证券交易所市场代码以60开头，深圳证券交易所市场代码以00开头。主板市场在很大程度上反映了国民经济发展运行水平，被称作"国民经济的晴雨表"。

主板市场上市条件较为严格，对企业的营业期限、股本大小、盈利水平和最低市值等方面都做了明确规定，见表8-12。

表8-12　主板市场上市条件

条　件	主　要　内　容
主体资格	发行人是依法设立且持续经营3年以上的股份有限公司；原国有企业依法改组而设立的，或者在《中华人民共和国公司法》实施后新组建成立的公司改组设立为股份有限公司的，其主要发起人为国有大中型企业的，成立时间可连续计算
盈利要求	发行人最近3个会计年度净利润均为正且累计超过人民币3000万元；最近3个会计年度经营活动，产生的现金流量净额累计超过人民币5000万元，或者最近3个会计年度营业收入累计超过人民币3亿元
资产要求	最近一期期末无形资产（扣除土地使用权等）占净资产的比例不超过20%
股本及公众持股	发行前股本总额不少于人民币3000万元；向社会公开发行的股份不少于公司股份总数的25%；如果公司股本总额超过人民币4亿元的，其向社会公开发行股份的比例不少于10%
违法行为	公司在最近3年内无重大违法行为，财务会计报告无虚假记载

续表

条　件	主　要　内　容
限制行为	最近三年内公司的主营业务未发生重大变化；最近3年内公司的董事、管理层未发生重大变化；最近3年内公司的实际控制人未发生变更

（2）中小板市场

①中小板市场是中小企业板资本市场，是相对于主板市场而言的，是专门服务于中小企业在证券市场发行上市和交易的专业资本市场。

②中小板市场上市条件。中小企业申请在中小板市场上市融资，需要符合相关条件，并遵循相关程序，见表8-13。

表8-13　中小企业板市场上市条件

分　类	主　要　内　容
基本条件	中小企业板上市的基本条件与主板市场完全一致，中小企业板块是深交所主板市场的一个组成部分，按照"两个不变"和"四个独立"的要求，该板块在主板市场法律法规和发行上市标准的框架内实行相对独立管理。中小企业板块主要安排主板市场拟发行上市企业中具有较好成长性和较高科技含量的、流通股本规模相对较小的公司，持续经营时间应当在3年以上，有限责任公司按原账面净资产值折股整体变更为股份有限公司的，持续经营时间可以从有限责任公司成立之日起计算；发行人最近3年内主营业务和董事、高级管理人员没有发生重大变化，实际控制人没有发生变更
独立性条件	发行人应当具有完整的业务体系和直接面对市场独立经营的能力，发行人的资产完整、人员独立、财务独立、机构独立、业务独立。发行人的业务应当独立于控股股东、实际控制人及其控制的其他企业，控股股东、实际控制人及其控制的其他企业间不得有同业竞争或者显失公平的关联交易
规范运行条件	发行人已经依法建立健全股东大会、董事会、监事会、独立董事、董事会秘书制度，机关机构和人员能够依法履行职责。发行人的董事、监事和高级管理人员已经了解与股票发行上市有关的法律法规，知悉上市公司及其董事、监事和高级管理人员的法定义务和责任。发行人的董事、监事和高级管理人员符合法律、行政法规和规章的任职资格
财务会计条件	发行人资产质量良好，资产负债结构合理，盈利能力较强，现金流具体各项财务指标应达到以下要求： 最近3个会计年度净利润均为正数且累计超过人民币3000万元； 最近3个会计年度经营活动产生的现金流量净额累计超过人民币5000万元，或者最近3个会计年度营业收入累计超过人民币3亿元； 发行前股本总额不少于人民币3000万元； 最近一期期末无形资产（扣除土地使用权、水面养殖权和采矿权等后）占净资产的比例不高于20%； 最近一期期末不存在未弥补亏损

③中小板市场上市的程序。在中小企业板公开发行股票并上市，应该遵循相关程序，见表8-14。

表 8-14　中小板市场上市程序

分　类	主　要　内　容
对企业改制并设立股份有限公司	拟定改制重组方案，聘请保荐机构（证券公司）和会计师事务所、资产评估机构、律师事务所等中介机构对改制重组方案进行可行性论证，对拟改制的资产进行审计、评估，签署发起人协议和起草公司章程等文件，设置公司内部组织机构，设立股份有限公司。除法律、行政法规另有规定外，对股份有限公司的设立目前取消了省级人民政府审批环节
对企业进行尽职调查与辅导	保荐机构和其他中介机构对公司进行尽职调查、问题诊断、专业培训和业务指导，学习上市公司必备知识，完善组织结构和内部管理，规范企业行为，明确业务发展目标和募集资金投向，对照发行上市条件对存在的问题进行整改，准备首次公开发行申请文件。目前已取消了为期一年的发行上市辅导的硬性规定
制作申请文件并申报	企业和所聘请的中介机构，按照证监会的要求制作申请文件，保荐机构进行内核并负责向中国证监会尽职推荐；符合申报条件的，中国证监会在 5 个工作日内受理申请文件
对申请文件进行审核	中国证监会正式受理申请文件后，对申请文件进行初审，同时征求发行人所在地省级人民政府和国家发展改革委意见，并向保荐机构反馈审核意见；保荐机构组织发行人和中介机构对反馈的审核意见进行回复或整改；初审结束后发行审核委员会审核前，进行申请文件预披露，最后提交发行审核委员会审核

(3) 创业板市场

1) 概念。创业板市场又称为二板市场、新市场、中小企业市场或小盘股市场，是与主板市场相对应的概念，特指主板市场以外的专门为新兴公司和中小企业提供筹资渠道的新型资本市场。它依托计算机网络进行证券交易，为创业投资提供退出通道，对上市公司经营业绩和资产规模要求较宽，但对信息披露和主业范围的要求相当严格。二板市场对上市公司的要求比主板市场稍低，很多高科技企业和中小企业常常利用它为所投资的项目筹集资金。

2) 特征。

①创业板市场是一种前瞻性市场。二板上市对象主要是创新型中小企业，特别是高新技术企业，它不把公司的历史业绩和以往表现作为融资的决定性因素，主要关注的是公司的发展前景和成长空间，以及良好的战略计划与明确的主体概念。

②创业板市场具有相对独立性。二板市场的针对性很强，主要吸纳那些运行有新创意和增长潜力大的公司，或能提供新产品和新服务的公司。

③创业板市场风险比较高。在二板市场上市对公司的规模及盈利条件的要求较低，由于上市条件相对宽松、上市规模较小，业务处于创业初期，缺乏盈利业绩，所以属于高风险的市场。

④创业板市场的交易模式先进。二板市场大多采用高效率的电脑交易系统，无须交易场地，因而具有交易费用低和效率高的突出优势，保证信息及时快捷披露，而且交易的透明度极高。

3) 上市条件。高新技术企业可申请在创业板上市融资，相对主板市场条件较为宽松，程序也比较简便，这种制度安排有利于中小科技型企业快速成长。

创业板作为多层次资本市场体系的重要组成部分，主要目的是促进自主创业企业及其他成长型创业企业的发展，是落实自主创新国家战略及支持处于成长期的创业企业的重要平台。创业板上市条件见表8-15。

表8-15 创业板上市条件

条 件	主 要 内 容
发行人应当具备一定的盈利能力	为适应不同类型企业的融资需要，创业板对发行人设置了两项定量业绩指标，以便发行申请人选择： 第一项指标要求发行人最近两年连续盈利，最近两年净利润累计不少于1000万元，且持续增长； 第二项指标要求发行人最近一年盈利，且净利润不少于500万元，最近一年营业收入不少于5000万元，最近两年营业收入增长率均不低于30%
发行人应当具有一定规模和存续时间	2020年3月施行的《证券法》第四十七条规定：申请证券上市交易，应当符合证券交易所上市规则规定的上市条件。《首次公开发行股票并在创业板上市管理办法》要求发行人具备一定的资产规模，具体规定为：最近一期期末净资产不少于2000万元，发行后股本不少于3000万元。此外，规定发行人应具有一定的持续经营记录，具体要求发行人应当是依法设立且持续经营3年以上的股份有限公司，有限责任公司按原账面净资产值折股整体变更为股份有限公司的，持续经营时间可以从有限责任公司成立之日起计算
发行人应当主营业务突出	创业企业规模小，且处于成长发展阶段，如果业务范围分散，缺乏核心业务，既不利于有效控制风险，也不利于形成核心竞争力。因此，要求发行人集中有限的资源主要经营一种业务，并强调要符合国家产业政策和环境保护政策。同时，要求募集的资金只能用于发展主营业务
对发行人公司治理提出从严要求	根据创业板公司的特点，在公司治理方面参照主板上市公司从严要求，要求董事会下设审计委员会，强化独立董事职责，并明确控股股东责任

4）创业板上市程序，参见表8-16。

表8-16 创业板上市程序

条 件	主 要 内 容
改制阶段	企业改制、发行上市牵涉的问题较为广泛和复杂，一般是在企业聘请的专业机构协助下完成。企业首先要确定券商，在券商的协助下尽早选定其他中介机构。股票改制所涉及的主要中介机构有证券公司、会计师事务所、资产评估机构、土地评估机构、律师事务所

续表

条 件	主 要 内 容
辅导阶段	在取得营业执照之后，股份公司依法成立，按照中国证监会的有关规定，拟公开发行股票的股份有限公司在向中国证监会提出股票发行申请前，均须由具有主承销资格的证券公司进行辅导，辅导期限一年。 辅导内容主要包括以下方面： ①股份有限公司设立及其历次演变的合法性、有效性； ②股份有限公司人事、财务、资产及供产销系统独立完整性； ③对公司董事、监事、高级管理人员及持有5%及以上股份的股东（或其法人代表）进行《公司法》《证券法》等有关法律法规的培训； ④建立健全股东大会、董事会、监事会等组织机构，并实现规范运作； ⑤依照股份公司会计制度建立健全公司财务会计制度； ⑥建立健全公司决策制度和内部控制制度，实现有效运作； ⑦建立健全符合上市公司要求的信息披露制度； ⑧规范股份公司和控股股东及其他关联方的关系； ⑨公司董事、监事、高级管理人员及持有5%以上（含5%）股份的股东持股变动情况是否合规
申报材料制作及申报阶段	股份公司成立运行一年后，经中国证监会地方派出机构验收符合条件的，可以制作正式申报材料。中国证监会收到申请文件后5个工作日内做出是否受理的决定。中国证监会自受理申请文件到做出决定的期限为3个月
股票发行及上市阶段	①股票发行申请经发行审核委员会核准后，要取得中国证监会的批文； ②企业适时刊登招股说明书，通过媒体发布或巡回进行路演，按发行方案发行股票； ③要在规定的媒体刊登上市公告书，在交易所安排下完成挂牌上市交易

5）主要的二板市场。主要的二板市场有美国纳斯达克（NASDAQ）、英国 AIM、德国新市场、中国香港创业板、中国台湾 OTC，参见表 8-17。

表 8-17　主要二板市场

市场	成立时间	针对公司	上 市 条 件
美国纳斯达克（NASDAQ）	1971 年	中小公司	先决条件：经营生化、生技、医药、科技（硬件、软件、半导体、网络及通信设备）、加盟、制造及零售连锁服务等公司，经济活跃期满一年以上，且具有高成长性、高发展潜力者。 消极条件：有形资产净值在 500 万美元以上，或最近一年税前净利在 75 万美元以上，或近 3 年其中两年税前收入在 75 万美元以上，或公司资本市值在 5000 万美元以上。 积极条件：SEC 及 NASDR 审查通过后，需有 300 人以上的公众持股（NON—IPO 在国外设立控股公司，原始股东必须超过 300 人）才能挂牌。 诚信原则：Any company can be listed, but time will tell the tale（任何公司都能上市，但时间会证明一切），是指只要申请的公司秉持诚信原则，挂牌上市是迟早的事，但时间与诚信将会决定一切

续表

市场	成立时间	针对公司	上 市 条 件
英国 AIM	1996 年	中小公司	①任命一个顾问； ②任命一个保荐人； ③对于免税的、可转让的股份没有任何限制； ④是一个已注册的股票上市公司或具有相当资格； ⑤准备一份申请上市证明——必须包括任何跟你公司及其商务活动相关的信息，包括财政信息、公司设想以及管理层的详细材料； ⑥每年一次按一定交易比率支付给股票交易所
德国新市场	1997 年	具有高增长潜力，尤其是高科技的中小公司	①对盈利没有最低要求； ②公司必须有 3 年营业记录； ③股本必须达到 1200 欧洲货币单位
中国香港创业板	1999 年	具有增长潜力的中小公司	①对盈利与股本没有最低要求； ②必须有两年的活跃业务记录； ③公司市值应达到 4600 万港元
中国台湾OTC	1988 年	中小公司	①最低实收资本为 5000 万台币； ②一般公司在上市前两年内，每年合并年收入及税前纯利润必须为资本总额的 2%； ③一般公司经营历史记录必须是 3 年； ④对高科技公司没有最低盈利和经营历史要求

（4）新三板市场

1）三板及新三板概念。

三板市场，即代办股权转让系统的场所，于 2001 年 7 月 16 日正式开办，是指以具有代办股权转让资格的证券公司为核心，为非上市公众公司和非公众股份有限公司提供规范股份转让服务的股份转让平台，其服务对象为中小型高新技术企业。

三板挂牌公司分为两类，一类是原 STAQ、NET 系统挂牌公司和退市公司，即老三板，另一类是中关村科技园区高科技公司，因挂牌企业均为高科技企业而不同于原转让系统内的退市企业及原 STAQ、NET 系统挂牌公司，称为"新三板"。

新三板又称全国中小企业股份转让系统，是继上交所、深交所之后由国务院批准、证监会统一监管的第三家全国性的证券交易场所。2006 年 1 月，新三板市场建设启动，其主要定位于非上市股份公司股票公开转让和发行融资的市场平台，为挂牌公司提供股票交易、发行融资、并购重组等相关服务，同时为市场参与人提供信息、技术和培训服务。

2）新三板的特点。

①初创期高科技企业的助推器。新三板主要针对创立初期，有一定产品、模式，处于发展初期的股份制公司。

②通过多种方式增强挂牌企业融资能力。挂牌新三板并不进行融资，但新三板可以通过价格发现、引入风险投资、私募增资、银行贷款等方式增强挂牌企业融资

能力。

③门槛低、无实质性财务指标。新三板与创业板、中小板、主板上市对企业利润的硬性规定不同，新三板没有设定刚性的财务指标，更多关注企业的创新性和成长性。

为支持中小企业创新发展，深化新三板的改革，打造创新型中小企业主阵地，2021年9月北京证券交易所成立。

3）新三板上市条件见表8-18。

表8-18 新三板上市条件

上市条件	主要内容
依法设立且存续两年	依法设立，存续两年，是指两个完整的会计年度；有限责任公司变更为股份有限公司的，存续时间从有限责任公司成立之日起计算
主营业务明确，有持续经营的记录	业务明确，是指公司具有明确的、具体的经营业务、产品或服务，商业模式明晰。持续经营能力，是基于报告期的公司生产经营状况，在可预见的未来，有能力按照既定目标持续经营。公司在报告期内应具有持续的运营记录，包括现金流量、营收数据、客户、研发支出等
公司治理结构合理，运作规范	治理结构合理，指公司建立了稳定的"三会一层"（包括股东大会、董事会、监事会和高级管理层）的治理架构，并按照公司治理制度进行规范运作。运作规范，是指公司在最近24个月内不涉及违反国家法律、行政法规的行为，未受刑事处罚或重大违法违规情形的行政处罚
股权明晰，股票发行和转让合法合规	股权明晰，指公司的股权结构清晰；权属分明，公司股东持有公司股票不存在权属争议或潜在纠纷。公司股票发行和转让行为合法合规，不存在下列情形：①最近36个月内未经法定机关核准，擅自公开或者变相公开发行过证券；②违法行为虽然发生在36个月前，目前处于持续状态，但《非上市公众公司监督管理办法》实施前形成的股东超200人的股份有限公司经中国证监会确认的除外

（5）科创板市场

2019年1月30日，中国证监会发布了《关于在上海证券交易所设立科创板并试点注册制的实施意见》，并于同日起就《科创板首次公开发行股票注册管理办法（试行）》和《科创板上市公司持续监管办法（试行）》公开征求意见。上海证券交易所同时公布涉及科创板发行承销、上市、发行上市审核、交易、上交所科技创新咨询委工作、上交所上市委管理等内容的6项科创板配套规则并启动征求意见。科创板将重点支持新一代信息技术、高端装备、新材料、新能源、节能环保以及生物医药等高新技术产业和战略性新兴产业，推动互联网、大数据、云计算、人工智能和制造业深度融合，引领中高端消费，推动质量变革、效率变革、动力变革。

2. 技术产权交易市场

技术产权交易市场来源于产权交易市场，是产权交易市场的组成部分，产权交易市场是指供产权交易双方进行产权交易的场所。中国的产权交易市场形成于2000年，2002年北京市、天津市等省市联合成立了北方联合产权交易市场，全国各地也先后建立了产权交易所。技术产权交易市场逐渐成为中国资本市场的一部分，是整个社会主义市场经济体系的重要组成部分。

3. 知识产权质押融资市场

知识产权质押是指知识产权权利人以合法拥有的专利权、注册商标专用权、著作权等知识产权中的财产权为质押标的物出质，经评估作价后向银行等融资机构获取资金，并按期偿还资金本息的一种融资行为。

8.3　科技型企业融资方法及模式

8.3.1　科技型中小企业融资现状

1. 科技型中小企业

在我国，科技型中小企业指直接从事研究开发的人员占职工人数的 10% 以上，具有大专以上学历的科技人员占职工总数的比例不低于 30%，且该企业每年投入高新技术的研制开发经费不低于销售额的 3%，总人数不超过 500 人的企业。基于此，科技型中小企业是指以高新技术产品的研制、开发、生产和销售为主营业务的，在企业规模、人员数量等方面都比较小的经济实体。

2. 科技型中小企业融资存在的问题

①缺乏抵押物、负债能力有限。目前科技型中小企业的资产大多是网站和数据库等虚拟化资产，金融机构大多不认可这类资产形式，造成其融资难。各大银行也未为科技型中小企业专门开展免实物抵押贷款，所以科技型中小企业缺乏抵押物是其融资难的一个重要原因。

②财务制度不完善，信息不公开。科技型中小企业由于自身财务信息披露力度不够，由此造成的银行与企业信息不对称，为它的融资增加了难度。据调查，我国科技型中小企业 50% 以上财务制度不健全，许多科技型中小企业的经营管理者缺乏应有的财务管理知识，重大的财务决策没有专业人员操作。国内科技型中小企业的这种现状让银行难以审核其真实财务状况。

③经营风险较高。科技型中小企业的经营核心在于技术创新，其在研发方面的投入大大高于普通企业，且开发出的新产品是否被市场接受存在很高的不确定性，自身的高经营风险使其在金融市场处于完全的被动地位。

3. 金融行业存在的问题

①银行存在一定程度贷款歧视。近年我国政府出台了多项加大对中小企业贷款倾斜的扶持政策，据调查，科技型中小企业的资金来源中，自筹、政府拨款及银行贷款分别占比 83%、8%、9% 左右。许多科技型企业仍然无法从银行获得贷款，与金融业"嫌贫爱富"的传统经营理念不无关系。

②银企间信息不对称。信息不对称是科技型中小企业信贷面临的主要问题，这一问题既与中小企业信息不透明有关，更重要的原因是小额贷款信息沟通耗时费神，与大企业老客户熟悉的大笔业务的信贷绩效相比得不偿失。

4. 社会征信体系与政策保障

①我国征信体系不完善。科技型中小企业的征信记录是其能否获得外部融资的重要考核指标，然而我国并没有建立起成熟的科技型中小企业的社会征信系统，信用信息的采集面也有待进一步扩大。据商务部统计，我国企业每年因信用缺失导致的直接和间接经济损失高达 6000 亿元。科技型中小企业的失信及被执行人的行为影响成为金融机构远避科技型中小企业融资业务的直接理由。

②政府对科技型中小企业的金融扶持缺乏"精准"。在落实促进科技型中小企业发展的融资政策方面，需要进一步完善政策支持的保障体系。

8.3.2 科技型企业的主要融资模式

1. 债券融资

（1）科技债券融资

科技债券是政府、金融机构、科技企业等为科技活动或科技产业直接向社会筹措资金而向投资者发行，承诺按一定利率支付利息并按约定条件偿还本金的债权债务凭证。债券是一种有价证券，由于债券的利息通常是事先确定的，所以债券是固定利息有价证券（定息证券）的一种。在金融市场发达的国家和地区债券可以上市流通。科技债券特征有以下几个方面：

①债券的发行人不论是政府、金融机构还是科技企业等机构，债券的借入资金其用途都是服务于科技活动或科技产业。

②科技债券应有相应的政策支持，以防"高利贷"引发的偿还危机。

③科技债券具有法律效力，发行者需要按规定用途使用借债并按规定的时期还本付息。

科技债券发行者与投资者之间是一种债权债务关系，债券发行人即债务人，投资者即债权人。

（2）科技债券融资的利弊

①资本成本低。债券的利息可以税前列支，具有抵税作用；另外债券投资比股票投资的投资风险低，因此其支付的报酬率也较低。故公司债券的资本成本要低于普通股票。

②具有财务杠杆作用。债券利息是固定的费用，债券持有人除获取利息外，不能参与公司净利润的分配，因而具有财务杠杆的作用，在息税前利润增加的情况下会使股东的收益以更快的速度增加。

③所筹集的资金属于长期资金。发行债券所筹集的资金一般属于长期资金，使用期在一年以上。长期资金能为企业投资项目提供稳定的保障。

④债券筹资的渠道宽、数额大。债券筹资的渠道宽泛，可以面向各类银行或非银行金融机构筹资，也可面向其他法人单位、社会自然人筹资，在市场比较追捧科技投资的背景下容易借集到大额资金。

⑤财务风险大。科技成果应用市场的不确定性决定了借债的财务风险远大于普通商品经营。债券有固定的到期日和固定的利息支出，科技企业更长的研发生产周期容易导致资金周转困难，更容易陷入财务困境。发行科技债券筹资时，发行人和借债人必须考虑债券融资投资项目的收益预期和增长性预期。

⑥资金使用缺乏灵活性。科技债券融资大多有政策扶持背景，与完全市场化借贷关系相比为了保障债权的安全，通常会对债券融资项目规定各种限制性条件。这些限制性条件类似于信贷融资的条件，制约着科技企业资金使用的灵活性。

（3）科技债券融资模式及特点

科技债券融资模式及特点见表8-19。

表8-19　科技债券融资模式及特点

类　型	模　式	特　点
国内银行贷款	银行把资金贷给需求者，并根据约定时间对本息进行收取的融资活动	安全可靠，方便稳定
国外银行贷款	需款人为开展一个项目向银行申请贷款，以筹集资金的一种融资方式	需要规范的第三方资信评价，非限制性贷款，贷款者的信誉为第一条件
民间借贷	不经过金融机构而通过自然人之间的信息渠道筹集资金	利率高，风险高
金融租赁融资	通过商品形式对借贷资金进行体现的一种方式	出租者仅仅提供金融服务，承租者提供承租资源；租金计算按照承租者使用租金的时间进行；需要同时具有供物方、出租者以及承租者
信用担保融资	银行和企业双方通过资产责任保证与信誉证明的方式进行融资	存在借、贷、保三者之间的关系；通过信用担保对银行贷款风险进行分散；上交一定金额的担保费
发行中小企业私募债	我国中小微企业在境内市场以非公开方式发行的债券	该债券的发行人为符合工信部《中小企业划型标准规定》的中小微、非上市企业（上交所规定不包括金融、地产企业），发行利率不超过同期银行贷款基准利率的3倍，发行期限在1年（含）以上。该债券对发行人没有净资产和盈利能力的门槛要求，是完全市场化的公司债券
发行公司集合债	由其中一家企业牵头几家或几十家企业联合起来一起申请发行债券	是传统债券融资的一种变通，该融资方式通过联合以满足企业债券公开发行的条件，提高了发行成功率，同时能提高资信评级以及摊薄发行成本

2. 科技股权融资

科技股权融资是指科技企业为实现快速发展，借助正式资本市场以外的其他市场或工具进行的股权融资行为。中小科技企业股权融资模式见表8-20。

表 8-20　中小科技企业股权融资模式

类　型	概　念	特　点
股权出让	企业将一定比例的股权出让筹集资金	市场经济中，直接融资的重要形式
增资扩股	指企业按照自身的发展需要，以扩大股本的方式筹集资金	利用扩大股本的方式融资，按照收益情况，回报投资者
引入风险投资	风险投资是指以高新技术为基础，生产与经营技术密集型产品的投资。风险投资的目的是通过投资和提供增值服务做大投资企业，然后通过公开上市、兼并收购或其他方式退出，在产权流动中实现投资回报	引入风险投资从运作上来看，大多数是具有潜能的高新技术企业，能使在种子期和初创期的高新技术企业获得足量的资金支持
私募股权融资	私募股权融资是非上市企业通过私募形式获得权益性投资	私募股权投资者在交易实施过程中一般会附带将来的退出机制，即通过上市、并购或管理层回购等方式出售持股获利
杠杆收购融资	是将被收购公司的股权或者资产当作抵押进行筹集资金，以债务资本来收购目标公司的全部或部分股权，然后从目标公司的现金流量中拿出一部分来偿还债务，最终实现企业并购的一种融资方式	以杠杆融资方式进行企业兼并、改组，有助于促进企业的优胜劣汰，改善整体经济结构；对于银行而言，由于有拟收购企业的资产和将来的收益能力做抵押，因而其贷款的安全性有较大的保障，便于打通银行信贷融资渠道；杠杆收购由于有企业经营管理者参股，因而可以充分调动参股者的积极性

金融市场的创新发展，私募股权融资已经成为一种重要的企业融资手段，与传统的金融行业相比，私募股权融资更偏重于创新型企业发展。私募股权融资手段发展历程很短，但对培育新兴产业具有重要推动作用。限于篇幅，本节主要介绍私募股权融资。

（1）私募股权的含义

私募股权，即私募股权投资（Private Equity，PE），指通过私募基金对非上市公司进行的权益性投资。投资者寻找优秀的高成长性的未上市公司，注资获得其一定比例的股份。在交易实施过程中，PE 会附带考虑将来的退出机制，即通过公司首次公开发行股票（IPO）、兼并与收购（M&A）或管理层回购（MBO）等方式退出获利。

（2）主要形式

私募股权融资的主要形式包括风险投资公司、天使投资人、机构（公司）投资者。

①风险投资公司（Venture Capital Firm）是为初创公司提供启动资金的有限合伙制企业，主要通过风险投资基金来进行投资。

②天使投资人（Angel Investor）是为初创公司提供资本的个人，与风险投资公司受托管理资本不同，天使投资者使用自己的资金进行投资。

③机构投资者是指用自由资本或者从分散的公众手中筹集的资本专门进行有价证券投资活动的法人机构。

风险投资公司和天使投资人的共同点：

①投资对象多为初创期（start-up）的中小企业，主要为高新技术企业，高风险、高收益并存。

②投资期限较长，从风险资本投入到撤出资金为止，这一过程至少需要3~5年甚至更长的周期。

③投资方式一般为股权投资，通常占投资企业股权的30%左右，不要求控股权，也不需要任何担保或抵押。

④风险投资人一般积极参与被投资企业的经营管理，提供增值服务；除（种子期）融资外，风险投资人一般会满足被投资企业后续发展阶段的融资需求。

⑤投资不是为了获得企业的所有权和控股，而是为了通过投资和提供增值服务把投资企业做大，然后通过公开上市（IPO）、兼并收购或其他方式退出，通过产权流动实现投资回报。

（3）私募股权在中小微企业融资中的优势

①融资门槛低。中小微型企业数量多，资金需求大，一般银行机构对小微企业的贷款审批程序繁杂，设立的门槛较高，私募基金择机而迅速发展。私募股权的审批程序比较简单，且针对性强，能填补证券市场和商业银行之间的空白，尤其是给科技型小微企业的资金需求提供了一种新的外源性融资方式。

②对中小微企业发展具有激励作用。私募基金的介入完善了治理结构，经验丰富的基金投资者持有小微企业部分的股权，既规划了企业的美好前景，又不会分散企业的控制权。区别于上市股票市场融资，股权的轻度改变不会削弱企业的控制力。通过私募股权融资可以在一定程度上缓解小微企业控制权分散的矛盾，通过激励机制的完善，能够实现融资主体与投资者的双赢。

③有效解决严重的信息不对称问题。由于私募股权的融资企业一般规模较小，信息具有内部化特征，所以其投资者必须事先对融资主体进行调查评估。私募股权投资由专业人才操作，对行业的发展及其相关的商业模式比较熟悉，通过科学的评价方法，能够有效地掌控企业的经营状况，方便地与小微企业的高层管理人员进行沟通，容易解决中小微企业的信息不对称问题。

④完善中小微企业的管理。私募股权不仅能为小微企业提供融资支持，由于直接融资，私募基金与中小微企业产生了共同利益关系，在财务监督、人员培训等方面会给企业带来实质性的帮助。在企业发展壮大过程中，专业性、战略性的指导会不断完善企业的经营管理水平。

3. 融资租赁

融资租赁是现代化大生产条件下产生的实物信用与银行信用相结合的新型金融服务形式，是集金融、贸易、服务为一体的跨领域、跨部门的交叉行业。融资租赁业务，有利于转变经济发展方式，促进二、三产业融合发展，在加快商品流通、扩大内需、促进技术更新、缓解中小企业融资困难、提高资源配置效率等方面将起到重要作用。

融资租赁又称为设备租赁，实质上是指转移与资产所有权有关的全部或绝大部分风险和报酬的租赁。它通过融资与融物的结合，兼具金融与贸易的双重职能，是企业筹资融资促进企业技术进步的重要金融工具。融资租赁业务近几年被引入中国，是由出租人根据承租人对供货人和租赁标的物的选择，由出租人向供货人购买租赁标的物，然后租给承租人使用的一种销售方式。由于其融资与融物相结合的特点，出现问题时租赁公司可以回收、处理租赁物，因而在办理融资时对企业资信和担保的要求不高，所以非常适合中小企业融资。

我国的融资租赁市场，主要有直接租赁、售后回租和杠杆租赁三种融资租赁方式。此外，还有租赁与补偿贸易相结合、租赁与加工装配相结合、租赁与包销相结合等多种租赁形式。融资租赁业务为企业技术改造和引进先进技术增添了一条新的融资渠道，采取融资融物相结合的新形式，提高了设备设施和技术的引进速度，还可以提高资金利用率，降低投资风险。《2015 年前三季度中国融资租赁业发展报告》显示，我国融资租赁业高速增长，截至 2015 年 9 月末，全国融资租赁合同余额约为 39 800 亿元，比上年底的 32 000 亿元增加 7800 亿元，增幅为 24.4%。

2015 年 9 月 7 日，国务院办公厅印发《关于加快融资租赁业发展的指导意见》，全面系统部署加快发展融资租赁业。该意见提出，坚持市场主导与政府支持相结合、发展与规范相结合、融资与融物相结合、国内与国外相结合的基本原则，提出到 2020 年融资租赁业市场规模和竞争力水平位居世界前列的发展目标，即到 2020 年，融资租赁业务领域覆盖面不断扩大，融资租赁市场渗透率显著提高，成为企业设备投资和技术更新的重要手段。明确要求，建设法治化营商环境，研究出台融资租赁行业专门立法；完善财税政策，加大政府采购支持力度，鼓励地方政府探索通过风险补偿、奖励、贴息等政策工具，引导融资租赁公司加大对中小微企业的融资支持力度；拓宽融资渠道，积极鼓励融资租赁公司通过债券市场募集资金，支持符合条件的融资租赁公司通过发行股票和资产证券化等方式筹措资金。

8.3.3 不同阶段科技型企业融资渠道选择

1. 初创期科技企业融资渠道的选择

大量的创业项目需要依靠中小企业来推动实现，然而创业项目落地需要资金和技术支持。初创期的创业项目或创意持有人通常有项目但缺资金，或者精通专业技术但不熟悉管理技术，在政府简政放权实行企业登记注册制度改革后，设立企业比较容易，但是依托创新项目或创意落实的科技型中小企业要成长壮大却非常艰难。很多初创企业以失败告终意味着对初创期企业的投资成功率很低。为鼓励创业，降低创新企业风险，此阶段的融资应主要集中在内部融资、天使投资和政策支持的技术创新基金等相应渠道。

（1）天使投资

天使投资是指具有一定净财富的个人或机构，对新兴、有发展潜力的种子期企业或初创期企业进行的权益资本投资，以期分享企业高成长带来的长期资本增值，是企业的第一批投资，是一种典型的非组织化的创业投资资本。天使投资主要有天使投资人、天使投资团队、天使投资基金、天使+孵化等类型。天使投资的门槛较低，即使是一个创业构思，只要有发展潜力，都可能获得天使资本的投资。天使投资对创业企业看重的是项目潜在价值，在做投资决策时，天使投资人还非常看重创业团队和创业者的能力。

1）天使投资的评价要素见表8-21。

表8-21 天使投资的评价要素

评价要素	要素内容
项目的创新性	创新是项目融资和中小微企业成长壮大的预期前提，首先项目在理念上要符合投资者的创新要求，有一定的市场基础；在项目落地后有广泛的创新应用。融资人需要对项目的创新性进行必要的宣传说明，让尽可能多的天使投资人对项目或创意的新颖性有必要的了解。为了形象直观地展示项目的独创或新颖，项目持有人可以通过文本（和样品）进行线上线下展示，包括有专利授权申请或授权的证明材料
项目的可行性	可行性主要是指项目从创意到产品再到市场实施的可能和可靠概率，主要是技术的可行性和市场的可行性。几乎所有的融资项目（包括上市公司）都有可行性研究报告，但项目实施后的失败案例比比皆是，除了现有生产条件和市场容量等主要影响因素外，经营环境、法制氛围、管理团队等很多地域性的软性因素往往会决定项目实施的成败。初创项目技术的专有性和专用性异常重要，包括依法申请专利、熟知产权保护法律、严格管理专有技术秘密等
项目的潜在价值	项目的价值最终体现在目标市场的接受程度上，融资成功与否首先是融资方和投资方对项目自身价值的判断是否一致，最终取决于双方对市场需求预期的正确与否以及市场开发力度的大小。因此，单从融资的角度，项目的价值首先要取得投资方的认同，在基于投融资双方对项目价值判断的基础上进行项目价值开发认识，规划价值开发的战略举措。为达成潜在价值认同的一致性，通常需由有资质和专业的独立第三方进行价值评估，也可由投融资双方共同谈判商定项目的价值估值。投融资金额更多地依靠投融资双方的洽谈。作为融资方，尽可能实现融资金额的最大化和股份出让的最小化，作为投资方，尽可能实现话语权的最大化和投资风险的最小化
项目的可持续增长	天使投资的最大意义是使项目落地或保证初创企业的初始资金到位，小微企业做大做强，则需要持续的后期投资，如风险投资的介入等。风险投资更看重的是企业价值的持续增长，落实举措包括技术引进与输出、产品更新、市场开拓、团队协作、重组资本等

2）选择天使投资人。作为融资方，最重要的是完善融资项目的启动工作，在基本条件契合的前提下选择天使投资人，迈出融资的第一步。

①针对性地收集投资信息。项目持有人或小微企业大多都没有投融资的经历，社交圈子和业务往来很少与金融投资相关。要寻求资金合作的天使投资人，需要通过正规渠道获取天使投资信息，有针对性地收集选择适合自己项目或企业目标的天使投资人。融资项目在找天使投资，天使投资人也在寻求创新项目。成功的天使融资项目，最直接的信息交流来自专业的信息平台，成功进行天使融资的项目不断增多的情况下，

融资人的推荐信息是不可或缺的可靠来源，被广为推荐的天使投资人有成功的投融资运作资历，运作能力和业务水平经过实践检验，投资人经过多轮成功投资已积累了更多财富，且具备了更强大的资本实力。

②针对性地选择天使投资人。针对性地选择主要指选择投资人的信誉与资历。项目持有人或小微企业创业者选择投资人不仅能获取满意的资金支持，还能在资深投资人的帮助下充分利用各种天使投融资扶持政策，尽可能选择产业政策支持和符合区域发展战略规划的天使投资人，选择与政府政策性产业发展引导基金有密切合作的天使投资人，还可根据科技部《科技企业孵化器认定和管理办法》的相关条款，获得相关天使投资人的帮助。有影响力的天使投资人可以帮助创新项目在科技园区内设立中小微企业，争取政府政策性的启动资金，使这些小微企业可以享受便利的配套服务，使用优惠价格或免费的办公场地，并享受企业孵化的专业指导。

③针对性地选择合作方。天使投资的特点之一是投资额较少，为项目落地或小微企业初创的首笔融资，随着企业的成长壮大，需要进行风险融资或其他股权融资追加投资，天使投资自身通常不能满足规模扩大所需资金，选择合作的第三方离不开天使资本的良好合作。能够在后续融资中提供第三方帮助的天使投资人是比较理想的选择，同理，那些与天使投资人有合作关系的风险投资机构也是理想选择。

（2）股权众筹

股权众筹是一种新型的融资渠道，是基于互联网开放平台的公开小额股权融资活动，是资本市场组成的新兴形式。许多国家通过设置小额豁免制度来为中小企业和创业企业提供股权众筹的便利，中国只是以试行办法的形式规定股权众筹融资必须通过股权众筹融资中介机构平台（互联网网站或其他类似的电子媒介）。股权众筹为很多创意好但无资金的创业者们提供了一种低门槛的融资选择，融资对象包括中小创业企业、进入天使轮的企业、进入 VC（风险投资）A 轮的企业等。这种独特的众创模式为创业者提供了低门槛的融资，推动了初创企业的发展。股权众筹的特点，见表 8-22。

表 8-22　股权众筹的特点

特　点	主　要　内　容
股权众筹项目需要种子轮和天使轮融资	股权众筹平台一般针对初期的项目，一些过了种子轮和天使轮的项目，估值过高，众筹往往不能成功
股权众筹单笔金额小	《公司法》规定，非上市公司的股东人数不能超过 200 人。股权众筹单笔金额少，如果一个项目需要上千万元的融资，就不适合股权众筹融资
股权众筹参与者多，缺乏专业性	股权融资是基于投资者自己的分析判断做出的投资决策，而不是通过投资机构的专业人员做出

（3）技术创新基金

科技型中小企业技术创新基金是于 1999 年经国务院批准设立，为了扶持、促进技术创新，用于支持科技型中小企业技术创新项目的政府专项基金。技术创新基金由科技部主管、财政部监管，通过无偿资助、贷款贴息和资本金投入三种方式，支持科技型中小企业创新创业，已形成了资助种子期、初创期企业的技术创新项目、资助中小企业公共技术服务机构的补助资金项目和引导社会资本投向早期科技型中小企业的创业投资引导基金项目。

1）支持对象。申请技术创新基金支持的项目、企业及重点支持的对象应具备的条件见表8-23。

表8-23　技术创新基金支持的项目、企业及重点支持的对象应具备的条件

分　类	应　具　备　的　条　件
申请支持的项目	符合国家产业、技术政策，技术含量高，创新性较强，技术处于国内领先水平； 属于《项目申报指南》中所列的技术领域； 必须是以生产、销售和营利为目的，产品有明确的市场需求和较强的市场竞争力，可以产生较好的经济效益和社会效益，并有望形成新兴产业
申请支持的企业	具备独立企业法人资格； 主要从事高新技术产品的研究、开发、生产和服务业务，申请支持的项目必须在其企业法人营业执照规定的主营范围内； 有较强的市场开拓能力和较高的经营管理水平，并有持续创新的意识； 职工人数不超过500人；具有大专以上学历的科技人员占职工总数的比例不低于30%，直接从事研究开发的科技人员占职工总数的比例不低于10%； 有良好的经营业绩，资产负债率不超过70%； 每年用于高新技术产品研究开发的经费不低于销售额的5%，申请当年注册的新办企业不受此款限制； 有健全的财务管理机构、严格的财务管理制度和合格的财务管理人员
重点支持的对象	重点支持的项目： 相关高新技术领域中自主创新性强、技术含量高、具有竞争力、市场前景好、在经济结构调整中发挥重要作用、具有自主知识产权的研究开发项目； 科技成果转化，特别是"863"计划、攻关计划、重大科技专项相关成果的产业化项目，以及利用高新技术改造传统产业的项目； 人才密集、技术关联性强、附加值高的直接促进、支撑、服务于产业发展的高技术服务业的项目； 具有一定技术含量，在国际市场上有较强竞争力，以出口为导向的项目，特别是具有我国传统优势，加入WTO后能带来更多市场机遇的项目； 有一定基础的初创期的科技型中小企业，尤其是科技孵化器内企业的项目，海外留学人员回国创办企业的项目
	重点支持的企业： 技术水平高、持续创新能力强、管理科学、产品市场前景好和成长性好的企业； 科技人员或海外留学人员携带具有良好产业化前景的高新技术项目创办的企业

2）支持方式。根据企业的不同特点和项目所处的不同阶段，科技创新基金分别以贷款贴息、无偿资助等不同方式支持科技型中小企业的技术创新活动。

①贷款贴息主要用于支持产品具有一定的创新性，需要中试或扩大规模，形成批

量生产，银行已经给予贷款或意向给予贷款的项目。贷款贴息的支持条件主要考虑：项目计划新增投资额一般在 3000 万元以下，资金来源基本确定，投资结构合理，项目执行期为 1 年以上，3 年以内；贷款贴息的贴息总额可按贷款有效期内发生贷款的实际利息计算，一般不超过 100 万元，个别重大项目不超过 200 万元。

②无偿资助主要用于技术创新产品在研究、开发及中试阶段的必要补助。企业注册资本最低不得少于 30 万元。

支持条件为：申请无偿资助的项目，目前尚未有销售或仅有少量销售；无偿资助支持的项目执行期为两年，项目计划实现的技术、经济指标按两年进行测算；项目完成时要形成一定的生产能力，并且在项目完成时实现合理的销售收入。企业应拥有所申请项目的知识产权。不支持实施期不满两年的项目，也不支持项目完成时仍无法实现销售的项目。项目计划新增投资在 1000 万元以下，资金来源确定，投资结构合理。在项目计划新增投资中，企业需有与申请创新基金数额等额以上的自有资金匹配。为了达到共同支持创新项目的目的，地方政府部门对项目应有不低于创新基金支持数额50% 的支持资金；同等条件下，地方政府部门支持多的项目，创新基金将重点支持。创新基金资助数额一般不超过 100 万元，个别重大项目不超过 200 万元。

2. 成长期科技企业融资渠道的选择

(1) 风险投资

风险投资（Venture Capital，VC）又称创业资本，起源于 20 世纪六七十年代的美国，它是指"由职业金融家投入到新兴的、迅速发展的、具有巨大竞争潜力的企业中的一种权益资本"。通俗来说，风险投资是指以高新技术为主，经营技术密集型产品的投资，具有高风险、高潜在收益的特点。我国第一家真正意义上的风险投资机构是 1985 年成立的中国新技术创业投资公司，此后，以火炬计划、高新技术园区、大学科技园等为依托建立的官方或半官方背景的各类科技企业孵化器都兼备了风险投资的职能。

风险投资主要投资阶段包括种子轮、天使轮、A 轮以及后续轮次的融资，是职业金融从业者为创业者提供持续的资金融资服务。

1）风险投资类型。风险投资主要有四类：

风险资本家，主要由从事风险投资的企业家构成。风险资本家的投资资本属于个人所有，通过投资获得利润。

风险投资公司，主要以风险投资基金为主，它一般以有限合伙制为组织形式。

产业附属投资公司，一般是非金融性事业或企业下属的独立风险投资机构，代表母公司的利益，投资于特定的行业。

天使投资人，与常规天使投资有别的是数额与退出机制的差异。

2）风险投资的选择。项目持有人或小微企业度过种子期或初创期只是迈出了生存的第一步，要实现稳定增长，还需要持续的外部融资。企业进入成长期，所需要的资金更多，此时天使投资等先期资本已经在安排退出，该阶段最重要的融资方式就是吸引风险投资。风险融资的选择要考虑以下几个方面：

①选择风险融资的时机。在天时、地利、人和兼备状态下选择融资。风险融资能否成功，从统计意义上说没有具体的时间节点，但具体到每个项目和小微企业则有一定的规律性。一般情况下，在项目基本趋向稳定或初具效益的时期，市场需求看好，即扩大生产规模顺理成章进入经营程序，如果银行业信贷无望，则可寻求风险融资。风险资本既注重项目自身的效益还注重宏观经济走势，如行业发展状况、区域经济政策以及资本市场供需等重大影响因素。

②选择风险融资方案。风投融资决策确定后，应有专门团队调研提出融资方案。方案应提出可供比较的不同预案，制定策略，安排计划，对不同融资金额、拟出让股份、资金用途、到账时间、风投期次、"估值调整机制"安排等基本预案进行比较选择。

③走访风险投资者。全面了解风险投资资本运营，如果前期有过天使融资，应与投资人共同协商，走访在行业领域、投资阶段与自己契合的风险投资者，选择投资经验、投资信誉比较可靠的数家风险投资公司进行初步的走访考察，分别与风险投资公司业务相关部门接触咨询，根据考察结果判断融资的可行性，向风险投资人提出自己的融资诉求。

④选择意向风险投资者。通过交流互动，融资者与风险投资者不断加深了解并最终确定合作方，双方在平等基础上建立合作谈判关系。融资者的首要预期是获得资金，然后是资金使用条件；投资者首要预期是确定项目或企业的特质潜力，其次是投资回报力度。风险投资行为只存在期望值的相互比较，不存在固定的主动方与被动方。谈判的主动权通常掌握在调查研究细致、考察分析周密的一方。

⑤签订规范详尽的融资协议。风险投资本来就属于新兴金融业务，融资的创新项目或企业大多是世所未有的创意和新产品，协议签订多无范本可借鉴。协议内容首先必须在法律的基本框架之内，界定不明的法务事项须有专业人员参与。协议除了要规范融资金到位以及企业发展的计划安排等常规的条文，重要细节也需描述详尽且无歧义，包括是否给予风险投资人必要的独家期以及独家期的具体时间，对融资方来说，独家期以短为好，一般 1~2 月为宜；分期到位资金的制约条件、是否启动海外架构搭建、下一轮融资的启动时间变动制约等关键细节必须明确。

（2）私募股权投资

私募股权投资（Private Equity，PE），即私人股权投资基金，是指对具有成熟商业模式的未上市企业进行的股权投资，和私募证券投资基金不同的是，PE 主要是指定向募集、投资于未公开上市公司股权的投资基金，也有少部分 PE 投资于上市公司股权。与 VC 主要投资早期成熟企业不同，PE 主要投资的是后期成熟企业。PE 与 Pre-IPO 基金亦有所区别，后者主要投资于企业上市之前或预期企业可近期上市时，其退出方式一般为企业上市后，在公开资本市场出售股票退出。

PE 投资的企业应具有的特点为：一是具有广阔的市场发展空间，所处行业发展前景好、产品和服务处于市场导入期或成长期的企业；二是战略定位准确、有明显的竞争优势和较强的盈利能力的企业；三是具有优秀管理团队的企业。

PE 基金的运作模式如下：

①信托制。信托制 PE 基金由基金持有人出资设立，基金管理人以自己的名义为基金持有人的利益行使基金财产权，并承担受托人责任。

②公司制。公司制是一种法人型基金，通过注册成立有限责任制或股份制公司对外投资。参与基金投资的投资人依法享有《公司法》规定的股东权利，并以其出资为限对公司债务承担有限责任。基金管理人有两种存在方式：一种是以公司常设的董事身份作为公司高级管理人员直接参与公司投资管理；另一种是以外部管理公司的身份接受基金委托进行投资管理。

③有限合伙制。合伙制基金大多采用有限合伙的形式，不采用普通合伙企业的方式。有限合伙制基金的投资人作为企业合伙人，依法享有合伙企业财产权。其中的普通合伙人（GP）代表基金对外行使民事权利，并对合伙公司承担无限连带责任，其他有限合伙人（LP）以其认缴的出资额为限对合伙公司承担连带责任。

（3）内部融资

内部融资主要是企业内源性融资及其他通过自主渠道进行的集资方式。由于质押和信用机制不完善，中小创业业主很难从银行等金融机构获取贷款，只能利用自有资金、寻找合伙人或向亲友借款来进行生产经营，并将企业经营的收益部分用于扩大再生产。进入成长期的科技型中小企业，产品已推向市场，高新技术带来的高效益，为科技型中小企业进行内部融资创造了条件。

内源性融资主要由留存收益和折旧构成，是指企业将经营积累（主要包括留存盈利、折旧和定额负债）转化为投资的集资方式。具体包括三种形式：资本金、折旧基金转化的重置投资和留存收益转化的新增投资。在发达的市场经济国家，内源性融资是企业首选的融资方式，是企业资金的重要来源。对中小企业来说，内源性融资具有自主性、成本低、灵活性强的特点。

①自筹融资。在企业初创阶段，企业的资金主要由创业者通过动用个人存款、向亲戚朋友借款等方式自行筹集。个人存款是企业创业者自己的积累与储蓄，是创业者资金的重要来源；向亲戚朋友借款也是企业初创阶段的一种重要的融资渠道，但为了避免将来可能发生的纠纷，经常通过协议或合同的形式明确双方的权责。

②留存盈余融资。留存盈余融资主要源自企业内部正常经营形成的现金流，是企业内部融资的主要方式。科技型中小企业的收益分配包括向投资者发放股利和企业保留部分盈余两个方面，企业利用留存盈余融资，对税后利润进行分配，确定企业留用的金额，为投资者的长远增值目标服务。留存盈余融资能在不增加企业负担的情况下增加企业的资本金，企业利用自有资金进行滚动投资可以保证企业的稳定发展，减少投资风险。

③内部集资。内部集资是企业通过向其职工或管理者募集资金而满足生产发展需要的一种融资方式。组建股份合作制企业，是科技型企业吸收内部职工资金的主要方式。

④折旧融资。折旧融资就是把折旧基金转化为积累基金。企业可通过采用缩短折

旧时间、加速折旧等方式进行固定资产和无形资产的折旧摊销，以增强企业内源性融资能力。

⑤变卖融资。变卖融资是指将企业某一部门机构重组或部分闲置资产清算变卖来筹集所需资金。变卖融资速度快，适应性强，但是资产变卖的价格很难准确确定。如果是应急融资，往往会造成资产的贬值损失。

⑥票据贴现。未到期的应收票据交付银行进行贴现，通过付出一定的贴现利息来获得流动资金。

⑦典当资产。这种短期融资方式要求企业资产具有社会或行业公认的价值。

⑧吸收合伙人入股。吸收股权融资无须付出固定的利息，相对来说财务风险较小，但是它稀释了股权，可能会对公司原有的治理结构造成冲击或影响。

3. 成熟期科技企业融资渠道的选择

(1) 商业银行信贷

当科技型中小企业进入成熟阶段后，企业经营业绩有了长足进展，资产质量和规模逐步能够满足银行的抵押贷款条件，因此，以规避风险为原则的商业银行愿意为进入该阶段的科技型中小企业贷款。

为了扶持科技型中小企业发展，国务院出台了一系列法规措施，鼓励金融业成立中小企业担保中心和信用服务体系。各大银行积极进行金融创新，开发特色金融产品，加大了对小微企业的金融服务。

例如，交通银行为扶持和服务小企业发展壮大，适应小企业生产经营特点，特别推出了一系列专项信贷和结算的小企业综合金融服务方案，特别推出"展业贷"；根据小企业不同发展阶段的资金财务需求，提供个性化的金融产品与服务方案。工商银行向小微企业提供"网贷通"和"易融通"两大类产品助力小微企业发展。成都银行2009年成立中小企业部，统筹规划管理全行小微业务，在金融创新方面，加强与政府部门及担保公司合作，联合开发出"壮大贷""科创贷""创业贷"等多种中小企业专属金融产品，满足不同类型的企业从初创、发展到壮大等不同阶段的融资需要。

成都银行面向小微企业的金融创新产品见表8-24。

表8-24 成都银行面向小微企业的金融创新产品

金融产品	服务对象	产品特色	申请方式
科创贷	具有技术领先优势、高层次人才团队、良好市场前景等特点的科技型小微企业	两低一活： 一低：贷款利率低，上浮比例不超过中国人民银行当期公布的基准贷款利率的20%； 二低：政府政策支持，可为科技型中小企业补贴利息和担保费，直接降低融资成本； 一活：反担保物灵活，以个人连带责任/股权/知识产权等形式为主	就近咨询成都银行各网点客户经理或通过小微金融中心官方微信进行申请

金融产品	服务对象	产 品 特 色	申请方式
科票通	"央行科票通"定向支持名单内的科技型企业	两定两优一快捷： 两定：确定科技型企业名单，确定承办银行名单； 两优：承办银行以优惠利率为名单内企业办理贴现，人民银行优先为承办银行办理再贴现； 一快捷：人民银行为商业银行办理此类再贴现业务开辟快速通道，简化手续，提高办理效率	就近咨询成都银行各网点客户经理或通过小微金中心官方微信进行申请
成长贷	高新区具有技术领先优势、高层次人才团队、良好市场前景等特点的科技型小微企业	额度高一点：最高授信额度可达 3000 万元； 担保活一点：接受包括订单、应收账款、存货、股权、知识产权、机器设备、房产土地在内的多种担保物； 成本低一点：含利率、担保费在内的整体资金年化成本低于 8%； 补贴多一点：符合国家贴息政策的企业和贷款享受贷款基准利率 20% 的贴息补助，贴息最高可达 100 万元	就近咨询成都银行各网点客户经理或通过小微金中心官方微信进行申请

（2）创业板市场融资

创业板市场主要扶持高成长型企业，为风险投资和创投企业建立正常的退出机制。小微企业通过在创业板市场融资，可以变私人企业为公众企业，通过市场的力量降低小微企业融资中的信息成本和代理成本，减少融资过程中的障碍。因此，创业板是成熟的科技型中小企业融资的最优选择。

1）创业板在科技型中小企业融资中的作用。对于科技型中小企业来说，创业板不仅意味着建立起多层次资本市场，拥有更多的直接融资机会，也意味着给创业投资带来良好的退出机制，将社会资本更多地吸引到投资自主创新和成长型企业中，完善了企业融资链条。

①使科技型中小企业拥有更多的融资渠道。进入成熟期的科技型中小企业，虽然占据了一定的市场，产品和管理体系日益完善，但是依然难以进入中小板市场，而创业板为其提供了一个入市门槛更低的融资渠道。科技型中小企业基于其高风险特征，面临更多的技术、市场、经营风险，其信息不对称比传统企业更为严重，利用传统的融资方式进行融资相对更难，而创业板为科技型中小企业制定了宽松的发行与上市标准。创业板为中小企业提供高效率的融资机会，又通过股票二级市场的流动性，实现投资期限的转换。

②创业板为风险资本的退出提供了良好机制。风险资本是小微企业发展的孵化器，而风险投资的根本目的并不是取得企业的所有权，而是获取高额投资回报，在企业获得发展的适当时机后寻求资金退出，以确保风险投资的增值，并将套现资金投入新的项目，形成良性循环。因此一个有效的风险投资退出机制是风险投资存在的必不可少的条件。风险投资只是小微企业发展过程中一定阶段的金融供给，在初创企业走上正轨之后，如何实现风险资本的退出，是风险资本关注的焦点。但小微企业项目投资的长期性，又形成了投资小微企业的进入屏障。而企业上市可以使风险投资者在二级市

场上迅速套现，是其退出最重要的形式。

2）科技型中小企业创业板的退出机制。2009年深交所颁布的《深圳证券交易所创业板股票上市规则》规定了创业板股票退市规则。2012年4月，深交所发布《深圳证券交易所创业板股票上市规则（2012年修订）》，标志着创业板退市制度正式出台，其中规定创业板股票退市后，直接转移到代办股份转让系统挂牌交易，不再恢复上市。

中国创业板退市长期以来主要依赖主板、中小板退市制度，但是由于创业板市场自身的特殊性，其退市制度应与主板市场存在一定的差异。创业板退市制度新增"连续收到交易所公开谴责"和"股票成交价格连续低于面值"两个退市条件；对资不抵债的上市公司，实行快速退市制度；相较于主板、中小板市场取消风险警示板，取消"ST"等风险提示，强化创业板上市公司退市风险信息披露及深化投资者适当性风险揭示管理；创业板股票退市后转移到代办股份转让系统挂牌交易。

《深圳证券交易所创业板股票上市规则（2020年修订）》（以下简称新《上市规则》）对相关内容进行了修订。为确保新旧《上市规则》的有序衔接和新《上市规则》的顺利实施，《关于发布〈深圳证券交易所创业板股票上市规则（2020年修订）〉的通知》规定："1.新《上市规则》第2.1.2条第三项，自本通知发布之日起一年内暂不实施。2.新《上市规则》施行前已经暂停上市的公司，适用原《上市规则》实施恢复上市或者终止上市。3.上市公司2019年财务会计报告出现原《上市规则》第13.1.1条第一项至第五项情形之一的，本所按照原《上市规则》对公司股票实施暂停上市，并根据2020年年度报告披露情况适用原《上市规则》实施恢复上市或者终止上市。4.上市公司未在法定期限内披露2019年年度报告的，本所按照原《上市规则》对公司股票实施暂停上市、恢复上市或者终止上市。5.新《上市规则》施行前已触及连续二十个交易日每日股票收盘价均低于每股面值情形的，公司股票在被本所作出终止上市决定后按照原《上市规则》进入退市整理期交易。6.新《上市规则》第10.3.1条规定的财务类退市风险警示情形以2020年度为第一个会计年度起算。7.新《上市规则》施行前，上市公司重整、和解或者破产清算申请已经被法院受理的，适用原《上市规则》，公司股票不实施退市风险警示。8.新《上市规则》第9.4条有关其他风险警示的规定自2020年9月12日起实施。"

◇ **案例 8**

某航空公司融资租赁交易

----

1. **案例简介**

A航空公司是扎根于内地的支线航空公司，于2009年6月8日成立。公司积极支持区域经济建设发展，致力于为旅客提供轻松、便捷的航空旅行服务。2010年6月1日，A航空公司获批将经营内容扩展至国内主干线航空及国际航空市场。目前，该航空公司拥有以空中客车A320、ERJ-190、ERJ-145为主的年轻豪华机队。公司航线网络遍布全国，连接日本、韩国、俄罗斯、泰国等周边国家和地区，年旅客运输量百余万人次。

根据 A 航空公司的经营情况，建议公司采取售后回租的业务模式，将其新购入的航空器材先销售给融资租赁公司。合同期间，A 航空公司作为承租人按期向某租赁公司支付租金，并按照合同约定到期后的名义价格回购租赁标的物。本次融资租赁项目的交易结构设置见表 8-25。

表 8-25 某航空公司融资租赁项目的交易方案

承租人	某航空有限责任公司（A 公司）
租赁金额	人民币 3 亿元整
租赁物	A 公司名下航空器材类资产（租赁物的使用年限不低于租赁年限）
出租人	JY 金融租赁有限责任公司（C 公司）
融资方式	售后回租
租赁期限	5 年
还款方式	按季、等额本息
租赁利率	年利率 6.13%
租赁手续费	手续费率为融资金额的 2.5%（租赁合同签订后一次性收取）
租赁保证金	本项目没有设置租赁保证金
租赁余值	租赁期满后，承租人自动回购租赁物
担保方式	航空控股有限责任公司提供担保（B 公司）
增值税	本项目不属于增值税和营业税的征收范围

具体的交易流程如下：

①A 公司向 JY 金融租赁有限公司（C 公司）提出租赁申请，C 公司进行租赁项目审核；

②B 公司承诺对 A 公司按合约还租金担保；

③A 公司承诺租赁期间遵守保险、抵押等保障措施；

④C 公司向 A 公司支付购买费用；

⑤A 公司将航空器材转让给 C 公司；

⑥C 公司将航空器材租回给 A 公司使用；

⑦A 公司按时向 C 公司还租，租赁期满 A 公司按协议回购租赁物。

2. 案例分析

A 公司属于重资产行业，其固定资产的构成主要是各型号飞机、航空发动机、航空二次配电系统及防火系统等航材。租赁标的物工艺水平较高，技术优势明显，但由于设备专业性强，投入资金大，现金流较为紧张。但 A 公司经营前景良好，可为 A 公司带来稳定的现金收入。

融资租赁的特点恰好可以深入到产业链的融资活动，融资租赁项目能否顺利推进依赖的也是承租企业在未来经营表现中所获得的现金收入能否足够覆盖租金。综合以上原因，该项目采取融资租赁这一融资方式对交易双方都有好处，之所以选择售后回租这一融资租赁方式，很大程度上考虑的是售后回租在开展过程中的便捷性。如果涉及直租，就不可避免地涉及租赁物的供应商，在项目审批流程上会有所拖延；如果选用杠杆租赁模式，也要引入其他金融机构，其他金融机构在为项目注入资金之前也要对该融资租赁项目的可行性进行研究以保障可以收回投资、获得收益，这又不可避免地延长了项目的审批时间。另外，该项目需要的资金并不是很大，在 JY 金融租赁公司的承受范围以内。

具体而言，售后回租方式进行融资的实际效果在具体项目中主要表现为以下三方面：

第一，资金稳定性高，周期较长。融资租赁在租金支付时间上跨度比较大，一般为 3~5 年。对于 A 航空公司来讲，在租赁期内有充足的时间选择其他融资方式进行融资，比如选择延长融资租赁合同等方案。同时，该融资租赁项目的还款周期是根据 A 航空公司的经营具体情况确定的，还款的时间跨度和具体还款金额对于 A 航空公司来讲都是友好的，A 航空公司通过持续稳定经营完成还款不具有压力。另外，该融资租赁项目只是涉及 A 航空公司和 JY 金融租赁公司，不涉及过多行业的上下游企业，资金往来比较好管理，受商业周期和市场环境好坏影响不大，有利于 A 航空公司健康稳定发展。

第二，控制权不分散，有利于保障公司的经营理念不变更。A 航空公司虽然通过融资租赁这一融资方式获得了 JY 金融租赁公司的资金，但是由于售后回租的特殊性，租赁物的所在地和控制权并没有发生任何的变更，只是在合同上将设备的所有权转移给 JY 金融租赁公司，JY 金融租赁公司不能因为向 A 航空公司提供了资金，就对 A 航空公司的具体经营发表意见，影响 A 航空公司的经营决策。

第三，有利于优化 A 航空公司的资本结构和财务管理。从固定资产角度，将发动机等航空器材以租赁物的形式打包进行售后回租，实际上不会减少 A 航空公司的固定资产总量，因为可以在租赁期结束后以名义价格回购，但是可以显著提升 A 航空公司的资产流动效率，缓解 A 航空公司流动资金紧张的问题。从利润角度，A 航空公司可以灵活选择通过加速折旧减少税负，也可以通过增加折旧期以便提高报表上的利润。

第九章

税收基本理论与制度

引　言

税收的本质是保障公共财政的稳定收入，政府还可以利用税收杠杆对经济运行进行宏观调控。科技创新的税收优惠政策通过对科技成果转化收益的调节降低科技成果研发、转化、产业化的投入风险，激励技术转移主体参与科技成果转化的积极性，起到促进科技成果商品化、产业化的导向作用。本章主要介绍税收的基础知识以及相关调控政策，意在帮助技术经纪人遵守相关财税法规，分享税收政策的优惠支持，把握科技产业的发展趋向，避害取利，提高业务绩效。

9.1 税收基础知识

9.1.1 税收特征

税收是指国家为实现其公共职能而凭借其政权力量，依照法律规定，强制、无偿地向纳税人征收货币或实物的活动。税收不仅是国家取得财政收入的一种活动或手段，而且也是国家用以加强宏观调控的重要经济杠杆。

税收作为国家财政收入的最主要形式，与其他财政收入方式相比，具有三个明显的基本特征，即强制性、无偿性和固定性。

1. 税收在征收上具有强制性

国家税务机关依照法律规定直接向纳税人征税，法律的强制力是导致税收的强制性特征的最直接原因。即税收的征收以国家强制力为后盾，纳税与否不以纳税人的意志为征税的要件，纳税人必须依法纳税，否则国家通过法律强制力迫使纳税人履行纳税义务，并追究其相应的法律责任。

2. 税收在缴纳性质上具有无偿性

国家的征税过程，就是把所有纳税人的部分财产转移给国家所有，形成国家财政收入，不再返还给原纳税人，也不向纳税人支付任何报酬。

3. 税收在征税对象和标准上具有固定性

税收的固定性来源于税收法定原则。国家以法律的形式明确规定税收的纳税主体、征收对象和税率等基本要素，即通过税法把对什么征税、对谁征税和征多少税预先固定下来，不仅纳税人必须严格依法按时足额申报纳税，而且国家也只能依法定程序和标准征税。

以上税收的三个形式特征，是税收本身所固有的，是税收区别于其他财政收入的基本特征，也是一切社会形态下税收的共性。由此可见，税收所体现的实际是一种凭借国家政治权力实现的特殊的分配。

9.1.2 税收概念

1. 纳税主体

①纳税人。纳税人是指税法规定的负有纳税义务的单位和个人。纳税人可以是自然人，也可以是法人。所谓自然人，一般是指公民或居民个人，如月工资超过 5000 元的我国公民，一般就是个人所得税的纳税人。所谓法人，是指依法成立并能独立行使法定权利和承担法定义务的社会组织，主要是各类企业，如我国的国有企业和民营企业等，就是企业所得税的纳税人。

②负税人。与纳税人有联系的一个概念是负税人，负税人是指最终负担税款的单位和个人。

③纳税人与负税人的关系。负税人与纳税人有时是一致的，如在税负不能转嫁的条件下；有时是分离的，如在税负可以转嫁的条件下，纳税人如果能够通过一定途径把税款转嫁出去，这时的负税人，就是最终承担税款的单位和个人。如商品经营者将所纳税款计入商品售价卖给消费者，消费者即负税人。

2. 税收客体

①课税对象。课税对象是指税法规定的征税的目的物，是征税的根据。每一种税都必须明确对什么征税，每种税的课税对象都不完全一致。课税对象是一种税区别于另一种税的主要标志。在现代社会，国家的征税对象主要包括所得、商品和财产三大类客体，国家的税制往往也是对应于这三类课税对象的所得税、商品税和财产税。

②税源。税源是指税收的经济来源或最终出处，各种税有不同的经济来源。有的税种的课税对象与税源是一致的，如所得税的课税对象和税源都是纳税人的所得。有的税种课税对象与税源不同，如财产税的课税对象是纳税人的财产，但税源往往是纳税人的收入。税源是否丰裕直接制约着税收收入规模。

③税目。税目是课税对象的具体项目或课税对象的具体划分。税目规定了一个税种的征税范围，反映了征税的广度。一个课税对象往往包括多个税目，如关税就有近百个税目，当然也有的课税对象很简单，不再划分税目。税目的划分目的，一是可以使纳税人更透彻地了解税收制度，二是可以使国家灵活地运用税收调节经济，如对各个税目规定不同的税率，就是调节经济的方式之一。

3. 课税标准

课税标准指的是国家征税时的实际依据，或称课税依据。一般有纯所得额、商品流转额、财产净值等。征税对象形态各异，有的是商品，有的是所得，有的是财产。而仅就商品而言，又有不同的种类，国家征税以统一的标准对课税对象进行计量，如将商品按其货币价值统一衡量，否则便无法进行。同时，国家出于政治和经济政策的考虑，并不是对课税对象的全部课税，往往允许纳税人在税前扣除某些项目，如个人所得中的基本生计费用部分，因而需要对课税对象予以计量，核算出实际征税的依据。

4. 税率

1）概念。税率是指税额与课税对象之比，是国家征税的比率。课税对象与税率的乘积就是应征税额，反过来说，税额与课税对象之比即为税率。税率是国家税收制度的核心，它反映征税的深度，体现国家的税收政策。

2）税率的分类。一般来说，税率可划分为比例税率、定额税率和累进税率三类。

①比例税率是对同一课税对象，不论其数额大小，统一按一个比例征税。在具体运用上又可分为几种类型：行业比例税率，即按行业的差别规定不同的税率；产品比例税率，即按产品的不同，规定不同的税率；地区差别比例税率，即对不同地区实行不同的税率。在比例税率下，同一课税对象的不同纳税人的负担相同，具有鼓励生产、计算简便的优点，也有利于税收征管，一般应用于商品课税。比例税率的缺点是有悖于量能纳税原则，且具有累退性质。

②定额税率亦称固定税额，它是按课税对象的一定计量单位直接规定一个固定的税额，而不规定征收比例。定额税率在计算上更为便利，而且由于采用从量计征办法，不受价格变动的影响。它的缺点是负担不尽合理，因而只适用于特殊的税种，如我国的车船牌照税等。

③累进税率是按课税对象数额的大小，划分若干等级，每个等级由低到高规定相应的税率，课税对象数额越大税率越高，数额越小税率越低。累进税率因计算方法的不同，又分为全额累进税率和超额累进税率两种。

全额累进税率是把课税对象的全部按照与之相对应的税率征税，即按课税对象适应的最高级次的税率统一征税。

超额累进税率是把课税对象按数额大小划分为不同的等级，每个等级由低到高分别规定税率，各等级分别计算税额，一定数额的课税对象同时使用几个税率。

全额累进税率与超额累进税率都是按照量能纳税的原则设计的，但两者又有不同的特点。首先，全额累进税率的累进程度高，超额累进税率的累进程度低，在税率级次和比例相同时，前者的负担重，后者的负担轻；其次，在所得额级距的临界点处，全额累进会出现税额增长超过所得额增长的不合理情况，超额累进则不存在这种问题；再次，全额累进税率在计算上简便，超额累进税率计算复杂。

3）与税率相关的几个理论税率概念。比例税率、定额税率、累进税率都是法律上的税率形式，是税法中可能采用的税率。若从经济分析的角度考察税率，则有另外的种类或形式，主要包括名义税率、实际税率、边际税率、平均税率等。

名义税率即为税率表所列的税率，是纳税人实际纳税时适用的税率。

实际税率是纳税人真实负担的有效税率，在没有税负转嫁的情况下，它等于税收负担率。有些税种由于实行免税额、税前扣除和超额累进征收制度，纳税人负担的税款低于按税率表上所列税率计算的税款，造成名义税率与实际税率偏离。

边际税率本来是指按照边际效用相等原则设计的一种理论化税率模式，其主要功能是使社会福利牺牲最小，实质上是按照纳税人收益多寡分等级课税的税率。由于累进税率大体上符合边际税率的设计原则，因而西方国家在经济分析中往往是指累进税率。

平均税率是实纳税额与课税对象的比例，它往往低于边际税率，比较两者之间的差额，是分析税率设计是否合理，税制是否科学的主要方法。平均税率接近于实际税率，而边际税率类似名义税率。

5. 起征点与免征额

①起征点。起征点指税法规定的对课税对象开始征税的最低界限。

②免征额。免征额指税法规定的课税对象全部数额中免予征税的数额。

③二者的关系。起征点与免征额有相同点，即当课税对象小于起征点和免征额时，都不予征税。两者也有不同点，即当课税对象大于起征点和免征额时，采用起征点制度的要对课税对象的全部数额征税，采用免征额制度的仅对课税对象超过免征额部分征税。在税法中规定起征点和免征额是对纳税人的一种照顾，但两者照顾的侧重点显然不同，前者照顾的是低收入者，后者则是对所有纳税人的照顾。

6. 课税基础

课税基础简称税基，是源于西方的一个概念，指建立某种税或一种税制的经济基础或依据。它不同于课税对象，如商品课税的课税对象是商品，但其税基则是厂家的销售收入或消费的货币支出。税基也不同于税源，税源总是以收入的形式存在的，但税基却可能是支出。

税基、课税对象、税源在一定情况下可能是一致的，但这三个概念在含义上的差别是明显的。

现代税收理论认为以收益、财产为税基是合理的，但也有一种观点认为以支出为税基更为科学。

9.1.3　税收分类

1. 所得课税、商品课税和财产课税

税收分类的标准和方法很多，但根据课税对象的性质所进行的分类始终是各国常用的主要的分类方法，也是最能反映现代税制结构的分类方法。

按照课税对象的性质可将各税种分为所得课税、商品课税和财产课税三大类。所得课税是指以纳税人的净所得（纯收益或纯收入）为课税对象的税收，一般包括个人所得税、企业所得税等，在西方国家，社会保障税、资本利得税等一般也划入此类；商品课税，包括所有以商品为课税对象的税种，如增值税、营业税、消费税、关税等；

财产课税是指以各类动产和不动产为课税对象的税收，如一般财产税、遗产税、赠与税等。

由于各个国家的税制千差万别，税种设计方式各异，因而同样采用此种分类方法，结果也不完全相同，如我国税种一般分为所得课税、商品课税、资源课税、行为课税和财产课税五大类。

2. 直接税与间接税

把税收划分为直接税和间接税的做法由来已久。早在18世纪，许多学者就把税源稳定可以持久课征的税种称为直接税，而对偶然课征难以稳定的税种称为间接税。后来，又有人将对财产的课征和对所得的课征称为直接税。到了现代社会，直接税和间接税的划分方法随着税收理论的发展而进一步完善，并最终以税负能否转嫁为标准，即凡是税负能够转嫁的税种，归属于间接税，凡是税负不能转嫁的税种，归属于直接税。一般认为，所得税和财产税属于直接税，商品课税属于间接税。但须指出，这种分类方法也有非科学的一面，主要问题是，税负能否转嫁不仅取决于税收的性质和特点，而且取决于客观的经济条件，有些税种看起来似乎可以转嫁，但在一定经济条件下却未必可以转嫁出去，税负转嫁总是有条件的，仅仅凭借理论预期断定哪些税可以转嫁，哪些税不能转嫁，并依此分别称之为直接税或间接税是不尽科学的。

3. 从量税与从价税

按照课税标准分类，可将税收划分为从量税和从价税。如前所述，国家征税时必须按一定标准将课税对象予以度量。而度量的方法有两种：一是按课税对象的数量、重量、容量或体积计算；二是按课税对象的价格计算。采用前一种计税方法的税种称为从量税，采用后一种计税方法的税种称为从价税。从量税的税额随课税对象数量的变化而变化，计算简便，但税负水平是固定的，不尽合理，因而只有少数税种采用这种计税方法，如我国的资源税、车船使用税等。比较而言，从价税更适应商品经济的要求，同时也有利于贯彻国家税收政策，因而大部分税种都采用这一计税方法。

4. 价内税与价外税

以税收与价格的关系为标准，可将税收分为价内税和价外税。凡税金构成价格组成部分的，称为价内税；凡税金作为价格之外附加的，称为价外税。与之相适应，价内税的计税依据称为含税价格，价外税的计税依据称为不含税价格。一般认为，价外税比价内税更容易转嫁，价内税课征的侧重点为厂家或生产者，价外税课征的侧重点是消费者。西方国家的消费税大都采用价外税方式。我国1994年税制改革的增值税，在零售以前各环节采取价外税，在零售环节采取价内税。

9.1.4 税收优惠政策的机理与形式

1. 税收优惠政策的实质

税收优惠的实质是通过税收体系执行的一种间接的财政支出，与纳入国家预算的财政直接支出在本质上没有区别，两种支出方式的最终结果，都是减少了政府可供支配的财政收入。

税收优惠的理论依据可追溯到 20 世纪 60 年代后期美国税收理论中的"税式支出"理论，在税式支出理论中把以各种形式"放弃"或减少的税收收入都纳入"税式支出"的范畴。税式支出与财政支出一样，都是由政府进行的支出，只是支出形式不同而已。财政支出是直接给支出单位拨款，而税式支出是通过财政支出预算将国家应收的税款不予征收，以税收优惠的形式给予纳税人。但税式支出并不是税收优惠概念的简单更换，它作为一种政府支出，要将税收优惠纳入财政支出预算，编制支出报告，进行专项管理。税式支出的优越性在于能够对税收优惠权限规范管理，既可更好地发挥税收优惠的调控功能，又能较好地利用国家预算控制税收优惠在执行中可能出现的偏差和失误。

2. 税收优惠政策实施的方式

税收优惠政策实施的方式有三种：事后奖励型、事前扶持型、事前扶持与事后奖励相结合型。

事后奖励型税收优惠政策多见于所得税的减税免税，这类税收优惠往往只看重结果，比较有代表性的就是多见于对高科技企业、外商投资企业和国外企业已经形成的利润给予减免税收优惠。而对于诸如固定资产的投资、环境保护的投入、无形资产的开发、研发费用的处理上，则较少给予关注。

事前扶持型能立竿见影地降低企业的资金成本，增强企业资本活力，刺激企业调整资本构成，增加企业产品科技含量和附加值，在实施中也可以表现出较强的刚性，更能适应我国产业结构的调整和经济发展的需要。

事前扶持与事后奖励相结合型既有事前扶持也有事后奖励，既看重结果也考虑过程。

9.2 税种分类

我国目前实行的是复合税制，即国家的税收制度是由多种税组成的。对有关税种进行分类可以帮助企业准确理解各税种的内涵和掌握有关纳税要求。

新税种大致可分 11 大类，纳税分类的方法很多，主要有如下几种。

9.2.1 商品课税

商品课税是以商品的销售收入或非商品的营业收入为征收对象征收的一种税，主要包括增值税、消费税、营业税和关税（略）。

1. 增值税

(1) 增值税的概念

增值税是以商品生产、流通或劳动服务在各个环节实现的增值额为税基而征收的一种税。其中，增值额是指企业生产产品过程中新创造的价值，相当于商品价值中扣除生产中消耗的生产资料价值后的余额。

（2）增值税的特点

①增值税征税范围广，税源充裕。增值税实行多环节课税，对商品生产、流通、劳务交换过程中的增值额普遍征收，可涉及商品生产、批发、零售、进口和各种服务业，征税范围广泛，有利于国家普遍、稳定地取得财政收入。

②实行道道环节课税，但不重复征税。增值税只对货物或劳务销售额中没有征过税的那部分增值额征税，而对转移到销售额中、在以前环节征过税的那部分不再征税，从而有效地解决了重复征税问题。

③对资源配置不会产生扭曲性影响，具有税收中性效应。所谓税收中性，指的是政府课税并不对纳税人有效率的经济决策产生干扰，从而不至于使纳税人在支付税款之外，还要因纳税而不得不改变自己有效率的生产、投资或消费等经济行为而蒙受损失。

（3）增值税的类型

由于不同国家的经济发展状况和财政政策不同，各国税法所规定的法定增值额的具体内容也不同，区别主要在于对购进固定资产价款的处理有所不同，据此可以将增值税分为三种类型。

①消费型增值税。其特点是对企业购进固定资产的已纳税金，允许从当期按销售额计算的增值税总额中一次全部扣除。这样，应税增值额中就不包含固定资产的购进额：

$$应税增值额＝销售收入－中间性产品购进额－当期固定资产购进额$$

在这种情况下，从整个社会来看，用于生产的全部生产资料都不在课税之列，负担增值税的就只有消费资料，因而称之为消费型增值税。

②收入型增值税。其特点是对企业购进的固定资产，只允许从当期以及以后各期的销售额中扣除其折旧部分，也就是说，每一个时期的应税增值额为：

$$应税增值额＝销售收入－中间性产品购进额－固定资产折旧$$

此时，从整个社会来看，产品销售收入扣除劳动对象价值和固定资产折旧后，大体上相当于国民收入，这就意味着此时负担增值税的是国民收入部分，因而称之为收入型增值税。

③生产型增值税。其特点是在计算增值额时，对企业购进固定资产的价值完全不允许扣除，而只允许扣除原材料等中间性产品的价值：

$$应税增值额＝销售收入－中间性产品购进额$$

这种情况下，负担增值税的是包括固定资产和消费资料的所有不会构成其他产品实体的最终产品。由于一个社会在一定时期内生产的全部最终产品和劳务价值之和就是国民生产总值，所以这种增值税称为生产型增值税。

（4）我国现行的增值税制度

①增值税增税范围。《中华人民共和国增值税暂行条例》第一条规定，在中华人民共和国境内销售货物或者提供加工、修理修配劳务，销售服务、无形资产、不动产以及进口货物的单位和个人，为增值税的纳税人，应当依照本条例缴纳增值税。

②一般纳税人和小规模纳税人纳税标准。一般纳税人和小规模纳税人纳税标准见表9-1。

表9-1　一般纳税人和小规模纳税人纳税标准

纳税人类型		纳税标准
一般纳税人	生产货物或提供应税劳务的纳税人，或以其为主，并兼营货物批发或零售的纳税人	年应税销售额在50万元以上
	从事批发或零售货物的纳税人	年应税销售额在80万元以上
小规模纳税人	生产货物或提供应税劳务的纳税人，或以其为主，并兼营货物批发或零售的纳税人	年应税销售额在50万元（含本数）以下
	从事批发或零售货物的纳税人	年应税销售额在80万元（含本数）以下

③增值税税率。纳税人增值税税率及适用范围见表9-2。

表9-2　纳税人增值税税率及适用范围

纳税人	税率或征收率	适用范围
一般纳税人	基本税率为17%	销售或进口货物、提供应税劳务
	低税率为13%	销售或进口税法列举的五类货物
	零税率	出口货物
	4%或6%的征收率	采用简易办法征税类货物
小规模纳税人	3%的征收率	属于小规模纳税人的商业企业

2. 消费税

消费税是政府对消费品征收的税项，可向批发商或零售商征收，消费税是典型的间接税。消费税是1994年税制改革在流转税中新设置的税种。消费税是在对货物普遍征收增值税的基础上，选择少数消费品再征收的一个税种，主要是为了调节产品结构，引导消费方向，保障国家财政收入。凡从事生产和进口应税消费品的单位和个人均为消费税的纳税人。

1）消费税的征收范围。消费税征收范围包括五种类型的产品，见表9-3。

表 9-3　消费税征收范围

类　型	征　税　范　围
一类	一些过度消费会对人类健康、社会秩序、生态环境等方面造成危害的特殊消费品，如烟、酒、鞭炮、焰火等
二类	奢侈品、非生活必需品，如贵重首饰、化妆品等
三类	高能耗及高档消费品，如小轿车、摩托车等
四类	不可再生和替代的石油类消费品，如汽油、柴油等
五类	具有一定财政意义的消费品，如汽车轮胎、护肤护发品等

2）税率。

①比例税率，适用于大多数应税消费品，税率为 3%～56%。

②定额税率，只适用于啤酒、黄酒、汽油、柴油、航空煤油、石脑油、溶剂油、润滑油、燃料油等应税消费品。

③复合计税（混合计税），适用于卷烟、粮食白酒、薯类白酒。

3. 营业税

1）营业税的特点。营业税是以在我国境内提供应税劳务、转让无形资产或销售不动产的单位和个人所取得的营业额为课税对象而征收的一种商品劳务税。营业税是世界各国普遍征收的税种，也是我国现行税制中的一个重要税种。它和增值税、消费税等一起共同构成我国的流转税体系。

①凡是在我国境内提供法定应税劳务、转让无形资产或销售不动产的单位和个人，不论其经济性质、经营方式等情形如何，都要按照规定缴纳营业税。

②营业税的税率一般为 3% 或者 5%，与所得税、增值税等主要税种相比，税负较轻。

③营业税以营业额为计税依据，营业额乘以规定税率就可以计算出其应纳税额，且税负较低，纳税人易于掌握和遵守，征税机关征税简便，因而营业税的征收成本较低。

④营业税是依据营业额计算征收的，纳税人一旦取得营业收入，不论成本高低、盈亏与否，均应按规定税率计征纳税。

2）营业税的纳税人和扣缴义务人。

①营业税的纳税人。在中华人民共和国境内提供应税劳务、转让无形资产或者销售不动产的单位和个人，为营业税的纳税人。

②营业税的扣缴义务人。中国境外的单位或者个人在中国境内提供应税劳务、转让无形资产或者销售不动产，在境内未设有经营机构的，以其境内代理人为扣缴义务人；在境内没有代理人的，以受让方或者购买方为扣缴义务人。

非居住在中国境内发生营业税应税行为而在境内未设立经营机构的，以代理人为营业税的扣缴义务人；没有代理人的，以发包方、劳务受让方为扣缴义务人。

3）营业税的征收范围。营业税征收范围是在中华人民共和国境内提供的应税劳务、转让的无形资产或者销售的不动产，参见表 9-4。

表9-4 营业税征收范围

"境内"	①提供或接受应税劳务的单位或者个人在境内； ②所转让的无形资产（不含土地使用权）的接受单位或者个人在境内； ③所转让或者出租土地使用权的土地在境内； ④所销售或者出租的不动产在境内
应税劳务	除加工、修理修配之外的劳务，注意：单位或个体经营者聘用的员工为本单位或雇主提供的劳务，不属于营业税的应税劳务
注：提供应税劳务、转让无形资产或者销售不动产是指有偿提供应税劳务、有偿转让无形资产或者有偿销售不动产的行为	

对混合销售和兼营行为另有规定。

①混合销售行为。一项销售行为如果既涉及应税劳务又涉及货物的，为混合销售行为。换言之，一项销售行为既涉及营业税的征收范围又涉及增值税的征收范围，见表9-5。

表9-5 混合销售与兼营行为的征税规定

类 别	税 务 处 理	举 例
一般规定	以纳增值税为主的纳税人的混合销售行为纳增值税	电视机厂在销售电视机时送货上门
	以纳营业税为主的纳税人的混合销售行为纳营业税 营业额=应税劳务营业额+货物销售额	在提供娱乐服务时销售烟酒、饮料
特殊规定	提供建筑业劳务的同时销售自产货物的行为分别核算，分别纳税	某建材厂销售铝合金门窗并负责安装，铝合金门窗销售额缴纳增值税；安装的营业额缴纳营业税

②兼营行为。多项行为涉及两种税（增值税和营业税）的征收范围。

税务处理采取分别核算，分别纳税方式；未分别核算或者未准确核算的，由主管税务机关核定其营业额。

纳税人兼有不同税目的应税劳务、转让无形资产或者销售不动产，应当分别核算不同税目的营业额；未分别核算营业额的，从高适用税率。

纳税人兼营免税、减税项目的，应当单独核算免税、减税项目的营业额；未单独核算营业额的，不得免税、减税。

③混合销售行为与兼营行为。混合销售行为与兼营行为都涉及增值税和营业税的征收范围。混合销售行为是指一项销售行为涉及两种税的征收范围，价款来自同一个客户；兼营行为是指一个单位的不同经营行为涉及两种税的征收范围，收取的两种款项在财务上可以分别核算。税务处理上对混合销售行为以主业确定以哪种货物与劳务进行纳税；兼营行为则分别纳税。

9.2.2 所得税

1. 所得税的特点与类型特征

（1）特点

所得税是指以所得为课税对象的一类税的总称，如企业所得税、个人所得税、资本所得税等。同商品课税相比，所得税的特点为：

①所得课税是对纯所得的征税，税负比较公平，符合税收的公平原则。

②所得课税在社会资源配置中保持中立性，不伤及税本。

③所得税富有弹性，具有较强的聚财功能，符合税收的财政原则。

④所得税是国家对经济进行调节的有效工具，符合税收稳定经济的原则。

⑤所得税在国际经济交往中有利于维护国家的经济权益。

⑥所得税计算比较复杂，征税成本较高。

（2）类型

所得税分为分类所得税、综合所得税和混合所得税三类。

①分类所得税，是指将所得按某种方式分成若干类别，对不同类别的所得分别计征所得税。

②综合所得税，是指将纳税人的全部所得汇总在一起，按统一规定的税率征税。

③混合所得税，是指分类所得税和综合所得税的综合，是对某些所得按类别分别征税，而对其他所得合并综合征税。

2. 企业所得税

（1）企业所得税的特点

企业所得税是以企业（公司）为纳税义务人，以企业（公司）取得的所得为征税对象的税种。我国的企业所得税制度是从 1984 年以后逐步建立起来的。与其他税种相比，所得税除了在税制要素的内容上不同外，还具有课征范围比较广、税收负担相对较公平、企业所得税纳税人与负税人一致、所得税会计核算相对独立于企业财务会计核算体系、具有收入弹性和自动稳定器等特点。

（2）我国现行的企业所得税制度

现行税制规定，企业所得税实行 33% 的比例税率，考虑到许多利润水平较低的小型企业，又规定了 18% 和 27% 两档照顾税率；企业所得税的计税依据是指纳税人每一纳税年度的收入总额减去允许扣除项目金额后的余额，其计算公式为：

$$应纳税所得额 = 收入总额 - 允许扣除项目金额$$

收入总额与允许扣除项目的计税内容参见表 9-6。

表9-6　收入总额与允许扣除项目的计税内容

计税范围	计 税 内 容
收入总额	生产经营收入、财产转让收入、利息收入、租赁收入、特许权使用费收入、股息收入、其他收入（如：国有资产盘盈收入、罚款收入、因债权人缘故确实无法支付的应付款项、物资及现金的溢余收入、教育费附加返还款、包装物押金等）
允许扣除项目	按照现行企业所得税法规定，在计算应纳税所得额时，允许扣除的与纳税人取得收入有关的成本、费用和损失

具体范围和标准扣除项目：借款利息支出；工资支出；职工工会经费、职工福利费、职工教育经费；公益、救济性的捐赠。

不得扣除的项目：资本性支出；无形资产受让、开发支出；违法经营的罚款和被没收财物的损失；各项税收的滞纳金、罚金和罚款；自然灾害或者意外事故损失有赔偿的部分；超过国家规定允许扣除的公益、救济性捐赠，以及非公益、救济性的捐赠；各种赞助支出；纳税人为其他独立纳税人提供与本身应纳税收入无关的贷款担保等，因被担保方不能还清贷款而由该担保纳税人承担的本息等，不得在担保企业税前扣除；销售货物给购货方的回扣，其支出不得在税前扣除；与取得收入无关的其他各项支出。

3. 个人所得税

（1）个人所得税的特点

个人所得税是对自然人取得的各项应税所得征收的税种。它最早产生于英国（1799年），目前世界上已有140多个国家开征了个人所得税。我国开征个人所得税始于1980年。现行《个人所得税法实施条例》是2018年12月18日公布的。

我国个人所得税的征收特点是：遵循国际惯例，确定课税对象；实行分项课征方式；税收负担比较合理；税收优惠比较适中，切实可行。

（2）我国现行个人所得税制度

①纳税人。现行税法规定，个人所得税纳税人包括中国公民、个体工商业户以及在中国有所得的外籍人员和中国香港、澳门、台湾同胞。

②课税对象。现行税法规定，个人所得税的课税对象包括：工资、薪金所得；个体工商户的生产、经营所得；对企事业单位的承包经营、承租经营所得；劳务报酬所得；稿酬所得；特许权使用所得；利息、股息、红利所得；财产租赁所得；财产转让所得；偶然所得；经国务院财政部门确定征税的其他所得。

③税率。现行个人所得税实行累进税率和比例税率。

④计税依据。现行税法规定，个人所得税的计税依据为纳税人的应税收入扣除应扣的费用后余额。

⑤优惠政策。对个人所得税的优惠主要体现为免税和减税两个方面。

⑥计征方式。现行税法规定，个人所得税的计征方式分为源泉扣缴法和自行申报法两种方式。

9.2.3 资源课税和财产课税

1. 资源课税与财产课税的一般特征

人类的财富有两类：一类是大自然赐予的各种资源，如土地、河流、矿山等；另一类是人类经过劳动，利用已有资源制造出的社会财产，如房屋、机器设备、股票证券等。这两类财富有时是难以截然区分的，如土地，既是一种自然资源，又是一种社会财富，而且这两类财富具有某些相同或类似的性质。与此相适应，对这两类财富的课税也具有某些相同的特点和作用。

对自然资源的课税称为资源税。资源税有两种课征方式：一是以自然资源本身为计税依据，这种自然资源必须是私人拥有的；二是以自然资源的收益为计税依据，这种自然资源往往为国家所有。前一种资源税实质上就是财产税，即对纳税人拥有的自然财富的课征，它与对纳税人拥有的其他形式的课税并没有根本的区别。很多国家的自然资源为私人拥有，因而这些国家只有财产税而没有资源税。财产税也有两种课征方式：其一是以财产价值为计税依据；其二是以财产收益为计税依据。第二种财产税又与资源课税有密切联系，如果是对自然财富收益的课税，往往可以纳入资源课税。

财产课税和资源课税的特征可以归纳为以下几点：

(1) 课税比较公平

个人拥有财产的多少往往可以反映其纳税能力，对财产课税符合量能纳税原则。企业或个人占用的国家资源有多或少、有和无的差别，有质量高低的差别，而这种差别又会直接影响纳税人的收益水平，课税可以调节纳税人的级差收入，也合乎受益纳税原则。

(2) 具有促进社会节约的效能

对财产的课税可以促进社会资源合理配置，限制挥霍和浪费；对资源的课税可以促进自然资源的合理开发和利用，防止资源的无效损耗。

(3) 课税不普遍，而且弹性较差

这是财产课税和资源课税固有的缺陷。无论是财产课税还是资源课税都只能选择征收，不可能遍及所有财产和资源，因而征税范围较窄；同时，由于财产和资源的生成和增长需要较长时间，速度较慢，弹性较差，因而财产课税和资源课税不能作为一个国家的主要税种，一般是作为地方税种。

2. 现行资源税

资源税的课税对象是开采或生产应税产品的收益，开采或生产应税产品的单位和个人为资源的纳税人，它的作用在于促进资源的合理开发和利用，调节资源级差收入。

我国还有一个属于资源税性质的税种，即历史上延续下来的盐税。盐税与资源税的相同之处在于，它也是按照不同盐产区资源条件的不同，确定不同的税额从量征收的；不同之处是盐税普遍征收，包括国家储备盐在动用时也要补缴盐税，并且盐税征税定额相对而言比资源税要高得多。

现行的资源税体现了三个原则：一是统一税政，简化税制，将盐税并入资源税，作为资源税的一个税目，简化原盐税征税规定；二是贯彻普遍征收、级差调节的原则，扩大资源税的征税范围并规定生产应税资源产品的单位和个人都必须缴纳一定的资源税；三是对资源税的负担确定与流转税负担结构的调整作统筹考虑，一部分原材料产品降低的增值税负担转移到资源税。

3. 现行财产税

财产税是历史最为悠久的税收，是现代国家三大税收体系之一，具有其他税种不可替代的作用。财产税是对纳税人拥有或支配的应税财产就其数量或价值额征收的一类税收的总称。财产税在我国香港地区称为物业税。财产税不是单一的税种名称，而是一个税种体系。财产税可以分为两大类：一类是对财产的所有者或者占有者课税，包括一般财产税和个别财产税；另一类是对财产的转移课税，主要有遗产税、继承税和赠与税。我国现行的具有对财产课税性质的税种有房产税、城市房地产税、土地使用税、耕地占用税、车船税和契税，土地增值税也属于财产税的一个税种。

9.3 税收管理

税收管理包括用来调整国家与纳税人在征纳税方面权利与义务关系的法律规范的实施和税收业务的落实运行。

9.3.1 税收管理权限

我国《税收征收管理法》第二十八条规定，税务机关依照法律、行政法规的规定征收税款。根据《国务院关于实行财政分税制有关问题的通知》等有关法律、法规的规定，我国现行税制下税收执法管理权限的划分大致如下：

①根据国务院关于实行分税制财政管理体制的决定，按税种划分中央和地方的收入。将维护国家权益、实施宏观调控所必需的税种划为中央税；将同国民经济发展直接相关的主要税种划为中央与地方共享税；将适合地方征管的税种划为地方税，并充实地方税税种，增加地方税收收入。同时根据按收入归属划分税收管理权限的原则，对中央税，其税收管理权由国务院及其税务主管部门（财政部和国家税务总局）掌握，由中央税务机构负责征收；对地方税，其管理权由地方人民政府及其税务主管部门掌握，由地方税务机构负责征收；对中央与地方共享税，原则上由中央税务机构负责征收，共享税中地方分享的部分，由中央税务机构直接划拨地方。

②地方自行立法的地区性税种，其管理权由省级人民政府及其税务主管部门掌握。

③属于地方税收管理权限，在省级及其以下的地区如何划分，由省级人民代表大会或省级人民政府决定。

④除少数民族自治地区和经济特区外，各地均不得擅自停征全国性的地方税种。

⑤经全国人大及其常委会和国务院的批准，少数民族自治地区可以拥有某些特殊的税收管理权，如全国性地方税种某些税目税率的调整权以及一般地方税收管理权以

外的其他一些管理权等。

⑥经全国人大及其常委会和国务院的批准，经济特区也可以在享有一般地方税收管理权之外，拥有一些特殊的税收管理权。

⑦上述地方（包括少数民族自治地区和经济特区）的税收管理权的行使必须以不影响国家宏观调控和中央财政收入为前提。

⑧涉外税收必须执行国家的统一税法，涉外税收政策的调整权集中在全国人大常委会和国务院，各地一律不得自行制定涉外税收的优惠措施。

⑨根据国务院的有关规定，为了更好地体现公平税负、促进竞争的原则，保护社会主义统一市场的正常发育，在税法规定之外，一律不得减税免税，也不得采取先征后返的形式变相减免税。

9.3.2 税收登记制度

国税地税征管体制改革，将省级和省级以下国税地税机构合并，具体承担所辖区域内各项税收、非税收入征管等职责。国税地税机构合并后，实行以国家税务总局为主与省（区、市）人民政府双重领导管理体制。

1. 税收登记制度

税务登记是税务机关依据税法规定，对纳税人的生产、经营获得进行登记的一项法律制度，也是纳税人依法履行纳税义务的法定手续。税务登记包括：开业登记，变更登记，停业、复业登记，外出经营报验登记，注销登记等。

根据 2018 年修正的《税务登记管理办法》规定，凡有法律、法规规定的应税收入、应税财产或应税行为的各类纳税人，均应依照《税务登记管理办法》的有关规定办理税务登记。企业，企业在外地设立的分支机构和从事生产、经营的场所，个体工商户和从事生产、经营的事业单位，均应办理税务登记，前款规定以外的纳税人，除国家机关、个人和无固定生产、经营场所的流动性农村小商贩外，也应当办理税务登记。

2. 税务登记的种类

税务登记的种类包括：设立（开业）税务登记；变更税务登记；停业、复业登记；外出经营报验登记；注销登记等。

（1）设立税务登记

设立税务登记的对象主要包括两类，见表9-7。

表9-7　设立税务登记对象

登记范围	登记对象
领取工商营业执照，从事生产、经营的纳税人	企业，企业在外地设立的分支机构和从事生产、经营的场所；个体工商户和从事生产、经营的事业单位，均应办理税务登记

续表

登记范围	登 记 对 象
其他纳税人	前款规定以外的纳税人，除国家机关、个人和无固定生产、经营场所的流动性农村小商贩外，也应当办理税务登记；根据税收法律、行政法规的规定，负有扣缴税款义务的扣缴义务人（国家机关除外），应当办理扣缴税款登记

1）办理税务登记的时限要求。

①从事生产、经营的纳税人领取工商营业执照（含临时工商营业执照）的，应当自领取工商营业执照之日起 30 日内申报办理税务登记，税务机关发放税务登记证及副本（纳税人领取临时工商营业执照的，税务机关发放临时税务登记证及副本）。

②从事生产、经营的纳税人未办理工商营业执照但经有关部门批准设立的，应当自有关部门批准设立之日起 30 日内申报办理税务登记，税务机关发放税务登记证及副本。

③从事生产、经营的纳税人未办理工商营业执照也未经有关部门批准设立的，应当自纳税义务发生之日起 30 日内申报办理税务登记，税务机关发放临时税务登记证及副本。

④有独立的生产经营权、在财务上独立核算并定期向发包人或出租人上交承包费或租金的承包承租人，应当自承包承租合同签订之日起 30 日内，向其承包承租业务发生地税务机关申报办理税务登记，税务机关发放临时税务登记证及副本。

⑤从事生产、经营的纳税人外出经营，在同一县（市）实际经营或提供劳务之日起，在连续的 12 个月内累计超过 180 天的，应当自期满之日起 30 日内，向生产、经营所在地税务机关申报办理税务登记，税务机关发放临时税务登记证及副本。

⑥境外企业在中国境内承包建筑、安装、装配、勘探工程和提供劳务的，应当自项目合同或协议签订之日起 30 日内，向项目所在地税务机关申报办理税务登记，税务机关发放临时税务登记证及副本。

⑦上述之外的其他纳税人，除国家机关、个人和无固定生产、经营场所的流动性农村小商贩外，均应当自纳税义务发生之日起 30 日内，向纳税义务发生地税务机关申报办理税务登记，税务机关发放税务登记证及副本。

2）申报办理税务登记需提供的证件和资料。纳税人在申报办理税务登记时，应当根据不同情况向税务机关如实提供以下证件和资料：

①工商营业执照或其他核准执业证件。

②有关合同、章程、协议书。

③组织机构统一代码证（三证合一后，已与营业执照统一）。

④法定代表人或负责人或业主的居民身份证、护照或者其他合法证件，其他需要提供的有关证件、资料，由省、自治区、直辖市税务机关确定，纳税人在申报办理税务登记时，应当如实填写税务登记表。

从事生产、经营的纳税人应当按照国家有关规定，持税务登记证件，在银行或者其他金融机构开立基本存款账号和其他存款账户，并将其全部账号向税务机关报告。已办理税务登记的扣缴义务人应当自扣缴义务发生之日起 30 日内向机构所在地税务机构申报办理扣缴税款登记，税务机关核发扣缴税款登记证件。

（2）变更税务登记

变更税务登记是指纳税人办理设立税务登记后，因登记内容发生变化，需要对原有登记内容进行更改而向主管税务机关申请办理的登记。变更税务登记的主要目的在于及时掌握纳税人的生产经营情况，减少税款的流失。

纳税人已在工商行政管理机关办理变更登记的，应当自工商行政管理机关变更登记之日起 30 日内，向原税务登记机关如实提供有关证件、资料，申报办理变更税务登记。

纳税人按照规定不需要在工商行政管理机关办理变更登记，或者其变更登记的内容与工商登记内容无关的，应当自税务登记内容实际发生变化之日起 30 日内，或者自有关机关批准或宣布变更之日起 30 日内，持有关证件到原税务登记机关申报办理变更税务登记。税务机关应当自受理之日起 30 日内，审核办理变更税务登记。纳税人税务登记表和税务登记证中的内容都发生变更的，税务机关按变更后的内容重新发放税务登记证件。纳税人税务登记表的内容发生变更而税务登记证中的内容未发生变更的，税务机关不重新发放税务登记证件。

（3）停业、复业登记

从事生产、经营的纳税人，经确定实行定期定额的征收方式的，其在营业执照核准的经营期限内需要停业的，应当在停业前向税务机关申报办理停业登记。纳税人的停业期限不得超过一年。

纳税人应当于恢复生产经营之前，向税务机关申报办埋复业登记，如实填写《停业复业报告书》，领回并启用税务登记证件、发票领购簿及其停业前领购的发票。

纳税人停业期满不能及时恢复生产经营的，应当在停业期满前到税务机关办理延长停业登记，并如实填写《停业复业报告书》。

（4）外出经营报验登记

从事生产、经营的纳税人到外县（市）临时从事生产、经营活动的，应当在外出生产经营前，持税务登记证向所在地主管税务机关申请开具《外出经营活动税收管理证明》，《外出经营活动税收管理证明》实行一地一证原则，即纳税人每到一县（市）都要开具《外出经营活动税收管理证明》。

外出经营活动结束后，纳税人应当向经营地税务机关填报《外出经营活动情况申请表》，并按规定结清税款、缴销未使用完的发票。

（5）注销登记

纳税人发生解散、破产、撤销以及其他情形，依法终止纳税义务的，亦应按规定办理相关登记。

9.3.3 发票管理

1. 发票的种类

发票是指在购销商品、提供或者接受服务以及从事其他经营活动中，开具、收取的收付款的书面证明。它是确定经营收支行为发生的法定凭证，是会计核算的原始依据，也是税务稽查的重要依据。《中华人民共和国税收征收管理法》规定，税务机关是发票的主管机关，负责发票的印刷、领购、开具、取得、保管、缴销的管理和监督。发票一般有三个联次：存根联、发票联、记账联，增值税专用发票还有抵扣联。发票可分为三类：

（1）专用发票（增值税专用发票）

增值税专用发票是专门用于结算销售货物和提供加工、修理修配劳务使用的一种发票。其样式和印制及管理规定均由国家税务总局制定。

增值税纳税人分为一般纳税人和小规模纳税人。增值税专用发票只限于增值税一般纳税人领购使用，增值税小规模纳税人不得领购使用。

增值税专用发票开具金额：

$$销售额 = 含税总收入 / （1 + 税率或征税率）$$

（2）普通发票

营业税纳税人、小规模纳税人以及一般纳税人不能开具专用发票的情况下可以开具普通发票，主要包括：

行业发票：适用于某个行业的经营业务，如商业零售统一发票、商业批发统一发票、工商企业产品销售统一发票等。

专用发票：适用于某一经营项目，如广告费结算发票、商品房销售发票等。

（3）专业发票

专业发票是指国有金融、保险企业的存贷、汇兑、转账凭证、保险凭证；国有邮政、电信企业的邮票、邮单、话务、电报收据；国有铁路、国有航空企业、国有公路、水上运输企业的客票和货票等。

2. 发票开具的要求

①单位和个人应在发生业务、确认营业收入时才开具发票。未发生经营业务一律不准开具发票。

②发票的开具要项目齐全、内容真实、字迹清楚、全部联次一次复写、打印，内容完全一致；发票应当使用中文，也可同时使用一种民族文字或外国文字。

③使用电子计算机开具发票必须报主管税务机关批准，并使用税务机关统一监制的机打发票。开具后的存根联应当按照顺序号装订成册，以备税务机关检查。

④须跨省、自治区、直辖市开具发票的，由国家税务总局确定。省级毗邻市县是否允许跨省、自治区、直辖市开具发票，由省级税务机关确定。

⑤任何单位和个人不得转让、转借、代开发票；未经税务机关批准，不得拆本使用发票，不得自行扩大专业发票的使用范围。

9.3.4 税款征收

税款征收是税务机关依照税收法律、法规的规定将纳税人依法应当缴纳的税款以及扣缴义务人代扣代缴、代收代缴的税款通过不同的方式组织入库的活动。它是税收征收管理工作的中心环节，在整个税收征收管理工作中占有极其重要的地位。《中华人民共和国税收征收管理法》（以下简称《税收征收管理法》）现行版本于2015年4月24日由第十二届全国人民代表大会常务委员会第十四次会议修正。

1. 税款征收的原则

①税务机关是征税的唯一行政主体。《税收征收管理法》第二十九条规定："除税务机关、税务人员以及经税务机关依照法律、行政法规委托的单位和人员外，任何单位和个人不得进行税款征收活动。"《税收征收管理法》第四十一条规定："采取税收保全措施、强制执行措施的权力，不得由法定的税务机关以外的单位和个人行使。"

②税务机关只能依照法律、行政法规的规定征收税款。《税收征收管理法》第二十八条规定："税务机关依照法律、行政法规的规定征收税款，不得违反法律、行政法规的规定开征、停征、多征、少征、提前征收、延缓征收或者摊派税款。"

③税务机关征收税款必须遵守法定权限和法定程序的原则。

④税务机关征收税款或者扣押、查封商品、货物或其他财产的，必须向纳税人开具完税凭证或开付扣押、查封的收据或清单。

⑤税款、滞纳金、罚款统一由税务机关上缴国库。

⑥税款优先的原则。《税收征收管理法》第四十五条规定："税收优先于无担保债权，法律另有规定的除外；纳税人欠缴的税款发生在纳税人以其财产设定抵押、质押或者纳税人的财产被留置之前的，税收应当先于抵押权、质权、留置权执行。纳税人欠缴税款，同时又被行政机关决定处以罚款、没收违法所得的，税收优于罚款、没收违法所得。"

2. 税款征收的方式

(1) 查账征收

查账征收是纳税人在规定的期限内，向税务机关报送的纳税申请表、财务会计报表和其他有关纳税资料，经税务机关查证核实后，计算应纳税款，填写缴款书由纳税人到开户银行划解税款的征收方式。这种税款征收方式较为规范，适合于经营规模较大、财务制度健全、能够如实核算和提供生产经营状况、正确计算应纳税款的纳税人。

(2) 查定征收

查定征收是指对财务资料不全，但进货、销货比较正常，由税务机关依据纳税人的从业人员、生产设备、耗用材料等情况，在正常的生产条件下，对其生产的应税产品查实核定产量、销售额，然后依照税法规定的税率征收的一种税款征收方式。这种征收方式适用于经营规模小、产品零星、税源分散、会计账册不健全的小型厂矿和作坊。

(3) 查验征收

查验征收是指税务机关对纳税人的应税商品、产品，通过查验数量，按市场一般销售单价计算其销售收入，并据以计算应纳税款的一种征收方式。这种生产方式适用于纳税人财务制度不健全，生产经营不固定、零星分散、流动性大的税源。

（4）定期定额征收

定期定额征收是指对小型个体工商户在一定经营地点、一定经营时期、一定经营范围内的应纳税经营额（包括经营数量）或所得额（简称定额）进行核定，并以此为计税依据，确定其应纳税额的一种征收方式。这种征收方式适用于经主管税务机关审核和县以上税务机关（含县级）批准的经营规模小，又确无建账能力的个体工商户（包括个人独资企业，简称定期定额户）。

3. 税款的缴纳方式

（1）纳税人直接向国库经收处缴纳

纳税人在申报前，先向税务机关领取申报表，自行填写，然后到国库经收处缴纳税款，以国库经收处的回执联和纳税申报等资料，向税务机关申报纳税。

（2）税务机关自收税款并办理入库手续

这是由税务机关直接收取税款并办理入库手续的缴纳方式，适用于由税务机关代开发票、临时发生纳税义务、税务机关采取强制转型措施，以拍卖所得或变卖所得缴纳的税款。

（3）代扣代缴

代扣代缴是指按照税法规定，负有扣缴税款义务的单位和个人，在向纳税人支付款项时，从所支付的款项中直接扣收税款的方式。

（4）代收代缴

代收代缴是指按照税法规定，负有收缴税款义务的单位和个人，与纳税人有经济业务往来的单位和个人向纳税人收取款项时，依照税收的规定收取税款。这种方式一般适用于税收网络覆盖不到或很难控制的领域，如受托加工应缴消费税的消费品，由受托方代收代缴的消费税。

（5）委托代征

委托代征是指受托单位按照税务机关核算的代征证书的要求，以税务机关的名义向纳税人征收一些零散税款的一种税款征收方式。这种方式的适当使用有利于控制税源，方便征纳双方，降低征收成本。

4. 核定应纳税额

根据《税收征收管理法》第三十五条的规定，纳税人有下列情形之一的，税务机关有权核定其应纳税额：

①依照法律、行政法规的规定可以不设置账簿的。

②依照法律、行政法规的规定应当设置账簿但未设置的。

③擅自销毁账簿或者拒不提供纳税资料的。

④虽设置账簿，但账目混乱或者成本资料、收入凭证、费用凭证残缺不全的，难以查账的。

⑤发生纳税义务，未按照规定的期限办理纳税申报，经税务机关责令限期申报，逾期仍不申报的。

⑥纳税人申报的计税依据明显偏低，又无正当理由的。

《税收征收管理法》第三十七条规定："对未按照规定办理税务登记的从事生产、经营的纳税人以及临时从事经营的纳税人，由税务机关核定其应纳税额，责令缴纳；不缴纳的，税务机关可以扣押其价值相当于应纳税款的商品、货物。扣押后缴纳应纳税款的，税务机关必须立即解除扣押，并归还所扣押的商品、货物；扣押后仍不缴纳应纳税款的，经县以上税务局（分局）局长批准，依法拍卖或者变卖所扣押的商品、货物，拍卖或者变卖所得抵缴税款。"

9.4 支持科技创新的财税政策

9.4.1 支持科技研发的财税政策

2013年年初，国家决定在中关村、东湖、张江三个国家自主创新示范区和合芜蚌自主创新综合试验区开展扩大研究开发费用加计扣除范围政策试点。2013年9月，在总结中关村国家自主创新示范区试点经验基础上，财政部、国家税务总局发布《关于研究开发费用税前加计扣除有关政策问题的通知》（财税〔2013〕70号），将试点政策推广到全国。

为进一步鼓励企业加大研发投入，有效促进企业研发创新活动，2015年11月，经国务院批准，财政部、国家税务总局和科技部联合下发《关于完善研究开发费用税前加计扣除政策的通知》（财税〔2015〕119号），放宽了享受优惠的企业研发活动及研发费用的范围，大幅减少了研发费用加计扣除口径与高新技术企业认定研发费用归集口径的差异，并首次明确了负面清单制度。《国家税务总局关于企业研究开发费用税前加计扣除政策有关问题的公告》（国家税务总局2015年第97号，以下简称"97号公告"），简化了研发费用在税务处理中的归集、核算及备案管理，进一步降低了企业享受优惠的门槛。

2017年5月，为进一步鼓励科技型中小企业加大研发费用投入，根据国务院常务会议决定，财政部、国家税务总局、科技部联合印发了《关于提高科技型中小企业研究开发费用税前加计扣除比例的通知》（财税〔2017〕34号），将科技型中小企业享受研发费用加计扣除比例由50%提高到75%。国家税务总局同时下发了《关于提高科技型中小企业研究开发费用税前加计扣除比例有关问题的公告》（国家税务总局公告2017年第18号），进一步明确政策执行口径，保证优惠政策的贯彻实施。财政部、国家税务总局、科技部还印发了《科技型中小企业评价办法》，明确了科技型中小企业评价标准和程序。

2017年11月，为进一步做好研发费用加计扣除优惠政策的贯彻落实工作，切实解决政策落实过程中存在的问题，国家税务总局下发了《国家税务总局关于研发费用税前加计扣除归集范围有关问题的公告》（国家税务总局公告2017年第40号，以下简称

"40号公告"），聚焦研发费用归集范围，完善和明确了部分研发费用掌握口径。要点如下：

1）企业开发新技术、新产品、新工艺发生的研究开发费用，可以在计算应纳税所得额时加计扣除。企业开发新技术、新产品、新工艺发生的研究开发费用，未形成无形资产计入当期损益的，在按照规定据实扣除的基础上，按照研究开发费用的50%加计扣除；形成无形资产的，按照无形资产成本的150%摊销（依据《中华人民共和国企业所得税法》及其实施条例）。

2）企业从事《国家重点支持的高新技术领域》和国家发展和改革委员会等部门公布的《当前优先发展的高技术产业化重点领域指南（2007年度）》规定项目的研究开发活动，其在一个纳税年度中实际发生的下列费用支出，允许在计算应纳税所得额时按照规定实行加计扣除。

①新产品设计费、新工艺规程制定费以及与研发活动直接相关的技术图书资料费、资料翻译费。

②从事研发活动直接消耗的材料、燃料和动力费用。

③在职直接从事研发活动人员的工资、薪金、奖金、津贴、补贴。

④专门用于研发活动的仪器、设备的折旧费或租赁费。

⑤专门用于研发活动的软件、专利权、非专利技术等无形资产的摊销费用。

⑥专门用于中间试验和产品试制的模具、工艺装备开发及制造费。

⑦勘探开发技术的现场试验费。

⑧研发成果的论证、评审、验收费用。

以上依据《国家税务总局关于印发〈企业研究开发费用税前扣除管理办法（试行）〉的通知》（国税发〔2008〕116号）。

9.4.2　支持科技成果转化的财税政策

1. 科技成果转化税收减免政策

①财政部、国家税务总局和科技部联合印发了《关于科技人员取得职务科技成果转化现金奖励有关个人所得税政策的通知》（财税〔2018〕58号，以下简称"财税58号文"），明确自2018年7月1日起，依法批准设立的非营利性研究开发机构和高等学校根据《中华人民共和国促进科技成果转化法》规定，从职务科技成果转化收入中给予科技人员的现金奖励，可减按50%计入科技人员当月"工资、薪金所得"，依法缴纳个人所得税。

②对单位和个人（包括外商投资企业、外商投资设立的研究开发中心、外国企业和外籍个人）从事技术转让、技术开发业务和与之相关的技术咨询、技术服务业务收入，免征营业税。以上依据《财政部、国家税务总局关于贯彻落实〈中共中央国务院关于加强技术创新，发展高科技，实现产业化的决定〉有关税收问题的通知》（财税字〔1999〕273号）。

2. 技术转让所得税收减免政策

依据《中华人民共和国企业所得税法》及其实施条例、《关于技术转让所得减免企业所得税有关问题的通知》（国税函〔2009〕212号）、《关于居民企业技术转让有关企业所得税政策问题的通知》（财税〔2010〕111号）、《国家税务总局关于许可使用权技术转让所得企业所得税有关问题的公告》（国家税务总局公告2015年第82号）、《国家税务总局关于发布修订后的〈企业所得税优惠政策事项办理办法〉的公告》（国家税务总局公告2018年第23号）规定，符合条件的技术转让所得应按以下方法计算：

技术转让所得＝技术转让收入−技术转让成本−相关税费

（1）技术转让收入

技术转让收入是指当事人履行技术转让合同后获得的价款，不包括销售或转让设备、仪器、零部件、原材料等非技术性收入。不属于与技术转让项目密不可分的技术咨询、技术服务、技术培训等收入，不得计入技术转让收入。

（2）技术转让成本

技术转让成本是指转让的无形资产的净值，即该无形资产的计税基础减除在资产使用期间按照规定计算的摊销扣除额后的余额。

（3）相关税费

相关税费是指技术转让过程中实际发生的有关税费，包括除企业所得税和允许抵扣的增值税以外的各项税金及其附加、合同签订费用、律师费等相关费用及其他支出。

技术转让的范围，包括居民企业转让专利技术、计算机软件著作权、集成电路布图设计权、植物新品种、生物医药新品种，以及财政部和国家税务总局确定的其他技术。其中专利技术是指法律授予独占权的发明、实用新型和非简单改变产品图案的外观设计。

技术转让应签订技术转让合同。其中，境内的技术转让须经省级以上（含省级）科技部门认定登记。跨境的技术转让须经省级以上（含省级）商务部门认定登记，涉及财政经费支持产生技术的转让，需省级以上（含省级）科技部门审批。

居民企业技术出口应由有关部门按照商务部、科技部发布的《中国禁止出口限制出口技术目录》（商务部、科技部令2008年第12号）进行审查。居民企业取得禁止出口和限制出口技术转让所得，不享受技术转让减免企业所得税优惠政策。

居民企业从直接或间接持有股权之和达到100%的关联方取得的技术转让所得，不享受技术转让减免企业所得税优惠政策。

2015年《国家税务总局关于许可使用权技术转让所得企业所得税有关问题的公告》（国家税务总局公告2015年第82号）规定："自2015年10月1日起，全国范围内的居民企业转让5年以上非独占许可使用权取得的技术转让所得，纳入享受企业所得税优惠的技术转让所得范围。居民企业的年度技术转让所得不超过500万元的部分，免征企业所得税；超过500万元的部分，减半征收企业所得税。"

2018年《国家税务总局关于发布修订后的〈企业所得税优惠政策事项办理办法〉的公告》（国家税务总局公告2018年第23号）规定："企业享受优惠事项采取'自行判别、申报享受、相关资料留存备查'的办理方式。企业应当根据经营情况以及相关税收规定自行判断是否符合优惠事项规定的条件，符合条件的可以按规定的时间自行计算减免税额，并通过填报企业所得税纳税申报表享受税收优惠。同时，按规定归集和留存相关资料备查。"

9.4.3 支持科技成果产业化的财税政策

1. 支持高新技术企业发展的财税优惠政策

国家重点扶持的高新技术企业，是指拥有核心自主知识产权，并同时符合下列条件的企业：产品（服务）属于《国家重点支持的高新技术领域》规定的范围；研究开发费用占销售收入的比例不低于规定比例；高新技术产品（服务）收入占企业总收入的比例不低于规定比例；科技人员占企业职工总数的比例不低于规定比例；高新技术企业认定管理办法规定的其他条件。

根据《中华人民共和国企业所得税法》及其实施条例，执行企业所得税15%的优惠税率。

2. 鼓励软件产业和集成电路产业发展政策

为鼓励我国的软件产业和集成电路产业发展，财政部、国家税务总局《关于进一步鼓励软件产业和集成电路产业发展企业所得税政策的通知》（财税〔2012〕27号）规定：

①集成电路线宽小于0.8微米（含）的集成电路生产企业，经认定后，在2017年12月31日前自获利年度起计算优惠期，第一年至第二年免征企业所得税，第三年至第五年按照25%的法定税率减半征收企业所得税，并享受至期满为止。

②集成电路线宽小于0.25微米或投资额超过80亿元的集成电路生产企业，经认定后，减按15%的税率征收企业所得税，其中经营期在15年以上的，在2017年12月31日前自获利年度起计算优惠期，第一年至第五年免征企业所得税，第六年至第十年按照25%的法定税率减半征收企业所得税，并享受至期满为止。

③我国境内新办的集成电路设计企业和符合条件的软件企业，经认定后，在2017年12月31日前自获利年度起计算优惠期，第一年至第二年免征企业所得税，第三年至第五年按照25%的法定税率减半征收企业所得税，并享受至期满为止。

④国家规划布局内的重点软件企业和集成电路设计企业，如当年未享受免税优惠的，可减按10%的税率征收企业所得税。

⑤符合条件的软件企业按照《财政部 国家税务总局关于软件产品增值税政策的通知》（财税〔2011〕100号）规定取得的即征即退增值税款，由企业专项用于软件产品研发和扩大再生产并单独进行核算，可以作为不征税收入，在计算应纳税所得额时从收入总额中减除。

⑥集成电路设计企业和符合条件软件企业的职工培训费用，应单独进行核算并按实际发生额在计算应纳税所得额时扣除。

⑦企业外购的软件，凡符合固定资产或无形资产确认条件的，可以按照固定资产或无形资产进行核算，其折旧或摊销年限可以适当缩短，最短可为2年（含）。

⑧集成电路生产企业的生产设备，其折旧年限可以适当缩短，最短可为 3 年（含）。

⑨在 2010 年 12 月 31 日前，依照《财政部　国家税务总局关于企业所得税若干优惠政策的通知》（财税〔2008〕1 号）第一条规定，经认定并可享受原定期减免税优惠的企业，可在本通知施行后继续享受到期满为止。

3. 企业固定资产折旧优惠政策

根据《中华人民共和国企业所得税法》及其实施条例、《关于企业固定资产加速折旧所得税处理有关问题的通知》（国税发〔2009〕81 号），针对由于技术进步等原因，确需加速折旧的，规定缩短折旧年限或者采取加速折旧的方法。企业可以采取缩短折旧年限或者采取加速折旧的方法的固定资产，包括由于技术进步、产品更新换代较快的固定资产；常年处于强震动、高腐蚀状态的固定资产。

4. 科技企业孵化器优惠政策

《财政部　国家税务总局关于科技企业孵化器税收政策的通知》（财税〔2016〕89 号），对符合条件的孵化器自用以及无偿或通过出租等方式提供给孵化企业使用的房产、土地，免征房产税和城镇土地使用税；对其向孵化企业出租场地、房屋以及提供孵化服务的收入，免征营业税；在营业税改征增值税试点期间，对其向孵化企业出租场地、房屋以及提供孵化服务的收入，免征增值税。符合非营利组织条件的孵化器的收入，按照企业所得税法及其实施条例和有关税收政策规定享受企业所得税优惠政策。❶

5. 节能服务企业优惠政策

符合条件的节能服务公司实施合同能源管理项目，取得的营业税应税收入，暂免征收营业税。所称"符合条件"是指同时满足以下条件：①节能服务公司实施合同能源管理项目相关技术，应符合国家质量监督检验检疫总局和国家标准化管理委员会发布的《合同能源管理技术通则》（GB/T 24915—2010）规定的技术要求；②节能服务公司与用能企业签订节能效益分享型合同，其合同格式和内容，符合《民法典》和国家质量监督检验检疫总局和国家标准化管理委员会发布的《合同能源管理技术通则》（GB/T 24915—2010）等规定❷。

6. 股权投资企业优惠政策

符合条件的创业投资企业采取股权投资方式投资于未上市的中小高新技术企业 2 年（24 个月）以上的，可以按照其对中小高新技术企业投资额的 70%，在股权持有满 2 年的当年抵扣该创业投资企业的应纳税所得额；当年不足抵扣的，可以在以后纳税年度结转抵扣。

以上依据《国家税务总局关于实施创业投资企业所得税优惠问题的通知》（国税发

---

❶　《财政部　国家税务总局关于科技企业孵化器有关税收政策问题的通知》（财税〔2007〕121 号）、《财政部　国家税务总局关于国家大学科技园有关税收政策问题的通知》（财税〔2007〕120 号）、《财政部　国家税务总局关于延长国家大学科技园和科技企业孵化器税收政策执行期限的通知》（财税〔2011〕59 号）。

❷　《财政部　国家税务总局关于促进节能服务产业发展增值税、营业税和企业所得税政策问题的通知》（财税〔2010〕110 号）。

〔2009〕87 号）。

7. 小型微利企业优惠政策

对年应纳税所得额低于 10 万元（含 10 万元）的小型微利企业，其所得减按 50%
计入应纳税所得额，按 20% 的税率缴纳企业所得税❶。

9.4.4 小微企业普惠性税收减免政策

财政部 税务总局《关于实施小微企业普惠性税收减免政策的通知》
（财税〔2019〕13 号）

各省、自治区、直辖市、计划单列市财政厅（局），新疆生产建设兵团财政局，国
家税务总局各省、自治区、直辖市和计划单列市税务局：

为贯彻落实党中央、国务院决策部署，进一步支持小微企业发展，现就实施小微
企业普惠性税收减免政策有关事项通知如下：

一、对月销售额 10 万元以下（含本数）的增值税小规模纳税人，免征增值税。

二、对小型微利企业年应纳税所得额不超过 100 万元的部分，减按 25% 计入应纳
税所得额，按 20% 的税率缴纳企业所得税；对年应纳税所得额超过 100 万元但不超过
300 万元的部分，减按 50% 计入应纳税所得额，按 20% 的税率缴纳企业所得税。

上述小型微利企业是指从事国家非限制和禁止行业，且同时符合年度应纳税所得额不
超过 300 万元、从业人数不超过 300 人、资产总额不超过 5000 万元等三个条件的企业。

从业人数，包括与企业建立劳动关系的职工人数和企业接受的劳务派遣用工人数。
所称从业人数和资产总额指标，应按企业全年的季度平均值确定。具体计算公式如下：

$$季度平均值 = （季初值 + 季末值）÷ 2$$
$$全年季度平均值 = 全年各季度平均值之和 ÷ 4$$

年度中间开业或者终止经营活动的，以其实际经营期作为一个纳税年度确定上述
相关指标。

三、由省、自治区、直辖市人民政府根据本地区实际情况，以及宏观调控需要确
定，对增值税小规模纳税人可以在 50% 的税额幅度内减征资源税、城市维护建设税、
房产税、城镇土地使用税、印花税（不含证券交易印花税）、耕地占用税和教育费附
加、地方教育附加。

四、增值税小规模纳税人已依法享受资源税、城市维护建设税、房产税、城镇土
地使用税、印花税、耕地占用税、教育费附加、地方教育附加其他优惠政策的，可叠
加享受本通知第三条规定的优惠政策。

五、《财政部 税务总局关于创业投资企业和天使投资个人有关税收政策的通知》
（财税〔2018〕55 号）第二条第（一）项关于初创科技型企业条件中的"从业人数不
超过 200 人"调整为"从业人数不超过 300 人"，"资产总额和年销售收入均不超过

---

❶《财政部 国家税务总局关于小型微利企业所得税优惠政策有关问题的通知》（财税〔2014〕34 号）。

3000 万元"调整为"资产总额和年销售收入均不超过 5000 万元"。

2019 年 1 月 1 日至 2021 年 12 月 31 日期间发生的投资，投资满 2 年且符合本通知规定和财税〔2018〕55 号文件规定的其他条件的，可以适用财税〔2018〕55 号文件规定的税收政策。

2019 年 1 月 1 日前 2 年内发生的投资，自 2019 年 1 月 1 日起投资满 2 年且符合本通知规定和财税〔2018〕55 号文件规定的其他条件的，可以适用财税〔2018〕55 号文件规定的税收政策。

六、本通知执行期限为 2019 年 1 月 1 日至 2021 年 12 月 31 日。《财政部　税务总局关于延续小微企业增值税政策的通知》（财税〔2017〕76 号）、《财政部　税务总局关于进一步扩大小型微利企业所得税优惠政策范围的通知》（财税〔2018〕77 号）同时废止。

七、各级财税部门要切实提高政治站位，深入贯彻落实党中央、国务院减税降费的决策部署，充分认识小微企业普惠性税收减免的重要意义，切实承担起抓落实的主体责任，将其作为一项重大任务，加强组织领导，精心筹划部署，不折不扣落实到位。要加大力度、创新方式，强化宣传辅导，优化纳税服务，增进办税便利，确保纳税人和缴费人实打实享受到减税降费的政策红利。要密切跟踪政策执行情况，加强调查研究，对政策执行中各方反映的突出问题和意见建议，要及时向财政部和税务总局反馈。

财政部　税务总局

2019 年 1 月 17 日

9.4.5　支持集成电路设计和软件产业发展的税收政策

为支持集成电路设计和软件产业发展，财政部、国家税务总局发布《关于集成电路设计和软件产业企业所得税政策的公告》（2019 年第 68 号），公告如下：

一、依法成立且符合条件的集成电路设计企业和软件企业，在 2018 年 12 月 31 日前自获利年度起计算优惠期，第一年至第二年免征企业所得税，第三年至第五年按照 25% 的法定税率减半征收企业所得税，并享受至期满为止。

二、本公告第一条所称"符合条件"，是指符合《财政部　国家税务总局关于进一步鼓励软件产业和集成电路产业发展企业所得税政策的通知》（财税〔2012〕27 号）和《财政部　国家税务总局　发展改革委　工业和信息化部关于软件和集成电路产业企业所得税优惠政策有关问题的通知》（财税〔2016〕49 号）规定的条件。

特此公告。

财政部　税务总局

2019 年 5 月 17 日

9.4.6　财政部关于修改《事业单位国有资产管理暂行办法》的决定

财政部修改《事业单位国有资产管理暂行办法》（以下简称《暂行办法》），我国科技成果转化迈出重大步伐。2019年4月12日财政部发布的《关于修改〈事业单位国有资产管理暂行办法〉的决定》，提出了一系列为科技成果转化"松绑加力"的突破性政策措施。这是《暂行办法》实施10年多来的首次修订。此次修订充分尊重科技成果转化规律，变事前审批备案为程序规范、自我约束、灵活高效的交易及定价机制，有利于提高科技成果转化效率，让科技成果在交易转化中的价值得以充分释放。

1. 取消审批备案，把自主权归位于科技创新主体

取消审批、备案，对于形成以科研人员和科研事业单位为主体的科技成果转化格局具有重要的促进作用。科技成果转化是打通科技创新价值链的关键一环，是科技成果价值充分释放的"最后一公里"。事实上，为促进科技成果转化，规范科技成果转化活动，2015年修订实施的《促进科技成果转化法》，就明确提出将科技成果的处置权、使用权、收益权下放到各单位，事业单位科研人员进行科技成果转化的热情被大大激发。修改之前的《暂行办法》第二十一条明确规定："事业单位利用国有资产对外投资、出租、出借和担保等应当进行必要的可行性论证，并提出申请，经主管部门审核同意后，报同级财政部门审批。法律、行政法规另有规定的，依照其规定。"这一规定在严格规范国有资产管理的同时，一定程度上也给国有资产的产权流动套上了"紧箍咒"。这就造成了一边是被激发的科研人员的转化热情，另一边则是单位担心承担国有资产流失责任而不敢轻易决策的观望冷局。

修改后的《暂行办法》提出，国家设立的研究开发机构、高等院校对其持有的科技成果，可以自主决定转让、许可或者作价投资，不需报主管部门、财政部门审批或者备案。取消审批、备案，把自主权归位于科研创新主体，相当于给科研创新主体松开"紧箍咒"，吃上"定心丸"。这对于激发科研人员的创新创造热情和活力，形成以科研事业单位为主体的科技成果创新创造新格局，让科研成果的价值更好地释放具有重大促进作用。

2. 取消强制评估，把产权交易归位于市场

根据修改前的《暂行办法》第三十八条的规定，事业单位的资产拍卖、转让、置换等，应当对相关国有资产进行评估。因此，国家设立的研究开发机构、高等院校，其持有的科技成果属于国有资产，此前在进行转让时，一直按照政策要求开展评估。而事实上，对科技成果进行评估经常面临的情况是，价格评高了，企业不接受而影响科技成果转化进行；价格评低了，则面临国有资产流失的风险。原本烦琐的审批流程，再叠加较长的评估周期，很容易耽误最佳的科研成果转化时机。

修改后的《暂行办法》第五十六条明确规定："国家设立的研究开发机构、高等院校将其持有的科技成果，可以自主决定转让、许可或者作价投资，不需报主管部门、财政部门审批或者备案"。不再强制要求评估，并不意味着科研事业单位可以随意进行科技成果的转化定价。修改后的《暂行办法》明确，相关科技成果"通过协议定价、在技术交易市场挂牌交易、拍卖等方式确定价格。通过协议定价的，应当在本单位公示科技成果名称和拟交易价格"。

从科技成果转化的市场需求而言，最终的交易价格是由市场决定的。不论是科技

成果形成的人力、物力、成本，还是科技成果自身的价值定位及开发利用带来的后续价值，科研事业单位自身是更为熟悉的"知情者"和更为清晰的"评估者"。因此，科研事业单位和企业之间对科技成果进行的协议定价，应该是能够充分体现科技成果价值的。从这个意义上看，作为国资监管部门，使具体成果定价的流程回归到单位自身，通过在单位进行公示而实现监督，是政府治理理念的改革和进步，让市场的无形之手替代政府有形之手，对交易行为进行更加公开、透明的市场化规范和约束。

3. 避免"一放就乱"，强化事后监督、内控管理

向科研事业单位及科研人员"放权"，但放权并不意味着一放了之。要在尊重科研创新及科技成果转化规律、市场经济发展规律的基础上，形成监管部门着眼于服务监督与市场着眼于运行转化的趋势。具体来说，在国资监管方面，一方面要不断健全国资管理的基础制度体系，为更好地实现国资价值提供政策支持和保障，着力搭建公共资源整合平台和提供高质量服务支撑；另一方面要在明确自身作为价值管理主体地位的同时，明确"国资流失"的界限和追责机制，在简化事前审批的同时，强化事后监督。

科研事业单位及科研人员要跳出科技成果转化带来的经济价值短期思维局限，尊重和呵护被激发的创新创造热情。同时，单位要尽快健全科技成果研发及转化的内部管理及风险控制制度，为科技成果的持续产出和价值释放创造更加规范、适宜的制度环境和运行机制。

2019年4月12日财政部发布的对《事业单位国有资产管理暂行办法》的修改如下：

一、将第二十一条第一款修改为："事业单位利用国有资产对外投资、出租、出借和担保等应当进行必要的可行性论证，并提出申请，经主管部门审核同意后，报同级财政部门审批。法律、行政法规和本办法第五十六条另有规定的，依照其规定。"

二、将第二十三条修改为："除本办法第五十六条及国家另有规定外，事业单位对外投资收益以及利用国有资产出租、出借和担保等取得的收入应当纳入单位预算，统一核算，统一管理。"

三、将第二十五条修改为："除本办法第五十六条另有规定外，事业单位处置国有资产，应当严格履行审批手续，未经批准不得自行处置。"

四、将第二十六条修改为："事业单位占有、使用的房屋建筑物、土地和车辆的处置，货币性资产损失的核销，以及单位价值或者批量价值在规定限额以上的资产的处置，经主管部门审核后报同级财政部门审批；规定限额以下的资产的处置报主管部门审批，主管部门将审批结果定期报同级财政部门备案。法律、行政法规和本办法第五十六条另有规定的，依照其规定。"

五、将第二十九条修改为："除本办法第五十六条另有规定外，事业单位国有资产处置收入属于国家所有，应当按照政府非税收入管理的规定，实行'收支两条线'管理。"

六、将第三十九条第三项修改为第四项，增加一项作为第三项："（三）国家设立

的研究开发机构、高等院校将其持有的科技成果转让、许可或者作价投资给国有全资企业的。"

七、增加一条，作为第四十条："国家设立的研究开发机构、高等院校将其持有的科技成果转让、许可或者作价投资给非国有全资企业的，由单位自主决定是否进行资产评估。"

八、将第五十一条修改为第五十二条，第四项修改为第五项，增加一项作为第四项："（四）通过串通作弊、暗箱操作等低价处置国有资产的。"

九、将第五十二条修改为第五十三条，将本条中的《中华人民共和国行政监察法》修改为《中华人民共和国监察法》。

十、增加一条，作为第五十六条："国家设立的研究开发机构、高等院校对其持有的科技成果，可以自主决定转让、许可或者作价投资，不需报主管部门、财政部门审批或者备案，并通过协议定价、在技术交易市场挂牌交易、拍卖等方式确定价格。通过协议定价的，应当在本单位公示科技成果名称和拟交易价格。"

"国家设立的研究开发机构、高等院校转化科技成果所获得的收入全部留归本单位。"

本决定自公布之日起施行。

《事业单位国有资产管理暂行办法》根据本决定作相应修改，重新公布。

财政部
2019 年 4 月 12 日

参考文献

［1］ 陈向东. 国际技术转移的理论与实践 ［M］. 北京：北京航空航天大学出版社，2007.

［2］ 张晓凌，周淑景，刘宏珍，等. 技术转移联盟导论 ［M］. 北京：知识产权出版社，2009.

［3］ 许倞，张志宏. 2018 年全国技术市场统计年度报告 ［R］. 北京：兵器工业出版社，2018.

［4］ 张晓凌，侯方达. 技术转移业务运营实务 ［M］. 北京：知识产权出版社，2012.

［5］ 岳贤平. 技术许可中价格契约理论研究 ［M］. 上海：上海世纪出版集团，2007.

［6］ 全国服务标准化技术委员会. 技术转移服务规范：GB/T 34670—2017 ［S］. 北京：中国标准出版社，2017.

［7］ 中国就业培训指导中心. 高级科技咨询师（国家职业资格一级）［M］. 北京：中国劳动社会保障出版社，2006.

［8］ 高汝熹，周波. 知识交易及其定价研究 ［M］. 上海：上海社会科学院出版社，2008.

［9］ 吴欣望. 专利经济学 ［M］. 北京：社会科学文献出版社，2005.

［10］ 马源，汪长江. 我国农产品贸易应对国际技术贸易壁垒的措施和出路 ［J］. 农村经济与科技，2016，27（9）：127-128，181.

［11］ 陶权，黄汉民. 技术壁垒对国际产业转移及创新效率的影响 ［J］. 科技进步与对策，2015，32（10）：40-44.

［12］ 吴燕生. 技术成熟度及其评价方法 ［M］. 北京：国防工业出版社，2012.

［13］ 周秀娟，杨丽佳. 市场调查技术 ［M］. 北京：高等教育出版社，2016.

［14］ 陶鑫良，单晓光. 知识产权法纵论 ［M］. 北京：知识产权出版社，2004.

［15］ 岳松，陈昌龙. 财政与税收 ［M］. 北京：清华大学出版社，2010.

［16］ 盖地. 税务与税收会计 ［M］. 北京：中国财政经济出版社，2008.

［17］ 李向科. 技术分析理论精解和案例剖析 ［M］. 北京：清华大学出版社，2013.

［18］ 黄继承. 市场化与资本结构动态调整 ［M］. 北京：经济科学出版社，2017.

［19］ Fuxiu Jiang, Kenneth A Kim, John R Nofsinger. Product market competition and corporate investment：Evidence from China ［J］. Journal of Corporate Finance（SSCI），

2015（35）：196-210.

［20］ 张晓凌，耿志刚，侯方达，等. 技术转移信息服务平台建设［M］. 北京：知识产权出版社，2009.

［21］ 张晓凌，等. 科技大市场运营服务规范（团体标准）［Z］. 中国技术市场协会发布，2018.

［22］ 张晓凌，等. 技术转移服务人员职业规范（团体标准）［Z］. 北京技术市场协会发布，2019.

［23］ 韦斯顿·安森. 知识产权价值评估基础［M］. 李艳，译. 北京：知识产权出版社，2009.

［24］ Vijay K Jolly. 从创意到市场·新技术的商业化［M］. 张作义，周羽，王革华，等译. 北京：清华大学出版社，2001

［25］ 约瑟夫·熊彼特. 经济发展理论——对于利润、资本、信贷、利息和经济周期的考察［M］. 何畏，易家详，等译. 北京：商务印书馆，1990.

［26］ 埃贡·G 古贝，伊冯娜·S 林肯. 第四代评估［M］. 秦霖，蒋燕玲，等译. 北京：中国人民大学出版社，2003.

［27］ F L 哈里森. 高级项目管理——一种结构化方法［M］. 杨磊，李佳川，邓士忠，译. 北京：机械工业出版社，2004.

［28］ 乔治·戴，保罗·休梅克. 沃顿论新兴技术管理［M］. 石莹，等译. 北京：华夏出版社，2002.

后 记

修订版的《技术经纪人培训教程》付梓，这是技术转移服务从业人员培训系列教材计划推进的又一任务节点。科技部印发的《"十四五"技术要素市场专项规划》要求：十四五期间，国家科技成果转移转化示范区达到 20 家，国家技术转移区域中心达到 15 家，国家技术转移机构达到 500 家，国际技术转移中心超过 60 家。建立专业人员队伍，接受技术转移专业化教育培训的人员比例不低于 70%。提出畅通职业发展路径，支持开展技术转移人员职称评审工作，完善技术转移转化类职称评价标准；北京、天津、成都已开通技术转移人才职称晋升通道。国务院《国家技术转移体系建设方案》也对技术转移人才培养提出具体要求。重中之重的人才培养已进入相关部门的议事日程。

作者在教学实践中，深感技术转移服务行业发展之日新月异，专业服务人员相对于巨量的市场需求犹如杯水车薪；深感从业人员培训任务之艰巨以及培训教材建设之滞后。经与北京、山东、江苏、四川、广西、浙江、江西、福建等省（自治区、直辖市）科技管理部门的业务合作、学术交流，与业内专家学者达成诸多共识，《技术经纪人培训教程》作为系列教材之一率先出版。其间，主持或参与起草并发布北京市《技术转移服务人员职业规范》《科技大市场运营服务规范》等系列文件，主持设计和建设了"江苏省技术转移研究院智能制造虚拟仿真实训平台""技术转移信息化云平台"；为江苏佰腾科技有限公司的科技创新与知识产权数字化平台的建设提供建设规划与解决方案。丰富的技术转移服务实践为《技术经纪人培训教程》修订版提供了翔实的研究论据。本教程依据科技部火炬中心关于技术转移服务人员培训大纲（讨论稿）的要求，选取教学内容，采用成熟的服务规范与标准，力求体现最新的产业政策精神，为广义的技术经纪范畴亦可供更广泛的从业人员培训使用。

借成书之际，衷心感谢所有提供过帮助的各相关单位和业内同仁的大力支持。邓菊秋、崔怀峤、谢念、唐颖、陈雨晗、郑高原、侯方达参与了本书部分内容的撰写及部分图表的绘制，在此一并致谢。

作者

2023 年 1 月 1 日